KB265484

광덕스님 시봉일기 · 7

佛光香風 7

광덕스님 시봉일기 7
－사부대중의 구세송－

지은이 · 松菴至元
펴낸이 · 김인현
펴낸곳 · 도서출판 도피안사

2002년 6월 30일 1판 1쇄 발행
2006년 9월 30일 1판 2쇄 발행

영업 · 혜국 정필수
관리 · 법해 김대현, 혜관 박성근, 원명 안영회
인쇄 및 제본 · 동양인쇄(주)

등록 · 2000년 8월 19일(제19-52호)
주소 · 경기도 안성시 죽산면 용설리 1178-1
전화 · 031-676-8700
팩시밀리 · 031-676-8704
E-mail · dopiansa@kornet.net

ⓒ 2006, 송암지원

ISBN 89-90223-02-4 04220
      89-951656-0- x (세트)

眞理生命은 깨달음〔自覺覺他〕에 의해서만 그 모습〔覺行圓滿〕이 드러나므로
도서출판 도피안사는 '독서는 깨달음을 얻는 또 하나의 길'이라는 믿음으로 책을 펴냅니다.

佛光香風
7

광덕스님 시봉일기 7

사부대중의 구세송

글 · 송암지원 편

DOPIANSA
到彼岸社

獻　辭

일생을 보현행자로 살았고 반드시 이 땅에 환생하여
반야바라밀결사 구국구세운동을 다시 이을 것을 서원하신
金河堂 光德大禪師의 환생 후신전에
삼가 이 책을 바칩니다.

傳　法　五　誓

글씨 / 석주(1986년 作)

왼쪽은 先師께서 매월 포살 때 대중에게 다짐받은 포살 계목 중의 하나이고,

오른쪽은 매주 법회 때마다 동참 대중이 함께 다짐한 傳法五誓임.(필자)

그림 / 석정

普賢身相如虛空	보현보살	미묘한몸	형상이없어
依眞而住非國土	어느 때나	법신광명	두루 비추네.
隨諸衆生心所欲	일체중생	원하는바	이루기위해
示現普身等一切	보현원왕	일체처에	현전하시네.

'보현행원으로 보리 이루리!'

"보현행원 수행하는 보살들이여"

1. 모-든- 부처님께 예경할지라
2. 일체여래 모든공덕 찬탄할지라
3. 시방세계 일체불께 공양할지라
4. 무시이래 지은업장 참회할지라
5. 모든여래 지은공덕 기뻐할지라
6. 일체불께 설법을- 청할지로다
7. 일체제불 주세간을 청할지로다
8. 어느때나 여래따라 배울지로다
9. 온갖형상 일체중생 수순할지라
10. 중생에게 모든공덕 회향할지라

'허공계가 다하고 중생 다하고
중생의 번뇌가 다할지라도
보살의 행원은 다하지 않아.'

보현행원은 나의 진실생명의 문을 엶이어라
　　　무량위덕 발휘하는 생명의 숨결이어라
보현행원은 나의 영원한 생명의 노래
　　　나의 영원한 생명의 율동
　　　나의 영원한 생명의 환희
　　　나의 영원한 생명의 위덕
　　　체온이며 광휘이며 그 세계이어라.

내 이제 목숨 바쳐 서원하오니
삼보 자존이시여 증명하소서

보현행원을 수행하오리
보현행원으로 불국이루리
보현행원으로 보리이루리
나무마하반야바라밀
나무대행보현보살마하살

그림 / 소공

울려서 법계를 진동하여 철
위 산이 붉아지고 잠잠해서 겁
전 봄소식이 겁후에 찬란해라
일찌기 형상으로 몰 형상을
떨쳤으니 금정산이 당당하여
그의 소리 영원하리

군하광덕 대선사 열반송 을쓰다

기묘년 봄 법진 정웅 쓰

글씨 / 법진

眞　影

1966년 (세수 40세) 무렵, 범어사 동산대종사 사리탑 조성 때의 모습

金河堂 光德大禪師는
1927년 4월 4일(정묘년 3월 3일) 경기도 화성에서 출생.
1950년 가을, 24세 때 부산 범어사 입산. 그 이후 오직 爲法忘軀 傳法度生으로 이 시대의 횃불이 되다.
1999년 2월 27일 오후 2시경 불광사 법주실에서 세수 73세,
법랍 48세로 사바 세연을 조용히 거두고 대원적 무상(無相) 삼매에 들다.(연보는 뒷면)

- 門人 松庵至元 謹抄

용생룡(龍生龍)이요, 봉생봉(鳳生鳳)이라

무주청화(無住淸華) | 성륜사 조실, 조계종 원로

금하당(金河堂) 광덕 큰스님은 한국불교사에서 찬연히 빛나는 불멸의 횃불이시다.

큰스님은 복잡한 서울, 그 한가운데서 문수의 투철한 반야지혜(般若智慧)와 보현의 훈훈한 자비행원(慈悲行願)을 몸소 실천하신 대비보살이셨음은·비단 우납(愚衲)만의 찬탄이 아닌, 모든 불자의 위대한 의호(依怙)로서 앙모(仰慕)하여 마지않는 불세출(不世出)의 선지식이시다.

큰스님 유별(有別)의 청수(淸秀)하고 고결(高潔)한 풍모와 이십여 성상을 두고 불광지를 통하여 베풀어주신 시기상응(時機相應)한 사자후는 모든 불교인들의 가슴마다에 뜨거운 감격으로 오래오래 메아리치게 될 것이다.

고인(古人)의 격담(格談)에 용생룡(龍生龍)이요 봉생봉(鳳生鳳)이라 하였는데, 큰스님의 문하에 수많은 용상대덕들이 나오신 가운데 특히 송암당(松庵堂) 지원화상은 철두철미(徹頭徹尾) 지성일관(至誠一貫)하여 은법사(恩法師)이신 광덕 큰스님의 고매한 유지를 받들어 『광덕스님 시봉일기』라는 책을 펴냈을 뿐만 아니라, 도피안사의 대작불사를 발원 진행 중이시니 실로 사자상승(師資相承)의 귀감으로서 우리 불가의 희유한 수범(垂範)이 아닐 수 없다.

본시 우납은 평소 도회은거(韜晦隱居)로 지내왔기에 광덕 큰스님과 배면(拜面)의 연(緣)은 없었으나 큰스님의 출천고풍(出天高風)은 이심전심으로 경모하여 마지않았다.

이번 송암화상의 간곡하신 부탁을 과분하게 생각하며 다만 성긴 말 몇 마디를 보태어 추천사를 대신하는 바이다.

辛巳年 부처님 오신 날을 앞두고

聖輪寺 禪窓에서

無位 淸華 合掌

기도하면서 썼고, 쓰면서 기도한 스승 존경의 길잡이

원성 김종서(圓成 金宗西) | 문학박사, 서울대 명예교수

불과 얼마 전에 있었던 일이다. 내가 교직생활을 처음 시작할 무렵에 가르쳤던 제자 십여 명과 오랜만에 저녁식사를 같이 하였다.

그때 그들 중 몇 명이 방밖 출입이 잦았다. 아마도 담배를 피우기 위하여 드나드는 것 같아서 나는 이를 눈치채고 "담배를 밖에서 피우지 말고 여기서 피우지."라고 말하였더니 그들은 "스승님 앞에서 어떻게 담배를 피웁니까?"라고 대답하는 것이었다. 그때 나는 "지금 몇 살이나 되었지." 하고 다시 물었더니 머리를 긁적이며 "일흔셋입니다."라고 말하는 것이었다.

이것이 원래 우리의 '스승과 제자' 관계였다. 그러나 최근에 와서 이러한 전통적인 관계는 땅에 떨어지고 스승이 체벌을 한다고 학부모나 학생이 선생님을 고발하고 심지어는 폭행까지 하는 현상까지 나타나고 있으니…….

아, 이 어찌된 일인가?

'군사부일체(君師父一體)'니 '스승의 그림자는 밟지도 않는다'는 말은 이미 옛말이 되고 말았는가? 참으로 비감(悲感)한 생각마저 드는구나!

이때, 홀연히 한줄기 희망의 빛이 비쳤으니 바로 송암지원(松庵至元) 스님이 지어낸『광덕스님 시봉일기』이다. 이 책은 스승과 제자의 관계를 올바르게 정립하는 지침서이며 시금석(試金石)이기도 하다.

살펴보면 오늘날의 사회는 급격히 변하고 있다. 이 급변하는 사회에 사는 현대인은 두 가지의 가치관(價値觀)을 동시에 추구해야 한다. 그 하나는 변하는 사회에 적응하기 위한 '변하는 가치관'의 추구이며, 다른 하나는 사회가 아무리 변하여도 변해서는 안 되는 '항구적 가치관'의 추구이다. 스승 존경의 가치관은 후자에 속한다. 왜냐하면 사제지간의 올바른 관계의 설정이 이 사회를 발전시키는 근간이고 원동력이 되기 때문이다.

인류가 쌓아놓은 문화유산의 전달자는 스승이며 이를 전수 받은 제자는 이를 보다 확대 발전시켜 다음 세대를 위한 전달자가 되어야 한다. 이러한 스승 존경의 훌륭한 전통은 특히 우리 불교에서 더욱 뚜렷이 나타나고 있다.

도(道)를 구하기 위해 자신의 팔을 끊어 스승인 달마대사(達磨大師)

에게 바쳤던 혜가(慧可)스님의 이야기는 비록 불자가 아니라고 해도 모르는 사람이 없을 정도로 널리 알려져 있다. 이리하여 '역대전등 제대조사(歷代傳燈 諸大祖師)'가 부처님 가르침의 정법(正法)을 면면히 이어나가고 있다.

송암스님이 쓴 이 책, 『광덕스님 시봉일기』는 스승을 어떻게 받들어야 하는지를 우리의 마음과 몸속에 깊숙이 스며들도록 제시하고 있다. 또 이 책은 저자인 송암스님이 다년 간에 걸친 관찰과 체험과 감동을 통하여 스승이신 광덕대선사의 불교사상과 수행 실천의 모습을 실상 그대로 예리한 필봉으로 부드럽게 표현한 스승 존경의 길잡이 책이다. 여기에는 저자가 평소 스승이신 광덕스님을 얼마나 절대시하였고, 존경하였으며, 진심으로 받들었는지가 구구절절이 잘 나타나 있다.

특히 시봉일기 중에서 처음 두 권은 저자가 스승께서 입적하신 뒤 백일 추모재를 올리는 날, 제1권을 상재(上梓)하고 바로 티베트 수미산과 인도 부처님 성지(聖地)를 돌며 스승의 환생기도를 올렸다고 했다. 그때 깨닫는 바가 있어 스승의 1주기 재를 올리는 날, 천일기도를

입재하고 그날부터 집필에 들어가 정확히 367일 만에 제2권을 세상에
내놓았다. 이제 또 저자는 집필에 착수하여 천일기도가 끝날 무렵 나
머지 책을 마저 출간할 예정이라고 한다.

즉, 이 책은 저자인 송암스님이 천일기도를 하면서 썼고, 쓰면서 기
도하였기 때문에 글 하나하나가 살아 있어서 책을 읽는 독자의 피부를
뚫는 느낌을 받게 된다.

아무쪼록 이 책이 스님들은 말할 것도 없고, 학교 교육자, 사회 교육
자, 학부모, 사회인, 학생 등 모든 사람들에게 널리 읽혀 스승과 제자
의 본래면목을 각기 되찾아 스승 존경의 풍토가 이 사회에 다시 가득
차기를 바라는 간절한 마음에서 이 책을 추천한다.

2001년 스승의 날을 앞두고

園成居士 金東西 합장

차례

제2장 비구니(明學의 讚頌歌)

제3장 우바새(救世大悲頌)

제4장 우바이(普賢行願頌)

아, 광덕 대선사

觀照性國 | 범어사 한주(閑主)

十方을 震動시킨 威儀!
三世를 感動시킨 法力이여,

一擧에 四相山을 무너뜨리고 獅子吼를 설함에
含靈衆生이 累劫의 業障에서 豁然히 벗어나
모두 다 일시에 크나큰 法悅을 얻게 되었네.

金河堂 光德大禪師는
端正嚴慈하신 모습과 氷雪같은 淸淨戒行으로
空門의 後學들에게 길이 師表가 되었네.

큰 感化의 恩德은 미치지 않는 곳이 없지만
특히 愚衲의 修學 成長期에 각별하신 교훈을 입은바
禪師의 크신 恩惠 자못 弘大甚深하여
평소에 모시지 못함을 크게 恨歎했네.

아, 들자오니 禪師께서는
幼年時節부터 俗世의 名譽나 富貴에 뜻이 없었다고 했네.
超出한 雄志가 일찍이 三界를 벗어났으니
이는 救世菩薩의 示現이었던가.

드디어 靑年期에 이르러 空門에 몸을 의지한 뒤,
金魚禪院 東山老師의 會中에서
不撤晝夜 무서운 기세로 목숨 걸었으니
그 불같은 精進의 기세에 누가 禪師와
이름을 나란히 하며 자리를 나눌 수 있을까!

禪師는 念佛, 呪力, 祈禱 修行에 勇猛精進으로 밤을 지새웠고
下心, 忍辱, 慈悲의 菩薩願力으로 金井山을 드높였네.

宗門의 法統을 바로 세움에 虛弱한 몸 아끼지 않았고
民族正氣 世界平和 되찾는 救國救世로 四重恩에 報答했네.

禪師는 般若波羅蜜 鐵甲 단단히 떨쳐입었고
智慧·慈悲로 창과 방패 삼았으며
救世大願으로 천리 적토마 대신했네.
般若劍 곧추세워 無限淸風 감아 올려
疊疊한 妄想 구름 한순간에 一掃하고
世尊의 거룩한 法 더욱 크게 드날렸네.

아, 이는 저 옛날 서라벌 元曉 聖師의 行化威德과 다르지 않네.

慶州 南山·서울 南山 이름마저 같음은 兩德을 비유함인가!

維摩의 大悲가 끝이 없었기에 禪師의 病苦 또한 끝이 없었네.
어느 때나 救世大悲 간절하여 온몸으로 顯現했고,
크고 깊은 地藏大願 그 속에서 湧出했으니,
不滅이어라, 등불이어라, 萬古光明이어라.

禪師의 法風은 三軍의 將帥요, 行化威德은 대초원의 獅子였네.
따스한 손길은 千手慈母였고,
普賢大行은 無量劫에 圓滿하고 自在했으니,
이로 말미암아 救國救世의 曠路가 활짝 열렸고,
蠢動含靈 一切衆生이 歡喜하는 常樂國이 되었네.

禪師시여, 慈悲 드리워 다시 速히 돌아오소서.
般若波羅蜜 佛光運動으로 救國救世 하소서, 사바하.
南無摩訶般若波羅蜜

圓寂 2주기를 앞두고 禪師의 高足 松庵 賢師가 쓴『광덕스님 시봉일기』에 삼가 글을 써서 대선사 生前에 못다한 不孝를 크게 뉘우치며 경건히 옷깃을 여미고 懇切히 敬慕합니다.

庚辰年 冬安居 중에
梵魚寺 安心寮에서 觀照 焚香伏祝

제1장

知音의 格外歌
비구

菩提本無樹	菩提는 본래	나무 아니고
明鏡亦非坮	明鏡도 역시	臺가 아닐세.
本來無一物	一物도 본래	없는 것인데
何處惹塵埃	털어낼 먼지	어디 있을까.

종단의 눈, 종단의 대들보

昔珠正一 | 칠보사 회주 · 조계종 원로

나는 광덕스님의 출가 초기에 함께 산 적이 있다. 한국전쟁이 끝난 직후, 부산 동래에 있던 금정사에서였다. 나라나 종단 모두가 어렵고 힘들었던 시대, 우리는 함께 어울려 서로 격려하고 의지하며 꿈을 키웠던 시절이다. 그때도 광덕스님은 사리판단이 명석했고 무슨 일이든지 열성적으로 하는 성격이었다. 함께 생활하는 대중들과 원만하게 지내며 하심과 겸손으로 수행하는 진지한 모습이 무척 인상 깊었다.

지금도 잊혀지지 않는 그 당시의 일이 한 가지 있다.

광덕스님이 미륵암에서 공부하다가 건강이 나빠져서 금정사로 내려와 머물고 있었는데, 곧바로 초파일이 다가왔다. 우리들은 어떻게 해야 할지 모르고 으레 해오던 등 만드는 일만 부지런히 했다. 그때 광덕스님이 동래읍(당시의 행정 명칭)에 있는 포교당과 함께 제등행렬을 하자고 제안했고, 스스로 모든 준비를 담당해서 일을 성사시켰다. 어려웠던 시대이니 만큼 등을 들고 거리를 밝힌다고 하는 것이 지역 주민들에게 큰 힘이 되었고 도회 변경 초파일의 새로운 모습이 되기도 했다. 지금 돌이켜보아도 광덕스님은 사회에 대한 남다른 감각과 책임감을 소유한 분이었고 신심 깊은 불자였으며 시대를 앞서가는 수행자였다.

그 뒤, 종단의 총무원장 소임을 내가 맡았을 때 광덕스님은 총무부장으로 있으면서 모든 일을 순조롭고 원만하게 처리해 갔다. 무엇 하나 아쉬움을 남기는 법도 없었고, 나와 의견이 다른 것도 없었다. 현실 판단의 명석한 두뇌는 종단의 눈이 되었고, 순수한 열정의 보현행은 종단의 대들보 역할을 했다.

얼마 전 광덕스님이 범어사로 내려갔다는 소식을 듣고 보고 싶기도 하고 궁금하기도 하여 노구를 이끌고 내려갔더니만, 그 옛날 미륵암에서 공부했던 이야기를 처음으로 내게 했다. 몸이 쇠하였어도 나를 보게 되니 그 옛날 물불을 가리지 않고 공부했던 시절이 떠올랐었나 보다. 누워 있는 광덕스님이 하도 안타까워 내가 잘 알고 있던 한의사를 통해 경옥고를 만들어 보냈는데 그것도 한번으로 끝나고 말았다.

한 살이라도 많은 내가 광덕스님보다 더 오래 살아서 이 이야기를 쓸 줄이야 미처 몰랐던 일이다. 광덕스님이 입적하고 난 뒤 무상한 생각과 애석한 느낌을 뿌리칠 수가 없었는데, 광덕스님의 상좌 송암수좌가 울면서 스님의 생전 모습을 담은 원고뭉치를 들고 왔기에 옛일을 더듬어 광덕스님에 대한 못 다한 정을 몇 자 적어 보았다.

불기 2543년 5월 초파일을 앞두고
삼청동 칠보사 석주

우리 두 사람, 공문(空門)에 몸담고
금정산 팔금산을 오갔지

東谷日陀 | 은해사 조실, 조계종 원로

불심 광명(佛心光明)이 비치는 곳
진대지(盡大地) 찰찰진진(刹刹塵塵)이
보광명(普光明)의 법당 아님이 없음이라.
삼천대천 세계가
석가여래의 신명(身命)을 버리지 않은 곳이 없나니
불광(佛光)의 덕화는 실로 하염없는 법(無爲法)
무공용법문(無功用法門)의 대광장이었다.
내일이면 늦으리,
무상(無常)은 신속(迅速)하고 생사는 사대(事大)하다.

광덕스님과 나는 오십 년 동안의 짧지 않은 세월 속에
다같이 공문(空門)에 몸을 담고
금정산을 비롯해 팔금산(八金山 : 釜山, 필자 註)을 오가며
홍안의 청년시절 신심과 정진과 원력으로

청운의 꿈을 키우고 밤잠을 새우더니
지학(志學)의 세월, 의욕의 힘찬 세월 다 지나고
이미 고희를 넘겼으며 유명을 달리하였으니
이것이 사바의 허상이던가?
그리웠던 옛일이 가물가물하기만 하다.

내일이면 늦으리
참으로 무상하다.
삼각산 봉우리에 백운만 유유하고
푸른 물결 한강수는 길이길이 흐르는데
사십구일도 이미 지나고 백일의 추모제가 다가오거든……

때마침 송암 시자가 있어
이십 년을 하루같이 불리좌우(不離左右)하고
상수불학(常隨佛學) 시봉하면서 스님의 법어와 동정(動靜)을
듣고 본 대로, 그때그때 느낀 대로 낱낱이 적어
책을 엮어 펴낸다 하니
그 스승에 그 제자라.
그 신심과 효성에 놀라움을 금할 수 없다.
한쪽 한쪽 읽을수록 스님의 생전 그 모습이
새록새록 새롭게 떠오른다.
참으로 불신(佛身)은 충만(充滿)이요
법신(法身)은 난사(難思)하다.

이 공덕을 찬탄하며 일구게를 올린다.

심법(心法)은 무형(無形)하여
통관시방(通貫十方) 하나니
광투시방(光透十方) 하야사
만법(萬法)이 일여(一如)니라.

마음이란 모양 없어
시방세계 통했네
광명을 뚫은 덕화
만법이 일여하네.

나무마하반야바라밀.

불기 2543년 부처님 오신 달
해인사 道友 日陀 盤談

무상(無常) 뒤에 무상(無常)을 넘어

伽山智冠 | 경국사 회주, 전 동국대학교 총장

무상(無常)한 일 뒤에 무상(無常)을 넘어서는 깨달음이 뒤따른다면 그것은 이미 무상을 넘어서는 뜻깊은 일이다.

금하광덕(金河光德) 스님이 일생에 빛나는 구도 행각과 열정적 구제 발원을 성취하고, 마치 구름처럼 자재롭게 떠나가신 자리에 스님을 기리는 간절한 마음이 그렇듯 무상을 넘어서고 있다. 스님의 고고한 일상들은 그대로 그리워하는 모든 사람들의 마음에서 새롭게 자각되고, 드디어 스님의 마음이 중생들의 마음으로 새롭게 부활하고 있는 것이다.

스님은 부처님을 아무리 높이 받든다 하여도 전법도생(傳法度生)을 하지 않으면 부처님의 홍대(弘大)한 은혜를 보답할 수 없다는 소명으로 불꽃처럼 살다 가셨기에 그 후광(後光)에 힘입은 후학들이 다시 그 빛나는 일을 이어 영원히 사는 길에 동참해 갈 수 있는 것이다.

스님의 상좌인 송암지원(松庵至元) 비구가 범어사 행자생활 때부터 대각사·보현사·불광사 등 여러 곳에서 스님을 모시면서 직접 받은 교훈, 보고 느낀 감명 깊은 현장, 스님께서 다른 사람들과 나눈 인연담 등 그때그때마다 한 꼭지씩 적어 두었던 생생한 현장 일기 백여 항목을 엮어

『광덕스님 시봉일기』라는 이름으로 발간하게 되었다며 원고를 들고 찾아왔다. 원고를 대충 훑어보니 일반에 알려지지 않은 스님의 내면세계와 불교를 위한 깊은 서원, 제자와 신도를 지도하는 자상한 수연담 등을 생생하게 전하고 있다.

천태지자(天台智者) 대사, 그의 종설겸통(宗說兼通)한 지혜와 변재를 고금에 따를 자가 없겠지만, 그러나 그가 남긴 많은 설법을 제자인 관정(灌頂)이 그때그때 기록한 덕분에 오늘날 우리가 천태의 감로(甘露)를 얻어 마실 수 있게 되었다. 그래서 선학(先學)이 후학(後學)의 효심을 만나면 선학의 진면목을 생전의 자신보다 더 진솔하게 보일 수 있게 된다. 참으로 송암 비구의 효심이 갸륵하다 하지 않을 수 없다.

끝으로 사부대중 여러분들이 이 글을 통해 금하 광덕스님의 모습을 더더욱 깊이 만날 수 있다면 글을 쓴 이의 큰 공덕이 될 것이다.

불기 2543년(1999) 5월 5일
가산불교문화연구원 伽山智冠

현대불교 포교의 대명사

月雲海龍 | 동국역경원장 · 전(前) 봉선사 주지

광덕스님에게는 항상 새로운 기운이 가득했다. 참신한 기상이 얼굴 전체에 밝게 빛났고, 경쾌한 걸음걸이나 담백한 말씨 속에서도 언제나 신선함을 담고 있었다. 광덕스님의 그러한 정신은 수행을 통해 여지없이 밖으로 흘러 넘쳤다. 사물에 대한 분석이나 일에 대한 판단이나 불자로서의 수행과 현대사회에 대한 포교방법에 이르기까지 무엇 하나 예외 없이 새로운 방법을 찾았고 줄기찬 탐색을 게을리 하지 않았다.

그러나 새로운 것이라는 뜻은 무조건 과거를 버리고 남이 쓰지 않던 엉뚱한 방법만 고집했다는 것이 아니다. 역사와 사회 변화로 말미암아 그때그때 필요하고 요구되는 흐름에 따르되 반드시 부처님 가르침과 계율에 근거하여 시대에 대한 해석을 새롭게 했다는 뜻이다.

일상에 안주하지 않고 끝없는 탐구와 불길 같은 정진으로 자신을 새롭게 가꾸었으며 불교를 더욱 융성하게 일으켰던 광덕스님은, 한창 수행하고 종단 일 보고 포교할 때는 자신과 적당히 타협하여 어물쩍 넘어가는 일이 없는 분이었다. 철저한 자기 확립을 통해 사람을 바로 보고 세상을 바로 세우며 불법을 통해 인간의 모든 가치를 바로 떨쳤던 분이다.

광덕스님은 일찍이 종단 정화에 뛰어들어 식민 잔재를 씻고 새로운 불교 건설에 신심과 원력을 아낌없이 불태웠고, 종단의 도제 양성이나 역경과 교육사업에도 남다른 안목과 열정으로 기틀을 세웠다.

바야흐로 종단의 틀이 안정되기 시작하자 과감히 거기에서 다시 뛰어나와 일대 전환을 시도하여 시중에 온몸을 던져 파묻었다. 새불교운동을 시작했던 것이다. 포교에 대한 인식만 희미한 불빛처럼 간직하고 있던 때에 광덕스님의 결심은 실로 과감한 변화였고 시대의 요구를 저버리지 말아야 한다는 불보살의 경종이었다.

오늘날 광덕스님의 불광사가 포교의 대명사처럼 들리는 것은 바로 광덕스님의 새로운 기운 때문이다. 그 새로운 기운은 광덕스님이 수행을 통해 얻은 부처님의 안목이고 불신력이다. 법상에서는 진리의 주인공으로서 무한 창조를 외쳤고 무한 책임의 보살행을 선언했다.

나는 광덕스님의 뛰어난 활발발함에 불교의 참 생명력을 보았고, 불교가 인류에 공헌해야 하는 원리를 지켜보았다. 광덕스님은 실로 경이적일 만큼 이 시대를 밝혔다. 나라를 구하고 세계를 구할 모든 방략을 만들어 놓았으며 새로운 천 년, 아득한 미래세를 가로지르는 활로를 열어 놓았다고 생각한다.

평소 광덕스님과 자주 만나지는 않았지만 서로 뜻이 통하여 존경과 찬탄을 나누었는데 훌쩍 우리 곁을 떠나고 난 뒤 무척 아쉽고 안타까웠던 차에, 광덕스님의 상좌 송암수좌가 출가하여 20년 넘게 스승의 훈도를 받아 간직했던 교훈을 책으로 낸다기에 몇 자 적어 뜻을 함께 한다. 아울러 이 좋은 책이 많은 독자들 손에 쥐어져 수많은 광덕스님이 우리나라에 나타나기를 간곡히 바란다.

불기 2543년 5월 봉선사 월운

스님은 말세 보살이셨지

海峰石鼎 | 불모(佛母)

금하 광덕(金河光德) 외우(畏友)가 입적한 지 두 달이 좀 지났을 때, 광덕스님의 상좌 송암 상인(上人)이 『광덕스님 시봉일기』를 스님 입적 백일을 기해서 출판한다고 나에게 서문을 청해 왔다.

석주스님 등 여러 스님이 서문을 쓰신다고 했다. 반가운 마음에서 선뜻 대답을 해놓고 보니 큰 걱정이 생겼다. 내 글솜씨가 다른 스님들을 따를 수 없을 뿐만 아니라 중첩되는 허물을 범하게 되지 않을까 하는 생각에서였다. 한참 고심한 끝에 내가 직접 보고 본인에게서 듣고 느낀 바를 엮기로 했다. 물론 글이 산만해지긴 하겠지만 중첩도 피하고 내가 알고 있는 일을 알리는 기회가 되기 때문이다.

나는 광덕스님과 함께 살지는 않았지만 고 처사(高處士)라 부르던 시절부터 알고 있었다. 종단 정화가 시작될 무렵, 부산 범일동 김봉호(金奉鎬) 거사 댁에서 여는 주중법회를 고 처사가 주관한 적이 있었다. 소천(韶天)스님이 주로 법문과 강의를 하셨지만 고 처사는 사이사이에 많은 큰스님들을 청해서 이 법회를 운영해 나갔다. 그때 고 처사는 중병을 앓고 있으면서도 소천스님 모시는 일, 법사 청하는 일, 원고 정리, 법회 진

"

행하는 일을 차질 없이 밀고 나갔다.

이 고 처사가 한때는 기장 앞바다 죽도 토굴(土窟)에서 산 적이 있다. 그런데 어느 날, 사람들이 한 떼거리 몰려와서 점심을 해먹고 놀다간 뒤에 솥을 열어보니 바다고기를 끓여 먹고 반이나 남겨 놓고 갔다. 계행이 하도 철저해서 율 처사(律處士)라는 별칭까지 얻은 고 처사는 생각하기를, 기왕 살생은 해놓은 것이고 사람이 먹는 음식을 그냥 버릴 수 없다는 생각에서 그걸 다 먹어치웠다고 했다.

그 후 동산 대종사를 은사로 출가하여 광덕스님이라 부를 때의 일이다. 내가 주지로 있던 진주 의곡사(義谷寺)에 초파일 전날 광덕스님이 들렀다. 나는 광덕스님이 다른 절에 맡은 소임이 없으니 내일 법문을 좀 해달라고 간청했다. 그랬더니 한다, 안 한다 답이 없던 광덕스님은 새벽 예불 후 날이 밝아오자 살짝 도망가다 나한테 그만 들켰다.

"스님, 왜 법문 안하고 그냥 가시려오?"

이렇게 내가 물었다.

"법문은 주지스님이 할 것이고, 의식도 잘할 줄 모르는 내가 있어 봐야 밥만 축내지 쓸모가 없을 것 같아서 떠나기로 했습니다."

"그렇지만 기왕 오셨는데 초파일 아침에 절을 떠나는 게 말이 되겠소?"

그러자 광덕스님은 한참 있다가 대답했다.

"내가 할 일을 발견했으니 다른 청은 하지 말고 이 일만 맡겨 주면 자고 내일 떠나겠습니다."

"무슨 일이오?"

내가 물었다.

"밤새 등불을 지키는 일입니다."

광덕스님은 행장을 풀어놓고 그날 밤새도록 등불이 꺼지면 새로 불을
붙이고, 바람이 불면 등과 등 사이를 떼어 놓았다. 그러다가 날이 밝자
등을 깨끗이 정리해 놓고 아침 공양 후에 떠났다.

얼마 후, 내가 표충사 뒤에 토굴을 지어 공부할 생각으로 집 지을 돈
을 마련하기 위해서 중단했던 화원(畵員) 노릇을 다시 시작했다. 그래서
수안(殊眼) 수좌와 함께 탱화 개금(改金)·개채(改彩) 등의 일을 했다.

그 무렵 광덕스님은 봉은사 주지로 있었는데, 내게 경제력이 넉넉지
못하니 대웅전 삼존불을 얼굴만 조금 개금해 달라고 했다.

그래서 나는 동안거 결제가 임박해서 밤을 새워가며 개금불사를 끝냈
다. 그런데 광덕스님이 보수를 어찌나 많이 주는지 부처님 몸까지 개금
을 해도 넉넉한 금액이었다. 스님은 내가 토굴을 지어 공부하는 데 경제
적인 도움을 주기 위해서 일부러 그런 것이었다.

스님은 보현행자로서, 말세 보살로서, 진실한 수행인으로서 요즈음 드
물게 보는 선지식이시다. 평생 자신을 돌보지 않고 이타행으로 일관하셨
으니 종단을 위해서, 본사인 범어사를 위해서, 유연중생(有緣衆生)을 위
해서 잠시도 쉬는 일이 없었다.

내가 의곡사에 있을 때 광덕스님이 『보현행원품』, 『백팔참회문』, 『선
관책진』을 번역해서 법공양용으로 출판한 적이 있는데, 그때는 광덕스
님이 글 쓰는 것을 남들이 잘 알지 못할 때였다. 내가 광덕스님의 번역
본을 굳이 택한 것은 아무리 글이 능해도 실천이 없는 글은 읽고 듣는
이를 감화시킬 수 없다는 고집에서였다. 그 후 『보현행원품』, 『백팔참회
문』 번역을 성철스님께서 보시고 출판 유통케 허락하셨으니 지금 누구
나 접할 수 있게 되었다.

내 서투른 글솜씨로 서문을 쓰게 해준 송암스님께 거듭 감사드리고,

『광덕스님 시봉일기』를 펴낸 문인(門人)과 유연 불자 여러분의 화중연화
(火中蓮花)와 같은 공덕을 찬탄하는 바이다.

기묘년 초파일에

石鼎 謹稿

최상의 행복은 스승과 함께 있는 것

顯菴印幻 | 동국대 사회교육원 교수, 경국사 한주

인생을 살아가는 가운데 성심으로 효도하는 것을 눈앞에서 보게 될 때 참으로 가슴 뭉클한 감동을 받는 것은 다만 한 사람만의 일은 아니리라.

평생의 스승으로 모시고 가르침을 받던 은사스님이 어느덧 병을 얻고 차츰 쇠약해져 건강이 악화되어 갔다. 광덕스님은 몸은 비록 그러면서도, 그 치열한 의지는 변함없이 부처님 앞에서나 신도들 앞에서나 언제나 마치 제 몸을 태워 어둠을 밝히는 촛불처럼 그렇게 몸을 살랐다.

오직 부처님의 진리를 펴기 위해서, 사람들을 바른 길로 이끌기 위해서였다. 평생 동안 온몸으로 있는 힘을 다 기울여 법문을 일러주고 몸소 보여 주는 생활을 실천했다. 그러면서 착실히 불광법회를 이끌고 불음 전파를 넓혀 가며 간단없이 정진했다. 쇠잔한 몸으로 그렇게 노력하는 스승을 어깨너머로 지켜보며 20년을 넘게 좌우에서 시봉하던 제자가 그 스승에 대하여 느끼는 진솔한 추모의 감상을 보니, 바로 '최상의 행복은 존경하는 스승과 함께 있는 것이다'라고 한 부처님 말씀을 실감하는 듯하다. 그러니 그 스승과 제자의 사이가 어떠하였음을 능히 짐작하기 어렵지 않다 하겠다.

게다가 상좌는 은사스님이 돌아가신 지 백일 만에, 생전에 보고 듣고 받고 느낀 바를 성실히 메모해 두었던 것을 정리하여 우리 모두가 함께 금하당 광덕스님을 더 한층 깊이 추모할 수 있게 했다. 다시금 스승을 추모하는 지극한 효심이 우리들 가슴에 닿는다.

그런데 이러한 스승과 상좌의 일을 스승 편에서 본다면, 절 집안에 전해 오는 말에 '상좌 하나 들이면 지옥이 하나 생긴다' 하였다. 여기에는 아마도 세상의 부모들이 모든 것 다 바쳐서 자식들을 길러내듯, 절집에서도 상좌 하나 제대로 가르쳐 키워내려면 역시 스승되는 이들이 열심히 수행 정진하는 속에서도 얼마나 여러 가지로 마음을 써야만 하는 것인지를 나타내는 말이다.

그런가 하면 또 이르기를, '부처님 제자가 되어 불도를 수행하면서도 그 법을 전해 줄 눈밝은 제자를 단련해 부처님 혜명을 후세에까지 길이 전하지 못한다면, 그것 또한 지옥벌을 면치 못한다'고 하였다. 이것은 상좌를 둔다는 것은 곁에 시봉을 둔다는 것만이 아니라 불법 문중의 인물을 길러내어 불교의 발전을 도모하여야 한다는 가장 중요한 본뜻을 일러주고 있는 것이다.

속세에서 자손이 조상 부모보다 훌륭하여야 그 집안이 흥하듯, 불법 문중에서도 제자가 스승보다 법력이 월등하여야 불일(佛日)이 더욱 빛나며 법륜이 널리 전할 수 있는 것이다. 만일 스승과 동등하더라도 벌써 스승의 덕을 반은 감한다고 하는데, 하물며 스승보다 모든 것이 못하여 따라가지 못한다면 불법의 계승 발전이란 바라기 어려운 일이 아니겠는가.

그러니 금하당 광덕스님이 필생의 원대한 원력과 심혈을 기울여서 이룩해 낸 불광법회에서 그 뜻을 이어 발전시켜 나갈 인재들이 배출되기를 기대해 마지 않는 바이다.

금하당 광덕스님을 추모하는 책에다 이렇게 머릿글을 쓰게 된 것은 스승인 광덕스님과 상좌인 송암스님이 나하고는 모두 특별한 인연이 있기 때문이다.

필자가 부산에서 출가 입산하여 선암사 선방에서 초발심의 신심으로 열심히 참선하고 있을 무렵, 광덕스님은 아직 출가하기 전이어서 고 처사라고 불렸는데 나보다 몇 살 위였으며, 당시 범어사 동산 큰스님의 회상에서 이름이 알려져 있던 재가 수행자인 그를 처음 만났다. 뒤에 출가하여 불광법회를 통하여 활약하다가 먼저 가신 지금까지 광덕스님과 나 사이에는 약 50년 가까운 구름과 물과 같은 운수(雲水)의 오랜 인연이 있다.

또 그 상좌 송암스님은 내가 동국대학교 선학과 교수로 학생들을 교육하고 지도하기 시작하던 초기에 광덕스님을 시봉하며 불광사 일을 보았고, 우리 선학과에서 4년 동안 공부했다. 이런 깊은 인연으로 해서 그의 청을 물리치지 못하여 붓을 들게 된 것이다.

금하당 광덕스님이 생전에 보여 주셨던 큰 원력과 훌륭한 여러 가지 업적에 대하여 인연 맺은 여러 사람들과 함께 깊고 끝없는 추모의 정을 표한다. 가신 스승을 경모하는 진솔한 정감을 담은 이 책이 효심이 엷어져만 가는 세상 인심에 어둠을 비춰 주는 불빛이 되고, 스승을 바로 모시고 그 원력을 이어가는 절 집안의 가풍 진작에 크고 밝은 거울이 되기를 기원한다.

불기 2543년 기묘년 5월 15일 스승의 날에
삼각산 경국사 환희당에서 顯菴印幻 삼가 씀

불광이 태어난 곳

鳳眼曉經 | 서울 목동 법안정사 회주

내가 종로 대각사에 살고 있을 때, 불광회가 대각사에서 태어났다. 대 각사는 주지하다시피 일제 강점기, 새불교운동의 사상가였으며 실천가 였고 또한 조국의 독립운동가였던 용성진종(龍城震鍾) 조사(祖師)가 제창 한 대각운동의 근본도량이다. 불교나 민족의 입장으로 봐서 참으로 유서 깊은 명소이다.

그리고 광덕스님은 바로 그러한 조사의 직계 문손(門孫)이고, 대각사 상의 열렬한 신봉자이며 실천자이기도 했다. 그러기에 불광이 대각사에 서 태어났다는 것은 조사의 대각운동이 새로운 시대의 새 모습으로 광 덕스님에 의해 다시 태어났음을 의미한다고 보겠다.

그러니까 1974년 8월경, 광덕스님은 먼저 불광회를 만들어 앞으로 펼 쳐 나갈 새불교운동의 모체로 삼았다. 이 불광회를 모체로 월간「불광」 창간을 준비하여 바로 그 해 11월에 창간호가 나왔으니, 광덕스님이 큰 서원으로 선도(先導)한 한국불교의 새물결운동은 이로써 하나의 사상운 동으로 본격 출발했던 것이다. 그로부터 다시 만 1년이 지난 1975년 10 월 16일에 불광법회를 개설하여 대각사에서 매주 목요일에 정기법회를 열었다. 이로 보면 월간 「불광」이나 '불광법회'는 불광회를 모체로 하여 대각사에서 모두 등장한 것이다. 즉 한국불교의 새로운 불교운동인 불광의 발전은 이런 과정을 통해 그 모습을 세상에 하나하나 드러내기 시작했던 것이다.

오늘날 눈으로 보면 월간 「불광」이나 불광법회가 종단을 대표할 만큼 성장하는데 별 힘들이지 않고 저절로 큰 것 같지만 실로 초창기에는 어려움도 많았고 역경도 무척 많았다.

광덕스님의 불광회 운동을 처음부터 지금까지 때로는 가까이서, 때로는 멀리서 항상 지켜본 필자로서는 특히 초기 불광회 성장과정의 증인이라고 자처해도 될 것이다. 잘 알다시피 불광회는 광덕스님의 뜨거운 신심과 탁월한 안목이 아니었으면 한국불교에 나타나지 않았을 실로 엄청난 일〔佛事〕이었다.

세상 일은 세월이 흐르고 시간이 지나가면 처음 정신과 뜻은 잊혀지기도 하고 더러 소홀해지기도 한다지만 결코 불광회만은 그러지 않아야 된다고 본다. 그것은 불광을 만들 때 광덕스님의 노고가 크셨다는 사실 때문에 아까워서가 아니다. 오로지 광덕스님이 불광운동을 통해 구국구세의 보살원력을 폈고 새로운 시대, 인류를 구제해야 하는 부처님 구세대비의 큰 서원을 스님이 실천했기 때문이다.

다시 말하면 광덕스님의 원과 뜻으로 이루어진 불광, 그 창립의 동기와 발전과정은 광덕스님 개인의 일이 아니라는 것이다. 그것은 불보살님의 크신 은혜이고 한국 불교도들의 간절한 염원이 서려 있는 새로운 희망이고 앞길을 밝혀 주는 횃불이었기 때문이다. 그리고 불광의 지속적인 발전과 성장은 잠실에 있는 절(불광사) 하나가 잘 되느냐 못 되느냐 하는 단순한 문제가 더더욱 아니다. 그것은 앞으로 한국불교가 인류사회에 어떻게 기여해야 하며, 불교가 어떻게 인류문명을 선도해야 하고, 어떻게 부처님 구세대비의 숭고한 뜻을 펼쳐나갈 수 있느냐 하는 절대 명제(命題)가 광덕스님이 펼친 불광운동에서 볼 수 있고 달려 있기 때문이다.

나는 그 당시 대각사에 상주하면서 광덕스님의 역사적인 불교사상운동의 출발에 조그마한 협력을 더했다. 처음 불광회를 만들 때부터 광덕스님과 불광운동을 사전에 계획하고 협의했으며 조언과 편의를 작게나마 보탰던 것이다. 그러나 그것은 광덕스님 자신의 간절한 염원과 뜨거운 열성에 비하면 미미하기 짝이 없는 일일 것이다. 다만 내가 불광회를 가장 가까이서 지켜본 한 사람의 증인으로서 이 자리를 빌어 말하고 싶은 것이 있어서 자찬 형식의 이야기를 잠깐 해 본 것에 지나지 않는다.

내가 이 자리를 빌어 꼭 하고 싶은 이야기는 단 한 가지다. 그것은 이미 모든 사람들이 다 알고 있고 앞에서도 내가 말한 사실이기도 하지만 바로 불광회가 대각사에서 탄생했다는 점이다. 바꾸어서 얘기하면 불광의 탄생은 제불보살의 가호와 구세대비의 인도로 나타났을 뿐만 아니라, 용성조사의 지극한 서원력과 안목이 만들어낸 또 다른 대각운동이라는 것이다. 그래서 나는 불광회와 대각회를 따로 보지 않고 있다. 한줄기일 뿐이다. 다만 이름만 달리했고 겉포장만 바꾸었을 뿐이라고 본다. 왜냐하면 광덕스님은 용성조사에 대해 물리적이고 눈에 보이는 기념사업을 왕성하게 일으켜서 대각교를 계승한 것이 아니다. 구체적으로 사람들 마음 속에 조사의 가르침을 심어 가는 사상운동을 통해 조사의 대각교를 계승했던 것이다.

이제 다시 지나간 세월을 돌아보면 용성조사 떠나신 지도 어언 육십여 년이 넘었고 광덕스님 가신 지도 벌써 2주기가 다가오고 있다. 이렇게 사람은 오고가고 육신은 생멸(生滅)을 보이지만 법신(대각운동과 불광운동)은 오고감이나 생멸이 본래 없는 것이다. 이것이 진리다. 이 진리의 완전무결한 원만구족상(圓滿具足相)을 후대들은 잘 이루어야 하리라.

선각자들이나 초기의 개척자들처럼 보살 헌신(獻身)과 놀라운 신심으로 현실 속에 법을 증거해야 하고 보살행을 원만하게 나투어야 한다는 말이다.

불조(佛祖)의 혜명(慧命)을 잇는다는 말은 과연 무엇을 의미함인가?

출가자가 삭발염의(削髮染衣)하고 출가위승(出家爲僧)한 것은 오직 불조의 혜명을 단절하지 않게 함이며, 대비구세의 서원으로 전등(傳燈)의 횃불을 높이 들어 일체 중생을 광명국으로 인도함이 그 장한 본래의 뜻이 아니었던가. 그러기에 나는 오로지 대한민국시대, 광덕스님에 의해 새롭게 탄생한 한국불교의 새 물줄기인 불광운동이 눈덩이처럼 커가야 한다는 것을 초창기부터 지금까지 지켜본 한 사람의 증인으로서 간절히 바라고 싶다. 그것이 내 소원이고 불광에 거는 희망이며 광덕 사형님에 대한 나의 인간적인 신의이기도 하다.

끝으로 광덕스님의 원적 2주기를 맞이하여 스승의 일상(日常) 자취를 기록으로 남겨서 불광의 가풍을 길이 후세에까지 전하고자 하는 송암화상의 효심에 찬탄을 금할 수 없다. 출세간의 추상같은 법도(法度)와 존엄한 위의(威儀)마저 세간의 휘몰아치는 변화의 광풍에 휩쓸려 빠르게 달라져 가는 작금의 우려와 염려에서 바라보니 『광덕스님 시봉일기』의 출현은 참으로 적절한 느낌이 들고, 또 다행스럽기 그지없다. 스승을 하늘같이 받드는 송암화상으로 말미암아 출가의 뛰어난 법풍이 다시 크게 떨치게 되리라 굳게 믿는다.

아무쪼록 이 책이 많은 사람들의 손에 들려져서 무수한 보현보살, 즉 광덕스님이 속속 등장하기를 간곡히 바라마지 않는다.

나무보현보살마하살.

그리워라, 봉은사 결사 시절

瑞海興敎 | 서울 대각사 주지

1.

1960년대 중반 무렵, 범어사 노장님(東山大宗師)께서 입적하시기 전부터 젊은 우리들은 광덕스님이 서울 영동 봉은사 주지직을 맡으면 함께 모여 살기로 결의했다.

우리가 그토록 따랐던 광덕스님은 본래부터 수행이 철저했고 덕행이 뛰어났으며 포교 전법에 대한 사명감 또한 남다른 데가 있었다. 그리고 우리가 뜻을 모으는 데 무엇보다 가장 큰 힘이 되었던 것은 광덕스님의 매우 인간적인 따뜻한 자비심이었다. 그야말로 광덕스님은 상경하애의 표본 같은 분이었기에 함께 모여 출가 수행자로서 여법하게 수행하면서 부처님 은혜를 갚는 것에 대해 대중 모두가 기뻐하며 참여하기를 희망했고 광덕스님을 따르기로 굳게 결심했던 것이다.

당시 대중들은 광덕스님이 주지로 있는 회중에서 함께 살면, 서로 배우는 것도 많고 각자 올바른 수행자의 모습을 확립하여 누구나 존경받는 큰스님이 될 것으로 목표하고 다짐했다. 그것은 광덕스님의 지혜와 자비의 힘과 선견지명 때문이었다. 실지로 광덕스님과 함께 생활해 보면 수행의 심연에서 오는 안정감과 풍성함, 사물에 대한 깊이 있는 분석과 미래에 대한 통찰력, 일상의 자세한 관찰력은 사뭇 뛰어났고 예지적인 지성을 바탕으로 처리하고 판단하는 대중의 통솔력은 조금도 기울어지지 않고 원만하였다. 벌써 그 당시, 광덕스님의 한창 때인 삼십대 후반부터 범어사에서뿐만 아니라 종단에서까지 큰스님으로 존경받을 정도였다면 또 무슨 말이 더 필요하겠는가?

종단의 종무 행정에 있어서도 탁월한 안목과 빈틈없는 일 처리로 이미 정평이 난 지 오래였고, 사회지도자로서 역사 발전을 내다보는 미래 안도 명백했기에 범어사 대중들뿐만 아니라 광덕스님과 조금만 인연이 있거나 심지어는 광덕스님의 이야기를 멀리서 전해 듣기만 하고도 신뢰와 부러움을 사게 될 정도로 광덕스님은 모든 분야에서 일등 스님이었고, 또한 모범적인 출가 수행자였다. 아무튼 광덕스님은 충분히 한 도량의 지도자가 될 만한 역량과 포부를 갖추고 있었고, 특히 부처님 가르침에 대한 신심은 타의 추종을 불허할 정도로 뛰어났음에 재론의 여지가 없다.

당시 광덕스님이 진리를 위해 몸바치는 구세대비의 원력과 대중을 이끌고 보살피는 자비 헌신은 육신보살로까지 칭송되었다. 이는 당시 광덕스님 또래의 젊은 스님으로서는 실로 드문 경우였고 흔치 않은 일이었기에, 새로운 신앙결사의 지도자로 더 없는 적격자가 광덕스님이라고 대중들은 스스로 판단했으며, 그래서 무조건이다시피 광덕스님을 따랐던 것이다. 막상 봉은사의 생활이 곤고(困苦)하고 수행이 힘들었어도 광덕스님이 앞장서서 인도하는 일이었으므로 대중은 오히려 기쁨을 가졌고 또한 용기를 가지게 되었다.

이러한 광덕스님에 대한 믿음과 존경을 바탕으로 우리들은 어린아이처럼 떼를 쓰다시피 광덕스님이 봉은사 주지 맡기를 역설했고, 나아가 청정수행 결사를 내세워 스님을 집요하게 설득했다. 한사코 봉은사 주지 직을 마다하는 광덕스님에게 대중의 힘으로 우격다짐을 벌이듯이 수행 결사의 명분을 줄기차게 내세웠던 것이다. 마치 우리는 결사 항전하는 독립군처럼 의기충천하여 자비심 많고 인정스럽기 그지없는 광덕스님을 압박(?)해 갔고, 마침내 승낙을 받고 대중은 기쁜 마음과 희망찬 기세로 서로 소임을 나누어서 새 살림을 시작했던 것이 봉은사 결사(結社)의 그 단초였다. 그리고 광덕스님 자신이 대학생 포교에 대한 염원을 가졌던 터였기에 가능했던 일임을 밝혀둔다.

2.

사실 그 무렵(1960년대 중반)에는 나라 전체가 가난했기에 어디를 가나 가난과 궁핍이 석양의 산그늘처럼 길게 드리워져 있을 때였다. 봉은사라고 해서 먹고사는 사정이 특별하게 다를 것이 조금도 없었다. 심지어 때때로 양식이 떨어져 소임자들끼리 서로 바라보며 한숨지으며 걱정한 때도 여러 번이었고, 행여나 광덕스님이 알세라 쉬쉬 해가며 오직 부처님께 기도하며 매달려 통사정하기도 했다. 비록 물질적으로는 그렇게 가난하고 사는 형편이 궁색하고 어려웠지만 우리들 각자의 뜻은 조금도 꺾이지 않았으며 오히려 시간이 지날수록 칼날처럼 날이 서서 예리한 광채를 뿜어냈다.

우리는 절 살림이 어려울수록 광덕스님을 중심으로 수행정진과 일상생활을 알뜰하고 절도있게 꾸려갔으며, 무엇 하나 대충 넘기거나 소홀히 하는 일 없었고, 가람수호와 수행정진에 여념 없이 오직 출가 본분에 충실했던 것이다. 돌아보면 이 모두가 광덕스님 덕분이라는 생각이 새삼 든다. 스님의 공정한 판단과 놀라운 신심, 보통사람이 생각할 수도 없는 높고 깊은 서원력, 가슴속 알 수 없는 깊이에서 솟아나는 자비 덕화(德

化의 힘으로 그토록 힘들었던 가난도 이겼고, 수행결사의 높은 뜻도 이뤘으며, 대중도 원만하게 화합하여 생활했다. 참으로 대견하고 보람 있던 시절이었고 우리들 모두의 빛나는 인생의 전성기였음을 자각하고 이제 거듭 광덕 사형님을 우러르며 마음을 다해 감사하고 싶다.

어찌 보면 조금은 역설적이거나 억지 같은 말이 될지 몰라도 나라 전체의 경제가 어려웠고 봉은사가 가난했기에, 우리들의 수행은 더 철저했고 우리들의 정신은 더 올곧았는지 모른다. 가난과 궁핍에는 고통과 불편도 따르겠지만 공부하고 뜻을 이루는 데는 좋은 약이기도 했으며, 게으른 마음에는 아픈 채찍이기도 했다.

그 당시 우리들은 마치 고결한 지사처럼 청빈(淸貧)을 자랑으로, 수행의 높은 뜻을 기쁨으로, 전법도생과 가람수호를 보현행으로 받아들였다. 뿐만 아니었다. 그 당시 삼십여 명의 출가 대중들은 광덕스님을 수행의 스승으로, 결사의 중심으로 받들던 때였으니 스님의 말씀이 곧 규범(規範)이었고, 그분의 서원(誓願)이 대중의 원이었고, 광덕스님의 삼엄한 계행이 대중의 거울이 되었다. 그야말로 광덕스님을 중심으로 일사불란한 정신질서와 화합을 형성하고 있었던 것이다. 그 당시 봉은사의 모든 대중이 함께 모여 좌선(坐禪)하고 공양(供養)하며 공사(公事) 벌이는 큰방에 들어서면 '청정막방일(淸淨莫放逸)'이라고 하는 붓글씨가 커다랗게 벽에 붙어 있었다. 청정(淸淨)과 정진, 근면(勤勉)이 결사대중들의 수행좌표였고 거울이었던 까닭이다.

이러한 봉은사 결사의 수행정신은 동참했던 대선덕(大禪德)들에 의해 한국불교의 새로운 수행 분위기를 형성하며 곳곳으로 번져갔다. 바로 그 당시 결사에 동참하여 대중의 윗자리에 있었던 도천·도광선사들께서는 용주사에 새로 선방을 만들었고, 그 후로도 도광선사께서는 지리산 화엄사로 청정 결사정신을 계속 이어갔으며, 도천선사께서는 금산 태고

사로 막방일(莫放逸)의 결사정신을 살리고 펼쳐 갔다. 그뿐만이 아니었다. 역시 봉은사 결사의 맨 윗자리에 계셨던 범어사의 지효 대사형께서는 도봉산 천축사에 무문관을 짓고 당대의 뛰어난 선사들과 육년 결사정진에 들어가기도 했다. 이 무문관(無門關) 결사정진은 하나의 큰 사건으로 종단 내외에 새로운 점환점으로 인식되었다. 그 여파는 실로 대단했다.

시끄럽고 어수선하던 종단 정화불사 이후 무문관의 출현은 수행의 중요성을 고취하는 가장 획기적인 일이 되었으며, 그러므로 순식간에 종단의 분위기를 수행위주로 일신하였다. 이 장거 또한 봉은사 결사로 기인된 것이며, 훗날 부산 범어사까지 그 힘이 뻗어 나갔다. 범어사 극락암을 개축하여 종신 무문관으로 삼고 특별정진과 대서원을 일으켜 분발했던 삶들의 원류가 바로 봉은사 결사였다. 실로 놀라운 일이 아닐 수 없었다. 그 당시에는 미처 생각도 못하고 상상도 못했던 일들이 시간의 경과와 함께 전국 방방곡곡으로 퍼져 갔고 면면히 이어져 종단의 힘찬 발전과 한국불교의 정신적인 밑바탕이 되었으며 그 동력이 되었던 것이다.

모든 일이 거의 그렇듯이 이러한 결사도 그 당시에는 사람들의 눈이 현실이라는 한계의 벽에 막히고 가리워서 그 참뜻을 제대로 이해하고 알기 어려웠다. 심지어 이 글을 쓰고 있는 필자 또한 세월이 한참 지난 뒤에야 봉은사 결사의 참뜻을 조금이나마 더 깊이 깨닫게 되었던 것이다. 봉은사 결사의 수행공동체는 이와 같이 흐트러짐 없는 질서와 상경하애의 대중화합에 의하여 잘 유지되었고 모범적으로 발전해 나갔다.

3.

그리고 봉은사 결사는 출가인들의 수행에만 국한된 것이 아니었다. 일반적으로는 출가 수행자 중심의 결사가 흔한 일인데 봉은사 결사는 보다 더 적극적인 뜻이 있었고 실천이 있었다. 그것이 봉은사 결사의 특장(特長)이었다. 장차 불교계를 이끌고 갈 재가(在家) 지도자 양성과 나라의 동량(棟梁)이 될 인재양성에도 심혈을 기울이고 정성을 쏟아 부었던 것이다.

즉 대학생불교연합회(대불련)를 창립하여 청담·성철스님을 고문으로 추대했고 광덕스님을 지도법사로 모셨다. 지도교수에는 서경수, 박성배 불자교수들이 맡았다. 나아가 봉은사에 대불련 구도부를 만들어 한창 이상과 정열이 불타오르는 젊은이들을 모아 수행과 학문을 겸수하도록 기회와 장소를 마련해 주고, 나 아닌 남을 위해 살 수 있는 큰 서원과 정진력을 연마하여 부처님 가르침에 의한 인재(보살) 양성을 도모했던 것이다. 이는 실로 그 당시로는 매우 놀라운 발상이었고 과감한 실천이었다. 봉은사의 결사정신이 아니었다면 그때의 절집 분위기로는 감히 엄두도 낼 수 없는 일이었고 상상조차 못할 일이었다.

그때의 불교계 전체 상황은 지금과는 비교할 수도 없을 만큼 달랐던 때였다. 앞에서도 말했지만 우리 결사 대중들은 여기서 한 걸음 더 나아가 신심이 뛰어나고 서원이 장한 대학생들을 따로 선발하여 봉은사에 한국대학생불교연합회의 특별 수도원을 설립했다. 이 일은 당시로는 무척 엉뚱한 일이기도 했다. 특별 수도원인 대학생 구도부의 출현이 말이다. 지금 그때의 얘기를 단적으로 표현하면 조금 불경스럽게 느껴질 수도 있겠지만 가히 혁명적인 일이었다. 당시로서는 대학생들에 대한 포교를 엄두 내거나 나아가서 그들을 절집으로 불러들여 함께 생활하며 부처님 가르침을 익혀 주려고 했던 발상은 사람의 생각으로 느껴지지 않을 정도였으니 말이다.

대학생 포교나 중·고등학생 포교는 그때까지 종단에서 거의 없다시피 했던 일이었다. 오로지 봉은사가 처음이다시피 했고, 또 처음이었기에 그만큼 어려움도 컸다. 그런데도 우리들은 용기 있게 절 안에 수도원을 만들고 학생들을 모집했다. 우선 대학생들 중에서 여러 가지 형편이 가능하고 뜻이 견고하며 용기 있는 희망자를 다수 받아들였다. 그래서 아예 절에서 스님들과 숙식을 같이하며 지냈다. 어떻게 보면 학생들이 집단으로 출가를 한 것이나 다름없는 일이었다.

그 당시 수도원에서 생활했던 대학생 구도부의 젊은 보살들의 일과는 학교에서 돌아와 저녁공양이 끝나면 대중과 함께 봉은사 큰방에 모여 앉아 무한 생명을 발굴했으며, 또 밤늦도록 학업에 몰두하다가 이른 새벽 다시 법당에 모여서 부처님을 예배하고 찬미하는 것으로 하루의 일과를 열었다.

그뿐만이 아니었다. 지금 무역회관이 있는 자리가 조선시대의 대표적인 고승인 서산·사명 대사를 배출시켰던 승가고시의 터전, 바로 그 유명한 봉은사 승가평(僧伽坪)이었다. 그 당시에는 10여 만 평의 농토였기에 출가 대중들과 구도부의 젊은 보살들은 함께 농사를 지었고 지금 선릉 앞에 있던 말죽거리 만여 평의 논에도 봉은사 대중들이 직접 농사를 지었다.

그들은 수행과 학업과 생산을 함께 이루어 나갔다. 실로 학업과 농사와 수행이 가지런하여 따로 높낮이가 없었고 선후의 구분도 넘어서서 오직 생활 자체가 여일하고 진지하기만 했던 시절, 그것은 용성조사의 저 유명한 선농원(禪農園)의 계승이었다고 할까? 아니면 선농일치의 그런 경지였다고나 할까? 아무튼 봉은사 청정수행 결사정신이 아니었다면 꿈도 꾸지 못할 일들이 그 당시 봉은사에서 엄연한 사실로 또 현실로 그렇게 펼쳐지고 있었다. 그리고 그것은 매우 이상적이었으며 젊은 시절에 몸바쳐 추구해 볼 만한 삶의 가치로 충분한 뜻이 있었고 용기를 가지고 덤벼볼 새롭고 무한한 세계이기도 했다.

이제 삼십 년도 훨씬 지난 2000년대에 들어와서 다시 그때를 회상해
보니 문득 가슴에 뜨거운 기운이 느껴지고 뭉클하게 맺히는 것이 있다.
그리움이다. 그렇다, 봉은사 결사 시절이 그립고 광덕스님이 그립고 그
때의 도반들이 다시 그립다.

아, 이제는 모두 지나간 얘기가 되고 말았구나. 그 시절 강북 뚝섬에
서 나룻배를 타고 한강을 건너서 영동 봉은사로 다니던 낭만은 벌써 사
라졌지만 봉은사 결사정신만은 아직도 오롯하게 남아 사회 각처에서 그
빛을 찬연히 뿌리고 있다. 그때 뜻을 세워 결사에 동참했던 보살(인재)들
은 늘 봉은사를 못 잊어 하고 그 시절을 소중히 하며 광덕스님의 향기를
못내 그리워하고 있다.

아, 인생은 늙고 병들어 마침내 사라져가지만 바른 뜻의 광휘는 세월
이 흘러도 변함없이 이렇게 찬연하구나. 그래서 고인이 '인생을 뜻으로
살되 육체로 살지 말라'고 했던가.

4.

다시 돌이켜보건대, 광덕 사형님은 내게 특별한 분이었다. 수행의 모
든 분야에서 나의 사형이 아니라 스승이었기 때문이다. 일일이 거론할
수도 없을 만큼 광덕스님께 지도 받고 영향 받은 바가 매우 크고 많다.
종국에는 나의 법호도 광덕스님이 지어서 손수 붓글씨로 써서 범어사로
보내주었다.

광덕스님과 나와의 인연에 대해 깊이 생각을 않고 일상에 파묻혀 그렁
저렁 살아서 그렇지, 고요한 밤, 월창하(月窓下)에 앉아서 지나간 시절을
생각하면 떠오르는 것은 모두가 광덕스님과의 주고받은 수행담과 인생사
줄거리들뿐이라는 것을 나이가 들면서 더욱 절감하고 있다. 광덕 사형님
이 내게 베풀어주신 깊은 자애와 우정에 나의 말이 다 미치지 못한다.

결론적으로 다시 말하면, 우리들의 봉은사 결사는 광덕스님이 주지였고, 또 몸소 앞장서서 대중을 이끌었고 진리에 대한 실천으로의 헌신이 있었기에 가능했던 한국불교사의 또 다른 사상운동이었다. 그래서 유서 깊은 봉은사는 사상운동의 본거지로 자리매김하였고, 구세대비의 서원을 이루는 수련장으로 세간에 회자(膾炙)되었다. 우리는 이와 같이 봉은사에서 보현행원의 새불교운동과 구국구세의 호법 깃발을 높이 올렸던 것이다.

그렇게 열렬했던 구도자이며 구국구세 사상가였던 광덕스님은 봉은사 결사를 새로운 출발점으로 삼아 더 한층 큰 일을 이루어 나갔다. 범어사, 종단, 종립학교의 발전에 찬연한 빛을 더해 나갔던 것이다. 특히 종단 내의 중요한 일에 스님의 손길이 미치지 않은 곳이 거의 없을 지경이었다.

광덕스님은 민족의식과 국가에 대한 충성심이 뚜렷한 분으로 새로운 종단의 초석을 놓는 데도 안목과 인식이 올발랐다. 새로 제정된 종헌·종법에 한국불교의 자랑스러운 전통과 고유한 특성을 잘 살렸고, 미래 사회에 불교의 역할과 불자들의 올바른 신앙과 안목을 키우는 일에 모든 정열을 기울여 나갔다. 실로 한 개인이 감당하기에는 매우 짧은 시간이었고 너무나 벅찬 과제였지만 스님은 무난하고 원만히 성취해 나갔다. 아무튼 광덕스님의 생애에서 봉은사 시절에 본격 태동했던 구국구세 결사가 획기적이었다고 생각한다. 그것은 후일 고스란히 다시 불광으로 이어졌고 급기야 불광은 한국불교의 새로운 물줄기로 자리잡게 되었고 그 역할을 자담하게 되었다.

5.

그러기에 광덕스님은 금세기 한국불교를 대표하는 사상가였으며 실천적 수행자이기도 했다. 그리고 미래 한국불교가 지향해야 될 길이며 목표였고, 이 시대 모든 이웃들을 부처님 법으로 선도하는 횃불이었다. 그러므로 광덕스님께서 종단 내외적으로 이룩한 위업(偉業)이나 새로운 불교 사상운동의 내용은 나의 필설이 다 이르지 못하고 감당할 수 없는 일이다.

이제 광덕스님은 가셨어도 구세 위업의 업적은 찬연하고 인류구제의 불같은 염원은 길이 타오를 것이다. 인천(人天)의 교화와 구제사업에는 육신의 유무와는 별개의 일이 되겠지만 그래도 스님에 대한 아쉬움과 그리움이 너무나 커서 어서 이 땅에 다시 오시어 불광 결사를 계속 이끌어 중생을 인도해 주시기를 나는 간절히 기도한다. 지나간 과거 일(歷史)에 아쉬움은 있어도 가정(假定)은 없는 법이라는데, 그러나 만약 우리가 봉은사에서 결사를 좀더 오래 할 수 있었더라면 하는 가정을 한번 해 보면, 아마 지금쯤 그 넓은 영동 벌판은 조계종이 자랑하는 한국불교, 수도 서울의 대본찰(大本刹)로 세계인이 모여드는 구국구세 보현 대도량이 되었을 것이다.

끝으로 1990년대 초, 광덕스님의 몸과 마음이 무척이나 힘들었을 때가 있었다. 그때 내가 불광사로 스님을 찾아뵙고 인사와 위로를 드리자, 스님은 나에게 속마음을 털어놓았다. 세월이 꽤 흘러 이제 다시 스님의 속마음을 헤아려 보니까, 비로소 그때의 스님 말씀이 짐작이 되고 또한 충분히 이해가 된다. 다만 안타깝고 애석하다.

스님의 충실한 상좌이고 나의 조카상좌이기도 한 송암수좌의 효심을 이렇게 대하고 보니 감개무량하기 그지없다. 아마도 스님께서 매우 흡족해 하시고 기뻐하실 일이다.

아무쪼록 이 책을 보는 사람들이 보다 가까이서 광덕스님에 대한 인간적인 깊은 이해와 일상의 법문을 통해 스님의 본 모습이 제대로 오래

간직되기를 바라며 또한 스님의 사상이 효심 깊은 사람들에 의해 잘 계
승되어 빛나는 한국불교의 새 물줄기가 오랫동안 계속 되기를 간절히
바란다.
　나무대행보현보살마하살.

庚辰年 冬安居 중에

龍城祖師 大覺運動 根本道場 大覺寺 禪窓에서

興敎 謹誌

전법 대본산의 출현

齊月通光 | 쌍계사 주지

금하당 광덕 대선사는 이 시대의 큰 스승이셨다. 모든 수행자들에게 진정한 사표였고 참된 선지식이셨다. 1970년 중반까지만 해도 우리 종단 내의 포교 전법불사는 미미하기 그지없던 때였다. 일반 재가불자들은 기복(祈福)에만 머물러 있었고, 스님들도 전법(傳法)에 대한 뜻을 크게 세우지 못했던 시절이어서 종단 차원의 포교 전법에 있어서는 거의 속수무책 같은 처지로 세월만 보냈던 때였다. 그때 마침 선사께서 어둠 속에서 횃불을 들고 나타나듯이 포교 일선에 출현하여 한국불교의 포교 전법에 대한 새로운 전기를 마련하고 각성을 크게 불러일으켰다.

선사께서는 대각사에서 불광회를 조직하여 몸소 앞장서서 성공적이고 바람직한 전법의 길을 힘차게 열어 나갔다. 그리고 사부대중 모두에게 현대적인 포교방법을 구체적으로 열어 보임으로써 종도들 누구에게나 포교에 대한 자신감을 심어 주었다. 이러한 선사의 전법운동이 결정적인 계기가 되어 1980년대로 접어들 무렵부터 한국불교는 새로운 포교 분위기가 형성되어 도심 각처에서 전법불사에 대한 사명감과 불자 의무를 더욱 왕성하게 수행하게 되었다.

이런 점으로 보았을 때 선사께서 한국불교에 끼친 지대한 영향력은 실로 놀랍기만 하고 반야의 가르침과 몸소 수행하신 보현행은 도저히 말이 다 미치지 못하고 형언이 불가함을 다시금 깊이 깨닫게 된다. 필자도 여러 번 불광법회에 가서 설법한 적이 있지만, 그때마다 느끼게 되는 선사의 놀라운 법력과 엄청난 전법불사의 위업에 대해서는 놀라움을 금치 못하곤 했다. 용성조사의 대각운동을 이어 새로운 불교 전법의 지평을 개척한 선사께서는 전대미문의 반야사상가이자 보현행의 성실한 실천자로서 지혜와 정진으로 오늘의 불광을 이룩하신 것이다. 이것은 불조의 명백한 뜻이었고 선호념, 선부촉이시다. 그러기에 대선사께서는 홀로 한국불교에 새로운 전법 대본산을 서울 중심에 우뚝 세울 수 있었던 것이라고 본다.

이러한 불광이 한국불교 현대사에 끼친 영향력은 자못 클 뿐만 아니라, 불교 사상사적으로나 교육과 의식 등 모든 분야에 걸쳐 획기적인 업적을 달성하였다고 하겠다. 그것은 바로 과거 한국불교의 실천적인 면에서 다소 미흡한 점을 완전히 보완하여 새로운 한국불교의 밝은 미래상을 제시했기 때문이다. 평소 선사께서는 다음과 같은 말씀을 강조하셨다.

"우리 모두가 바로 부처이므로 다만 부처의 행만 닦으면 된다. 그리고 부처의 행은 바로 보현행이다."

이제 거듭 돌아보면 선사께서는 참으로 부처님 진리 속에 살다 가신 이 시대 불자들의 진정한 귀의처였으며 바른 깨달음을 얻게 하는 훌륭한 스승이셨다.

불광의 전법 대작불사가 선사의 깊은 서원력과 뜨거운 정진력에 의해 우리 앞에 원만하였음에 다시금 선사를 우러러 합장하며, 가슴속 찬탄과 존경을 금할 수 없다. 이 기회에 선사께서 이룩하신 한국불교 전법 대본

산의 의의와 그 역할을 다시 생각해 보며 기원해 본다. 선사 열반 이후
로 불광의 전법불사가 나날이 성장하고 더욱 원만하여 조국의 평화통일
과 인류행복에 크게 기여하기를 바라는 마음 간절하기만 하다. 그리고
이것은 비단 글 쓰는 필자의 바람만은 아닌 것 같다.

끝으로 선사의 문인 송암화상의 지극한 효심에 찬탄을 금할 수 없다.
선사의 가르침을 잘 보존하였다가 이제 책으로 엮어 펴내니 다시금 옛
사람들의 뜻을 대하는 것처럼 기쁜 마음이 든다. 아무쪼록 이 책이 널리
읽혀 우리나라에 많은 광덕스님이 무수히 출현하기를 고대한다.

나무마하반야바라밀.

경진년 동안거 중에
三神山 쌍계사 六祖禪室에서 통광 경배

광덕불(光德佛)

凉山殊眼 | 통도사 축서암

지심귀명례 '광덕불.'

큰스님께서 번역하신 『보현행원품 강의』와 『예불대참회문』을 의지하여 백팔배, 천팔십배 참회기도를 하면서 내 가슴 깊은 곳에 항상 하시는 큰스님, 광덕 큰스님께 지심귀명례로 예경 올린다.

어느 해인가, 불광의 큰스님께서 나에게 몸소 보내 주신 연하장 답서가 생각난다.

"수안 수좌, 나에게 많은 연하장이 국내외에서 오지만 직접 쓰거나 그린 연하장은 몇 되지 않아. 직접 그림을 그리고 축원문을 써서 정성껏 보낸 수안 수좌의 연하장을 받고 수안 수좌 생각을 했지. 오랫동안 산중을 떠나지 않고 꾸준히 정진하면서 사는 모습이 참 좋군. 아무튼 열심히 살기를 바래."

나에게 편지를 쓰면서 큰스님께서는 구술하시고 시자가 받아쓰고 마지막으로 당신께서 손수 싸인 하신 분위기를 그대로 느낄 수 있었다. 큰스님의 그 자상하심을 나는 무척 감동스럽게 생각했다. 그것은 후학으로 느끼는 존경이었고 배움이었다.

1986년 8월, 서울 백상기념관에서 내가 개인전을 할 때 소식도 없이 몇몇 재가불자들과 함께 오셔서 축서암 부처님 참배는 못 했지만 법당 불사에 동참하신다 하시며 금일봉을 전해 주시던 큰스님의 자애롭고 따뜻하신 그 눈빛……. 큰스님의 건강 때문에 바깥 나들이를 거의 못하실 때라 나는 더욱 송구하고 감사한 마음 금할 수가 없었다.

가만히 생각해 보니 큰스님을 처음 뵌 것이 5.16 군사정변 후, 보리 흉년이 든 어느 해였던 것 같다. 대본산 주지 소임을 맡으라는 어른 스님의 말씀에 '앗, 뜨거워라' 하면서 입고 벗을 옷가지도 미처 챙기지 못하고 남해 보리암으로 도반을 찾아오셨다.

보리암에서 곧 용맹정진을 하시던 큰스님, 광덕 큰스님.

그 해 겨울은 왜 그리도 춥고, 눈은 또 왜 그렇게도 많이 내렸는지. 정월 초이레 정초기도 회향준비로 남해읍 칠십 리, 눈밭 길을 걸어 시장 다녀오던 날. 큰스님, 광덕 큰스님께서는 밤을 하얗게 지새며 용맹정진으로 시장 간 원주스님과 나를 기다리며 정진하셨단다. 그 이야기를 나중에 듣고 다시금 올려다 봤던 광덕 큰스님의 얼굴.

열 발가락 모두 동상이 걸려 퉁퉁 부은 내 발을 큰스님의 두 손으로 꼬옥꼬옥 만져 주시면서 '보리암 관세음보살님 가피력으로 곧 나을 거야. 수안 수좌는 신심이 장해서 꼭 성불할 거야'라고 용기와 격려를 아끼지 않았던 큰스님, 광덕 큰스님.

1990년 영축산 깊은 골짜기에서 자연산 표고버섯을 구하여 햇볕에 정성껏 잘 말려 큰스님께 공양 올렸을 때, 큰스님은 귀하고 소중한 약재인 양 부처님께 먼저 공양 올리고 난 다음 버섯국물을 맛있게 드셨다는 말씀을 전해 듣고 불초 송구하고 감사하여 또 눈가를 적시고 말았다.

작년(1999년)에 큰스님의 문인 송암 사(師)가 『광덕스님 시봉일기』를 보내왔기에, 읽고 또 읽으면서 마치 큰스님을 눈앞에 대하여 모신 듯 참

고맙고 행복했는데, 며칠 전 전화로 지금 천일기도 중이라면서 큰스님과
의 인연담을 부탁하기에 앞뒤 분간 없이 응낙했다. 큰스님에 대한 반가
운 마음이 급하여 응낙은 했지만 막상 원고를 쓰려고 경상 앞에 앉으니
까 마음은 저 만큼 앞서가고 글은 도저히 뒤따르지를 못해 이렇게 졸문
이 되고 말았다. 그렇지만 나의 이 꾸밈없는 글을 큰스님께서 보시고
'허허' 웃으시면서 사바세계에 어서 오시어 광도중생 하기를 지심귀명
례로 빌고 또 빈다.

이 글을 쓴 송암화상과는 꽤 오랜 세월 동안 서로 알고 지냈지만 스승
에 대한 효심이 이렇게 깊은 줄은 미처 몰랐다. 다시금 그 스승(동산 대
종사께 올렸던 효심의 주인공) 밑에 그 제자인 것을 느끼며, 아무쪼록 이
책이 널리 읽혀 점점 사라져 가는 효심을 회복하는 계기가 되었으면 더
바랄 것이 없겠다.

지심귀명례 광덕불(光德佛). 지심귀명례 보현보살마하살.

2000년 동짓달 大雪 다음날 새벽

後學 殊眼 頓首敬拜

우리 사형, 광덕 큰스님

九海日藏 | 제주 목부원

돌이켜보면 1950년대 말이나 1960년대 초, 범어사 동산 대종사 회하(會下)에서 득도(得度)한 몇몇 어린 도제(徒弟)들에게 누구보다 광덕 큰스님은 사형님이라기보다는 오히려 자상하면서도 엄하신 스승의 역할을 대신해 주셨다.

1965년, 노장님(동산 대종사)께서 갑자기 열반에 드시자 출가한 지 얼마 안 된 어린 제자들은 졸지에 고아가 되었다. 그때 철없이 헤매던 어린 사제들을 일일이 불러 마치 세속의 피붙이 친동기처럼 보살펴 주고, 손수 학교도 입학시켜 주며 격려하고 토닥여 주던 광덕스님의 그 손길에 어린 사제들은 새로운 힘을 얻었고 수행의 용기를 되찾았다. 나 역시 형님의 사랑을 듬뿍 받은 막내로서 광덕스님이 그렇게 든든한 울타리일 수가 없었다.

이제 내 나이도 어느덧 육십을 바라보는 지경이 되고 말았지만, 지금도 어린 시절 그때의 광덕스님을 다시 생각하면 수많은 감회가 되살아난다. 스님은 빼어나게 청순한 모습에 서정시인(抒情詩人)의 정서가 듬뿍 넘치면서도, 지사(志士)와도 같은 불같은 열정을 지니었다. 광덕스님의 환하고 명랑한 기운은 먼발치에서 보거나 여러 대중들 속에서 보거나 언제 봐도 군계일학(群鷄一鶴)이었다. 그러나 타고난 허약한 체질을 속으로만 감내하며 평생 병마(病魔)와 씨름하면서도 끝내 아이 같은 평온함과 수행자로서의 꿋꿋한 위엄을 잃지 않던 평소의 모습들이 눈에 박힌 듯 선연히 다시 떠오른다.

스님은 젊은 나이에 위(胃)를 거의 다 잘라내는 큰 수술을 받았고, 그 수술 자국이 채 아물기도 전, 극심한 고통에 배를 움켜쥐고 어린 사제(師弟)가 입원했다는 소식을 듣고 늦은 밤중임에도 불구하고 한걸음에 달려와 지극한 간호를 베풀어주었다. 병든 어린 사제의 펄펄 끓는 불덩이 같은 이마에 물수건도 올려 주고 손도 잡아 주며 밤새도록 위로와 격려를 아끼지 않았던 온화하고 자상한 보현보살, 그때의 모습을 나는 도저히 잊을 수 없다. 어찌 그 자비를, 그 은혜를 차마 잊을 수 있겠는가? 사람으로, 수행자로서 말이다.

내가 제대 후, 잠깐 범어사에 머무르던 어느 날.

보제루(普濟樓) 앞마당 대웅전 올라가는 계단에서 광덕 사형님을 스치듯 마주쳤는데 나를 보자마자 그 자리에 선 채로, '이 시대에 부처님 정법을 어떻게 지켜야 하며 바람직한 수행자의 역할이 무엇인지' 등에 대하여 무려 두어 시간 동안이나 간곡히 일러주시던 그 열정을 지금도 나는 잊지 못하고 있다. 가끔 한가히 앉아 지난날을 생각해 볼 때, 으레 광덕스님과 내가 그 계단에서 마주 서 있는 장면이 제일 먼저 떠오른다.

그 후 다시 삼십여 년이 흐른 지난 1998년 어느 날, 아무런 예고도 없이 광덕 사형님께서 지친 노구(老軀)를 이끌고 이곳 외진 제주도 목부원(牧夫苑)을 방문하셨다. 스님께서는 내가 미처 절 올릴 사이도 없이 마당에서 겨우 한숨 돌리시곤 나이든 사제에게 한마디 남기셨다.

"일장 수좌! 평생 수행자로서 살며 출가에 후회됨이 없는가? 부디 하루하루를 헛되이 보내지 말아요. 나는 아무래도 잘못 살아온 것 같아. 이렇게 사대육신을 조복(調伏) 받기도 힘들어 주위 사람들에게 폐만 끼치고 있으니……."

나에 대한 격려와 함께 스님 자신에 대한 아쉬움 가득한 탄식을 솔직히 드러내 보이신 그 말씀은 나에 대한 또 다른 인생의 고귀한 훈도이기도 했다. 지난날 범어사 대웅전 앞에서 하신 것처럼 말이다. 사제인 나에게 출가자로서 지혜롭게 살아야 된다는 뜻을 당신 자신을 예로 들며 강조한 것이라고 생각하여 겸허하고 감사하게 받아들였다.

스님은 피곤한 듯 목부원 마당에 놓인 의자에 앉아서 눈을 감고 오랫동안 있었다. 한참을 상념에 젖어 있다가 시자(侍者)의 부축을 받으며 겨우 돌아가시는 스님의 뒷모습을 보고 나는 창연한 마음을 금할 수 없었다. 광덕 사형님의 목부원 방문이 워낙 졸지에 일어났고 그 떠난 모습이 너무나 안타까워 가슴이 미어지는 것처럼 아팠다. 새삼 인생이 비감하였고 허무하기도 하여 차마 뭐라고 말할 수 없고 따로 마음 붙일 곳도 없어 나는 하루 내내 아무 일도 못하고 창연(愴然)함에 빠져 있었던 기억이 몇 년이 지난 지금도 오늘 아침 일인 듯 선연하기만 하다.

빙설(氷雪)이나 유리같이 투명하게 맑고 야윈 법체(法體)로 스님은 삼엄한 계체(戒體)의 갑옷을 입으시고 평생 흐트러짐 없는 여일(如一)한 선범(先範)을 보였다. 그리고 그 누구도 상상 못하였던 만호장안(萬戶長安), 서울에 큰 법회를 가꾸어 이끌면서 끝내 우뚝한 불광회상(佛光會上)을 일구어 세웠는가 하면, 당신의 기억에 있는 한 여기저기 흩어져 살고 있는 도제(徒弟)들의 일상(日常)까지도 두루 염려하여 불청지우(佛請之友)의 현신설법(顯身說法)으로 자비의 손길을 변방 구석까지 미치셨으니, 가히 중생계가 다해야 나의 원(願)도 다하리라는 보현(普賢)의 행원(行願)을 몸소 근행(勤行)하심이 아니겠는가! 이 어찌 시공(時空) 없는 대천계(大千

界)에 천백억의 화신을 나투시는 원력보살의 현신(顯身)이 아니리요. 이렇듯 스님께서 걸어오신 수행자로서 평생의 모습이나 동분서주 정법을 홍포하시던 너무나 크고 뚜렷하신 그 족적(足跡)들이야 새삼 누구의 말을 다시 빌릴 필요가 있으랴.

나의 은사(恩師) 동산 대종사와 광덕 사형님은 한국불교사가 그 암울했던 조선시대와 일제 강점기의 사슬에서 벗어나 현대 여명기 벽두에 다시 맞은 정화(淨化)라는 극심한 회오리의 혼돈기, 그 가장 중심에 서 계셨던 분들이다. 그분들의 어깨에 맡겨진 사명대로 우리 교단의 전통과 승가(僧家)의 위상(位相)을 다시 확립하기 위해 누구보다 오로지 청정수행(淸淨修行)과 자비교화(慈悲敎化)의 이념 실천을 위해 혼신(渾身)의 힘을 다 쏟으며 기꺼이 소임을 짊어졌던 분들이셨다. 오늘날 이만큼 제방(諸方)에 수행풍토(修行風土)가 정착되어 가고, 또 이만큼이나마 현대화된 포교활동(布敎活動)이 확립되어 가는 그 밑거름에 이러한 맑고 푸른 선현(先賢)들의 간곡한 원력(願力)과 이끌어주신 근행(勤行)의 자취가 없었다면 어찌 오늘의 토대(土臺)가 마련될 수 있었으리요.

무상(無常)한 세월 속에 그분들이야 소임(所任)을 다하고 가셨지만, 그 청정유업(淸淨遺業)을 이어 정법(正法)의 당간(幢竿)과 그 깃발이 행여 바래거나 구부러지지 않게 다지고 세우는 일은 오로지 남겨진 우리 후학(後學)들의 사명(使命)이요 몫일 것이다.

사형님 가신 허전함이 채 가시기도 전에 평생을 가까이서 시자(侍者)의 소임(所任)을 다하던 송암 상인(上人)이 평소 꼼꼼히 메모해 두었던 사제간의 온갖 일화(逸話)와 법어(法語)들을 정리해『광덕스님 시봉일기』라는 제목으로 출간하여 가슴 벅찬 감회에 젖게 하더니, 이제 그 미진했던 부분들을 두루 모아 다시 책으로 출간한다고 하니 여간 기쁜 일이 아닐 수 없다.

이 어찌 미사여구(美辭麗句)의 허구(虛構)와 허사(虛辭)들을 동원하여 한갓 차디찬 돌에나 새겨 세우는 흔한 행적비(行蹟碑)나 공덕비(功德碑)에다 비하리요.

부디 광덕 사형님의 빛나고 영롱했던 평생 면모가 꽃피고 열매 맺듯, 가식(假飾) 없이 이 땅의 후학들에게 두루 진솔한 경책(警策)과 격려(激勵)로 본받고 의지할 귀감(龜鑑)이 되어 다시 한번 원력(願力)의 화현(化現)인 듯 우리들 앞에 나타날 수 있도록 간절히 빌어본다.

庚辰年 12月

제주 牧夫苑에서 門弟 日藏 頓首

미미소(微微笑)의 주인

古園明正 | 극락선원장

꽃이 필 무렵에 색이 한결 더 곱고(花發欲時方有色)
못에 물이 차면 소리가 없네(水成澤時却無聲).

위의 글귀를 다시 간단히 해설해 보면, '꽃은 필 때면 한층 더 짙은 빛깔을 띠고, 못의 물은 적을 때 졸졸 흐르는 소리가 나지 그득히 차면 소리가 없다'는 말이 될 것이다.

꽃이 필 때면 색깔이 한결 짙다고 했다. 꽃이 그렇게 터지듯이 사람에게도 누구나 한번쯤 용광로와도 같은 시련을 겪을 기회가 주어진다. 특히 수행자는 그 용광로와도 같은 시련을 통해서 더욱 크게 성숙하는 것이다. 마치 병아리가 알에서 깨어 나오듯 말이다.

만약 수행자에게 용광로와 같은 시련이 찾아와 주지 않으면 스스로 불을 지펴서라도 시련의 불에 점화해야 한다. 옛 선현(先賢)들도 모두 그러했고, 큰 도를 성취한 동서고금의 선각자들도 모두가 시련이 있었고 또한 그 시련을 이겼다. 그것은 바로 번뇌를 녹여 없애고 순수한 생명을 다시 얻는 용광로를 거쳤다는 이야기다. 우리가 살고 있는 지금, 이 시절에도 자아(自我)를 개발하려면 자아를 성숙시킬 시련의 용광로에 반드시 점화를 해야 한다.

조선시대의 혹독했던 척불(斥佛)과 일제 강점기에 등장한 대처승, 한국전쟁, 그리고 불교정화의 격변기 등 엄청난 변화의 현장.

이 모든 힘들었던 시대를 온몸으로 살다 가신 금하당(金河堂) 광덕(光德) 큰스님을 떠올리노라면 우선 잔잔하기 그지없는 미미소(微微笑)가 가슴 찡하게 울려온다.

'중생(衆生)을 교화(敎化)해서 제도(濟度)한다.' 그것은 말이나 글처럼 결코 쉬운 일이 아니다. 우선 자기(自己)부터 정화(淨化)되고 정립(正立)되어야 한다. 싯달 태자께서 설산(雪山)에서 정각(正覺)을 이루신 뒤 49년간 중생들을 교화하셨듯이 모든 포교의 핵은 자기부터 얼마나 철저한 수행을 하였느냐에 달려 있는 것이다. 광덕 큰스님께서는 큰 수행을 마치시고 우리 불교가 안고 있는 포교(布敎)의 전반적인 문제해결의 제일선에 과감히 뛰어들었다.

드디어 부처님의 큰 가르침이 있는 불광(佛光)을 개설해서 대한민국 수도 서울에서 전법의 기치를 높이 걸고 일체 중생들에게 부처님의 은혜를 베푸셨다. 이제 우리 후학들은 큰스님께서 남기신 과업을 더욱 충실히 수행하고 아울러 보현보살 대행원을 마음속 깊이깊이 간직하여 각자 자기 능력껏 전법을 실천함이 후학의 도리이며 또한 즐거운 불사(佛事)가 아니겠는가?

끝으로 은사 스님의 후사를 이렇게 지성으로 섬기는 송암화상의 정성이 참으로 감격스러울 뿐이다. 이 책이 널리 사람들의 손에 전해져 도처에 무수한 광덕 큰스님이 출현하기를 간절히 바란다.

나무마하반야바라밀.

전법도생에 바친 한 생

磨磚奇玄 | 용문 보타암

1.

풋내기 수행자 시절, 나는 결의도 옹골차게 부처님의 일대시교(一代時敎)를 섭렵하고 선원으로 가서 정진하여 깨달음의 길을 가리라고 마음속으로 굳게 작정하고 나름대로 열심히 경전 공부를 했다. 그러다가 일본 불교서적에 관심을 갖게 되어 일본어를 공부하게 되었고, 일본에 타니구찌 마사하루(谷口雅春)라는 훌륭한 종교 지도자가 있음도 알게 되었다. 일본어가 서툴러 비록 사전을 옆에 놓고 더듬거리며 보느라고 무척 애는 먹었지만, 그의 저서에서 많은 감명을 받았고 나의 삶의 행동지침을 새로 세우기도 했다.

나중에 알고 보니 그는 『생명의 실상』을 비롯하여 불교 경전도 여러 권을 주해하는 등 수십 종의 저서를 남긴 불유선(佛儒仙) 3교를 회통융합(會通融合)하여 새로운, 말하자면 현대화된 신행단체(일본식)를 창시한 운동가이고 사상가이자 또한 저술가였다.

그가 주해한 『유마경 강의』를 무척 감명 깊게 읽었고 『생명의 실상』(번역본도 나왔음)은 그때 나의 수준에서 보아 금과옥조(金科玉條)로 넘치는 명작이라 생각되었다. 아마 한때에 많은 스님들도『생명의 실상』을 접했으리라고 생각하며, 또한 일부에 적지 않은 영향도 끼쳤다고 본다. 풍문에 그는 동양의 예수라고 불리기도 했다고 하니, 아마도 그의 사상과 이론, 그리고 실천이 얼마나 뛰어났나 하는 단적인 증거라고 하겠다. 그는 이미 신앙의 대상(?)으로까지 진전했다는 뜻이기도 하겠다.

어느 날, 안성 도피안사 송암스님으로부터 광덕 사숙님과의 인연담을 써달라는 원고 청탁을 받고 가만히 고민하던 차에 문득 타니구찌 선생에 대한 생각이 떠올랐다. 그것은 광덕스님과 일본의 타니구찌와 서로 비교할 수 있지 않을까 생각해 보았기 때문이다. 광덕스님은 출가 수행자였기에 일대일의 비교는 부당하고 송구한 일이라고 생각되지만 말이다.

아무튼 나의 이 같은 졸문(拙文)은 광덕 사숙님이 이룩하신 위업에 흠을 내는 일이 되지 않을까 조심스러워 무척 망설여지기도 했지만 용기를 내어 몇 자 적어본다.

2.

'비구들아, 가서 부지런히 법을 전하라'라고, 부처님께서 제자들에게 부촉하셨다는 대목을 어느 경전에선가 보았다. 사실 수행자에게 간경ㆍ정진ㆍ전법 그 어느 것 하나 소중하지 않은 것이 없다. 현실적으로는 물질을 빌고 이상적으로는 진리를 빌며, 아니 밖으로는 밥을 빌고 안으로는 법을 빌며 사는 것이 비구(比丘)라면, 반드시 진리에 대해 자기가 아는 만큼 베풀어야 한다. 그것이 바로 진리이며 또 주고받는 인연법칙의 원리(진리)이기에 그 원리에 따르는 것이 당연지사가 아닐까?

저 유명한『지도론(智度論)』에 다음과 같은 말씀이 전한다.

억만겁이 다하도록 이고지고 떠받들며
온몸을 자리삼아 삼천계를 두루해도
만약에 법 전하여 중생제도 못하면
마침내 불은(佛恩)을 못 갚는 사람일세.
假使頂戴經盡劫　身爲床座徧三千
若不傳法度衆生　畢竟無能報恩者.

그만큼 전법은 불교 교단의 가장 중심적인 임무이며 존재 자체이고 절실한 현실이다. 지식과 정보의 홍수가 넘치고 있는 오늘날, 현대는 그 전달수단도 숨막히게 발전하여 급기야 디지털 시대에 이르렀다. 이로 말미암아 시공(時空)의 의미마저 없어지고 말았다. 그러나 아무리 세상이 난다 긴다 해도 기본적으로 활자화라는 공간은 불가피한 것이며 또한 앞으로도 계속 필요한 것이다. 이리하여 문서나 서적 등 인쇄매체는 어쩔 수 없이 존재하게 마련이다.

이러한 시대적 상황을 미리 파악하고 정보화시대를 예견한 광덕스님께서는 일찍이 월간 「불광」을 창간하였다. 이제는 전국의 글줄이나 읽는 지성인이면 누구나 다 알고 있는 불교의 대표적인 잡지가 「불광」(불교종합교양지)으로 자리매김하였다. 대한민국의 여러 차례의 사회적인 혼란과 격변기로 인해 우리의 정신문화는 매우 우려할 한계에 도달할 무렵, 월간 「불광」의 출현은 그간 우리들의 거칠어진 정신세계를 청정한 감로수로 정화시켰다. 아사직전(餓死直前)의 우리의 영혼을 일미(一味)의 법찬(法餐)으로 한껏 포만(飽滿)케 한 일대 사건이었다고나 할까! 아니, 그것은 사건이라기보다 하나의 우렁찬 선언이며 사자후였다.

그리고 속속 뒤를 이어 펼쳐진 반야바라밀 결사운동과 보현행원 실천운동, 순수불교 선언, 한마음 헌장의 발표. 이와 같은 일련의 선언과 운동의 전개는 '불광정신개혁군(軍)'의 도도한 발진(發進)을 기점으로 하여 바로 한국불교사에 새로운 한 획을 긋게 되는 대사건이라 하겠다. 그러나 그 후 불광은 성장과정에서 나타나는 여러 가지 우여곡절을 겪기도 했다. 결코 순탄한 것만은 아닌 장애와 고난을 겪으면서도 잘 극복하고 마침내 눈부시게 발전하여 바로 오늘날의 대불광이 되었다.

그 밑바닥에는 광덕스님의 그 가냘픈 듯(건강이 좋지 않아 외관상으로는 항상 수척했고 파리한 모습으로 보였음), 그러나 모질도록 단단한 보현행원으로 무장된 원력과 의지가 철벽처럼 떠받치고 있었다. 그리고 온유함과 너그러움의 크고 넓은 자비가 항상 넘치고 있었다. 스님 가신 뒤 비통에 젖어 몸부림치는 출·재가들의 흐느낌이 스님의 가풍을 묵묵히 보여 주었고 증명해 주었다.

3.
그것은 저 먼―신화의 시대에서 흘러내린 것
그리고 기나긴 역사의 사연을 가득 담고
먼 미래로 흘러가는 역사를 넘어선 생명의 대하.

종로 대각사 골방에서 쏟아낸 불광 언어(뜨거운 정열이 오랜 기다림 끝에 용암처럼 분출하여 대하의 강물이 되어 흐르기 시작한 『광덕스님의 생애와 불광운동』)에서 감지되듯이 이미 광덕스님에게 있어서 불광은 그대로 살아서 숨쉬는 보현행원의 부단한 실현이자 구법정신의 발로이며 영원한 현재(現在)의 구현(具現)이라고 밖에 달리 해석되지 않는다.

스님의 여러 가지 공로(功勞)나 위업(偉業) 중에 뭐니뭐니 해도 역시 시대를 이끌고 사람을 구제하는 것은 반야바라밀 사상에 기초한 새로운 신앙운동이었다. 그러기에 스님은 스스로 한국불교의 새 물줄기임을 자임했고 내외에 선언했으며 지속적으로 실천하고 가다듬어 나갔던 것이다. 이후의 모든 활동은 오직 이러한 목표를 달성하기 위한 여러 가지 방안이었을 뿐이다.

스님의 반야바라밀 사상은 참으로 탁월하고 드높았다. 법계의 실상이라고 하는 법성의 한 형태로서, 그 주인공으로서의 인간을 설명했다. 스님께서는 인간을 가장 지적이고 자비롭게 하는 대각교인 불교를 어느 사이 한 차원 끌어올리는 견인차로서의 역할과, 실상을 보는 눈으로서의 안목을 형성했으며 아울러 지성불교로서의 좌표를 정립하는 전환점이 되었다는 데 아무도 이견(異見)이 없을 것이다.

한국불교에 있어서 이기적인 신앙형태의 탈피, 난해한 한문경전의 번역, 신앙생활의 일상화 등 앞서가는 불광의 사상과 실천에 대해서는 앞으로도 전문가나 학자들이 지속적으로 연구하여 계승하기를 바라마지 않는다.

나는 이 자리에서 한국불교의 새로운 사상운동인 불광 결사운동은 인류 역사상 어떠한 형태의 사상운동, 신앙운동, 종교부흥운동보다 우선하고 또 그러한 운동을 주도한 사상가들과 여러 인물들보다 더 높은 가치를 부여해야 한다고 생각한다. 왜냐하면 그 당시 우리의 풍토에서 새로운 정신운동을 벌여 나가기에는 상황이나 조건이 너무나도 척박하고 황폐했기 때문이다.

불광운동은 역사적인 요청에 의해서 필연적으로 떠오르다시피 대두된 것이 아니고, 또한 주변 환경의 필요에 의한 자연발생적으로 등장한 것도 아니었다. 거기서 한 걸음 더 나아가 우리 모두는 언젠가는 이렇게 돼야 한다는 선각자의 자각정신으로 불광운동은 시작되었던 것이다. 다만 이러한 새로운 불교적인 정신자각 운동을 광덕스님이 직접 앞장서서 선도해 갔다. 그리고 여러 가지 어려운 여건 중에 또 하나는 광덕스님 자신의 건강이 항상 극한의 상태였던 것이다. 광덕스님께서는 그것을 이겨내고 병 없고 고통 없는 도리를 우리에게 확실하게 증거했던 것이다. 당신의 사상을 현실 속에서 그대로 증명해 보인 것이다. 그래서 광덕스님을 잘 아는 스님들은 인욕보살이라고 칭송하여 높인다.

4.

다음으로 스님의 손길이 닿은 것은 불교음악이었다. 사상운동을 전개함에 음악의 역할과 그 필요성을 알고 적극 활용했던 것이다. 가장 대표적인 작품이 '보현행원송'이었다고 본다. 나는 그때 너무나 운 좋게도 세종문화회관에서 공연한 '보현행원송' 공연을 직접 생생하게 볼 수 있었다. 그 당시 나는 너무나 큰 감동을 받아서 한순간 멍해지고 말았다. 내 정신을 '보현행원송'에 일시적으로 빼앗긴 상태에 빠졌던 것이다.

'보현행원송' 발표는 물론 작곡가, 연출자, 합창단원 등 전체 출연진들의 일치된 호흡의 훌륭한 공연이었고, 또 『화엄경』 보현행원품이 갖는 거대하고 장엄 무비한 내용과 규모도 있겠지만, 내가 그 당시 '보현행원송'을 보고 느낀 핵심은 바로 그것을 가능케 했던 광덕스님의 원대한 뜻과 실천력이었다.

나비부인, 피가로의 결혼 등 소위 명작인 서양의 오페라도 몇 작품 관람할 기회가 있었는데 내게 있어서는 '보현행원송'이 한결 더 큰 감동이 있었다. 누가 나를 무식하기 짝이 없는 사람이라고 비웃는다 해도, 설령 서양 음악계의 거장들에게 결례가 되어도 내 느낌을 어찌 할 수가 없다. 왜냐하면 비전문가로서 이러한 대합창의 가사(보현행원품 저본이 있다고는 해도)를 써낸다고 하는 것은 천부적인 재능과 보현보살의 경계가 아니면 도저히 불가능한 일이기 때문이다.

음악이라는 예술 분야에서도 수많은 전문가들이 줄기찬 노력과 연구에 연구를 거듭하고 있지만 실지로 작품을 무대에 올려 성공하기란 그리 쉽지 않고 또 대성황을 이루기란 더더욱 어려운 일일 것이다. 그런데도 '보현행원송' 공연은 모든 부분에서 거의 완전하게 성공했던 것이다. 음악에 대한 전문가들이 아니었는데도 말이다. 생각할수록 참으로 놀라운 일이었고 드문 일이었다. 혹시 나의 이 말이 찬사로 들린다면, 작곡·지휘의 청암(靑岩) 박범훈 선생, 연출을 맡았던 연암(然岩) 손진책 선생, 무용을 맡았던 국수호 선생 등에게 우선 보내야 할 것이다. 그리고 그 외 모든 분들, 아마 이루 다 헤아릴 수도 없을 것이다. 본 공연이 끝나고 스님이 무대에 나와 인사하시는 모습은 멋지다 못해 그 뛰어난 재능과 원력에 대한 부러움이 크게 내 가슴을 소용돌이쳤다. 벌써 십 년 가까운 세월이 흘렀지만 그때의 감동이 지금도 내 가슴을 따뜻하게 덥혀 주고 있다. 내 평생 잊을 수 없는 감동의 소중한 추억을 불광의 스님으로부터 얻게 된 것이다. 지금도 생생한 그때의 웃지 못할 이야기 하나는 범어사의 무비스님도 내 옆에서 관람하고 있었는데, 저녁시간에 한번 더 보고 나오겠다고 하며 다음 공연시간까지 남아 있었던 기억이 다시금 새롭다.

5.

무량·영원·절대생명의 반야사상에 입각한 광대 무변한 보현행원으로 이 세상을 온통 진리의 대광명으로 찬란케 하고자, 그렇게 몸이 괴로워도 위법망구로 정진하며 중생계가 다하도록 전법에 헌신하신 광덕스님, 그러한 광덕스님의 입적이야말로 애통하고 분한 생각마저 들지만 다시 미륵불의 시대를 기다리는 마음으로 기다릴 것이다. 그리고 불광이 잘 되기를 말이다.

끝으로 송암화상의 줄기찬 노력과 송백(松栢) 같은 불변의 신념을 곁에서 보고 있노라면 놀라 입이 딱 벌어진다. 그의 효심은 더욱 놀랍고 내가 그토록 감동하고 좋아했던 '보현행원송'도 그의 능력과 스승에 대한 지극한 효성으로 이루어졌다는 후일담을 전해 듣고는 더더욱 놀랄 수밖에 없었다. 아무튼 참으로 대단하다고 밖에 달리 할 말이 없다. 이 책을 낸 송암화상에게 경의를 표해마지 않는다. 이 책이 많이많이 읽혀지기를 간곡히 바란다.

나무석가모니불, 나무관세음보살, 나무제존보살마하살!

불기 2544년 12월

於龍門山下 普陀山房 磨磚行者 奇玄 焚香三拜

문수보살과 보현보살

裂湖閣提 | 선제사 주지

1.

나는 은사(恩師)이셨던 성철스님을 문수보살(文殊菩薩)과 같다고 생각한 적이 있으며, 광덕 사숙님을 보현보살(普賢菩薩)과 같다는 생각을 여러 번 했다. 지금도 그 생각에는 별 변동이나 달라진 것이 없다. 왠지 나도 잘 모르게 두 분 어른들에 대한 그러한 느낌이 줄곧 내 마음속에 떠올랐고 또한 아직도 남아 있다.

나는 이 원고를 쓰면서 미리 말하고 싶은 것이 있다. 이 글의 주인공이신 두 분 어른들의 호칭에 대해서다. 은사스님에 대해서는 그냥 일반적으로 절에서 흔히 노인 어른들께 공경하는 뜻으로 사용하는 노장님(성철 대종사)이라고 부르고 싶고, 광덕 사숙님은 대선사(大禪師)로 호칭하고 싶다.

왜냐하면 옛날 우리 선조님들은 승속(僧俗)을 불문하고 가정에 대한 일이나 가족 구성원들을 남에게 말하거나 거론할 때는 무척 조심스럽게 임했고 겸양으로 표현했다. 그러기에 우리 출가문(出家門)에서도 스승(아버지)을 다른 사람에게 말할 때는 역시 남에게 결례가 되지 않도록 특별하게 마음을 썼던 것이다. 요즘에는 옛 전통이 무시되거나 사라진 것처럼 보일 때도 있지만 그래도 우리 문화 전통의식 속에서는 그런 예의 범절이 도도히 흐르고 있으며 또한 살아 숨쉬고 있다고 본다.

내가 우리 스님을 부르는데 그러한 옛 법을 숭상하여 사회 일반 관념에 거슬리지 않게 하여 고래의 미풍양속을 존중하여 따르고 싶기 때문이다. 그리고 광덕 사숙님에 대해서는 역시 한 가문(家門)의 존숙(尊叔) 어른이시지만 이미 세연(世緣)을 모두 마치셨고 아울러 영결식 때 대선사로 존칭하였으므로 거기에 따라서 그렇게 부르기로 하겠다.

나는 노장님과 대선사를 뵈올 때마다 문수·보현 같다거나 아니면 한산·습득과 같다는 친분 이상의 느낌을 두 분께 받았다. 그래서 원고 청탁을 받고 글 제목도 이와 같이 정했다. 물론 두 어른들의 연령의 차이는 다소 있어도 법의 견해 앞에서는 사실 그런 것은 아무런 이유가 될 수 없는 것이고 오히려 이렇게 발설하는 것 자체가 사족(蛇足)과 같은 일이 될 것이다.

그동안 잊고 지내다시피 했던 두 분의 특별한 인연이나 높은 가르침을 다시 되새겨 보는 글을 부탁 받고 난 내심 좋아했고 그래서 선뜻 응했다. 그렇지 않아도 두 분에 대한 가르침과 체취가 몹시 그립던 차였는데 뜻밖에 반가운 기연을 만나게 된 것이다.

노장님께서는 사제인 대선사를 항상 좋아하셨다. 대선사께서는 무슨 일이든 사리에 매우 밝았고 지혜로운 판단으로 일 처리가 무척 공정한 분이었다. 누구에게나 신뢰를 얻었지만 그런 가운데서도 노장님께서 좋아하신 것은 이만저만이 아니었다. 그래서 무슨 큰 일이 있을 때마다 대선사의 조언을 듣기를 원했다. 물론 그 심부름의 중간 역할은 거의 내가 담당했다.

2.

내가 처음 대선사를 뵌 것은 노장님께서 대구 팔공산 성전암(聖殿庵)에서 십 년 수행 결사를 끝내고 경북 문경 운달산 김용사(金龍寺)로 거처를 옮기기 직전에 노스님(東山大宗師)을 찾아뵈러 범어사에 갔을 때였다.

그때 대선사의 모습은 참으로 고매(高邁)하고 자비로웠으며 노스님의 신임을 한 몸에 받고 있음을 단박에 느꼈다. 지금으로부터 서른여덟 해 전의 일이다.

그 즈음 스님들의 법복(法服)인 가사(袈裟)의 색 지정 문제로 노스님과 노장님 사이에 약간의 이견(異見)이 있었다. 그 얼마 전 노스님께서 종정(宗正)으로 계실 때 종단 대표로 남방의 여러 불교국을 예방(禮訪)하고 오셨기에 우리나라에서도 남방식 황색(黃色) 가사를 착용해야 한다는 생각을 하신 것 같았다. 그러나 노장님께서는 황금색이 부처님의 상징 색으로 귀한 색이긴 하지만 가사 색은 율장(律藏)에 정해져 있는 괴색(壞色)으로 해야 한다는 주장을 굽히지 않았고 결국은 괴색 가사가 결정되었다. 그 과정에서 대선사의 중간 역할과 조정 역할이 매우 컸다고 했다. 나중에 가사 불사를 성만(成滿)하여 노스님께서 친히 증명하시고 난 뒤, 대선사께서 나를 범어사로 불러 노스님께서 내려 주신 괴색 가사를 노장님께 전하도록 하신 일이 가장 먼저 머리에 떠오른다.

3.

그 후 노장님께서 운달산 김용사에 바랑을 내려놓은 지 얼마 되지 않아 노스님께서 입적하셨다. 부보(訃報)를 받고 노장님께서는 범어사로 향했고 내가 배행했다. 그때 노스님의 모든 장례의식 절차를 대선사께서 맡아서 진행했는데, 얼마나 짜임새 있고 주도면밀하게 준비해 나가는지 일사불란하여 절차가 소홀하거나 조금도 부족함이 없었다. 대선사의 그러한 모든 능력을 한눈에 보면서 나는 줄곧 감탄을 금치 못했다.

그 당시 특히 기억에 남는 일로는 노스님의 열반으로 상좌들의 후계 서열이 논의되었을 때, 실로 오랜만에 범어사에 간 노스님의 가장 맏상좌였던 노장님보다 노스님을 평소 가까이서 모시고 법제자로 인가받은 노장님의 사제 스님을 위로 모셔야 된다는 일부 권속들의 주장으로 약간의 곡절이 생겼다. 이때도 대선사의 명철하신 지혜로 서열이 원만하게 잘 정리되었다.

그래서 노스님의 비(碑)에는 은(恩)이나 법(法)의 복잡한 서열을 따로 적지 않고 출가 득도의 순서로 기록하게 하여 노장님께서 노스님의 맏상좌로 제일 먼저 자리하게 되었다. 그로 말미암아 자연스럽게 노스님의 비문(碑文) 또한 노장님이 쓰게 되었다. 그 후 노장님께서는 한국의 법사(法嗣) 제도가 문제점이 있음을 몇 번이나 지적하였고, 그때마다 대선사의 주선과 노력으로 인한 비석의 원만한 기록을 칭찬하시곤 했다. 그 이후부터는 대선사께서도 범어사에 일이 있을 때마다 노장님의 의견을 경청하였으며 노스님의 사리탑을 옮긴 것도 사전에 의논이 있었던 것으로 기억한다.

4.

문수보살(성철스님)과 보현보살(광덕스님)은 비단 문중의 일인 범어사 일뿐만 아니라 해인총림의 일과 종단의 일도 자주 의논하였다. 노장님께서는 여러 가지 종단 불사를 대선사께 자문(諮問)을 구해 처리했고, 그러므로 자연히 대선사께서도 종단에 더 오랫동안 머물면서 종단 일을 보게 되지 않았나 짐작된다. 백련 노장님의 뜻을 대선사를 통해 직·간접적으로 종단 발전에 실현시키지 않았나 하는 생각이 들었다. 아무튼 이와 같은 두 분의 밀접한 관계와 공동의 노력으로 종단의 내실이 더욱 튼튼해졌을 뿐만 아니라 불과 짧은 세월 속에서 매우 빠른 성장을 이루었다고 생각되는 부분도 많다.

그뿐만 아니었다. 종단에서 제정한 종헌에 총림법(叢林法)이 제정된 뒤, 처음으로 해인총림이 출범(出帆)하여 노장님이 초대 방장으로 추대되는 과정에서도 대선사께서 여러 방면으로 기울인 노력이 매우 크셨다고 했다. 그때 노장님께서는 해인총림 방장(方丈) 소임을 맡으시면서 두 가지 큰일을 계획하였는데, 첫째는 해인사를 관광의 장소가 아닌 수행의 도량으로 개조하는 일이었고, 둘째는 해인사에 승가대학(僧伽大學)을 설립하는 일이었다.

이러한 일들을 계획하고 결정하는 과정에서도 대선사와 깊이 의논하고 실질적인 여러 가지 도움을 받았다.

우선 해인총림(海印叢林)을 수행의 도량으로 만드는 일로 처음 시도한 것이 법당에 관광객의 출입을 제한하는 일이었다. 그러기 위해서는 법당에서 얻어지는 불전 수입을 메울 수 있는 수입원(收入源)이 따로 마련되어야 했으므로, 신도회인 '영산회'를 조직하여 그 기금으로 사찰운영을 하기로 하였다. 당시 사정으로는 대단히 어려운 시도였고 웬만하면 꿈도 못 꿀 일이었으나 노장님과 대선사의 상호 협력이 있었기에 가능했던 일이라고 여겨진다. 이 '영산회'의 신도 모임이 부산을 중심으로 한 단체였는데, 그 당시 범어사에 있던 대선사의 적극적인 협조와 지원 덕분에 기금 마련이 원만히 이루어지게 되었다.

두번째 사업이 바로 해인사에 승가대학을 건립하는 것이었다.

우리나라는 8.15 광복 후, 서구에서 물밀듯이 들어온 종교들이 학교를 대대적으로 설립하였다. 물론 경제적인 투자도 있었지만 그것은 별 문제가 되지 않았다. 과거로부터 우리 민족은 교육열이 무척 높았던 민족이었던지라 자식 공부시키기 위해서는 땅을 팔고 소를 팔았고 그래도 안 되면 부모는 서울로 올라가서 물장수를 해가면서 학비를 조달했다. 그러므로 학교만 시작하면 투자 금액은 오래지 않아 회수되었고 거기서 조금 더 지나면 수익도 생기고 명예도 얻었다. 그 수익으로 부(富)와 권위(權威)를 한껏 누렸고, 그 덕으로 교세(敎勢)를 확장해 가고 있었던 것도 사실이었다. 그래서 그 당시 항간에서는 '굴뚝 없는 공장'이라고 부르기도 했고, 또 보다 직접적으로는 아주 노골적인 표현으로 부르기도 했다.

그에 반해 불교의 출가 수행자들은 4년제 대학(講院)을 졸업해도 고등학교 학력도 인증(認證)받지 못하는 취약점(脆弱点)을 안고 있었다. 이러한 점으로 봐서 불교가 타종교와의 균형을 이루고 사회적인 대등한 입장에서 포교를 하기 위해서라도 승가대학 설립이 무엇보다 급선무의 불사(佛事)로 생각하게 된 것이다. 노장님께서는 대선사께 학교 설립의 계획서 작성을 부탁하였고, 그로부터 대선사께서는 여러 날을 해인사 백련암에 머물면서 학교법인 설립 계획을 세우고 학칙을 만드는 등, 여러 가지 많은 수고를 거듭하여 학교 설립에 필요한 제반 서류를 갖추어 당국에 승가대학(僧伽大學) 설립 허가 신청을 하였다.

당시 학교법인은 정부 종합청사(綜合廳舍)와 풍전상가(豊田商街)를 건축한 덕산거사 이한상 불자가 사재(私財)를 흔쾌히 출자하였으며, 교사(校舍)는 해인사에 있는 건물을 그대로 사용하기로 하고, 설립을 적극 추진하였다. 그때 평소 대선사를 존경하여 따르고 지도 받았던 대학생불교연합회 회원들이 해인사 승가대학 건립 불사에 적극 응원하여 나서기도 했다. 대선사의 고제인 지환 사제도 그 당시 회원으로 활약하였다. 불행하고 유감스럽게도 시절 인연이 도래하지 않아 해인사 승가대학 설립은 끝내 성사되지 못했지만, 그때의 노력들이 훗날 조계종 종단 교육사업(敎育事業)에 귀감이 되었고 초석이 되어 종단 3대 종책 사업으로 교육이 등장하게 된 계기가 되기도 했다. 이는 길이 조계종 종사(宗史)에 남을 일이었고 계기가 되었음에 틀림없는 사실이다. 돌아보면 이 모두가 대선사의 해박한 지식과 지혜로운 수완(手腕)이 아니었으면 어려운 일이었고 할 수 없었던 일로 기억한다.

5.

그 후로 노장님은 해인총림의 대외적인 일에 대해서 대선사와 의논하는 일이 더 많아졌다. 어떻게 보면 대선사는 해인총림의 부방장(?) 같은 역할을 했다고나 할까. 아무튼 노장님과 대선사께서는 매우 밀접하게 불사를 의논했고 협력했던 것은 틀림없는 사실이다. 그런 두 분의 관계를 잘 아는 나로서는 더더욱 대선사를 의지했고 노장님께 말씀드리기 어려운 부분은 오히려 대선사께 먼저 말씀드려 가르침을 받기도 했다. 그 당시 나는 무슨 일이든지 대선사께 먼저 여쭈어서 처리하리라 다짐했으며 그러한 나의 생각을 좌우명으로까지 생각하여 실천한 적도 있었다.

노장님께서는 해인총림(海印叢林)을 중국 당대(唐代)의 절정기에 도달했던 선문총림(禪門叢林) 수준으로 승격 발전시키는 것이 장차 한국불교의 중흥에 기초가 된다고 하시며, 모든 수행자들의 조석예불도 '선문일송'의 일과(日課)를 시행토록 하셨다. 그 일과는 '보현행원품'의 가르침을 그대로 실천하는 '예불대참회문'과 '능엄신주' 그리고 '발원문'이 근간을 이루고 있다.

그때 마침 대선사께서 번역한 『보현행원품』이 출판되었을 때였다. 해인총림 방장이셨던 노장님께서는 불자들에게 항상 보현행원을 실천하라고 강조하셨고 지도했다. 그리고 108배 참회예배(懺悔禮拜)를 권할 때 노장님께서는 대선사께서 번역한 『보현행원품』을 그대로 사용하도록 말씀하시면서 노장님 스스로 그 유명한 '보현행원품 서문'을 직접 쓰셨다.

그 당시 노장님과 대선사의 관계는 모든 것을 부처님께서 미리 아시고 시킨 것처럼 착착 들어맞았다.

아무튼 『보현행원품』 출판을 크게 반기신 노장님께서는 해인총림에서 사용할 수행 일과집을 제작하는데 대선사의 번역본을 그대로 원고로 사용할 것을 허락하셨다. 다만 '능엄신주'와 '발원문'을 더하고 노장님께서 지은 서문(序文)을 붙여서 일과집(日課集)이 완성되었다. 바로 오늘날까지도 노장님의 지도를 받고 있는 승속 모든 수행 권속들은 한결같이 그때 만든 일과집에 의지하여 독송하며 수행하고 있다. 후일 그 고마움에 조금이나마 보답하는 뜻으로 노장님의 첫 법어집(法語集) 판권을 불광출판부에 드리기도 하였다.

책에 대한 이야기가 나왔으니 한 가지 더 있다. 한번은 백련암에 다니는 어느 불자가 입적하여, 그 유족들이 영가(靈駕)를 위한 법보시를 물어왔을 때, 노장님은 즉시 대선사께서 번역 출간한 『법보단경』을 법보시하도록 일러주셨다. 노장님께서 만년(晩年)에 직접 『돈황본 법보단경』을 번역하여 선문(禪門)에서 읽도록 권하기도 했지만, 그때에도 수선자에게 대선사 번역의 『법보단경』이 수행의 지남(指南)이라 하시고 대선사께서 번역한 『법보단경』을 권하신 것이다. 이러한 노장님의 지극한 배려는 사형사제간의 견해와 뜻이 항상 일치했음을 짐작하게 한다. 이는 비록 사변(事邊)뿐만 아니라 이변(理邊)에도 항상 뜻을 같이한 증거이기도 하다. 양변을 초월하신 경지가 두 분 사이의 진정한 면모라는 생각이 든다. 그래서 더욱 문수·보현 양대보살이라고 말해야 할 것이다.

6.

그 무렵 해인총림이 출범하여 초대 주지에는 지월스님이 담임하셨는데, 오래지 않아 지병으로 입적하시어 그 자리를 맡을 스님이 마땅하지 않았다.

그래서 노장님께서는 대선사께 해인총림 운영을 맡아줄 것을 청하는 일을 내게 하명하셨다. 나는 즉시 대선사를 찾아뵙고 해인사에 오실 것을 간청(懇請)하였다. 그때 대선사께서는 경기도 남양주의 보현사로 거처를 옮기기 전, 서울 종로 대각사의 옛 법당 뒤편 구석의 좁은 방에서 불광 포교불사를 막 시작했을 때로 기억이 떠오른다. 대선사께서는 종단 일과 불광 포교불사 등 할 일이 많다고 간곡하게 사양(辭讓)하시면서, 그 대안으로 평소 존경해 마지않던 사형인 도광스님을 모실 것을 일러주셨다. 그래서 화엄사 주지로 계시던 도광스님을 해인총림 주지로 모시고 한때 총림을 운영하였다.

주지를 서로 하겠다고 아귀(餓鬼) 다툼을 하는 작금의 현실에 비하면, 대선사의 고고하신 겸양(謙讓)은 마땅히 모든 출가자가 길이 본받을 사표로 기억에 남는다. 이 모두가 노장님과 대선사 두 분의 이심전심(以心傳心)의 근본 뜻이었다는 생각이 다시 든다.

가슴아픈 이야기이기는 하지만 한국불교 정화불사 이후의 조계종사는 분규의 연속으로 기록되듯이, 그간 종단에 많은 시비분쟁이 있었던 것은 이미 주지의 사실이다. 그런 중에서도 노장님과 대선사, 두 분의 지혜로 종단분규(宗團紛糾)를 해결하는 실마리를 찾은 일이 여러 번 있었다. 흔히들 총무원이 둘로 나뉘어져 '조계사 총무원'이니 '개운사 총무원'이니 할 때였다. 종단이 양분되어 팽팽하게 대립하여 해결의 실마리를 찾지 못하고 있을 때, 그래도 뜻을 가진 분들은 어려운 여건에서도 좌절하지 않고 지속적인 노력으로 새로운 해결책을 찾았다. 그러한 시도의 하나가 그 당시 해인사에서 열린 임시종회(臨時宗會)였다. 조계종 중앙종회(中央宗會)가 반대편의 힘에 의해 매번 유회(流會)가 되자 해인사 임시종회 개최를 시도하게 되었던 것이다. 해인사 임시종회가 성원(成員)

이 되지 않을 것으로 반대측은 추측하였으나 대선사께서 미리 며칠 전에 해인사 백련암에 도착해 있었으므로 성원이 되었고, 그 종회의 결정이 결국은 종단 화합의 계기가 된 것이다.

7.

그 후, 10.27법난을 거치면서 노장님이 종정(宗正)으로 추대되고 불교 중흥의 기회를 갖게 된 것도 돌아보면 대선사의 공로가 컸다고 생각한다. 이 자리를 빌어 우선 대선사께 깊은 감사를 드린다. 물론 시간이 많이 흘러 때늦은 일이긴 하고, 또 두 분 어른들의 사이에 내가 끼어 드는 것 같아 외람스러운 생각도 없지 않지만, 그 당시 어려운 상황을 다시 회상해 보니 감사의 인사라도 드리고 싶은 심정이 울컥 목젖을 타고 올라옴을 느낀다.

노장님께서 종정으로 추대되어 10년의 임기를 마치고 다시 재추대되어 열반하실 때까지 종정으로 계신 것도 돌이켜보면 대선사를 비롯하여 문중 스님들의 적극적인 힘이 있었기에 가능했던 것이었다고 본다. 이 자리를 빌어 모든 용성 문도의 어른들과 대덕들께도 지극한 감사를 드리고 싶다.

노장님께서는 종정의 직(職)을 맡고 있으면서도 가야산을 떠나지 않았으므로, 큰 일은 항상 원로회 스님들과 중진 스님들께 자문하셨고, 그때마다 대선사의 의견을 우선 존중하셨다. 이로 보면 노장님과 대선사, 두 분은 사형사제 이상의 관계였고 인간 세상의 친분 이상의 각별한 모습을 가지고 서로를 대했다. 다시 한번 문수·보현 양대보살의 특별한 관계를 새겨보고 되짚어 본다.

이와 같이 선교(禪敎)에 두루 밝고 뛰어난 지혜와 실천수범으로 수많은 불자들을 전법 교화하신 대선사의 업적은 이미 널리 알려져 있으므로 재삼 거론할 필요가 없는 일이기에, 다만 알려지지 않은 노장님과의 사이에 있었던 이야기 몇 가지만 간략히 소개했다.

8.

종로 대각사의 옛 법당 뒤, 구석방 좁은 공간에서 세우신 대선사의 원력이 잠실 벌판 불광사에서 그 결실을 맺어 불광사 봉헌법회를 하던 날. 내가 뵙는 대선사의 모습은 바로 보현보살의 화신(化身), 그대로였다.

이제 노장님 가신 지도 여덟 해를 맞았고, 대선사 떠나신 지도 어느덧 2주기가 다가오고 있다니 말로 표현할 수 없는 아쉬움과 허전함이 겨울바람처럼 내 가슴을 파고든다. 분명 한국불교는 두 큰 기둥을 잃었다. 아직도 종단 일각에서는 아집(我執)에 사로잡혀 본분을 망각한 출가자들의 자만(自慢)으로 분규(紛糾)의 사태는 끊이지 않고 있다는 얘기가 왕왕 들린다. 그래서 서로를 위하고 아꼈던 사양과 겸양의 미덕으로 종단의 앞날을 염려하시던 대선사 같은 분이 더욱 기려지고 간절해지는 시기이다. 자기보다는 남을 먼저 생각하고 개인보다는 종단의 앞날을 먼저 걱정하시던 대선사. 헛된 지위나 이름에 연연하지 않으시던 대선사의 우뚝하신 위엄과 탁월함을 어떻게 다 표현해 볼 수 있을까. 대선사의 그러한 실천수행은 오래도록 우리 불자들에게 교훈이 되고 귀감이 되어 이 시대의 횃불이 될 것이다.

대선사께서는 일찍부터 수행과 보살행에 몸을 돌보지 않으신 까닭에 육신의 불편을 안고서도 위법망구(爲法忘軀)의 원력과 신심으로 보현행원을 평생 실천하셨다. 그러한 대선사의 숭고한 원행(願行)은 이 시대 보현의 화신으로 불자들의 가슴에 오래 간직되고 기억될 것이다. 부디 대선사께서 어서 속환하시어 불광운동을 거듭 펼쳐 주시기를 간곡히 기도한다.

끝으로 대선사의 고족(高足)인 송암 사제로부터 내가 기억하고 있는 노장님과 사숙님에 대한 지난 인연을 써달라는 편지를 받고 곰곰 생각하면서 며칠을 묵연히 보냈다. 나이든 사람은 지나간 과거에 살고 젊은 이들은 아직 오지 않는 미래에 산다고 했는데, 이미 나도 나이가 들었는가 하는 생각을 다시 해 보게 되었고, 아무런 하릴없이 청산의 미덕을 음미하고 지내는 이즈음에 지난날을 돌아볼 서신을 뜻밖에 받았던 것을 보면 한편으로는 노장님의 경책 같기도 했다.

스승의 위업(偉業)을 자기 출세의 발판으로 삼는 과욕(過慾)이 스승과 자신을 함께 욕(辱)되게 하는 요즘 세상에, 송암 사제(師弟)야말로 참된 시자(侍者)의 모습을 몸소 실천하는 것으로 느껴져 큰 감명을 받았다. 열반하신 스승님의 가르침을 애써 드날리고자 하는 제자의 고귀한 뜻에 조금이나마 보탬이 되기를 바라면서 이 글을 맺는다. 아무쪼록 이 책이 많은 사람들에게 널리 읽혀져 우리나라 방방곡곡에서 광덕 대선사 같은 보현보살이 수없이 탄생하기를 기대해 마지않는다.

나무보현보살마하살.

신사년 정초 선제사 月窓에서

闡提 焚香 敬拜

종단의 학교 교육과 광덕 큰스님

松山茂根 | 전(前) 중앙승가대학 학장

1.

1969년부터 1971년까지 출가 본사(本寺)인 대한불교 조계종 제14교구 선찰대본산(禪刹大本山) 범어사 교무국장의 소임으로 있을 때 일이었다.

당시 주지로는 모든 분야에 탁월하셨던 능가(能嘉) 큰스님이셨고, 총 무국장은 벽파스님, 재무는 선용스님께서 맡고 계셨다. 당시 광덕 사형 님께서는 결재권 밖의 한주(閒主)로 계셨으나 사중에 큰일이 생기면 의 당 앞장섰다. 당시 범어사에는 원로산중회의가 있었는데, 중요 사안은 주지스님을 비롯한 소임자들이 산중 대덕스님들을 모시고 고견을 들어 서 결정하는 원융 결제가 이루어지던 시기였다. 물론 당시 소임자들은 이 산중원로회의 결정사항들을 최우선적으로, 일사불란하게 받들었다.

그때 광덕 큰스님께서는 이 원로회의에 참석해서 모든 문제에 대해서 명철한 의견과 견해를 발표하셨다. 그리고 대중스님들의 수행에 조그마 한 불편이라도 있을까 항상 주의를 기울이셨고, 하루가 다르게 사회 · 경제 · 문화 · 정치적으로 변화해 가는 시대의 흐름에 대비하기 위하여 출가 수행자(스님)들의 자질향상에 많은 관심을 보이셨다.

2.

1970년 겨울, 찬바람이 산중을 휘몰아치던 어느 날, 저녁예불이 끝나고 사형님께서 나를 당신 방으로 부르셨다.

"아우님, 대중 시봉하시느라 수고가 많겠구먼. 강원에는 강주스님을 비롯해 학인 스님들이 수학하는 데 불편은 없던가요?"

"예, 불편한 것이야 어디 없겠습니까만은 강주스님의 덕화와 학인 스님들의 양해가 있어 수업은 물론 법당 소임이나 도량 청소며 대중 운력 등에도 전례 없이 협조가 잘되고 있습니다."

"다 아우님이 시봉을 잘하시는 덕분이구만. 내가 자네를 부른 것은 다름이 아니라, 우리 절에 출가해 있는 사미들이 중학교만 졸업하고 절에 온 사람들이 많아. 지금 사회는 박정희 대통령이 새마을운동이다, 수출 진흥사업이다, 관광사업이다 해서 눈부신 발전을 하고 있어. 따라서 사회 수준도 매우 높아지게 되었단 말이지. 그런데 앞으로 지식 수준이 높아진 사람들을 대상으로 우리가 포교를 하려면 우선 스님들의 사회교육 수준도 높아져야 하거든. 그래서 우리 절에 중학교만 졸업하고 들어온 사미들을 내가 이사(理事)로 있는 해동고등학교에 보냈으면 하는데 자네 생각은 어떤가?"

"좋은 생각이긴 하시지만 저 혼자 동의를 한다고 해서 결정될 문제도 아니고, 팔송에서 범어사까지 아직 대중교통이 들어오질 않으니 통학문제도 난제가 아니겠습니까!"

"물론 자네 혼자 동의해서 될 일이 아니긴 하지만 내가 주지스님과 다른 삼직 스님들께도 동의를 얻도록 노력하기로 하고, 교통문제는 차를 하나 사서 팔송까지 운행하면 거기서는 대중교통이 있으니까 별 문제 없을 거야."

이렇게 대화를 끝내고 나는 큰스님의 방을 물러 나왔다.

아마 내가 교육담당의 소임을 맡고 있기 때문에 먼저 나에게 말씀하신 것 같았다. 나는 사형님의 말씀을 토대로 안건을 만들어 종무회의에 상정하였다. 아니나 다를까, 주지스님을 비롯하여 삼직 스님 거의가 난색을 표했고 또 몇몇 분들의 반대는 매우 강도가 높았다. 그도 그럴 것이 우선 학교를 보내려면 학교 갈 때는 교복을 입어야 하고 절에 돌아오면 승복을 입어야 하니 우선 이런 부분이 사내의 다른 대중분위기에 안 맞고, 또 주지스님도 승용차가 없는 터에 일천(日淺)한 사미들의 학교통학 때문에 재정이 어려운 사찰에서 차를 산다는 것은 어려운 일이라기보다는 매우 곤란한 일이라는 것이다. 그리고 설령 차를 산다고 해도 비포장 도로라 비만 조금 오면 길에 골이 깊게 파여 그때그때 길 닦는 일도 어려운 상황이다. 그리고 운전기사도 있어야 하고 문제가 하나 둘이 아니었다. 지금 생각하면 매우 우스운 이야기라고 생각하겠지만, 그 당시 절집 분위기는 어린 사미들에게 사회교육 시켜 놓으면 속퇴(俗退)한다는 우려 때문에 사미일수록 가능한 절에서만 가르치고 싶어하는 생각들이 많았을 때였다. 이런 인식들이 절 분위기를 지배하고 있을 때였으니 더더욱 광덕 큰스님의 제안은 성사되기 어려웠다.

나는 이러한 여러 상황을 사형님께 그대로 보고드릴 수밖에 없었다. 그러나 사형님께서는 거기서 굴하지 않고 개별적으로 주지스님은 물론 삼직 스님들과 산중어른을 일일이 찾아뵙고 동의를 얻어냈다. 사미들을 교육시키자는 안이 이미 사중 종무회의에서 부결되었기에 나는 다시 안을 작성하여 회의에 상정했다.

그런데 이게 웬 일일까. 개별적으로는 모두 사형님께 동의를 했으면서도 공식회의에 정식으로 안건이 상정되자 참석자들은 동의도 반대도 없이 묵묵부답으로 서로 약속이나 한 듯 침묵만 지킨 채 시간만 계속 흐르고 있었다.

그때 주무국장인 나는 다시 한번 동의를 유도하고 일일이 거명하여 사전에 사형님과 약속하고 동의한 내용을 발언해서 가까스로 완전 동의도 아닌 전체적인 수긍이라고 할까, 아니면 긍정적인 입장을 얻었다고나 할까.

아무튼 이런 우여곡절 끝에 학교교육에 대한 소임자들의 묵시적 동의를 통해 사형님의 교육계획이 앞으로 한 발 내딛게 되었다. 그 결과 우선 중학교를 졸업하고 절에 들어온 적령기의 사미들과 또는 나이가 좀 있어도 공부를 하고자 하는 사미들을 선발했다. 물론 입학 절차나 여러 가지 준비는 사형님께서 몸소 뛰어서 처리했다. 그리고 조그마한 화물차를 하나 사서 뒷부분을 개조하여 어린 사미(학생스님)들을 팔송까지 태워다 주고 저녁이면 태워오는 새로운 교육불사를 시작했던 것이다. 그리고 어려운 사중 형편을 생각하여 사형님께서는 해동고등학교 교장 선생님을 설득하여 사미들 전원에게 수업료를 면제받게 했다. 그때 범어사에서 다닌 학생 수는 5～6명으로 기억한다.

그 후 스님께서는 현재 동국대학교 경주 캠퍼스에 문화대학원 원장으로 있는 도업스님께 부탁하여 저녁시간을 이용하여 영어를 가르치게 했다. 그런 온갖 노력을 기울인 결과 현재 중앙승가대학 교수이며 총장직 무대행까지 지낸 정인스님 등, 종단의 인재들이 길러지게 되었다. 이제 그때 공부한 여러 분들이 종단 발전을 위해 각기 제자리에서 열심히 정진하며 살아가고 있는 것을 보면 사형님의 남다른 선견지명과 인간애를 다시 보게 된다.

그 당시 범어사에서 실시한 교육사업은 그때의 불교집안 정서로는 무척 힘든 일이었다. 물론 경제적인 여러 곤란도 있었지만 그것보다는 학교 교육에 대한 인식의 차이에서 오는 장애가 훨씬 컸다고 생각한다. 범어사의 인재양성 불사는 그때의 제반 사항으로 봐서 광덕 큰스님이 아니었다면 이루어낼 수 없는 크나큰 교육불사였고 인식의 전환점이기도 했다. 작지만 그때 적령기의 사미들에게 교육을 시킨 것은 일〔佛事〕을 통해 인식(대중의 생각)을 바꾸는 범어사의 특별 수행이었다고나 해야 할까.

3.

그 후 스님께서는 1971년에 대한불교 조계종 총무원 총무부장으로 취임하셨다. 처음 총무원장은 청담 큰스님이셨다. 청담 큰스님의 갑작스러운 열반으로 석주 큰스님께서 총무원장의 소임을 맡으셨다. 그런데 스님께서는 교육에 대한 주무부장도 아니면서 또 하나의 큰 교육불사를 시작하셨으니, 그것이 종립 동국대학교 불교대학에 승가학과(僧伽學科) 설치였다.

그 당시 불교대학에는 인도철학과가 있었으나 불교를 전적으로 공부하기에는 과(科) 특성상 어려웠고, 또 불교미술학과에서는 불교미술 외에는 불교학 개론을 배우는 정도였으며, 유일하게 불교를 공부할 수 있는 학과는 단지 불교학과(佛敎學科) 한 곳뿐이었다. 그런데 여기에는 '대학입학 예비고사'가 있어서 이 관문을 통과하지 않으면 입학이 불가능하였다. 대부분의 학생은 고등학교를 갓 졸업한 일반 학생이었고 스님들은 고작 한두 명 입학할 수 있었는데, 그들은 한두 해 전에 고등학교를 갓 졸업하고 출가한 사미승들이었다.

이런 상황 속에서 출가한 지 5~6년만 되어도 학교 들어가기가 어려운 지경이어서 종단적인 폭넓은 교육을 시키기에는 매우 곤란한 입장이었다.

통합종단 출범의 삼대불사(三大佛事)는 역경·포교·교육이었으나 이

중 교육불사의 길이 막혀버리거나 없게 되는 것과 같은 것이다.

이 교육불사의 길을 만들기 위해 총무원장 석주 큰스님과 총무부장이신 광덕 사형님, 당시 동국대학교 총장 서돈각 박사, 재단이사장과 이사 스님들이 안을 낸 것이 출가자(스님)들만 다닐 수 있는 학과를 만든 것이다. 그것이 바로 승가학과이고 오늘날 선학과(禪學科)의 전신인 것이다.

이 승가학과에는 예비고사를 치른 정규학생 20명과, 그 외에도 청강생 제도를 두어 승가학과 1기 입학 때는 무려 33명의 스님학생들이 대학을 다닐 수 있게 되었다.

내가 이 교육불사를 광덕 큰스님께서 주도적인 역할을 하셨다고 확신하는 것은, 그때 나도 승가학과 1기에 지원하였고 1차로 종비생 선발시험을 총무원에서 보았기 때문이다. 물론 면접도 총무원에서 하였는데 면접하는 장소에 총무원장 스님을 증명으로 모시고 총무부장이신 광덕 사형님께서 면접을 직접 맡았다.

총무원에서 종비생 선발시험 결과에 따라 학교(동국대)에 추천만 하면 다닐 수 있는 제도였다. 이런 모든 일을 사형님이 주도적으로 이끌어 가는 것을 내가 직접 볼 수 있었고, 또 그때의 응시 당사자였기 때문에 승가학과 설립은 광덕 사형님의 역할이 단연 컸다고 확신하는 것이다.

4.

그 후 스님께서는 총무원 소임을 그만두시고 불광사 건립과 포교에 열중하셨고, 또한 거기 불광사에서도 불교계의 모범적인 유치원을 개설하여 잘 운영하셨다. 그리고 학생(초·중·고·대학)들의 독립된 법회설립과 여러 가지 이름의 장학금 지급에도 부지런하셨던 것을 생각해 보면, 역시 광덕 사형님께서는 교육불사에 무척 헌신적이고 정열적으로 임하셨다는 것을 새삼 느낄 수 있다. 오직 교육을 통해서 종단의 앞날을 내다보고 또 우리 불교계의 미래를 열어나갔던 점을 생각하면 사형님께서는 명실공히 통합종단 이후 교육불사의 선구자이시며 또한 오늘날 종단 교육제도의 초석을 놓은 분이라는 생각을 다시금 하게 된다.

이 밖에도 사형님의 높은 법력은 나의 사량으로는 미처 도달할 수 없는 또 다른 세계이다. 사형님의 인간적인 자상하심이나 타인에 대한 깊은 배려, 근면·절약정신 같은 뛰어난 덕성은 다른 어른들이 집필할 것으로 알고 나는 내가 알고 있는 범어사나 종단교육에 대한 것을 소개하는 것으로 못난 사제의 도리를 조금 하려고 한다. 물론 이것도 빙산일각(氷山一角)의 것임을 밝혀두는 바이다. 속환 사바하소서.

나무대행보현보살마하살.

2001년 인천 보각선원에서

무근 분향 합장

광덕 큰스님 모습만 떠올리면

蓑山道業 | 문학박사, 동국대 교수

광덕 큰스님 모습만 생각하면 콧등이 찡해 온다. 나는 큰스님의 얼굴만 떠올리면 어느 때이고 그저 눈시울이 뜨거워지고 코끝이 시려온다. 왜 그럴까?

매미 날개보다도 더 투명한 큰스님의 가녀린 그 얼굴모습 때문일까? 아니면 말없이 지그시 건너다보시던 맑은 두 눈동자 때문일까? 당사자인 나도 그 이유를 아직 잘 모르겠다.

사실 나의 이런 느낌은 30여 년 전 큰스님을 처음 뵙던 그 순간부터 그랬다. 그때 나는 범어사 명학당(明學堂)에서 학인 6명과 함께 생활하고 있었다. 언제쯤인지 기억이 확실하지는 않지만 손끝이 에는 듯 시린 어느 겨울밤에 큰스님께서 부르신다는 전갈이 있었다. 단숨에 달려가니 스님은 그렇게(?) 앉아 계셨다. 아주 야위신 창백한 얼굴에 호수보다도 더 맑은 두 눈으로 말없이 한동안 잠잠히 나를 건너다보시기만 했다.

나는 평소에도 큰스님이 어려웠지만 그 순간에는 더더욱 어려워서 몸둘 바를 모르고 허둥거리며 안절부절못했다. 나의 그런 사정은 아랑곳하지 않은 채 한참을 그렇게 말없이 건너다보시던 큰스님께서 이르셨다.

“그래, 학인들 데리고 함께 생활하느라 애쓰지요.”

“예? 예, 잘하려고 열심히 노력하고 있습니다.”

나 같은 신참 수행자에게 존댓말을 하시다니 나는 더욱 어찌할 바를 몰랐다. 그때 큰스님께서 빨간 딸기를 내 앞에 내놓으시면서

“먹어봐요, 겨울딸기는 참 귀한 거요.” 하셨다.

큰스님과 나 사이에 잠시 침묵이 흘렀다. 그리고,

“곧 총무원에 올라가게 되었어요. 내가 가면 명학당 학인들 돌보기가 더 힘들 거요. 어려운 일이 있으면 총무원으로 찾아와요.” 하셨다.

너무도 어렵고 떨려서 나는 아무 말도 못했다. 언제 떠나시는지, 왜 가시는지도 물어보지 못했다. 물어보기는커녕 그날 먹었던 딸기 맛이 쓴지 단지도 지금까지 모르고 있다.

스님께서 떠나시고 난 후 아니나 다를까, 명학당 학인들에게 지급되던 사중보시(寺中布施)가 차츰 밀리기 시작했다. 그때 나는 3,000원의 월보시를 받았고, 해동고등학교에 다니던 학인들의 교통비·학용품비·생활비 등을 모두 내가 받아 관리하고 있었는데 큰스님께서 떠나고 난 후부터는 사중에 돈 얘기하기가 그렇게 힘들 수가 없었다. 한겨울에 붉은 딸기를 주시면서,

“내가 가면 학인들 돌보기가 더 힘들 거요.” 하시던 큰스님의 말뜻을 그때서야 알 수 있을 것 같았다.

그로부터 채 석 달을 못 넘기고 나는 작심을 했다.

‘서울로 가자. 학인들을 위해서라면……’

난생 처음 가보는 서울 조계사였다. 당시의 내 눈에 조계사 대웅전이 얼마나 크게 보였던지, 추녀는 또 얼마나 높게 보였던지, 이리저리 두리번두리번거리면서 3개월 만에 다시 큰스님 앞에 앉게 되었다. 큰스님께서는 총무부장 일을 보고 계셨지만 모습은 범어사에서의 그 모습 그대

로였다. 지금 가만히 생각해 보면 조계사 앞길을 건너 어느 음식집인 듯
하다. 그곳에서 스님께서는,

"말 안 해도 잘 알아요, 왜 왔는지. 많이 먹고 내려가요." 하셨다.

안쓰러울 정도로 야위신 얼굴이었지만 눈동자만은 변함없이 맑고 빛
났다. 나를 가만히 바라보시던 큰스님의 시선에 몸둘 바를 몰라 안절부
절못하면서 점심을 먹었다. 그날 먹은 칼국수 맛도 석 달 전 범어사에서
추운 겨울 큰스님 방에서 얻어먹은 딸기 맛처럼 지금도 나는 알 수가 없
다.

그 해 3월에 나는 드디어 범어사를 떠났다. 이유는 대학공부였지만 사
실은 내 늦은 나이에 대학공부가 하고 싶어서가 아니라 큰스님이 안 계
신 범어사가 싫어서였다. 동국대학교 승가학과 1기생의 생활이 시작되
었고, 그리고 또 세월이 한참 흘렀다. 8년여의 일본유학을 마치고 돌아
와서 동국대 교수 소임을 보게 되었다. 잠실 석촌호수에 찬바람이 몹시
도 세게 불던 어느 날, 설 지난 지가 한참 되었지만 불광사로 세배를 갔
다. 법안(法顔)을 우러러뵈니 파리한 모습이 더욱 여위신 듯했다. 여느
때와 같이 그렇게 맑은 눈으로 지그시 나를 한동안 건너다보시던 큰스
님께서는,

"잘 왔어, 그래 일본에서 무슨 공부를 했나?"

"예, 화엄학을 전공했습니다."

"그래! 우리 불광운동은 반야바라밀을 체(體)로 하고 보현의 행원을
용(用)으로 하고 있어. 도업당(道業堂)이 「불광」지에 화엄사상을 연재해
봐." 하셨다.

역시 얼떨결에 "예." 하고 나는 물러나왔다.

그날 혼자 석촌호수를 한 바퀴 돌면서 나는 무척 기뻤다. 전에는 나에
게 말을 올려 하시더니 오늘은 처음부터 나올 때까지 말을 내려 하셨기

때문이다. 큰스님께서는 친밀감이 들고 내 사람같이 느껴지면 말을 놓다가 눈밖에 나는 짓을 하면 말을 높이신다는 얘기를 들은 일이 있다. 스님께서 나에게 말을 그냥 놓으신다는 것은…….

얼떨결에 "예" 하고 대답한 말 빚(책임)으로 해서 화엄사상에 대해서 월간 「불광」에 몇 번 연재한 일이 있다.

그리고 한참 후, 큰스님께서 바람과 같이 훌쩍 사바를 떠나셨다는 얘기를 듣게 되었다. 큰스님 열반, 육신마저 사바를 아주 떠나는 영결식 날이 안타깝게도 학교 입학식과 겹쳤다. 학장(學長) 소임을 보고 있는 죄로 꼭 가야 할 영결식장에도 못 갔다. 그날 나는 입학식장에서 큰스님의 파리한 모습과 맑은 눈동자만을 떠올리면서 줄곧 눈시울을 붉혔다.

대학원 연구실에서 이 글을 쓰는 지금도 큰스님 모습만 떠올리면 콧날이 찡해지고 눈시울이 뜨거워진다. 그 이유를 나는 지금도 모르겠다.

辛巳年 春三月
동국대학교 불교문화대학원 원장실에서 道業 謹識

만 남

中山慧南 | 은해사 종립 승가대학원 원장

  좋은 벗인 송암스님이 보내준 『광덕스님 시봉일기』를 손닿는 대로 읽어보았다. 각 권마다 부제가 붙은 이 책은, 이미 열반하신 광덕 큰스님의 덕화와 가르침을 우리들에게 진솔하고 겸허하게 전해 주고 있다. 상좌 송암화상과 스승이신 광덕 큰스님과의 대화가 주류를 이루는 것으로, 송암스님이 행자시절부터 20년 넘는 세월을 가까이 모신 큰스님과의 인간적인 대화로부터 스승이 제자에게 내리는 교훈과 경책(警策), 법어와 일상(日常)이 가감 없이 진솔하게 고스란히 담겨져 있었다.

  언제 어디서든 스승의 언행을 마음으로 들으며 메모해 두었다가 그것을 깊이 있게 정리한 글을 읽노라니, 스승과 제자 사이에 오간 인간적인 정이 가슴 뭉클하게 전해져올 뿐만 아니라, 큰스님의 온화한 인품과 원력, 남다른 정진력(精進力)을 다시금 엿볼 수 있었고 느낄 수 있었다.

  부처님의 대자대비 설법이 길이 후대에까지 빛을 발하며 전해질 수 있었던 것은 아난존자가 부처님을 시봉하면서 부처님의 말씀을 마음속 깊이 담아두었다가 기억해낸 것으로부터 시작된다. 부처님께서 열반하신 후 가섭존자가 부처님의 말씀을 정리해야겠다는 결심을 하고, 500여

대중스님들의 동참을 얻어 결집(結集)이라는 경전 편찬회의를 소집하였다. 이때 아난존자가 송출(誦出)하고 대중이 동의함으로써 경장(經藏)이 성립되었다. 또한 우바리존자가 율(律)을 송출하고 대중이 동의함으로써 율장(律藏)이 성립된 것이다. 이것이 후대에 문자로 기록되고 여러 나라의 말로 번역됨으로써 지금 우리들이 부처님의 경율(經律)을 배울 수 있게 된 것이다.

중국의 천태 지자대사(天台智者大師)의 걸림 없는 좋은 법문도 그 당시의 사람들만 듣고 이익을 얻는 것으로 끝날 일이었다. 그러나 장안(章安)이라는 문장에 뛰어난 제자를 만남으로써 말법시대(末法時代)에 태어난 우리들도 지자대사의 설법을 들을 수 있게 된 것이다. 다시 말하면, 부처님께서 아난존자를 만나고, 지자대사가 장안을 만남으로 말미암아 그 법이 후대에까지 길이 전해질 수 있게 된 것이다.

필자도 일찍이 범어사 강원 학인시절에 광덕스님을 가까이 뵙고 법어(法語)를 들은 적이 있다. 그러나 당시에는 '매우 지혜롭고 인자하며 원력이 깊은 스님이시구나' 하고 느꼈을 뿐, 그분이 내린 법어 한 구절도 제대로 기억하는 것이 없다. 돌이켜보면 큰스님을 가까이에서 뵙고도 뵙지 못한 셈이 되었으니, 참으로 부끄러운 일이 아닐 수 없다.

그러나 송암스님은 남들은 그저 한번 듣고 감탄하고 그대로 흘려버릴 일상의 다반사(茶飯事) 가운데 아무런 꾸밈없이 흘러나오는 사승(師僧)의 평상어(平常語)를 꼼꼼히 메모하여 두었다가, 이것을 남들에게 감동을 줄 수 있는 현대의 언어로 엮어 놓았으니, 실로 스승의 법어를 모으고 편집한 '불광법회의 아난존자'라고 할 수 있겠다.

남의 말하기 좋아하는 사람들이 "시봉일기를 시리즈로 낼 필요가 있느냐"라고 비판적으로 말하는 이들도 있다고 들었다. 그러나 필자가 보기에 시봉일기는 종교를 떠나 누구나 부담 없이 읽고 감동을 받을 수 있

는, 그래서 자신의 지나온 삶을 되돌아볼 수 있는 좋은 책이라고 생각한
다. 돌아가신 분에 대한 추모의 정을 새롭게 하고, 스승을 존경하고 기리
는 저자와도 한층 가까워짐을 느낄 수 있었던 매우 좋은 책이다. 일반
독자들에게도 거부감 없이 자연스럽게 불교와 가까워질 수 있는 값진
책으로 길이 남을 것이다.

　스승 곁에 사는 것만으로도 행복했고 자부심이 우뚝했다는 송암스님,
이미 육신의 옷을 벗은 스승이지만 지금도 무릎 꿇고 앉아 훈도를 받고
싶다는 송암스님, 그가 뜻한 대로 좋은 책이 속간되기를 기다린다.

이사(理事)를 겸전한 우리 시대의 선지식

玄峰勤日 | 부석사 주지

시여삼십봉(是與三十棒)
비여삼십봉(非與三十棒)
거래무간섭(去來無干涉)
우과초자청(雨過草自靑).

봉황산 주봉에 구름이 서리어 왔는가 싶었는데 어느새 말짱한 푸른 하늘이 나타났다. 번번히 구름이 비가 되지 못하는 것을 보면 아마도 날씨가 좀 가물려나 보다.

이곳 태백산과 소백산이 갈라지는 분기점 봉황산(鳳凰山). 천년 고찰 부석사(浮石寺) 안양루(安養樓)에 올라서 저 드넓은 아랫 들녘을 굽어보면, 뭇 산의 봉우리들이 마치 남쪽 다도해 푸른 물결 일망무제에 점점이 떠 있는 섬처럼 옹기종기 정겹기가 그지없다. 아마도 펄쩍 뛰면 건너갈 것 같은 가까운 거리감 때문이리라.—그 옛날 여기에 이 절을 지으신 의상 조사도 내 마음과 같았을까!—

이곳 안양루에 올라 방랑시인 김삿갓의 시를 가만히 읊조려 보면 홀연히 인생이 조감되어 온다. 옛 성현이 인생이 잠깐이기는 아침이슬 같다고 하더니만 그 말씀이 조금도 과장이 아님을 안양루에 오를 때마다 새삼 깨닫는다. 이와 같이 그동안 몰랐던 인생의 공공연한 비밀을 비로소 느끼는 것은 어느새 나도 나이가 들어감 때문일 것이다. 자고로 나이는 가장 큰 인생의 스승이라고 했던가!

얼마 전 도솔산 도피안사 주지 송암화상으로부터 스승이신 금하당 광덕 대선사에 대한 인연담을 써달라고 하는 청탁과 개산법회 설법 초청을 받고, 며칠동안 도량 안에서나 밖에서나 나도 모르는 사이 줄곧 지난 시절을 되돌아보게 되었다. 아마 대선사에 대한 나만의 그리움 때문일 것이다.

그러니까 내 나이 이십대 후반 무렵, 공부에 불이 붙어 기름을 지고 불에 뛰어들어가는지, 쇠붙이를 등에 지고 물에 뛰어들어가는지를 분간하지 못하고 오직 공부에만 목숨 걸고 열렬하게 지낼 때, 나는 그 당시 눈밝았던 당대의 선지식들 회중에서 살았다.

통도사 극락암 경봉스님, 해인사 선방 성철스님, 인천 주안 용화사 전강스님 등등. 여러 선지식들을 역참(歷參)하며 선방의 일과만으로는 양이 차지 않아서 가행정진(加行精進)과 용맹정진(勇猛精進)을 번갈아 대장부가 될 기백으로 낮밤을 지새웠다. 돌아보면 참으로 가상했던 시절이라고나 할까.

그렇게 분발하다가도 해제가 되면 바짝 당기고 있던 정진의 끈을 잠시 늦추고 지대방 모서리에 기대앉아서 두어해 전쯤 광덕스님의 번역으로 나온 중국 명나라 운서주굉(雲棲袾宏) 스님의 『선관책진(禪關策進)』을 읽었다. 읽고 또 읽어도 새롭고 매번 무궁한 이치가 그대로 드러나고 궁극적인 현로(玄路)가 손에 잡히는 듯 큰 기쁨을 느끼곤 했다. 이런 까닭에 해제 기간 내내 거의 책을 손에서 놓지 못하고 지냈던 시절이었다.

그 당시 선(禪)에 대한 투철한 안목(眼目)으로 설파해 놓은 광덕스님의
『선관책진』 번역은 오히려 원본을 능가하는 지혜의 힘을 느끼게 하여
선방 수좌들을 용맹정진으로 몰고 가는 지남침이나 채찍과 같은 역할을
했다.

이처럼 광덕 큰스님에 대해 모두가 익히 아는 바와 같이 큰스님께서
는 말 그대로 이사(理事)를 겸전한 이 시대의 선지식이었다. 그 사실이
『선관책진』을 통해 명료하게 세상에 드러나 광덕스님은 선지(禪旨)를 갖
춘 눈푸른 이판이었음과 아울러 오늘의 통합종단의 토대를 이룩한 행정
능력으로 보면 원력 높은 보현보살, 즉 사판이었음이 증명되었다. 그야
말로 이사(理事)를 겸전한 미래의 모든 수행자들에게 모델이 될 만한 두
루두루 잘 갖춘 큰 선지식이었다. 큰스님은 일상의 생활(威儀와 持戒)에
서도 조금도 소홀함이 없어서 참으로 모든 불자(출가·재가)의 사표로
우러를 현대인에게 이정표 같은 분이라고 해야 할 것이다.

그동안 자주 찾아뵙지는 못했지만 정신적으로는 의지처였던 큰스님
께서 입적하셨다는 슬픈 소식을 접하고, 나는 가장 먼저 공부에만 전념
하던 시절, 손에 들고 다녔던『선관책진』을 생각했고 그때의 환희심과
감사함을 다시 상기했다. 평소에 내가 시를 쓰거나 문학에 대한 깊은 이
해가 있었던 것은 아니지만 문득 글을 쓰고 싶었다. 아마도 큰스님을 잃
은 너무나 큰 아쉬움과 허전한 마음 때문이었으리라. 여기에 옮겨 이 글
의 말미로 삼는다.

고고봉정용상운(高高峰頂湧上雲)
광명만고조건곤(光明萬古照乾坤)
덕후도심금하당(德厚道深金河堂)
삭발염의성본사(削髮染衣成本事).

지혜안(智慧眼) 밝으셨던 큰 스승

菫山慧聰 | 부산 감로사 주지

사실 수행의 여정에서 눈밝은 스승을 만나는 일은 크나큰 행운이 아닐 수 없다. 때로는 스쳐 가는 바람소리나 겨우내 얼음장 아래로 졸졸졸 흐르는 냇물소리마저도 나의 스승이요 벗이 될 수 있고, 대나무가 창밖에 서성대는 그림자나 바람에 흔들리며 서걱거리는 소리나 아침에 떠오르는 붉은 태양마저도 우리 수행자에게는 큰 스승임에 틀림없다.

그러나 도반의 진정한 의미는 서로가 서로에게 깨달음을 줄 수 있는 것이다. 그러기에 어쩌다 눈밝은 도반을 만나면 성불 인연을 한 생 앞당길 수도 있고, 홀연히 생사의 바다를 건너뛸 수도 있는 것이기에 도심(道心) 깊은 도반이 곧 선지식이요, 참 스승이라 하겠다.

그런 점에서 불광의 금하당 광덕 큰스님은 나에게 큰 스승이었다. 그리고 큰스님께서는 절 집안 항렬로 사숙님이 되신다.(이하 사숙님으로 호칭)

어린 시절부터 오늘날에 이르기까지 나는 사숙님을 통해 수행자가 어떻게 살아야 하는지를 잘 보고 배웠다. 또 지금도 그러한 자세로 노력하면서 살고 있으니 사숙님은 나에게 어김없는 불법의 큰 스승님이시다.

내가 열아홉을 갓 넘긴 즈음에 해인사 강원을 졸업하고 석암 노스님

을 모시고 부산 선암사에서 참선 정진 중일 때이다. 일타스님의 맏상좌
인 혜엄스님과 함께 두 눈 부릅뜬 채 오로지 한소식을 찾고 있는데 범어
사에서 사숙님이 찾아오셨다.

"혜총 수좌, 범어사에 강원이 없으니 범어사에 가서 강원을 일으켜 보
는 것이 어떠하겠소?"

우리 문중 스님들이라면 누구나 잘 아는 바와 같이 사숙님의 범어사
사랑은 자못 크셨다. 그 당시 나는 어떤 이유나 대답으로도 사숙님의 그
말씀에 구실이 될 수 없음을 직감으로 느꼈다. 또 사숙님의 확고한 뜻을
거역할 아무런 명분도 없었다. 그 길로 사숙님은 혜엄스님과 나를 범어
사로 데려가 동산 노스님께 인사를 시켰다.

"조실스님, 장래가 촉망되는 신심 깊고 젊은 수좌들이니 거두어 주십
시오."

사숙님의 청에 동산 노스님은 무척 좋아하셨다. 사전에 아무런 예고
도 없이 사숙님은 이와 같이 나에게 좋은 인연을 심어 주셨고 또 커다란
복전을 만들어 주신 것이다. 나는 그 후 범어사에서 조실(東山)스님께서
아침저녁으로 빠짐없이 올리는 각단 예불과 대중 공양, 대중 운력, 그리
고 참선 수행의 일과를 가까이에서 보고 배우게 되었다. 출가 수행자로
서의 기본을 말이나 칠판에서가 아니라, 산중의 최고 어른이시자 종단의
대원로이신 조실스님으로부터 직접 전수받고 익히게 되었던 것이다. 또
조실스님은 특히 내가 천도재나 구병시식을 잘한다고 칭찬하시면서 의
식 때마다 매번 법주를 시키고 조실스님은 친히 증명을 해주셨다. 그 무
렵 나는 범어사 강원에서 학인들에게 불교의식을 가르치게 되었는데, 사
실 그 인연이 계기가 되어 오늘날 범어사 강원이 있게 되었으니 이 또한
사숙님의 원력이었고, 사실 그 모든 것이 멀리 내다보는 사숙님의 밝으
신 지혜의 눈이 아니었으면 되지 않을 불가능한 일이었다. 그냥 적당히

로는 도저히 가당한 일이 아니었다. 이와 같은 사숙님의 뛰어난 지혜와 원력은 범어사 조실 노스님이나 우리 자운(慈雲) 노스님 모두 크게 인정하신 바이다.

내가 몸담고 있는 이곳 감로사는 아마 우리나라에서 최초로 1951년부터 초하루 법회를 시작하였는데, 그때 사숙님은 계를 받기 전이었으니까 처사로 있을 때였다. 그런데 자운 노스님과 나의 은사이셨던 보경(寶瓊) 스님께서 사숙님을 '애기 법사'로 추천하여 법문을 시작했고 그것이 바로 감로사 초하루 법회에서였다.

당시 자운 노스님뿐만 아니라 선사(先師)께서는 일타스님과 사숙님을 무척 사랑하고 아끼기를 이루 말로 표현할 수 없도록 극진히 하셨다. 그러하기에 일타스님과 함께 사숙님을 감로사 초하루 법회 '애기 법사'로 모시게 된 것이다. 그리고 그 이후의 일이긴 하지만 지금으로부터 삼십여 년 전 1975년 무렵, 사숙님의 제안으로 감로사에 납골당 허가를 받았다. 그때의 사숙님 말씀이 우리나라 장례제도가 매우 잘못되었기에 시정해야 한다고 지적하면서 납골당 설치를 간곡하게 제안하셨던 것이다. 그래서 감로사에는 한국 최초로 절 안에 납골당을 두게 되었다.

그 후 재단법인 대각회를 설립하던 당시를 돌이켜보면, 그때 사숙님이 계시지 않았으면 아마 어림도 없는 일이 되었을지 모르겠다. 그 당시 문중의 여러 노스님들께서 용성조사님의 대각사상을 선양하기 위한 구체적인 사업을 염원하고 있는 터에 사숙님과 동헌 노스님이 나서신 것이다. 용성문중회의가 열렸고, 그 자리에서 어른들이 참석한 가운데 사숙님은 예의바르게 자운 노스님과 선사께 뚜렷한 어조로 말씀하셨다.

"우리 문중에 나라의 독립을 위해 구국의 횃불이 되신 33인 중 한 분을 모시고 있음에도 불구하고 그 어른에 대한 업적을 기리는 단체가 없어서야 되겠습니까? 우리 불가(佛家)뿐만 아니라 전 국민에게 조사(龍城)

의 대각사상을 널리 펼쳐서 이 민족과 우리 불교의 앞길에 등불로 삼아
야 할 것입니다.”

　사숙님의 확고한 이 말씀으로 당시 선사의 명의로 되어 있던 사설 감
로사를 범어사에서 분리시켜 용성문도의 핵심인 재단법인 대각회를 설
립하는 법인 설립 기본재산으로 편입하기로 결의했고, 그 결과 오늘의
대각회가 탄생해 용성조사의 유지를 구현하고 정신을 계승하게 되었던
것이다. 이는 우리 문중의 위상은 말할 것도 없거니와 용성문도가 한국
불교의 중추적인 역할을 하는 초석을 놓은 불사이니 사숙님의 혜안이
마냥 놀라울 따름이다.

　사숙님은 당신의 지혜와 자비로 불조의 은혜에 보답이라도 하려는 듯
끊임없이 중생제도의 서원을 실천하고 펼쳐 나가셨다. 내가 서울 보국사
주지로 있던 1967년, 사숙님은 보국사를 임시 숙소로 삼고 새로운 불교
운동을 꿈꾸기도 하셨다. 어느 날 사숙님이 나에게 말씀하셨다.

　“누군가 새불교운동의 깃발을 들어야 하는데 혜총수좌가 하려나?”

　“아니, 사숙님. 무슨 말씀이십니까?”

　말씀을 던져 놓고는 깊은 생각에 잠긴 듯 한동안 잠잠하시기에 나는
무슨 말씀인가 궁금하여 재차 넌지시 여쭙자 비로소 입을 여시는데 그
것이 바로 지나놓고 보니 오늘날 불광운동의 모습이었다.

　“파죽지세의 보현행이 우리 사회 곳곳으로 펼쳐 나가려면 새로운 불
교운동이 시작되어야 해. 그러기 위해서는 누군가 깃발을 들어야 하는데
아무도 하지 않으니 부득이 내가 나서야 할 것 같아서, 그래서 혜총수좌
가 거들어 주려나 내가 말해 본 것이야.”

　“저는 미처 거기까지는 생각하지도 못한 일이었는데 사숙님께서 그렇
게 대단한 원력을 내시니 부족한 저로서는 오로지 존경스럽고 감탄스러
울 뿐입니다.”

나는 그 순간 온화한 사숙님의 미소 속에서 결연함을 보았고, 동시에 새불교운동의 신호탄이 쏘아 올려짐을 예감하고 내심 얼마나 기뻤는지 모른다. 사숙님은 평생을 자기 희생으로 용성조사를 시봉했던 회암 노스님을 참으로 존경하고 좋아하셨다. 그래서 나에게도 늘 과분하고 부끄러운 칭찬을 자주 하셨다.

"혜총수좌는 자운 사숙님을 잘 모시니 곁에서 보는 내가 얼마나 기쁜지 몰라. 용성조사의 제자인 자운 사숙님을 혜총스님이 받드는 것을 보면 우리 집안 내력 같아. 마치 회암 사숙님께서 용성조사님을 모셨던 것처럼 말이지. 아무튼 어른 잘 모시는 혜총스님이 있으니 우리 문중의 자랑일 뿐만 아니라 진정한 용성 가풍의 계승자이고 보배 중에 보배야."

감당할 수 없을 만큼 부끄러운 사숙님의 칭찬 속에서 나는 끝까지 노스님을 잘 모시라는 사숙님의 당부의 뜻이 있음을 알고 나의 노스님이셨던 자운 대종사님을 40여 년 간 시봉했다. 자운 노스님을 모시게 된 것도 나에게는 큰복이 아닐 수 없다. 그 복이 다른 곳으로 흘러갈 새라 사숙님은 미리 꼭꼭 눌러 빈틈을 막아주는 다짐을 주셨던 것이다.

사숙님이 입적하시기 전해 가을, 그러니까 1998년 10월쯤일 것이다. 사숙님이 문득 감로사를 예고도 없이 찾아오셨다. 휠체어에 의지하신 채 마당에서만 절을 둘러보신 사숙님은 마치 고향을 찾은 사람처럼 마냥 밝은 표정이셨다. 그렇지만 그것이 이 생에서 마지막 걸음이 될 줄 누가 짐작이나 했으며 어찌 내가 알았으랴!

그날 사숙님은 감로사 마당에서 지난 시절을 되돌아보는 감회를 풀었다.

"지난 날 내가 여기 기거하면서 편안한 마음으로 책도 번역하였고 꿈도 꾸었던 곳, 그 옛날에 살던 곳을 다시 보고 싶어서 연락도 없이 불쑥 왔어. 자운·보경 큰스님들께서 얼마나 나를 사랑해주셨는데, 아무리 탈

속한 수행자라고 할지라도 그 고마우신 정리를 어찌 잊을 수 있겠는가?"

"불편하신 몸을 무릅쓰고 이렇게 감로사를 찾아주셔서 큰 영광입니다. 사숙님."

"내가 몸이 이 지경이 돼서 법당에도 못 들어가고, 자운 사숙님 계시던 방에도 들어가지 못하고, 주지스님 방에도 들어갈 수가 없군. 어쩌지, 안타깝고 정말 미안하네. 그런데 그동안 주지스님의 눈부신 보살행으로 감로사가 참 많이 발전했군. 무엇보다 그 점이 기쁘기 짝이 없네. 정말 마음 든든하고 자네에게 진정으로 감사하네, 고마워."

사숙님은 도량 구석구석 살펴보면서 여러 말씀이 계셨다. 한 시간 가량 그렇게 마당에 계시다가 휠체어에 앉으신 채 사진 한 장 남기시고 가신 것이 사숙님과 이생의 마지막 법 인연이 되고 말았다. 방에 모셔서 차 한잔, 음식 한그릇 공양 올리지 못한 채 안타까운 마음만 가득 남기고 돌아가셨다. 나는 지금도 가끔 그 마지막 사진을 들여다보면서 사숙님이 남기신 보현행을 생각하며 다짐하고 또 나의 거울로, 경책으로 삼고 있다.

사숙님께서 가셨다고 이렇게 과거지사를 글로 옮기고 있으나, 사실은 가신 듯 가심이 없으시니 또 오심을 기원할 것도 없다고 하겠다. 사숙님은 언제나 우리들 가슴에 남아 우리들을 지켜 주시고 인도해 주시리라 믿는다.

2545년 7월17일

감로사 정진실에서 혜총 분향배례

나의 수계도반, 광덕 사형님

如玄正見 | 부산 금정산 정수암 주지

1.

1959년 가을, 내 나이 스물네 살 때였다. 나는 군에서 제대하는 길로 바로 부산 범어사로 출가했다.

나는 일찍이 고향 제주도 애월에서 소년시절을 보내며 서당에도 다녔고 선도(仙道) 수련도 해 보았지만 영 마음이 차지 않아서 마침내 불도(佛道)에 몸을 담기로 결심하고 입대했던 것이다.

나는 군에서 제대할 무렵, 집으로 가지 않고 바로 산으로 들어가야 하겠다고 출가의 결심을 했다. 결심을 하고 보니 막상 어느 절로 가야 할지가 막막했다. 그래서 나는 비록 제대 군인의 몸이었지만 아랑곳하지 않고 새로운 내 인생의 시작이 될 절집 찾는 일을 시작했다. 우선 나의 근무 부대가 있었던 강원도에서부터 남쪽으로 내려가며 절마다 들러 보고 마음에 드는 절에서 머리를 깎으려고 나름대로 옹골찬 계획을 세웠다.

그 처음 행선지로 오대산 월정사 산내 암자인 중대(中臺)에 갔는데, 그때 마침 거기 잠시 머물고 있던 선객(禪客) 응담스님을 만나게 되었다.

나는 소년시절부터 품고 있었던 출가에 대한 결심을 그 스님께 말씀드렸다. 내 이야기를 응담스님께서는 잔잔한 미소를 머금은 채 시종 들으시고는, 한마디로 갈 곳을 짚어 주었다. 부산 범어사로 내려가라고 했다. 그때 응담스님의 말씀이 "청년이 미리 범어사에 가 있으면 나도 이번 결제(1959년 가을 동안거)는 범어사에서 지내기로 했으니 곧 내려가겠다."고 하시는 것이었다. 나의 원래 계획은 강원도에서 아랫녘으로 내려가면서 차례차례 여러 절을 둘러본 뒤, 내 마음에 쏙 드는 산문으로 들어가려고 했는데 처음 오대산 월정사 중대를 찾자마자 그럴 필요가 없게 되었다. 그때 응담스님이 어찌나 소신 있게 요지부동으로 내가 살 곳을 이야기해 주시는지 더 이상 머뭇거리거나 시간을 허비할 필요가 전혀 없었던 것이다.

2.

나는 그 길로 범어사에 행자로 들어가서 처음에는 입장객에게 표를 파는 매표 일도 했고, 금정산에 나무를 함부로 베지 못하도록 막는 산감 소임도 했고, 범어사 후원에서 공양주·갱두·채공까지 두루두루 하심 공부를 거쳤다. 절집 풍속을 몸으로 익히고 배운 뒤 그 다음해 3월 보살계 때(음 3월14일 저녁) 보제루에서 열대여섯 명의 행자들과 함께 사미계를 받았다.

그 당시 범어사 주지는 지효 사형님이 하고 있었고, 광덕 사형님은 아직 고 처사로 있을 때였지만 은사스님(東山)의 안팎 심부름으로 바깥 출입이 잦았다. 그런 광덕 사형님을 처음 대한 나의 느낌은 그 모습과 위의가 어찌나 청초하고 훤출했던지 당대의 이름난 고승 같았다. 비록 신분은 처사였지만 삭발염의하고 대중과 함께 생활했으니 처사라는 호칭만 부르지 않았다면 고승대덕과 조금도 다르지 않았다. 그런데 주변 사

람들이 모두 고 처사(高處士)라고 불러서 매우 의아한 느낌을 갖고 있었
는데 한동안 시간이 지나서야 그 까닭을 비로소 알게 되었다. 사실 우리
같이 평범한 행자들은 하루라도 빨리 계를 받고 싶어서 입산하자마자
오직 수계 날만 손꼽아 기다리는데 그 당시 광덕 사형님은 무려 10년이
나 처사(행자)로 생활했던 것이다. 참으로 대단한 근기로구나 하는 놀라
운 생각이 들었다. 나는 처음 그 이야기를 들었을 때 입이 다물어지지
않아 자꾸만 반복해서 생각해 보고 사형님의 얼굴을 몇 번이나 다시 쳐
다보았다. 아무튼 나는 그러한 사형님과 함께 계를 받게 될 줄이야 처음
에는 몰랐지만 뜻밖에도 수계 도반이라는 귀한 인연을 맺게 되었던 것
이다.

범어사의 삼월 보살계 산림 전통은 매우 오래되었으며 또 범어사만의
자랑이기도 했다. 그래서 으레 행자들은 삼월 보살계 때 사미계를 받아
출가의 길로 들어서곤 했는데, 역시 나도 삼월 보살계 산림 회향 하루
전날인 1960년 3월 열나흘(음) 저녁에 계를 받았던 것이다. 그날 저녁 은
사스님(東山大宗師)께서 친히 우리들에게 계를 설하여 마치시고는 청풍
당에 들어가시면서 후원을 향해 알지 못할 누군가에게 큰소리로 "여기
계 받을 사람이 있는데 왜 나오지 않느냐?" 하고 꾸지람을 내렸다. 나중
에 알고 보니 이는 고 처사를 향한 일갈이었다. 그제서야 은사스님께 효
심 깊기로 이름난 고 처사도 더 이상 물러설 곳이 없게 되었는지, 아니면
스스로 새로운 결심을 하게 되었는지, 드디어 그 다음날(음 3월 15일) 새
벽예불이 끝나고 대웅전에서 광덕 사형님과 정업스님 둘이서 은사스님
께 계를 받게 되었다.

3.

수계 후 나는 바로 도감(都監) 소임을 보고 있었는데, 어느 날 사판승

(帶妻)들이 물리력을 동원하여 범어사를 다시 점령하기 위해 한 떼로 들이닥쳤다. 사판승들은 사전 모의를 하여 범어사 탈환 작전계획을 세우고 그날 감행했던 것이다. 사판들이 쳐들어온다는 정보를 사전에 알고 있던 우리 범어사 대중들은 광덕 사형님을 사태수습 책임자로 정하고 모든 권한을 맡겼다.

사형님은 모든 대중들에게 우왕좌왕 하지말고 수행자답게 장삼과 오조가사를 수하고 여법(如法)하게 평소의 일과를 지키도록 했다. 우리는 사형님의 요청에 따라 사내의 모든 대중들은 누구나 할 것 없이 가사 장삼을 수하고 평소처럼 아침공양을 하고 대중 청소도 했다. 범어사 대중 누구 하나 얼굴에 당황한 기색이나 싸워야 한다는 흥분 없이 차분하게 자기 자리를 지켰고 또 일과를 지켰다. 다만 달라진 것은 일상복이 아닌 수행자로서 더욱 여법하게 가사 장삼을 차려 입은 법복 차림이었다는 것이었다.

그런 분위기 속에 한 무리의 사판승들이 제각기 손에 무엇을 하나씩 들고 기세등등하게 올라왔다. 그렇지만 그들은 범어사 대중들의 모습을 대하는 순간 그만 맥이 풀리고 어이가 없게 되고 말았다. 범어사 대중도 맞받아서 인상을 쓰거나 고함을 지르고 팔을 걷어붙여야 일이 되는 것인데, 그런 기미가 전혀 없으니 오히려 머쓱하기만 했던 것이다.

광덕 사형님은 사전에 대중의 처신방식을 확인하고 난 뒤 사판승들이 몰려오자 그들의 대표자를 보제루로 안내하여 다담상을 차려 정성껏 대접하며 덕담을 주고받았다. 그리고 누구나 공감할 수 있는 얘기만 했다고 한다. 서로 이해가 상충할 수 있는 사안은 아예 꺼내지도 않고 대의명분만 거론하고 담론했다는 것이다. 그런 까닭에 그 자리에서는 어느 누구도 인상 쓰거나 부딪칠 일이 없었다고 했다. 보제루의 대표자들은 화기애애한 분위기에서 장시간 담론을 하니 밖에 있던 소위 행동대원들도 시간이 갈수록 경계심도 풀어지고 적개심도 사라져 범어사 대중들과 여기저기 삼삼오오 모여서 농담도 하고 평화롭게 이야기를 주고받기까지 했다.

안팎으로 서로에게 평안한 기운을 느끼게 되었고 마침내 아무런 불상사 없이 일은 종결되었다. 자칫 충돌하여 큰 사건이 될 뻔했던 일이었는데도 광덕 사형님의 지혜로운 판단과 수행자다운 현명한 대응방식을 통해 사태는 가라앉았고 그들은 무사히 내려갔다.

4.

또 1963년 여름에는 한국대학생불교연합회 수련대회를 범어사에서 개최하여 전국에서 모인 젊은 학생들이 보제루가 비좁을 정도로 성황을 이루었다. 아마 내가 잘 모르긴 해도 그것이 한국대학생불교연합회 수련법회의 시발이었을 것으로 생각한다. 그 일 역시 광덕 사형님이 아니었다면 그 당시 범어사로서는 꿈도 꾸지 못할 일이었던 것이 사실이다.

그리고 1965년에는 은사스님이 열반에 드셨는데, 그때 전국 각지에서 사부대중이 구름같이 모여들어 영결식과 다비식을 엄숙하게 봉행했다. 그 모든 과정을 필름에 녹화하였다가 어느 날 저녁 보제루 앞마당에서 방영하게 되었다. 그때만 해도 영사기로 필름을 찍으면 화면만 찍히고 소리는 녹음이 되지 않은 무성 테이프이기에 따로 변사가 필요했다. 보제루 앞에서 방영했던 은사스님 영결식 장면의 변사는 사형님이 맡았다. 흐르는 물처럼 도도한 해설, 적절한 즉석 느낌과 폐부에서 우러나오는 효심의 열변은 사형님의 초롱초롱한 목소리를 타고 대중들의 가슴을 파고들었다. 범어사 마당 가득 울려 퍼진 사형님의 단심(丹心)은 끝내 그 자리에 있던 모든 대중들의 가슴을 막히게 했고 소나기처럼 눈물을 쏟게 만들었다.

5.

그뿐만 아니다. 사형님은 『선관책진』을 번역하여 우리 출가자들에게 읽게 하여 공부의 길을 열어 주었다. 『선관책진』뿐만 아니라 사형님의 손에는 항상 조사어록이나 경전 번역의 원고 뭉치가 떠나지 않았음은 누구나 잘 아는 일이었다. 그 당시 사형님은 선학연구회와 역경원 설립에 뜻을 가지고 있었고 그 일에 몰두하여 정진하고 있었다.

또 은사스님의 사리탑을 조성하기 위해 사형님은 몸소 지리산 연곡사 등으로 뛰어다니며 자료를 모았다. 사리탑에 대한 여러 의견이 분분한 가운데서도 마침내 원만히 조성되었던 것은 역시 사형님의 지혜로운 판단력과 열성 어린 노력의 힘이 컸다고 본다.

그와 같이 범어사나 종단의 여러 가지 많은 일들을 혼자서 감당했던 사형님, 그러한 사형님의 마음을 그 당시 나이 어린 나로서는 미처 알 수 없었던 또 다른 세계였다. 나와는 생각하는 방법이 달랐기에 길이 달랐고 그러므로 자연 서로의 거리가 멀어지게 되었던 것이다. 그러한 까닭에 나는 사형님이 불국사나 봉은사에 계실 때도 모시지 못했다. 그랬지만 사형님은 나를 볼 때마다 항상 따뜻한 말로 격려를 아끼지 않았고 깊은 관심과 배려에 조금도 인색하지 않았다. 비록 모시고 함께 살지는 못했지만 사형님은 나에게 든든하고 편안한 의지처였는데 막상 금생의 인연이 끝난 지금에 와서 지난 일을 돌이켜보니 허전하고 쓸쓸한 심정을 이루 말로 다 표현할 수가 없다.

6.

이제 고고한 학(鶴) 같은 사형님을 처음 만난 지도 어느덧 반세기가 가까워 오고 있다. 사바에 머물며 중생교화의 장부대업(丈夫大業)을 더

하셔야 할 분이 표연히 떠나신 뒤의 적막감은 크나큰 슬픔이 되어 북풍 찬바람으로 내 가슴을 파고든다.

　철부지 나와 함께 수계하신 사형님은 현실에 안주하는 나 같은 사람들에게 무상(無常)의 법을 설하시기 위해 길을 서둘렀는지도 모를 일이다. 사형님의 상좌 송암화상으로부터 원고 청탁을 받고 창가의 서안에 앉아 지난 일을 곰곰 생각해 보니 세월이 너무나 빨리 흘러갔음이 애석하기만 하다. 나는 마치 천애의 고아가 된 기분이 들었다. 그것은 이미 내 나이도 작은 나이가 아닌 때문일 것이다. 만단(萬端)의 슬픔을 접고 가슴속에 응어리를 풀어낸 감회의 일단을 서투르지만 여기에 옮겨본다.

부처님의 교화전적 이강산에 두루펴니	廣布敎典數千里
넓고크신 덕화위덕 많은중생 의지했네.	德化賴及億萬衆
미묘법문 지혜광명 시방세계 비추오니	佛法傳播四海外
거룩할사 크신은혜 겁전겁후 찬란해라.	光輝燦然劫前後
하늘보고 땅을치며 불러봐도 대답없어	仰天叩地呼無答
남아있는 우리들은 애간장이 끊기누나.	殘存吾等如斷腸
사바세계 어서와서 많은중생 위하여서	速還娑婆爲群生
자등명과 법등명의 일대사를 밝히소서.	再明大事自法燈

2001년 12월 18일 금정산성 정수사에서

如玄 焚香 合掌

보현행원의 구현자이신 큰스님

海牛圓融 | 해인총림 유나(維那)

 "허공계가 다하고 중생계가 다하고 중생의 업이 다하고 중생의 번뇌가 다하면 나의 예배·찬탄·공양·참회·수희(따라 기뻐함)·청법·청주·수학(따라 배움)·수순·회향도 다하려니와 중생계 내지 중생의 번뇌가 다함이 없으므로…… 다함이 없어 생각생각 상속하고 끊임이 없되 몸과 말과 뜻으로 짓는 일에 지치거나 싫어하는 생각이 없느니라."

 이는 「화엄경 입법계품」 가운데 「보현행원품」의 서문 내용이다. 영원토록 무진법계의 무량중생을 위해서만 사는 보현대사(普賢大士)의 10대 행원은 우주의 근본법칙이며 부처님의 구경교칙(究竟敎勅)으로서, 불교의 골수요 대도의 표준이라 했다. 불광회의 광덕 큰스님께서는 그야말로 이와 같은 보현보살의 광대 행원을 구현키 위해 이 땅에 오셨다가, 그 뜻을 활짝 꽃피우고 가신 분이시다.

 소납이 사숙님을 처음 뵙게 된 것은, 1960년대 서울 어느 법회에서 격려 말씀을 해주시는 모습을 먼 빛으로 바라본 것이 처음이었다. 티 없이 맑은 동안(童顔)의 얼굴에서는 눈부실 만큼 광채가 빛났고, 격정 어린 어조로 말씀하신 모습은 '어쩌면 저토록 격조 높은 신심과 원력을 가질 수 있을까?’ 하는 찬탄을 자아내게 하기에 충분했다.

내가 나중에 해인사 백련암 노장님 문하로 와서 불광회 큰스님을 사숙으로 모시는 인연이 되었고, 백련암 일과집인 「보현행원품」은 ‘광덕 역주’로써 백련암의 스님 및 신도들의 수지독송품이 되고 있었다. 백련암 노장님(性徹大宗師)께서 친히 쓰신 「보현행원품서(普賢行願品 序)」에서,

“이 무진보장(無盡寶藏)의 성전(聖典)이 난해한 한문 속에 갇혀 있는 것을 광덕(光德)스님의 원력으로 국역이 완성되어 이에 모든 사람 앞에 널리 개방되었다. 감로(甘露)의 문은 이제 남김없이 활짝 열렸으니 이 금언성구(金言聖句)를 부지런히 독송하며 힘써 실천하여 저 보현대사(普賢大士)와 같이 미래겁이 다하도록 오직 일체 중생을 위해서만 사는 사람이 되어야 할 것이다.”라고 하셨다.

사숙님을 직접 가까이서 모시고 훈도를 받거나 일상의 친절한 말씀을 들을 수 있는 기회는 많질 못했다. 상족(上足) 지환(至歡)스님과 함께 두어 번 불광회에서 뵙고 공양을 함께 들면서 잠깐 가까이서 용안(蓉顔)을 뵐 수 있었다.

백련암 노장님과 광덕스님과는 절집의 사형제지간으로서, 자세히 모르긴 해도 형제간에 가장 우애가 돈독하고 의기가 투합된 지음(知音)의 사이가 아니었던가 싶다. 노장님은 종단의 교육, 기획안이나 지적인 도움이 필요할 때는 언제나 광덕 사숙님을 청했던 것으로 안다. 여기에 관한 자세한 인연들은 이미 백련암 선배스님들의 글이 있으므로 나는 언급하지 않기로 한다.

그러나 사숙님께서는 준수한 용모뿐만이 아니라, 뛰어나신 지혜와 보현의 뜻을 얻으셨고, 또한 일찍이 신학문을 섭렵하신 우리 불교계에 있어서는 두루두루 잘 갖추신 분으로 종단의 간성(干城)이셨다. 남기신

역·저서를 비롯한 숱한 저술들은 후학들에게 커다란 이익을 주었다. 사숙님께서 직접 번역 출간하신 『육조단경』 및 『선관책진』은 종도들에게 많이 읽힌 책들로서 수행의 지침이 되었고, 특히 사숙님께서 일찍이 범어사 청풍당 선원에서 정진 중에 집필하신 『선관책진』의 번역·주석은 운서(雲棲)의 후신이라고 일컬을 만큼 정확했다. 오히려 당시의 수좌들은 원저보다 더 심오한 느낌을 받았다고까지 말들을 했으니 나의 몇 마디가 미치지 못한다. 사숙님의 사제였던 홍교스님의 사자새끼 길들이는 표지 그림과 함께 모든 수행자들에게 향수 어린 책으로서 길이 남을 것이다.

사숙님의 일생일대에 대미를 장식한 일은 역시 큰스님 말년에 세종문화회관에서 가진 '보현행원송'의 음악회일 것이다. 이는 우리 불교 역사상 커다란 사건이 아닐 수 없다. 사숙님의 고족(高足)인 송암지원(松庵至元) 화상이 직접 기획과 총 연출을 맡은 이 음악회는 큰스님의 '보현행원사상'을 찬연히 빛나게 하는 금자탑이었다. 함께 동참했던 분들에게 있어서 그날의 감격은 가슴속에 길이 남아 잊을 수 없는 기억이 되리라 생각한다.

아! 그러나 큰스님의 건강이 평소 병약하셨던 것은 대중이 다 알고는 있었으나 3년 전 겨울 안거가 끝날 무렵 불시에 날아든 큰스님의 타계소식은 우리 불교의 이타행원(利他行願)과 대중교화(大衆敎化)의 맹주(盟主)가 떠나는 아픔과 아쉬움을 절감케 했다.

사숙님의 출가 본사인 범어사 보제루(普濟樓)에 마련된 빈소에 분향하고 나오던 순간, 그 착찹한 심정은 이루 말할 수 없었다. 그러나 한편, 역지로라도 조금 안심할 수 있었음은 큰스님께서 끼치신 교화력과 길러 놓으신 기라성 같은 제자들이 버티고 있음을 보았기 때문이다. 그리고 공양 중에는 법공양이 으뜸이라고 했듯이 큰스님의 원력과 법을 이어받아 열심히 수행하고 있는 송암당 지원화상을 비롯한 여러 훌륭한 제자들이 도열하고 있었음에랴.

아, 큰스님의 뛰어난 가르침과 수승한 원력으로 보현행원이 법계에 두루 퍼져 무량중생에게 한량없는 이익을 베풀고, 교계의 무궁한 발전이 있을진저!

불기 2545년 여름 안거 중 해인사 관음전 금화실에서
원융 삼가 분향 합장

유마거사와 광덕스님

那伽性陀 | 경주 불국사 주지

불교는 진리의 종교다. 철저하게 진리를 내용으로 하는 가르침이기에 비진리적인 요소는 조금도 허용하지 않는다. 오직 지혜와 자비를 근본으로 만행(萬行)을 원만(圓滿)한다. 인간의 삼독심(三毒心)에 의한 의도적인 조작을 철저히 배격하고 분쇄한다. 즉 권위와 조직, 제도, 관습 등은 어디까지나 나중 일이다. 불교는 철저하게 모든 사람들로 하여금 진리의 터전 위에 서도록 인도한다.

그래서 불교의 참 모습은 진리이며 진정한 스승이나 선지식은 진리를 깨달은 사람이어야 한다. 철저하게 진리만을 관심의 대상으로 하고 있지 형상이나 시간·공간의 점유에 의해 우선권을 내주지 않는다. 그렇기 때문에 불교에서는 진리만 깨달았다면 재가(在家)나 여성이라도 선지식이 되어 오히려 진리를 깨닫지 못한 전문가(出家)들을 호되게 나무라고 경책(警策)하기 일쑤다. 그러기에 진리에 눈뜬 사람(信之道爲本)만이 오직 선지식이 될 수 있고 상가(僧伽)의 구성원이 될 수 있는 것이다. 그러므로 남녀노소, 빈부귀천, 왕후장상, 갑남을녀와 동서고금, 천삼라지만상을 망라하여 오직 진리만이 가장 우선이고 최귀(最貴)할 뿐이다.

이제 돌아보면 그 당시 내 나이 17,8세 무렵이니까 1957년이나 그 다음해쯤이었을 것 같다. 나는 그때 부산 동래 온천장에 있는 금정사에서 살고 있었다. 그러니까 출가한 지 얼마 안 되는 새파란 사미시절이었다. 당시 금정사에는 석주 노스님께서 주지로 있을 때였고, 무불 노장님께서도 늘상 출입하였지만 범어사의 동산 대종사께서도 혹시 시내 내려오시게 되면 으레 금정사에 머무시고 유숙하셨다. 그 시절 부산에서 비구승들이 머물 곳이라곤 범어사 청풍당과 석암 노장님께서 주지로 있던 선암사, 그리고 내가 사미로 살던 동래의 금정사가 전부였다. 비구들은 딱히 갈 곳조차 없었던 궁색하고 어려운 시절이었고 정화가 마무리되기 전이었다.

철부지로 아무것도 몰랐던 어린 내 유년시절, 그때 만났던 광덕 큰스님은 십여 년 가까이 오직 처사로 공부하고 사중 소임 보며 하심으로 어려운 고행을 하실 때였다. 모두가 그러한 큰스님을 그 당시는 고 처사(高處士)라고 불렀다. 그러나 머리를 깎고 승복을 입고 출가대중과 더불어 똑같이 수행하고 있었다. 비록 계를 받지 않아 호칭은 처사였지만 큰방에서 발우공양하고 스님들과 똑같이 살았고, 실제 모든 몸가짐이나 수행에서는 어느 누구도 쉽게 흉내낼 수 없도록 탁월했으니 당시 큰스님들께서도 고 처사님에 대해서는 참으로 각별했고 또 존중했다. 처사지만 위의가 당당했다는 이야기다. 마치 인도의 유마거사처럼 무엇 하나 부족한 점이 없었던 분이었고, 또한 대중의 의지처로서 든든한 방패와 같았다. 고 처사님은 세상의 이치나 사회제도에 대해서도 모르는 것이 없어서 우리 대중들이 못하는 일이나 모르는 일들은 맡아놓고 도와주고 해결해 주는 대중의 지팡이와 같았다. 그것은 무엇을 많이 알아서라고 하기보다는 고 처사님의 천성이 무척 자비롭고 헌신적이었기에 대중을 받들고 섬겼다고 본다.

다시 생각해 보면 유마거사는 재가의 입장이었지만 대선지식이었듯이 고 처사님도 그러한 분이 아니었나를 생각해 보게 된다. 유마거사나 고 처사 모두 법의 안목을 구비하고 자비를 베풀고 부처님의 뜻을 받들어 중생구제의 서원을 갖추었으니 더 이상 뭐라고 말할 수조차 없는 일이다. 어쨌거나 그 당시 고 처사님은 한국불교계에 모르는 사람이 없을 정도로 명성을 날린 특별한 출가 거사였다. 즉 대한민국 시대의 유마거사가 고 처사였다고 생각한다.

이 글을 쓰면서 나는 다시 소년시절, 즉 사미시절로 돌아가 그 당시를 회상해 보노라니 많은 생각이 떠오른다.

특히 고 처사님에 대해서는 내 어린 마음에 알지 못할 외경심이 일었고 따르는 마음이 있었다. 그것은 고 처사님의 외모의 영향도 컸으리라는 생각을 해 본다. 그분은 언제나 얼굴이 밝게 빛났고 몸가짐이 단아하고 매무새가 깔끔하여 마치 한 마리 청아한 학처럼 자태가 빼어난 분이었다. 사실 말이 처사였지 그 어느 스님보다도 더 뛰어난 풍모와 청정계행을 갖추어서 고 처사님을 잘 아는 분들은 '율 처사(律處士)'라고 부르기도 했다. 그리고 뜨거운 신심과 무서운 정진력을 지녔으니 당연 대중 가운데 으뜸이라고 할 만했다.

내가 금정사에 있던 그 해 사월 초파일, 부산에서 제등행렬을 벌였는데 모든 진행을 고 처사가 주관하고 담당하였다. 그리고 행사 당일은 무개(無蓋) 차에다 확성기를 달아서 가두방송을 하는데 변재(辯才)가 뛰어나서 사람들의 심금을 얼마나 울렸는지 모른다. 어린 나는 줄곧 감탄을 금치 못하며 제등행렬을 마쳤던 기억이 지금도 생생하다.

광덕 큰스님은 포교에 대한 사명감, 뜨거운 신심, 밝은 지혜 등 어느 것 하나 부족함이 없는 분이었다. 대개의 사람들은 그런 여러 덕성 중에 하나만 갖추기도 힘든 일인데 광덕 대선사께서는 다 갖추셨으니, 분명 대선사께서는 이 땅에 원력으로 오신 보살이심에 틀림없다.

그러한 큰스님과 내가 금정사에서 함께 지낼 때의 일이다. 그때나 지금이나 나는 천성적으로 목소리가 매우 큰 편이다. 여러 큰 어른들을 모시고 살면서도 어린 나이에 주의력이 부족했던 탓에 나도 몰래 큰소리로 고함치듯이 말하고 행동했던 것 같다. 나도 모르게 나타난 방자한 언행에 있어서 대선사께서는 조용히 주의를 내렸다. 내가 잘못을 느끼도록 (아니 실상을 보도록) 수행자의 몸가짐을 타이르고 수행의 근본을 일깨워주셨다. 나는 광덕 대선사의 겸허하신 훈회에 감명 받아 그 당시 고 처사님께 합장하고 무척 감사했었다. 나는 두고두고 그 일을 잊지 못했고, 또 그 이후 멀리서나 가까이서나 대선사를 우러러보면서 지금까지 살았다. 그런 인연과 존경의 힘이었는지 대선사의 영결식 때 내가 전국 본사 주지의 대표로 조사를 낭독했다. 생각해 보면 아득히 긴 세월이었지만 흘러간 것은 무상하여 짧기만 한 것 같다. 남는 것이 별로 없다는 이야기다.

아, 벌써 대선사 떠나신 지도 2주기가 지났고 이제 다시 3주기가 다가오겠지 하는 생각을 하자 이승이나 저승이나 시간 빠르기는 조금도 다르지 않은 것 같다.

불국사 주지 소임을 맡아서 분주히 사는 어느 날, 대선사의 문인 송암 스님으로부터 대선사와의 인연담을 써달라는 요청을 받고 잠시 나의 지난날을 돌아보게 되었다. 아무튼 내 어린 시절 만나 뵈었던 대선사의 영명하신 자태는 나의 일상이 아무리 바빠도, 세월이 아무리 지나갔어도 잊혀지지 않는 일 중의 하나이다.

아무쪼록 대선사께서 한국불교에 끼친 공적은 너무나 크고 광채어린 것이다. 대선사께서는 수계하시기 전, 고 처사 시절부터 출가대중들로부터 극진한 존경과 사랑을 받았으며 범어사뿐만 아니라 종단 안팎으로도 모범이 되어 그 덕망이 널리 인구에 회자되었다. 특히 포교에 있어서 남다른 신심과 열성으로 말미암아 대선사께서 법문을 하면 남녀노소가 동서원근을 막론하고 구름처럼 잠실로 모여들었다. 이 하나를 보더라도 가히 불신력을 쓰신 분이셨음을 알겠다.

끝으로 나는 이제 대선사께서 이 땅에 속히 오시어 중생을 구제하는 각(覺)사업을 다시 크게 벌여 나가시기를 발원하고 간구(懇求)해 마지않는다. 또한 대선사의 상좌 송암스님이 일찍이 없었던 스승의 '시봉일기'라는 새로운 불사(佛事)를 열어 우리 종단에 사자(師資)의 도리를 다시 세우고 재가에게는 효에 대한 새로운 각성을 촉구하게 된 것을 무척 뜻 깊게 생각한다. 이와 같이 대선사의 행덕(行化之德)을 모아서 책으로 엮어내는 쉽지 않는 일을 혼자서 벌써 3년째 묵묵히 하고 있는 송암스님의 정진과 효심에 찬사의 큰 박수를 보낸다. 앞으로도 계속 나오게 될『광덕스님 시봉일기』가 더 많은 사람들에게 널리 읽혀져 스승과 제자로 이루어진 우리 출가문(出家門)을 더욱 튼튼하게 하는 초석이 될 것이다. 기쁨을 금할 수 없다.

나무마하반야바라밀.

辛巳年 仲春 토함산 불국사 禪窓에서

性陀 謹識

금란가사 수하고 하신 참회

修弗法盡 | 서울 안국선원 원장

범어사 내원암에 주석하시는 능가 큰스님은 나에게 옹사(翁師, 노스님)가 되신다. 절에서는 일반적으로 스님(스승)의 스님(스승)을 '노스님'이라고 호칭한다. 그리고 나의 노스님과 불광의 광덕 큰스님은 사형제지간이신데 우리 노스님이 사형이 되신다. 불광의 노스님은 생전 불광의 법주(法主)이셨기 때문에 나도 그 칭호(法主)를 그대로 불러 생전의 모습을 좀 더 가까이서 그리고 싶다. 그래서 그냥 법주 큰스님이라고 부르기로 하겠다. 아무튼 두 분 모두 우리 종단이나 범어사의 큰 어른이시고 또한 나의 뿌리이시다.

언젠가 안성에 있는 도피안사에 간 적이 있다. 그때 송암스님과 차를 한 잔 나누며 이런저런 이야기를 하게 되었는데, 그 이야기 속에 노스님과 법주 큰스님과의 특별한 만남을 이야기하게 되었다. 시종 진지하게 듣고 있던 송암스님이 그것을 글로 좀 써줄 수 없겠느냐는 청을 하였다.

나는 글을 써본 일도 별로 없고 또 어른들의 이야기를 내가 곁에서 보았다고 그대로 표현한다는 자체가 별로 내키지 않아 처음에는 사양했다. 그런데 두번째 도피안사를 방문했을 때도 송암스님이 다시 원고 청탁을 하기에 더 이상 사양하면 서로 아는 사이에 도리가 아닌 것 같아 침묵으로 응답을 하게 되었다. 그래서 이미 오래 전의 일이지만 기억을 더듬어 잠시나마 큰스님들의 모습을 옆에서 지켜본 입장과 그때의 심정만 간략히 표현해 볼까 한다.

어느 해인가 범어사 보살계 산림 때였다. 그동안 몇 번인가 몸이 편찮으셔서 보살계 산림에 참석을 못하셨던 전계대화상(光德)이신 법주 큰스님께서 모처럼 계단(戒壇)의 단주(壇主)로 참석하셨을 때의 일이다. 보살계 산림 기간동안 범어사에 머무시면서 설법을 하셨는데, 그날 설법이 끝나자 바로 내원암(內院庵)에 올라오셨던 것 같았다. 왜냐하면 금란가사를 수하신 채 올라오셨기 때문이다. 그리고 사전에 아무런 연락도 없이 법주 큰스님께서는 재가불자(거사와 보살) 두 사람을 대동하고 쉬엄쉬엄 걸어서 내원암에 올라오셨던 것이다.

나는 얼른 뛰어나가 법주 큰스님을 우리 노스님 방으로 모셨다. 두 분은 모처럼의 만남을 무척 반가워하는 분위기가 역력했다. 물론 함께 온 거사와 보살도 방에 들어가서 노스님께 경배를 드렸음은 말할 나위도 없다.

그때 법주 큰스님께서는 보살계 산림 중에 전계사가 입는 황금색 금란가사를 그대로 수하고 계셨고, 노스님께서는 평상복 차림으로 방 아랫목에 일상의 태도 그대로 좌정하고 계셨다. 무척 대조적인 두 어른의 옷차림이었다.

법주 큰스님께서는 금란가사를 반짝이며 사형인 노스님께 삼배의 예를 정중히 했다. 우리 노스님께서는 앉은 그대로 금란가사를 차려 입은 전계화상의 절을 다 받으셨다. 법주 큰스님의 절이 끝나자 나는 두 단월을 데리고 잠시 방을 나왔다. 밖에 나와 내원암 마당을 거니는데 문득 거사가 지나가는 말로 '공손히 절 올리는 법주 큰스님께 새삼 공경심이 간다'는 이야기를 했다.

나는 그 이야기를 들으면서 아마 법주 큰스님의 여러 신도 가운데 이와 같은 생각을 하는 사람들이 무척 많을 것이라고 생각했다. 그 당시 나 또한 불광의 법주 큰스님께서 공경스러운 자세로 사형이신 노스님께 절하는 하심(下心)과 겸양을 보고 깜짝 놀랐다. 그리고 우리 노스님께서는 지금 범어사 계단의 단주이시며 한 회상(佛光)의 어른으로 계시는 분에게 맞절을 하든지, 한번만 하라고 사양의 말씀을 하실 줄 알았는데 온전히 다 받으시는 것이었다. 물론 법주 큰스님께서 정중히 삼배를 올리는 모습은 경건했고 정성스러웠다. 옆에서 지켜봐도 무심의 경지 그대로가 느껴졌다. 조금도 비굴한 모습이 아니었으며 참으로 '절은 저런 모습으로 해야 되겠구나' 하는 생각이 저절로 나게 하는 광경이었다. 그러기에 단월의 입에서도 탄성이 터져 나온 것이라는 생각이 들었다. 그것은 법주 큰스님을 변명하려는 말이 아니고 또 우리 노스님을 비방하려는 말도 아닌, 범어 문중을 대표한다 해도 과언이 아닌 어른이 문중 내의 다른 어른에게 삼배를 올린다는 것은 매우 드문 일인 것이다. 결코 흔하지도 쉽지도 않는 일임에 틀림없다. 두 분 모두 그만큼 내면이 충실하기 때문이며 또한 전생의 숙연이 있기 때문이라고 보았다.

나는 두 분의 인간관계를 어렴풋이 들어서 알고 있는데 그날의 일은 참으로 보기 드문 수행의 절정을 본 것이라고 생각했다. 내가 만약 그 광경을 직접 보지 않고 이야기를 전해들었다면 좀처럼 믿어지지 않을 정도의 일이었다. 참으로 크신 두 분께서 모처럼 만나 무슨 말씀을 나누셨는지는 모르겠지만 한참동안 방에서 나오지 않으셨다. 두 분만의 시간이 그렇게 한동안 지나갔다.

우리는 밖에서 뜰을 서성이며 기다렸다. 마침내 노스님 방문이 열려 달려가니 법주 큰스님께서 방에서 나오셨다. 그렇지만 노스님께서는 방을 나와 배웅하지 않았고, 법주 큰스님께서는 방을 나서지 않는 노스님을 향해 다시 정중히 반배 절하시고 손수 문을 닫고는 마당으로 내려와 정겹게 주변을 둘러본 뒤 큰절로 내려가셨다.

뒷날 노스님께 법주 큰스님에 대한 말씀을 들을 기회가 있었다. 내용인즉 노스님께서는 불광의 법주 큰스님을 무척이나 좋아했다고 고백했다. 일찍이 범어사 안양암에서 두 분이 5년 동안 함께 수행하셨던 기간의 일들, 그리고 세계불교도대회 때 보여준 법주 큰스님의 자기 헌신적인 모습을 자세히 말씀해 주시고, 또 뭔가 할 듯 말 듯한 애매한 부분도 얼핏 비치신 것 같다. 내가 다 알 수 없는 뭔가 불가분의 관계가 있었던 것처럼 느껴졌다. 어떤 면에서는 공감을 했고 어떤 면에서는 머리를 갸웃거려 보기도 했지만 나의 좁은 소견으로 그때 두 어른들의 입장을 어찌 다 헤아려 볼 수 있겠는가.

이것이 내가 본 그날, 두 어른의 만남에 대한 증언인 셈이다.

불광 법주 큰스님의 깊고 크신 뜻을 잘 가꾸고 길이 보존하려고 노력하며 애쓰는 송암스님의 모습이 너무 장하고 심지어는 애절하게 보이기까지 한다. 아무쪼록 큰스님의 뜻이 당대로 끝날 것이 아니라 길이길이 이어져 많은 이의 마음속에 새겨졌으면 하는 바람을 송암스님께 전해 드리고 싶다.

지금 내가 보아하니 송암스님은 법주 큰스님께서 내려 주신 화두를 단단히 붙들고 정진하고 있는 것 같다. 부단한 정진으로 나날이 성장하고 있는 그 같은 모습에서 옛 껍데기를 벗고 다시 한 겹 속으로 파고 들어가는 또 다른 모습이 보이는 것은 비단 필자만의 느낌은 아닌 듯하다. 송암스님의 그 모습 속에서 나도 모르게 한번 더 법주 큰스님의 존영(하심과 겸손)을 겹쳐서 보게 된다. 더욱 건승하길 바라면서 두 손 모은다.

정녕 그러하옵니까

玄夢 | 전(前) 용인 장경사 주지

"세상이 아무리 변해도 변하지 않아야 살아남는 게 마음공부 하는 우리네 불교이건만, 우리들 필수품인 수행은 뒷전으로 미룬 채 고급 승용차나 종단의 높은 감투 따위 사치품을 따내려는 덴 너도 나도 혈안이 되어 날뛰는 게 작금 우리들의 슬픈 현실이라. 수도자의 생명은 누가 뭐라든 첫째도 둘째도 하심(下心)이 아니던가?"

스님께선 되도록 감정을 절제해 어떤 구절에서도 억양을 높이거나 열을 내진 않으셨다. 그냥 여울물 흘러가듯 그대로였다. 하지만 잔잔한 음색에 조용한 표정이 너무 진지했기에 오히려 날카로운 단호함을 은근히 감추고 계셨다.(내가 기억해 낸 스님 말씀의 요지를 재구성한 것이다.)

"이봐라, 수좌야. 부디 삼라만상 깡그리 죄 썩었어도 그대만은 푸른 눈의 황금사자가 되어 불교로부터 부처를 구하고 달 속에 숨은 달, 꽃 속에 감추어진 진짜 꽃을 찾아내라는 뜻에서 하는 당부다."

"……"

"일부 몰지각한 승려들은 자신의 독과점적 특혜(주지 감투)를 침해하는 여하한 개혁도 저지시키며 땀흘리지 않고도 부(富)를 물쓰듯하니 이게 도무지 한량들의 꽃놀이나 뱃놀이지 어찌 감히 신성한 중놀이(중노릇)라 할 수 있겠느냐?"(이 부분도 스님의 말씀을 내 리듬에 맞게 각색하여 효과를 낸 것임)

스님께선 이윽고 말씀을 접은 채 형상을 송두리째 털어버리며 희미하게 변했고, 마주 앉은 나는 그냥 우두커니 스님의 법명만 되뇌이고 있었다.

'이 분이 누구시던가?'

'아, 이름하여 금하 광덕스님!'

달빛이 휘황찬란하게 쏟아지던 금정산 범어사의 어느 날 밤이었다.

그날 밤 소슬바람에 묻어오는 들꽃 향내는 어쩌자고 그리도 사무치게 진하고 허망했던지.

"이봐라, 젊은 수좌야. 호랑이 잡겠다고 십수년 산을 헤맸어도 막상 잡고 보니 토끼더라는 옛 고사가 있겠지."

"네, 기억합니다."

"요는 발심이 뒷받침되지 않는 입산일 경우 천만번 고쳐 한들 아무 소용이 없다는 것."

광덕스님께선 모름지기 수행자의 기본이 될 발심에 대해 차근차근 내게 타이르고 계시는 터다. 묘한 인연으로 이루어진 만남이었다. 1966년, 당시 나는 범어사 뒤켠의 내원암에 상주하며 두주불사로 유명한 설봉 노장님을 시봉하고 있었고, 마침 그날이 비구계를 수지하던 날이었다. 그때엔 1년에 한번씩 춘삼월 보름날을 기해 범어사 금강계단에서 비구계를 수했다. 그날도 나는 지난 밤 설봉 노장님과 주거니 받거니 억지대작을 해드리느라 비틀거렸고, 그런 비몽사몽간에 수계식장에 들어섰다가 한참 숙연한 상황에서 그만 픽 쓰러져 버린 것이었다. 그야말로 큰

일이 터진 거다.

"뭐, 저것도 비구계 받으러 온 놈인가?"

"말세여, 말세."

"별꼴이 반쪽일세. 푸하하……."

쏟아지는 탄식과 비아냥과 실소들이야 대강 뭉뚱그려 무시해 버린 채, 나는 일단 상단의 큰스님들부터 살폈다.

"어허, 고연놈이로고!"

모두들 똑같은 기분인 듯 석암스님을 위시해 일렬 횡대한 큰스님들께선 낭패한 기색이 역력하셨다. 그런데 유독 빙그레 미소를 깨무는 한 얼굴이 있었으니 내 입장에서야 마치 지옥에서 마주치는 구원의 연꽃이래야 옳았다. 바로 광덕스님이었다. 그게 우리들 인연의 첫 단추였다.

그로부터 일주일 후, 나는 달빛 하얗게 부서지는 밤의 정취에 들떠 혼자 산책길에 나섰다가 역시 홀로 달빛 산책을 즐기시는 광덕스님과 덜컥 마주친 것이었다.

"이봐라 수좌야, 그대는 젊은 날 총명한 입산자라면 누구나 겪게 마련인 풍토병에 잠시 걸려 있음이라. 가슴속에선 무언가 사무치게 그립고 외롭고 허망한데 정작 부처는 말이 없고 선배들은 또 엉뚱한 사리사욕에 사로잡혀 아만만 탱천하고……, 결국 제 인생은 제 스스로 끊고 맺는 것이니라. 그럴 수만 있다면 이 외롭고 적적한 산하대지가 모두 그대에겐 스승인기라. 어떤가? 술 취한 자리에서 술 한번 깨어보지 않을 텐가?"

스스로 발심하라는 한 말씀. 물론 나도 어렴풋이 알고 있었고 엔간한 사람이라면 누구나 암기할 평범한 교훈이건만, 고운 여인의 살냄새인듯 안타깝게 코를 찌르던 등꽃 향내와 하얀 달빛보다 더 하이얀 모습의 광덕스님께서 등을 토닥이며 심어 주시던 너무나 간곡한 당부였기에 그 말씀은 훗날에도 두고두고 전혀 새롭게 내게서 살아 남았던 것이다.

그리고 무심한 세월이 한 3년 흘러서다. 나는 항차 대한불교 조계종의 대표급 땡초가 되기 위해 여지없는 방황에 몸부림치던 무렵, 우연히 설악산 신흥사에서 다시 마주친 거다. 하얀 달빛 대신 하얀 함박눈이 온 누리를 삼켜버린 어느 겨울철.

한 도량 안이건만 정면으로 마주치진 않았다. 광덕스님께선 서울의 대학생 불자들을 인솔해 큰방에서 수련법회 중이셨고, 나는 뚝 떨어진 적묵당 별채에서 주야장천 도토리 막걸리에 절어 있었기 때문이다.

"그래, 생긴 대로 노는 거다. 그대가 부처를 모시면 나는 술을 모시고, 그대가 관세음보살을 청하면 난 자살을 청할 테다!"

아, 설악의 겨울밤. 눈보라 자욱한 호곡 따라 별무리 출렁이던 그곳의 밤들……. 하지만 개판이었다.

광덕스님 일행이 새벽예불을 모실 시간이면 나는 외람되게도 꽥꽥 토하기 바빴고, 그쪽에서 경을 읽으면 나는 유행가 가락으로 맞받아 쳤다.

그러길 일주일.

광덕스님께서 도무지 반응이 없으셨다. 동네 개는 니맘대로 짖어라였다. 하다가 마침내 수련법회가 파하기 바로 전날이었다. 내가 먼저 길 떠날 행장을 차리고 쳐들어갔다.

"스님, 용서하소서!"

"무얼?"

"저는 순간의 도취에서 영겁의 망각을 낚고자 밤낮 없이 취했던 것입니다."

"결과는?"

"없는 것은 아무리 찾아도 없었습니다."

"바로 그거다!"

"네?"

"아직 없는 데서 동남풍인가?"

스님께선 앞뒤사정 거두절미한 채 이렇게 조용히 물으셨다.

"동남풍이라뇨?"

나는 순간 적잖이 당황하고 있었다. 지금껏 나를 제압하는 상대를 만나기 처음이었던 것이다. 그러자 광덕스님께선 또 웃으셨다.

"어허, 딱할시고. 오늘 부는 바람의 방향도 모르면서 떠도니 노상 길을 잃는 것 아닌가?"

"그래서 오늘 자살하러 떠납니다."

"누구 맘대로?"

"제 맘대로죠"

"댁끼. 사는 법을 모르면서 죽는 법을 알겠다고? 그렇게 함부로 죽는다면야 그건 자살이 아닌 타살이겠지, 더 나가선 살인이겠지."

"타살이라고요? 살인이라고요?"

"암은."

"그럼 어떻게 해야 합니까?"

"한마음 쉴지로다."

"더 쉴 곳이 없습니다."

"이봐라, 삼생 거슬러 쉴 곳이 꼭 막혔다면 이제야말로 단 한번의 기회가 목전에 도래했음이라. 수행자의 최후가 뭐냐? 바로 백척간두 진일보의 순교가 아니더냐. 자, 등 떠밀어 줄 테니 어서 눈보라 속으로 나가 일직선으로 달려 보거라."

차라리 나 같은 놈 죽으라는 교시였다. 그러나 사실은 열심히 살아라는 반어법이었다. 그는 분명 백척간두 진일보한 부처님의 마지막 비밀을 간직했음이지, 세상의 막연한 존경이나 탐하는 엉터리가 아니었던 것이다. 해도 나 못난 놈은 오기를 부리고 있었다.

"그럼 떠나겠습니다."

"잘 가라."

"어디루요?"

"그걸 본인이 모르면 누가 아나?"

"좋습니다. 두번 다시 스님과 마주치는 불상사가 없도록 빌겠습니다."

"썩 훌륭한 생각이로다."

하면서도 스님께선 빙그레 웃으셨다. 의외였다, 역시.

이럴 때 소위 큰스님으로 알려진 대다수의 고승들은 발작적이어서 절대 관용을 허용치 않는 게 한국불교의 오랜 전통이었다. 그들이 바라는 건 오로지 맹목적 아부였다. 새 물결에 밀리면 치명적 타격을 입어 도태할 것이라는 편협한 사고방식이 바야흐로 한국 고승들의 평균 잣대가 아니었던가. 그러나 어느 경우에라도 광덕스님께선 상대방을 강요하지 않아 겸손하셨다. 모두를 우러러 받들어 섬겼다는 말씀이다. 그리고 세월은 다시 흘러 5년쯤 뒤였다. 이번엔 용주사 중앙선원에서 스님을 또 한번 맞닥뜨리고 만다. 인사를 드리고 말고 할 계제도 아니었다.

"현몽이, 그대 아직 살았음에 약산 빠른 귀신 밤눈 어두운 경지로다. 그 따위 흐리멍텅한 까막눈으로 어찌 미륵의 누각을 넘보겠으며 보현의 털구멍을 친견하겠는고? 그대가 지금 뒹굴고 있는 자리는 삿된 여우 무덤에 지나지 않으니 재삼 부탁컨대 한번 더 결사적으로 죽어 보라!"

그리곤 그만이었다. 더는 인연이 교차하지 않았다. 당신께선 누구도 따라 하기 힘든 정통 수행의 길을 표표히 걸으셨고 나는 말 그대로 타락한 도사(도둑놈에다 사기꾼을 때려 합친)가 되어 무지막지 뒷거리만 헤맸던 것이다. 다음은 영영 이별이었다.

잠깐씩 바람처럼 스치면서 하얀 피를 간절히 수혈해 주시던 광덕스님.

못내 그리울 뿐이다. 종교의 확산을 위해 적당한 허구성과 위선이 다른 어떤 요인보다 앞선다고 성직자들은 계산하겠지만 실제 뭇 사람들에게 희망과 정열을 심어 주는 것은 진실한 수행자의 한줄기 미소라는 것도 우리는 마땅히 명심해야 할 것이다. 요컨대 깊은 산 옹달샘에서 솟아나는 듯한 광덕스님류의 미소다. 그 앞에서 무슨 잡다한 너스레가 필요할까. 그 앞에서 입을 떼면 이미 죽은 소리다. 우리 모두 '정구업진언' 하여 그 한줄기 미소의 설법을 듣도록 하자. 본시 인간의 입에 말이란 게 붙으면서 세상에 거짓이 싹트지 않았던가.

'…….'

사이비 고승들의 권위주의적 설법은 어리석은 몇 사람의 가슴에 강제 이식 수술로 아프게 남겠지만, 광덕스님의 옹달샘 미소는 저 뜨거운 사막에 눈보라를 일으키는 거대한 불가사의로 길이 살아남을 것임을 믿어 의심치 않는다.

내 어이 잊으랴.

때로는 노을로 피고 때로는 꽃으로 피던 미소.

"광덕스님, 큰스님. 원하옵니다. 저승에도 우리들의 객실이 있어 거기서 다시 마주친다면 또 한번 저를 위해 미소지어 주시옵소서!"

2001년 어느 달쯤
현몽 분향합장

◑ 사실 이 원고를 청탁 받고 나는 여러 번 망설였다. 어질고 착한 사람의 회고로도 지면이 모자랄진대 하필 나 같은 열외자(列外者)가 감히 큰스님의 추억담을 써도 되느냐에 대해서다.

그러나 또 어쩌랴.

쓰긴 썼으되 가능한 한 활자화에선 누락되기 바랄 뿐이고, 만약 누락되지 않아 여러분에게 읽힌다면 그 또한 다생다겁 큰스님 위시해 사바세계 우리 모두의 피치 못할 인연이라고 여길 수밖에.

행자 때 뵈온 광덕 큰스님

元泉 | 김해 선지사(仙地寺) 주지

　나는 이 다음에 반드시 도인이 되겠다는 야무진 꿈을 안고 출가 수행자가 되었다. 그래서 고향 동네 절 주지스님에게 말씀드렸더니 스님께서는 나를 경북 구미 어느 암자로 안내하여 주셨다. 나는 거기서 출가 수행자의 길로 들어섰고 우선 하심을 닦는 행자생활을 하게 되었다.

　그러던 어느 날, 범어사 승가대학(講院)을 졸업하신 스님 한 분이 내가 있는 암자에 와서 내게 여러 가지 좋은 말씀을 해주셨다. 그리고는 부산 동래 범어사로 가서 득도하라고 자상하게 일러 주시는 것이었다. 그래서 나는 마음을 고쳐 큰절인 범어사로 가기로 결심하고 주지스님께 소개장을 써달라고 부탁하였다. 그렇게 찾아간 범어사는 생전 처음 보는 큰절이었지만 무척 마음에 들었고 우람한 가람과 질서정연한 대중의 분위기가 낯익어서 과거 전생부터 여기서 수행했었나 하는 생각마저 들었다. 종무소를 찾아가 구미의 주지스님이 써준 소개장을 보여주니까 즉시 행자실 입방이 허락되었다.

　내가 범어사 행자생활을 시작한 지 얼마 지나지 않아서 이미 먼저 온 행자들은 모두 수계를 받게 되었다. 그때 수계를 받은 스님들은 현재 범어사 선원에서 선원장을 맡으신 인각스님, 해인사 강원에서 강주를 맡고 있는 지오스님, 지상스님, 지문스님 등등이라고 기억한다. 그 덕분에 나는 후원의 행자 반장이 되었다. 그때 행자로 들어온 사람들이 이 시봉일기를 쓰고 있는 송암스님, 과천 보광사에 있는 종훈스님 등등이다. 행자 반장은 여러 행자들과 더불어 대중스님들의 공양을 성심 성의껏 준비해야 한다. 그러기 위해서는 모든 행자들은 새벽에 일어나서 저녁때까지 줄곧 일을 해야 하고 나는 솔선수범으로 앞장서야 한다.

하루 세 번 끼니때마다 후원에서 우리 행자들이 모든 공양준비를 정성껏 해 놓으면 선원스님들을 선두로 사내의 모든 대중들이 큰방으로 모이신다. 맨 먼저 큰스님들과 선원 스님들께서 줄을 지어 큰방에 들어가시고, 그 뒤를 이어 소임자 스님들과 다른 뒷방 스님들이 차례로 줄을 잇는다. 그렇게 질서 정연하게 공양하러 오시는 스님들의 모습을 바라보면 나도 모르는 사이 스님들에 대한 존경심이 저절로 우러나곤 했다. 사실 우리 행자들은 공양시간이 되어야 대중스님들을 뵐 수 있다.

청정수, 찬상, 국, 밥, 숭늉이 차례로 들어갈 동안 큰방 문이 열려 그 사이로 큰스님들의 모습과 차례대로 둘러앉은 대중들의 여법한 질서를 훔쳐볼 수 있다. 그리고 우리가 준비한 공양을 얼마나 드셨나 조심스레 살펴보기도 한다. 공양이 다 끝나면 반찬과 음식이 얼마나 남았는가, 또는 맛나게 잘 잡수셨나 확인하는 것이 반장인 나의 임무였다. 또 그런 일련의 일들이 바로 스님들을 잘 모시는 것이라는 생각을 가지고 있었다.

아무튼 나는 열려진 큰방 문으로 어간에 앉으신 광덕 큰스님을 바라볼 수 있었다. 어느 때 보아도 큰스님 얼굴은 밝은 기운이 가득하고 봉긋한 머리는 항상 빛이 솟아났다. 겨울철같이 아침 공양시간이 이른 때에는 형광등 불빛으로 더욱 번쩍거리는 광채에 나는 그만 황홀감에 빠져들기도 했다. 아이, 역시 큰스님이시구나 히는 감탄이 저절로 터져 니

왔다. 살며시 문 사이로 큰스님을 훔쳐보는 어린 내 마음에 말할 수 없는 존경심이 우러났고, 나도 장차 저와 같은 큰스님이 될 것을 가만히 다짐하기도 했다.

사실 그때 나는 행자생활을 하는 중이라 누가 진실로 큰스님인지를 알지 못할 때였다. 하지만 광덕 큰스님만은 여러 사람들에게 존경받는 분이라는 것을 주변의 이야기를 통해 알게 되었다. 철부지인 나는 아무것도 잘 모르는 주제에 큰스님은 머리에 얼마나 광채가 번쩍거리느냐에 따라 결정된다고 생각하고 혹시 다른 큰스님을 뵙게 되면 늘 머리부터 쳐다보는 습관이 생겼다. 어린 시절의 부족한 생각이었음을 고백하지 않을 수 없다.

그 당시 광덕 큰스님의 상좌인 지환스님의 속가 어머니가 후원에서 일을 도와주고 있을 때였는데, 어찌나 지극 정성으로 큰스님을 받들고 섬기는지 수십 년이 지난 지금 생각해 보아도 그런 정성은 어디서나 볼 수 있는 흔한 일은 아닌 것 같다. 혹시 큰스님께서 서울을 다녀오시거나 외출했다가 귀사하면 극진히 공양을 준비했다가 올리곤 했던 것을 기억하는데, 사실 알고 보니 그만한 까닭이 있었다. 연전에 큰스님께서는 위를 절개하는 수술을 받아서 다른 사람보다 삼분의 일도 안 되는 위 때문에 한꺼번에 음식을 많이 잡수시지 못하고 조금씩, 그리고 아주 담백하고 자극이 적은 음식만 드셨던 것이다. 큰스님께서는 범어사 텃밭에 심은 아욱에다 된장을 풀어서 끓인 자극이 적은 멀건 국을 잘 드셨다는 기억이다. 큰스님께서 외출하셨다가 귀사한다는 연락이 오면 나는 뒷밭으로 달려가서 반찬거리 채소를 한 소쿠리 뜯어 왔고 보살님은 정성껏 국을 끓여서 상을 차려 올렸다. 그러면 큰스님께서는 그 국과 푸성귀 반찬을 맛있게 잡수신다.

그러던 어느 날, 이번에는 홍교스님께서 수술하여 범어사에서 요양하실 때, 큰스님께서 직접 이것저것 챙기는 모습을 보고 놀랄 정도로 자상함을 발견했다. 그러한 큰스님의 모습이 지금도 눈에 선하다. 그러나 나는 큰스님의 상좌 인연이 되지 못하였다. 그때 선원에 계시면서 입승을 보시던 노스님과 인연이 되었기 때문이다. 결국 인연이란 따로 있는 모양이다. 그 후 큰스님은 서울에서 월간 「불광」이라는 잡지도 창간하시고, 또 불광사를 창건하여 새불교운동의 깃발을 올리는 등 한국불교의 선구자 역할을 하셨다. 또 보현행원을 몸소 실천하시어 한국불교에 새로운 길을 열어 보이시기도 했다.

그 후 많은 시간이 흐른 뒤, 어느 날 나는 큰스님을 찾아뵙고 인사를 드린 적이 있었다. 그때에도 아주 자상하고 인자하신 모습으로 나를 알아보시고 은사스님의 안부를 물으시는 것을 듣고 가슴이 찡함을 느꼈다.

이제 큰스님께서는 입적하시고 영영 다시는 뵈올 수 없게 되고 말았다. 안타깝다. 그때의 햇병아리들이 벌써 오십이 넘어서 절집의 중진들이 되었으니 이 빠른 세월을 뭐라고 말해야 할까.

송암스님의 인연담 원고 청탁을 받고 평소 글을 써본 경험이 없었지만 큰스님에 대한 존경과 그리움이 솟아나서 옛날 생각을 다시 하게 되었다. 사실 이 원고 쓰는 것에 대해서 많이 망설였다. 큰스님에 대한 법인연이 아니고 내 느낌이 대부분이었기 때문이었다.

그러나 나는 공양시간이 되면 어간에 정중하게 앉아서 공양하시는 큰스님의 모습을 훔쳐보는 것이 내 어린 날 추억 중에서 가장 아름다운 추억이라고 말하고 싶다. 행자시절 나에게 비춰진 큰스님의 아주 작은 부분만 글로 옮김을 양해 바란다. 나무보현보살마하살.

2002년 1월 10일 오백아라한도량 선학산 선지사

元泉 頓首敬拜

제2장

明學의 讚頌歌
비구니

處染常淨　　　연꽃은　　무아행　　일컫고
方花卽果　　　꽃피자　　열매도　　익었네.

포교에 헌신적이었던 오늘의 보현보살

光雨 | 전국 비구니회 회장, 정각사 주지

아주 오래 전, 광덕 큰스님께서 봉은사 주지 소임을 보고 계실 때 스님을 처음 뵈었다. 무슨 일이 있어 봉은사에 들렀다가 일을 마치고 스님께 인사를 드리려고 기다리고 있는데, 우리 일행이 들른 것을 어찌 아시고 우정 찾아오셔서 인사를 하시는 것이었다. 그 전에 면발치에서 수인사를 나눈 적은 있었지만 가까이에서 정식으로 인사를 나눈 것은 그날이 처음이었다.

스님에 대한 첫인상은, 글쎄 뭐라고 할까. '참으로 청정한 분이시구나'하는, 한 점 빈틈없이 올곧게 살아온 수행자에게서 느껴지는 맑고 밝은 분위기를 지니고 계셨던 것으로 기억한다.

많은 얘기를 나누진 않았지만 그때 느꼈던 '믿음'으로 그 뒤 스님께서 번역하신 『지장경』과 『부모은중경』을 군법당, 전국 교도소 등 여러 곳에 법보시했고, 신도들에게는 각자 지인들에게 선물하라고 권했다. 번역도 평이하고 좋았지만, 모든 것이 '틀림없으리라'는 스님에 대한 믿음 때문이었다.

그리고 우란분절 때나 49재 때는 스님께서 번역하신 『지장경』을 독송하면서 법문을 하곤 했다. 평소 스님께서 '자신의 믿음과 깨달음을 숨김 없이 드러내는 전법이야말로 최상의 보시다'라고 가르치셨다니, 스님을 부처님 제자와 비견한다면 부처님의 법을 전한 아난존자와 같은 분이란 생각이 든다.

한번은 스님께서 편찮아 병원에 입원하셨다는 얘길 바람결에 듣고 걱정이 되어 병문안을 간 적이 있다. 병실을 들어서면서 간호하는 이에게 "많이 편찮으십니까?" 물으니, 내 목소리를 기억하시곤 "광(光)자 스님이시구먼." 하셨다. 눈을 감으신 채 웃으면서 반가운 표정을 지으셨는데, 앓아 누웠어도 스님에겐 밝음이 충만해 있었다. 말씀과 표정과 몸가짐이 밝게 빛나는 수행자의 모습을 그대로 지니고 있었다.

'밝음', 그것은 깊은 수행의 적정(寂靜)에서 오는 것이 아닌가. 밝아야 통(通)하는 것이고 보면 스님이 보여주었던 그 빛나는 '밝음'은 예사로운 것이 아니었다. 수행자라면 누구나 지향해야 할 덕목을 지니고 계셨던 것 같다.

지금 생각하면 잘 알지도 못하는데 왜 병문안을 갔던가 그런 생각이 들기도 하는데, 스님을 그만큼 존경했기 때문이었을 것이다.

큰스님께서는 그리도 건강이 안 좋으셨는데도 꾸준하게 「불광」이라는 책자를 내시고, 여러 방면으로 포교를 하는 데 전력을 다하셨던 것이 부럽다 못해 참으로 존경스럽다. 나도 「신행불교」라는 조그마한 잡지를 오랫동안 발행해 보았지만, 지속적으로 잡지를 발간하기란 결코 쉽지 않은 일이란 것을 내 경험을 통해서 익히 아는 일이다. 「불광」이 오늘날 불교계의 대표적인 잡지로 가장 오랫동안 남아 있는 걸 보면 스님의 문서포교에 대한 남다른 열정을 어찌 느끼지 않을 수 있겠는가.

스님은 부처님 법에 따라 수행에도 빈틈이 없으셨고, '보현행원자'와 같은 간절한 구도자로 '하화중생(下化衆生)' 하시다가 가신 분이라는 생각이 든다. 인류의 새로운 성불운동으로 반야바라밀 신앙운동을 일으킨 스님의 대원력과 뜨거운 헌신을 보면 더욱 그런 마음이 든다.

푸근하게 느껴지는 자비로움보다는 학과 같은 고고한 기품이 더 강하게 느껴졌던 이 시대의 구도자 광덕 큰스님. 스님이 아니 계신 오늘, 우리 곁에 더 머무르셔서 더욱 깊은 가르침을 주셨어야 했는데 하는 아쉬움이 남는다.

'우리의 본 면목이 원래 밝은 생명이기에 인간은 밝은 사상에서 발전이 있다.'
'중생을 사랑하고 진리를 사랑하는 데서 인생은 밝아지고 젊어진다.'

세상살이가 탁해질수록 되새겨지는 스님의 가르침들이다.

같은 수행자라는 이름으로 스님과 동시대를 함께 했지만, 오늘 스님을 추억하는 일이 왠지 외람되고 맞지 않다는 생각이 든다. 수행에서나 포교에서나 스님에게 미치지 못했던 부끄러움 때문일 것이다.

나무마하반야바라밀

광덕 큰스님을 뵈올 때

貞和 | 수원 정혜사 주지

내가 광덕 큰스님을 처음 알게 된 것은 소천노사(昭天老師)께서 서울에서 포교활동을 왕성하게 하실 때였다. 그 당시 큰스님은 아직 고 처사(高處士)의 신분으로 계실 때였지만 환하신 얼굴과 빛나는 눈빛은 이미 어느 스님 못잖은 수행의 깊이를 말해주고 있었다. 그리고 말쑥한 승복 차림의 위의(威儀)는 사뭇 돋보였다. 나는 그분에게서 불교에 갓 발을 들여놓은 어눌한 신도로서 「초발심자경문(初發心自警文)」을 배웠다. 큰스님의 용자(蓉姿)는 어느 때나 수특(秀特)하셨지만 젊은 날의 모습은 더욱이 단아청결(端雅淸潔)하셨다. 잡다한 풍진(風塵) 세상을 껑충 뛰어넘으신 듯, 고귀한 모습은 마치 학(鶴)을 연상시켰다.

큰스님의 성정(性情)은 때로는 온화한 봄볕 같은 따스함과 자상함을 보여 주셨고, 어느 때는 찬 서리가 내리듯 냉엄하고 칼날 같은 예리함을 보여 주시기도 했다. 그런 큰스님에 대해서 불교를 배우는 초심자인 나는 항상 어렵고 조심스러워 먼발치에서 서성거리며 바라보기만 했다.

어느 때, 나는 불교교리 공부에 의심이 일어 부득불 용기를 내어 큰스님께 몇 가지 질문을 한 일이 있었다.

“소천노사께서 물과 불이 둘이 아니라고 하셨는데 이는 무슨 뜻입니까?” 하고 숨을 죽이고 조심스레 여쭈었다. 큰스님께서 깜짝 놀라 나를 바라보시면서,

“보살님은 참 지혜가 뛰어나십니다. 앞으로 부처님 공부 열심히 하면 큰 성취가 있을 것입니다.”라고 칭찬해 주셨다. 아마 그러한 큰스님의 격려에 힘입어 나의 입산 인연이 쉬웠는지도 모르겠다.

나는 소천노사님께 의지하여 불법을 공부하다가 출가했고, 큰스님 역시 소천노사님으로부터 많은 공부를 했을 뿐만 아니라 노사 생전에 법을 이은 분이라고 알고 있다. 그런 지중한 법 인연(法因緣)으로 인해서 비교적 나는 큰스님과 가까이 지낸 셈이다.

훨씬 뒷날, 큰스님께서 총무원 일을 하다가 위 절개수술을 하고 거의 회복되어 갈 무렵 맑은 공기 마시려고 오셨다면서 당시 내가 머물고 있던 경기도 의왕시 왕곡동 백운산 백운사에 잠깐 오신 적이 있다. 큰스님을 뵙는 순간 무척 기력이 쇠잔하고 창백해 보였다. 나는 걱정이 앞섰다. 너무 염려가 되어 건강을 회복할 수 있는 약(食補)을 준비할까 생각하여 조심스럽게 운을 떼었는데, 그만 무색할 정도로 거절당하고 말았다. 어찌나 부끄럽던지 지금 생각만 해도 다시 얼굴이 붉어짐을 느낀다.

어느 날, 큰스님께 여쭙고 의논할 일이 있어서 나의 도반스님과 함께 큰스님 방에 조심조심 들어갔다. 이야기 끝에 둘이 함께인지라 나는 용기를 내어 개인적인 질문을 하게 되었다.

“스님께서는 남달리 풍부하고 섬세한 예술적인 감성을 지니신 분인데, 그 감성을 어떻게 다스리고 잠재우고 계십니까?” 하였더니 웃으면서 벽에 걸려 있는 긴 염주를 가리키면서,

“저것이 내 악기이지요.”라고 하셨다. 그리고는 곧 허리를 세워 자세를 바로 하여 보이셨다. 순간 방안에는 엄숙한 분위기가 감돌았고 한동

안 침묵이 흘러갔다.……

　또 큰스님께서 부산 동래 온천장에 있는 금정사에 계실 때, 예전부터 큰스님을 잘 아는 나의 사형스님과 함께 찾아뵌 일이 있었다. 때마침 오월의 산은 온통 푸르름으로 무성했고 온갖 산새들의 노래가 끊이지 않고 태양은 싱그럽게 빛나는 날이었다. 방안에 앉아 이야기를 나누기에는 너무나 날씨가 좋았고 호시절이었던지라 자연스레 밖으로 나와 큰스님과 함께 뒷산을 잠깐 거닐었다.

　오월의 녹향(綠香)에 젖어 있던 큰스님께서는 간간 옛 시조를 읊조리기도 하고 조사어록의 법문을 일러 주시기도 했다. 기분 좋으신 것을 눈치 챈 우리가 슬쩍 노래 한 곡을 청했더니 무척 쑥스러워 하면서도 청년 시절에 잘 불렀던 노래를 나지막하게 부르셨다. 아마 우리를 무안하게 하지 않으려고 불렀는지도 모르지만 우리는 큰스님의 노래 솜씨에 몹시 놀랐다. 평소 큰스님의 성향은 밝고 리듬이 있었는데, 역시 밝은 노래 부르기를 무척 즐거하시는 것 같은 생각이 들었다. 나중에 불광법회에서 노래로 많은 수행을 성취하신 것을 보고 내 짐작이 맞는 것 같아 혼자서 머리를 끄덕여 보기도 했다. 단정하게 회색 두루마기를 차려 입으시고 바람에 옷자락을 날리며 조용히 숲속을 거닐며 법문하고 노래하시는 큰스님의 그 모습, 우리는 조금 떨어져서 바라보고 있었다. 이제 그때의 광경을 다시 떠올려보면 마치 한 폭의 신선도를 보는 것 같은 감회가 인다.

　큰스님의 젊은 시절은 유난히도 훤출했다. 지극히 인간적이면서도 인간을 초월한 모습이었고, 또 지극히 출가수행자의 위의를 다 갖추었음에도 마냥 메마르기만 한 건조한 모습이 아니었다. 뭐라고 할까, 인간으로서 부족함이 없을 정도로 모든 것을 다 갖추신 분이라고나 해야 할까. 큰스님의 노래는 그런 두 모습을 한순간에 표현한 가장 아름다운 인간상이라는 생각이 든다.

큰스님께서 불러주신 그날의 노래는 무상(無常)을 자각한 한 구도자의 가슴에서 토해내는 숨결이라고 본다. 아니면 이상[菩薩道]의 날개를 펴고 영원을 향하여 비상(飛翔)을 시도하는 몸부림, 부처님께 올리는 뜨거운 공양(信心), 중생구제의 북받치는 열정, 그리고 구도의 길을 가는 위법망구의 서원이 어우러진 합주곡이었을까? 이 글을 쓰면서 다시 그때를 조용히 회상하며 합장해 본다.

또 큰스님께서 금정사 소임을 맡고 계실 때의 일이다. 이것은 내가 큰스님께 직접 들은 이야기인데, 절 밑 동네에 사는 여학생이 죽었는데 절에 49재를 부치고 영단에 위패를 모셨다고 했다. 그때 마침 영단을 수리중이어서 딴 방에 병풍을 치고 위패를 옮겨 모셨다고 했다. 그러던 중에 구병시식(救病施食)이 들어와 그 병풍을 가져다 쓰고 다시 그 자리에 원래대로 갖다 놓은 일이 있었는데, 아니 어느 날 그 여학생 어머니가 절에 올라와 큰스님께 꿈 이야기를 하는데 죽은 딸이 나타나 "엄마, 스님은 이상해. 내게 있는 병풍을 가지고 간단 말이야. 기분 나빠 죽겠어." 했다는 것이었다. 그 어머니는 큰스님께 "이게 무슨 꿈입니까?" 하고 물었다는 것이다.

큰스님께서는 하나도 틀리지 않는 그 이야기를 다 듣고는 무릎을 치면서 어머니에게 자초지종을 말씀해 주었다.

"그간 절에 사정이 있어서 꿈에서 여학생이 말한 것처럼 정말 내가 그렇게 했어요."라고 하시고는 자리에서 벌떡 일어나 뒷산에 올라가서 들꽃 산꽃을 한아름 꺾어 영단에 올리고, "정녕 네 어린 넋이 여기 와 있구나. 내 시식하는 문구의 뜻을 잘 새겨 줄 터이니 49일 동안 마음을 청정히 하고 정성스럽게 들으라." 했다. 그리고는 매일같이 소녀의 위패를 모신 영단 앞에서 시식문을 새겨가면서 읽어 주셨다고 했다. 드디어 49

재를 올리고 며칠이 지난 날, 여학생 어머니가 절에 와서 다시금 큰스님 께 정중히 절을 올리면서,

"스님, 감사합니다. 우리 딸이 며칠 전 또 저의 꿈에 나타나 '엄마, 나 는 이제 천상세계에 태어날 것이니 절대 슬퍼하지 말고 울지도 마세요' 하고는 사라졌습니다."고 했다.

이 이야기는 내가 큰스님께 직접 들은 이야기이고 아직껏 잊지 못하 는 이야기이기도 하다. 아마 그 여학생과 어머니는 모녀간에 서로 염파 (念波)가 잘 통한 모양이다.

어느 해인가 기억이 잘 나지 않는다. 학교를 갓 졸업한 처녀불자 세 명이 내가 있는 백운암에 올라왔다. 알고 보니 큰스님의 법문을 듣고 발 심한 서울 아가씨들이었다. 나는 반가워서 얼른 큰스님의 안부를 물었더 니, 큰스님께서는 요사이 경기도 남양주 보현사에 들어가셔서 서울에 나 오시지 않는다고 했다. 큰스님께서는 삼일 간을 법당 부처님 앞에서 꿇 어 엎드려 통곡하면서 절규하셨다는 것이었다. 자세히는 모르지만 아마 당시 조계종단이 내부적으로 대립하면서 분규가 심화되어 가는 것을 보 고 한국불교의 앞날을 걱정하고 염려하여 큰스님께서는 뼈를 깎는 참회 와 서원을 부처님께 올렸던 것 같다. 그렇게 큰스님께서는 사흘 밤을 참 회의 울음으로 지새웠고, 그 후로도 내가 알기로는 수많은 세월동안 거 듭되는 고뇌와 서원의 연속이었다.

큰스님께서는 그 후 일 년쯤 지났을 무렵, 드디어 적수(赤手)로 결연히 일어나 불광법회를 일으켰고, 내지 불광사 지을 땅을 구입하기 시작하여 많은 애로 속에 불광사가 탄생되어 도심 속에 감로법을 적시기 시작하 였다. 그야말로 한국불교 대중화를 위하여 큰 물꼬를 트시고 목마른 중 생들에게 부처님의 무한한 생명력을 불어 넣으셨던 것이다. 나는 큰스님 을 모시고 이 위대한 불사에 동참한 많은 불광 불자님들께 항상 감사드

린다. 그 수승한 인연 공덕으로 불광의 수행자들은 반드시 성불할 것을 믿어 의심치 않는다.

우리 한국불교의 현대화에 찬란한 빛을 남기고 가신 큰스님께서는 지금쯤 어느 별에서 자비의 보현보살로 화현하시어 중생이 다하고 중생의 번뇌가 다할지라도 도무지 그칠 줄 모르는 그 보현대행을 열어 가실까. 어느 국토에선가 큰스님의 대서원과 큰 신심의 우렁찬 진리행진곡이 힘차게 울려 퍼지고 있을 것이다.

나무마하반야바라밀

보현보살을 기리며

宗實 | 대전 연화사 주지

1. 큰스님 법문 처음 듣던 날

1984년 봄으로 기억한다. 잠실에 볼 일이 있어서 지하철을 타고 잠실역에서 내렸다. 계단을 오를 때는 몰랐는데 도로에 올라와서 보니 수많은 인파가 손에 손을 잡고 어디론가 한쪽 방향으로 행진하듯이 몰려가고 있는 것이었다.

그날이 마침 일요일인지라 당연히 어느 이름난 교회에 나가는 교인들의 행렬이겠지 하고 나는 그들을 따라 석촌호수 쪽으로 앞서거니 뒤서거니 함께 걷게 되었다. 그런데 그들 인파는 교회가 아닌 어느 건물로 들어가고 있었다. 가만히 바라보니 '불광사'라는 현판이 붙어 있었다. 깜짝 놀랐다. 마침 나는 시간이 여유가 있기에 그야말로 덩달아 따라 들어갔다. 나는 불광사에 대한 이야기는 벌써 들었지만 직접 찾아가기는 우연한 일이었고 그날이 처음이었다.

나는 먼저 각 층을 다니며 법당마다 참배를 하고 그날 법회가 열리는 지하 보광당으로 내려갔다. 법회시간보다 일찍이 내려갔는데도 이미 보광당 가득히 신도들이 자리하고 있었다. 조용히 명상하는 신도, 염불하는 신도, 서로 조용조용 담소하는 신도들이 열을 맞추어 법회시간을 기다리고 있었다.

드디어 설법시간이 되자 삼귀의와 예불을 우렁차게 올렸다. 이미 불광 불자들에게는 모든 법회의식이 몸에 밴 듯 너무나 자연스럽고 힘이 넘쳤다. 경을 읽고 청법가를 부르고 나자 광덕 큰스님께서 설법상으로 나오셨는데, 법상을 자세히 보니 조그만 책상에 보자기를 씌운 무척이나 보잘것없는 초라한 법상이었다. 나는 큰스님께서 그 책상을 앞에 하고 의자에 앉으시는 모습이 다른 사찰에서 법회할 때와는 너무나 달라서 놀라웠다.

헌데 그보다 더 놀란 것은 큰스님께서 자애로우면서도 밝고 낭랑한 목소리로 "형제 여러분!" 하고 개구일성(開口一聲)을 하시는데, 우리 절집에서는 처음 듣는 말이기에 솔직히 어색하여 큰스님의 얼굴을 쳐다보지 않고 고개를 떨구고 귀만 기울이고 있었다.

한참 시간이 지난 뒤 겨우 용기를 내어 스님의 존안을 우러러뵈니 환한 미소와 밝은 눈빛은 자비 그 자체였다. 이렇게 표현하기 죄송하지만 큰스님 얼굴은 마치 천진무구한 아기의 얼굴과 똑같았다.

나는 그 뒤로 수행자의 자세나 얼굴에 대해서 얘기하는 기회가 있으면 당연히 큰스님을 모델로 삼을 뿐만 아니라 제일로 꼽는다. 이 일만큼은 나의 주장에 이의를 다는 분을 아직껏 만나지도 보지도 못했다.

아마도 이 세상에서 가장 흉악한 살인범일지라도 큰스님 얼굴을 뵈면 참회하고 부끄러워하며 바르게 살아갈 수 있을 것이라고 생각한다. 큰스님은 수행을 통해 마음의 일체 번뇌를 모두 녹여 없앴고 멀리 여의었음을 당신의 얼굴로 증명하듯이 보여주셨기 때문이다.

"해처럼 달처럼 밝고 환한 큰스님, 이 세상에 속히 오시옵소서.

금강신 이루어 속히 이 땅에 다시 오시옵소서."

2. 보현행원으로 보리 이루리

큰스님의 가르침〔思想〕을 존경한 나는 불광사에서 행해지는 대외적인 큰 행사에는 늘 관심을 두고 연락을 받을 수 있도록 출판부의 동화보살에게 신신당부 해놓았다. 그러던 차에 '보현행원송' 공연 초대권이 고맙게도 내가 살고 있는 대전까지 우송되었다. 내 부탁을 잊지 않고 챙겨서 보내준 이에게 감사한 마음으로 합장했다. 마치 기도하듯 초대권에 합장하여 예를 표하고 보배를 갈무리하듯 깊숙이 챙겨 두고 하루하루 공연 날짜를 기다렸다.

물론 공연은 서울이었고 우리 연화사는 지금과 달리 그때는 내 혼자 절을 운영하던 터라 공연을 보고 당일 밤차로 내려와야 하는 형편이었다. 조금 무리가 된 듯 싶어도 나는 막무가내 서울행을 했다. 중앙청 앞에 있는 세종문화회관을 찾아가니 벌써 사람들이 가득했다. 모두들 입가에 미소를 띠고 무슨 큰 일이 벌어질 것 같은 기대로 약간의 흥분된 기색을 드러내고 있었다. 나도 기대가 컸으니 저절로 그런 기분에 합류하게 되었고 야릇한 흥분을 지긋이 누르면서 지정된 좌석에 앉았다. 불교에서 하는 행사여서인지, 아니면 불광 특유의 방침 덕분인지 스님들 좌석은 그야말로 최고, 소위 로얄석이었다.

제일 전망이 좋고 소리가 잘 들리는 곳에 자리하고 조용히 시간을 기다리고 있으니 범종소리가 웅장하게 울리는 것을 신호로 드디어 막이 서서히 오르고 캄캄한 무대 위로 합창단원이 올랐다. 그 모습이 마치 파도가 밀려오고 또 밀려오듯 끝도 없는 연출이 이어져 무척 장엄하고 유장한 느낌이 들어 처음 시작부터 감동이 일었다. 합창단원들의 손과 손에 조그만 등불이 쥐어져 캄캄한 무대의 효과에 어울리는 광명을 밝혀 들고 질서 있게 움직이고 있었다. 무대에 오르는 자연스러운 단원들의 모습에서 마치 보현행자로서의 그들(불광)의 진면모를 보는 것 같았고 나머지 모든 진행에서도 진지함과 열정을 가슴 뜨겁게 느낄 수 있었다.

그렇게 시작된 대합창은 시종일관 손에 땀을 쥐게 하는 열정의 도가니였다. 공연이 무슨 운동경기를 보는 것처럼 잠시도 긴장을 풀 수 없게 만들었다. 장면이 바뀔 때마다 긴장되는 내 자신은 나도 모르게 두 손을 잔뜩 말아 움켜쥐고 있었다. '보현행원으로 불국 이루리, 보현행원으로 보리 이루리, 보현행원을 수행하오리'라는 500여 명의 대합창은 세종문화회관의 지붕을 흔드는 것 같았고, 무대에서 노래 부르는 사람들이나 객석에서 관람하는 관중들이나 서로 혼연 일체가 되어 열광의 도를 더해가고 있었던 것이다. 실로 일대 장관이 연출되었다. 아마 모르긴 해도 불교행사로서는 거의 전무후무한 기록이 되었을 것이다. 회관에 발 들여놓을 틈도 없이 가득 찬 사람들의 참석 인원이 문제가 아니라 무대와 객석이 혼연히 한 덩어리 되기가 쉽지 않다는 이야기다. 그날 참석한 모든 불자들의 가슴에 길이 남을 감동이고 생(生)이 바뀐다 해도 사라지지 않을 불심(佛心)이라는 생각이 들었다.

그렇다, 각자(聽衆)의 평생 서원으로 또는 보리의 씨앗으로 간직될 것이다. 아니 영원한 보살도의 서원으로 간직되고 각자 성불을 다짐할 수 있도록 가슴 저 밑바닥에 전달되면서 회관의 열기는 거의 광기(?)에 가까운 열기로 바뀌고 있었다. 앉은뱅이가 벌떡 일어서고 마른 나무에서 잎이 돋는 기적의 광기 말이다. 왜냐하면 내 주변에 앉아 있던 병약해 보이는 노인 불자들은 이미 노인이 아니었기 때문이다. 씩씩하기가 마치 무장한 군인처럼 팔을 절도 있게 휘두르며 '보현행원송'의 후렴을 힘차게 따라 하는 것이있다. 나도 대전에서 동행 없이 혼자 올라간 길이었지만 어디서 그런 힘이 솟아났는지 전혀 쑥스러운 줄도 모르고 용감하게 큰소리로 악을 쓰다시피 소리를 내질렀고 힘차게 팔을 흔들어댔다. 그날 거기에 있었던 모든 대중은 그렇게 하나되어 갔다. 보현행원으로 동화되고 감화되어 "보리 이루리, 불국 이루리" 하고 회관 지붕을 흔들어 놓았던 것이다. 그 시간 사람도 신들도 온통 보현행원이었다. 일체 구분을 떠난 보리 국토였던 것이다.

불과 연습시간 두 달이라는 짧은 기간 안에 일사불란한 기량을 보여줄 수 있었던 것은 오직 불광 불자들의 신심이었다는 생각이다. 자세한 이야기는 후일 동화보살에게 들었지만 놀랍기는 마찬가지였다. 각자 가정의 일상 속에 크고 작은 집안일 해결해 가며 연습 삼매에 들었던 연꽃 같은 합창단원들, 모든 준비에 만전을 기했던 당시 책임자들, 혼연일체가 되어준 모든 불광 가족들, 또 신들린 듯 작곡·지휘삼매에 빠졌던 자랑스러운 불자 박범훈님, 이루 다 거론할 수조차 없다.

그 순간이 있기까지 오직 보현행원의 뜻을 펼치고자 오매일여의 정진력으로 대중을 이끄신 큰스님께 거듭 감사와 감사를 전할 뿐이었다. 나는 그날 원도 없이 한도 없이 손바닥이 얼얼하도록 기쁨 넘치는 환희의 박수, 열광의 박수를 아낌없이 보내고 또 보냈다.

우리 모두는 그날 크게 하나가 되었다. 공연이 끝나고 귀가해야 될 시간이었는데도 누구 하나 서둘러 회관을 빠져나가는 사람이 없었다. 마치 약속이나 한 것처럼 늑장을 부렸고 여기저기서 이야기꽃을 마냥 피웠다. 각자 차 타는 곳까지 가서도 '보현행원으로 보리 이루리, 보리 이루리, 보현행원을 수행하오리'를 외치며 그냥 헤어지는 것을 끝내 아쉬워하는 느낌이었다.

나는 새삼 음악의 힘이 그렇게도 사람들에게 용기를 주고 화합을 주고 변화를 줄 수 있다는 사실에 내심 크게 놀랐다. 그리고 큰스님께서

음악에 대해 지대한 관심을 가진 뜻을 조금이나마 더 이해할 수 있었다. 우리 불자들은 도저히 불가능할 것이라고 생각했던 일이 불광의 광덕 큰스님에 의해 눈앞의 현실(가능성)로 확인되었다.

나는 그 다음날이 법회였기 때문에 늦은 시간이었지만 떨어지지 않는 발걸음을 떼어 밤차로 내려왔다. 그런데도 어디서 힘이 솟아났는지 전혀 피곤함을 느낄 수 없었다. 음악에 대해서 조예가 깊지 못한 나는 그 음악회 이후로 한달 동안 기쁘고 몸에 힘이 넘쳐 가히 환희 속에 살았다고 해도 과언이 아닌 축복을 그날 받은 것이다.

나는 그 이후로 승속을 막론하고 누구나 만나기만 하면 보현행원송 얘기를 했다. 체면이나 염치도 불고하고 내가 하고 싶은 이야기를 모두 했다.

그 음악회가 너무나 대단했기 때문에 내게 남은 아쉬운 마음도 대단히 컸다. 어떻게 하면 그 공연을 그대로 지방까지 연결할 수 있을까, 나는 그 생각에 사로잡혔다. 오나가나 어디에 있어도 화두가 되어 미련한 내 머리를 떠나지 않았다. 생각에 생각을 더하고, 이 궁리 저 궁리 당치도 않은 궁리였지만 수없이 많이 생각했던 것이 그때의 나였다.

보현행원송을 지방에서 하는 데 있어서 가장 큰 장애가 불광의 대합창단이 들어설 곳이 없다는 것이었다. 그 많은 합창단원을 수용할 공연장이 지방에 없을 것 같았다. 그러나 만일 있다고 한다면 단원들의 지방 공연사정(전문 합창단이 아니고 각자의 직장과 가사일이 많을 테니까)이 가능할까 하고 꽤 오랜 날들을 고민했다. 나의 망상에 가까운 고민과 상관없이 이번 행사는 참으로 광덕 큰스님이 아니면 거의 불가능한 일이었다고 생각하고, '보현행원송' 대향연의 감동은 한국불교에서 전무후무한 도저히 잊을 수 없는 일이라고 나는 단언할 수 있다.

거듭 말하건대 세종문화회관과 광화문 거리가 온통 불국 그 자체였으니 더 무슨 말이 필요할까! 만약 다시 한번 그런 기회가 온다면 표가 있든 없든 이제는 혼자 가는 어리석음은 범치 않을 것이다.

사람의 재주와 능력은 한계가 있어서 다 구족하기 어렵겠지만 큰스님은 모든 것이 구족하고 신통자재하신 만능 탤런트이시다.

'영원히 꺼지지 않는 등불이 되어 언제나 우리 곁에 항상 계신 광덕 큰스님, 참으로 거룩하십니다. 나무보현보살마하살.'

3. 성지순례를 불광사로, 설법은 큰스님 법문 테이프로

나는 은사스님의 고마우신 은혜로 대전에 조그만 개인 집을 매입하여 절로 삼았다. 그렇게 법회를 시작한 지 대략 5년쯤 되었을 때였다. 그 당시 절 이름을 자광사(慈光寺)라고 불렀고, 그 이름으로 불자들이 조금 모였기에 매년 봄·가을에 성지순례를 하기로 했다.

우선 우리나라 오대보궁의 순례를 시작으로 출발했다. 네 곳의 보궁은 계획대로 순례했는데 봉정암만 뒤로 미루게 되었다. 물론 사정이 있었기 때문이다.

어느 핸가 봉정암 순례를 간다고 준비를 끝내 놓고 나는 갑자기 서울 불광사로 성지순례의 행선지를 바꾸어 버렸다. 우리 절 불자들은 불광사가 오래된 절도 아니고, 그것도 높은 산 깊은 골에 있는 절도 아닌 서울 도심 속으로 성지순례를 간다니 모두들 의아한 표정들이었다.

그렇지만 나는 어디서 그런 용기가 났는지 그날만은 신도들의 의견을 매정하게 무시하다시피 했다. 내심 각오를 단단히 하고 불광사로 향했다. 불광사에 도착해 보니 그날은 평일이었음에도 오전에 무슨 법회를 한 듯 무척 분주한 느낌이었다.

우리는 불광사 입구에서부터 안내자의 도움을 받았다. 그는 매우 친

절하고 예의가 발랐다. 그리고 정중하게 우리를 대해 주었다. 그는 우리에게 점심공양 할 장소를 마련해 주었고 여러 가지 일정에 대해서도 세밀하고 일사불란하게 도와 주었다.

그런데 지금 생각해 보면 아마 그날 큰스님께서는 점심공양을 못하셨을 것으로 짐작이 된다. 우리가 도착하기 바로 전에 불광사 자체 법회가 끝났고, 곧 이어 우리가 도착하여 몇 안 되는 우리 신도들에게 감로의 법문을 하시느라 결과적으로 공양하실 시간이 없었을 것이라는 생각이 불현듯 이 글을 쓰면서 느껴졌다. 그러나 그때 마치 인자한 할아버지가 손자 손녀를 바라보시듯이 자비로우신 눈길로 설법하시던 그 광경이 지금도 기억이 생생하여 그립고 감사한 생각이 더욱 간절하다. 그럼에도 나는 그때나 지금이나 주변머리가 없어 마음속 깊이 죄송한 마음, 감사드리는 마음만 간직할 뿐 무엇 하나 공양 올리지 못하고 그냥 내려왔고, 그 이후에도 아무런 보답을 하지 못한 것이 후회 막급이다.

사실 그때 나를 따라 불광사로 성지순례 나선 우리 불자들은 축복 받은 사람들이다. 큰스님 법문을 직접 들은 때문이고 또 우리들을 위해서 특별히 설법하셨기에 말이다.

요즘도 나는 우리 절에 법회 날이 다가오면 마음이 불편할 정도로 부담감을 갖게 된다. 그 당시도 역시 법회가 다가오기만 하면 미리 부담을 느끼고 걱정을 하곤 했다. 그런 애로를 잘 알고 있던 나는 순례를 마친 뒤에 큰스님 법문 테이프를 100여 개 수집했다. 테이프를 통해 열정적인 큰스님의 법문을 들을 수 있으니 이곳 대전에서는 그나마 다행이라고 말하지 않을 수 없는 일이다. 테이프로 듣는 큰스님의 육성법문을 통해 마치 큰스님을 직접 뵌 듯 환희로웠기 때문이다. 특히 법문을 통해 바른 지견이 열려 삿된 길로 빠지지 않고 바른 수행을 할 수 있는 영약이 되겠다 싶은 확신이 들었다. 그래서 한동안 이곳 우리 절의 법회를 큰스님 법문 테이프로 대신한 적도 있었다.

그뿐만 아니다. 우리 절에서 현재 사용하고 있는 수행집은 거의 큰스님 법문과 큰스님께서 번역하신 경전들로 구성되었다. 특히 결혼을 앞둔 예비 신랑 신부는 예식장 행사 직전에 꼭 치러야 하는 의식이 있다. 먼저 부처님께 예쁜 꽃을 공양 올리게 한 뒤 두 사람이 지극한 자세로 삼귀의를 하고 「보현행자의 서원」을 엄숙하게 독송한 뒤 108배를 한 다음 미래를 위해 각자 발원을 하고 사홍서원으로 부처님 앞에서 둘만의 결혼의식을 하게끔 인도한다.

몇 년 전, 이곳 대전 법동종합사회복지관을 운영하게 되어 직원을 채용하는데 그때만 해도 대전에·사회복지학과 졸업생이 별로 없을 때여서 멀리 대구대학교, 청주대학교 졸업생을 데려와야 하는 형편이었다. 그런 입장이 되니 복지사의 종교를 생각할 여지가 없었다. 자연 직원들의 종교는 다양했고 생각이나 신념도 각기 다를 수밖에 없었다. 복지관 운영 경험도 없는 나로서는 뜻만 높이 세워 부처님의 동체대비의 길을 가겠다고 큰소리만 친 격이다. 그러나 방법을 찾아서라도 몸으로 뛸 것을 각오하고 우선 직원들의 심성수련과 복지관 운영방침에 대한 이해와 심복의 과정을 갖기로 했다.

나는 여러 가지 고민 끝에 「보현행자의 서원」을 직접 써서 많이 복사했다. 이를 모든 직원들에게 다 나눠주고 숙독을 한 뒤에 보고서를 내라고 했다.

"여러분들이 대학에서 4년 간 배운 훌륭한 복지이론이 있을 것이다. 그 이론을 바탕으로 「보현행자의 서원」 속에 들어 있는 복지정신을 찾아주었으면 좋겠다. 그리고 불교적인 내용이 부족하다 싶으면 이의를 제기하라. 그러나 이미 배운 복지이론보다 훌륭하다 생각하면 매주 조회 때마다 이 서원을 독송하여 불교적인 복지의 원리로 삼겠다."

물론 이의를 제기한 직원이 없었으므로 그 복사본은 내가 운영하던 4년이란 기간 동안 줄곧 독송하게 되었다.

그러던 어느 날, 서울 모 대학 교수가 우리 복지관에서 실습하던 제자를 지도교육 차 방문한 일이 있었다. 개신교 신자인 그 교수님은 "스님은 어떤 가치관을 가지고 복지관을 운영합니까?" 하고 묻는 것이었다. 나는 그 복사본 「보현행자의 서원」을 읽어보시라며 전하며, '불청지우정신'과 '대수고' 정신을 강조해 주었더니 그 교수님은 무척 감동스러워했다. 얼굴에 감동스러움을 감추지 못하고 솔직한 감정을 드러내는 것이었다. 자신은 학교에서 복지학 강의를 오래 하면서도 늘 마음속으로 불교에도 복지에 관련된 무엇이 필시 있을 텐데 하고 생각했다는 것이었다. 그동안 무척 궁금해하면서도 아직 연구를 못했는데 여기 와서 불교복지에 대한 이야기를 듣게 되었노라며 이 책을 줄 수 있겠느냐는 것이었다.

누가 책을 달라고 하기 전에 주고 싶은 차에 교수님의 말씀은 오히려 내게 반가운 일이었다. 나는 어느 곳이고 「보현행자의 서원」을 많이 보급시키고 싶어서 애를 써오던 참이었다. 한 발 더 나가서 이 책이 우리나라 국민들의 교과서가 되어야 한다고 외치는 나였기에 복사본을 주게되어 미안할 뿐이지 연구자료로 삼는데 어찌 망설일 수 있으랴. 나는 그날 평소에 신(信)하고 있던 「보현행자의 서원」을 우리 복지관을 찾아온 학자에게 선물하게 되어 너무 행복했고 다행스러웠다.

4. 입산 후 다시 얻은 평화

중앙승가대학을 졸업하고 공부를 조금 더 하고 싶은 욕심에 대만에 가려고 서류를 준비하던 차, 은사스님의 간곡하신 권유로 유학의 뜻을 접게 되었고 묘하게도 이곳 대전에서 머물게 되었다.

해제철이면 걸망 메고 오는 도반들을 보면서 지금의 내가 수행방법을 잘 택한 것인지 아니면 잘못 들어선 길인지가 판단이 되지 않아 한동안 혼란스러울 때가 있었다.

예를 들어 재가불자들은 열악한 환경에서 가족을 부양하면서 수행도 하고 사회적으로 이루어 놓은 것들이 눈에 보이는데, 그에 비해 나는 자유로운 독신 수행자임에도 선(禪)이나 교(敎) 중 어느 것 하나 제대로 이루지 못하고 도반들의 대열에서 도태되는 듯한 피해의식에 사로잡혀서 갈등과 혼미를 거듭하고 있을 때, 우연한 기회에 불광의 큰스님께서 쓰신 『반야심경 강의』와 『보현행원품 강의』를 읽게 되었다.

사실 '포교를 한다' 하고 저자에 살면서도 스스로의 과시욕에 빠져 일벌리기를 좋아했고, 또 무언가를 자꾸 벌리지 않으면 남들보다 뒤떨어지는 것 같아 마음이 편치 않았던 것이다. 스스로 내 자신을 들들 볶아가며 살던 그 시절, 큰스님이 쓰신 두 권의 책으로 말미암아 비로소 내 마음의 편안함을 얻을 수 있었고 수행의 좌표설정도 확실해졌던 것이다.

나는 성불(成佛)이라는 말에 얽매여 스스로 업보 중생임을 탓하고 한숨짓던 나를 접고 새 길로 들어섰던 것이다. 행원에는 목적이 따로 있을 수 없고 '보현행원' 자체가 목적이라는 경의 가르침과 큰스님의 그 해설, 더욱이 우리 불자가 노래하듯 외치고 있는 성불에 있어서도 성불은 저 멀리 있는 것이 아니라는 사실, 행원이 바로 불행(佛行)이라는 새로운 세계에 눈을 뜨게 되었던 것이다. 그래서 오직 행원으로 보리를 이루겠다는 그 말씀에 나는 그동안 밤잠을 못 이루고 갈등하던 답답함에서 벗어날 수 있게 되었다.

부처님의 자비에 매료되어 삭발염의했으면서도 막연하게 구호로만 동체대비, 동체대비 외치던 시절에 큰스님의 말씀은 갈팡질팡 헤매고 있는 어리석은 나에게 확실한 이정표를 제시해 주셨다. 말하자면 응병여약(應病與藥)을 제대로 해 주신 것이다. 물론 게으름 피우지 않고 약을 잘 먹어야 되겠지만 지금까지 고뇌하고 갈등하던 미혹은 사라져 버렸다.

책이란 사람에 따라서 지식이 풍부하고 글솜씨가 좋으면 사람을 일시 감동시키기에 충분하다. 그러나 실제로 그 사람을 만났을 때 책에 씌어진 아름다운 글만큼 순수성이 결여되었거나 또는 박학다식한 것은 분명한데 이익중생의 원력이 없고 실천 또한 따르지 않는다면 실망을 느낄 때도 많을 것이다.

그러나 큰스님은 글을 통해서나 가까이 뵐 때나 항상 일여(一如)하신 분이다. 그래서 수많은 사람들이 친견(親見)을 발원하고 또 뵙고 나면 그 기쁨을 평생 간직하고 살아가리라고 본다.

우리는 아미타 부처님을 무량수(無量壽), 무량광(無量光)으로 표현한다. 나는 감히 큰스님의 원력이 무량수 무량광이라고 생각한다. 설법과 집필 역시 무량수 무량광이며 큰스님의 자비심 또한 무량수 무량광이다.

5. 큰스님과 보현행자들

평소 게으른 탓으로 큰스님 생전에 자주 친견하지 못한 것이 이제는 돌이킬 수 없는 안타까운 일이 되어버렸다. 큰스님께서는 출가자의 도리를 다하지 못하는 어리석은 후학이 자기 필요할 때만 겨우 연락을 드려도 항상 개의치 않으시고 불광사의 문을 활짝 열어 놓으셨다.

대전에서 장애인학교(시각장애인을 위한 초·중·고 공립학교) 내에 불교반을 창립한 인연으로 점자 불교성전이 탄생되었고, 점자성전 발간으로 인해 서울의 맹인 불자들이 발심을 하게 되었다. 마땅히 맹인 불자들이 모일 사찰도 적절한 곳이 없는지라 나는 큰스님께 장소와 법문을 부탁드렸다. 큰스님께서는 맹인불자회 창립을 기다리기라도 하신 듯, 어머니 계신 고향집을 찾은 것처럼 편안하게 우리 혜광맹인불자회 창립을 주선해 주셨다.

이런저런 금생 불사의 모든 인연들은 과거생에 반드시 인연이 있었다고 나는 맹신할 정도로 확신을 갖는 편이다.

월간「불광」창간 20주년 기념법회 때의 일도 우연은 아니라고 생각한다. 큰스님을 존경하고 그 가르침을 뒤따르고자 노력할 뿐이지 실제 불광의 어떤 일에 소속되었거나 도와드린 일이 없음에도 불구하고 군이 지방에 있는 나에게 큰스님과 인터뷰를 해 달라고 출판부 동화 보살이 청하는 것이었다.

카메라 앞에 선다는 생각을 하면 걱정이 되면서도 큰스님과 인연을 한번 더 짓는다는 생각에 용감하게 올라가 대나무 속같이 좁은 소견(管見)으로 겨우 몇 가지 질문을 드린 것에 불과하지만 내 개인적으로는 기쁘고 영광스러웠다. 이것도 역시 큰 법 인연이라고 생각한다.

또 하나의 인연 이야기가 있다.

맹인학교 법회를 하다보니 학생들 대부분이 이〔齒牙〕가 엉망이었다. 가족들과 떨어져 학교 기숙사에서 생활하다 보니 저녁때 군것질로 모든 욕구를 해소하는 것이었다. 대개 군것질이 거의 과자종류이다 보니 자연 이가 부실할 수밖에 없었다. 대전 시내에 거주하는 아는 의사선생님께 치과 전문의 중 자원봉사자(무료 진료) 한 분을 인연되도록 여러 번 부탁을 했지만 선뜻 나서는 분이 없었다. 그러던 중 때마침 불광사 불자 중에 치과의사, 내과의사 두 분이 자원을 하게 되었다. 나는 서울에서 대전까지 오는 것이 미안했지만 학생들 입장을 생각하여 기쁘게 받아들였다. 역시 그분들은 큰스님께 가르침을 받은 불광의 불자들이라 원력이 남달랐다.

정해진 날, 봉고차 한 대에 접수를 맡을 자원봉사자, 옆에서 간호사 역을 할 자원봉사자, 그리고 점심까지 완벽하게 준비해 가지고 와서 우리들에게 섭섭할 정도로 신경을 못 쓰게끔 하는 것이었다. 심지어는 음료수마저도 거절할 정도였다. 처음 그렇게 시작된 치과 봉사활동은 다달이 계속되었고, 그때마다 옆에서 지켜보면 치과치료가 여간 힘든 일이 아니었다. 원래 치과의원에서 치료를 하게 되면 의자가 자동으로 오르락내리락 하는데 이건 학교 교실의 딱딱한 의자이다 보니 선생님들의 허리는 중노동을 견디는 것과 같은 무리가 되었다. 그런 힘든 노동이 분명하건만 큰스님 도량에서 수행한 불자들답게 웃음으로 시작해서 웃음으로 끝내고 저녁 늦은 시간에 저녁공양도 사양하고 매번 그냥 올라가는 그들의 모습에서 나는 백의관세음보살님의 현신을 보는 듯했다. 나는 그들이 떠난 방향을 향해서 조용히 합장할 뿐이었다. 그분들은 분명 백의관음이며 대행보현보살이며, 또 큰스님의 분신이었다.

그분들의 가슴속엔 분명 큰스님의 원력이 가득할 것이다. 큰스님의 가르침이 마치 만물을 길러내는 대지처럼 튼튼하고 포근하게 자리하고 있는 것을 믿게끔, 그들은 내 앞에서 보살행의 진수를 보여 주었다. 이제 비록 큰스님께서 교화의 인연을 놓으시고 원적에 드셨지만 수많은 불광 불자들의 가슴속에는 큰스님의 지혜와 행원이 고스란히 살아서 맥박치고 고동칠 것이다. 허공계가 다하고 중생계가 다할지라도…….

이와 같이 큰스님과 맺어진 크고 작은 불법 인연들을 다른 이의 입장에선 사소한 것이라고 생각할 수도 있겠지만 나에게는 너무나 소중한 보배 같은 것이어서 소홀히 하거나 잠시도 잊을 수 없는 일들뿐이다. 이런 지나간 이야기들을 쓰노라니 새삼 느끼는 것이 참으로 많다.

첫째는 '단불능야(但不能也)언정 비불능야(非不能也)'라는 「자경문(自

警文)」의 글귀처럼, 보다 더 많이 잘 할 수 있었음에도 불구하고 생각으로만 그친 것이 많음에 부끄러움이 앞설 따름이다.

또 한 가지는 수행자로서 활동을 하다 보니 종단 내에서나 사회적으로나 가끔 글을 쓸 일이 있다. 그때마다 나는 서슴지 않고 글솜씨가 없다며 대부분 거절하기 일쑤였다. 왜냐하면 속으로 생각만 가득한 것을 뜻과 같이 자연스럽게 문장으로 표현하지 못하는 것이 늘 스스로에게 불만스러웠기 때문이다.

그러나 나는 이 글을 쓰면서 새로이 많은 것을 얻었다. 이렇게 뒤늦게나마 느낀 것은 내가 글을 못 쓰는 것이 아니고 뜻이 작고, 그릇이 작으며, 원력이 크지 못하며, 따라서 실천이 없었기 때문에 글을 쓰지 못한다는 사실이다. 내가 내 마음에 있는 것들을 다 소화한다면 분명 글도 쓸 수 있고 남의 부탁을 거절하지 않아도 된다는 것을 깨달을 수 있었다. 그동안 작은 마음에 안주하여 적당히 살아왔던 어리석었던 부분들을 부끄럽게 생각하며 이제까지의 부족한 수행을 돌이켜서 이제는 좀더 진지하게 정진할 것을 스스로 재다짐하는 기회로 삼을 것이다.

다만 이렇게 부끄러운 글을 쓸 수 있는 용기는 단 한 가지, 위없이 높은 불법을 만났으나 갈등을 여의지 못해 방황할 때 큰스님을 통해 바른 견해를 얻을 수 있었던 그 인연 때문이다. 이에 감사드리지 않을 수 없는 마음으로 이것저것 살펴볼 사이도 없이 나의 부족함을 무릅쓰고 이렇게 속 살림을 내보일 수밖에 없었다.

뿐만 아니라 날이 갈수록 불광의 큰스님에 대한 그리운 마음이 더욱 간절함을 숨길 수 없었기에 더욱 그렇다. 이렇게 글을 쓰면서 다시 내 자신을 돌아보고 싶었고 큰스님의 가르침을 간직하고 싶어서이다.

1998년 12월, 서울 성동구 리틀엔젤스 회관에서 마지막 음악회를 할 때 무언으로 남기신 숱한 법문을, 그날 동참했던 우리들은 가슴속에 간직하고 있을 것이다. 육신의 병고를 뛰어넘은 그날의 그 용맹심은 크신 원력과 자비심이 아니면 어찌 그 불편을 감내하시면서 평소 미동도 어려웠던 상태에서 나들이를 하시어 그 자리에 임할 수 있었을까? 정말 큰스님은 신묘한 전법의 힘을 간직한 분이시다.

한마디 말씀도 하기 어려운 그 순간, 진실하고 형형한 눈빛 하나로 얼마나 많은 설법을 토해내셨는지 모른다. 거사님 두 분이 부축하여 2층 뒷자리에 앉혀드린 순간, 마치 보리수하에서 정각을 얻기 전까진 물러서지 않으리라던 싯달타 태자의 목숨을 담보로 한 불퇴전의 용맹처럼 생사를 초탈한 의연한 경지를 내보이셨다. 보살행에 있어 목숨을 돌보지 않으시는 것은 마치 전쟁터를 누비는 천마 같은 용기를 우리에게 보여주셨다. 큰 교훈으로 남을 것이다.

마지막 세간의 인연을 거두시고 입적의 순간까지 우리 중생들 곁에서 부처의 자비화현으로 머무르시고자 하심은 하해와 같은 은덕이 아닐 수 없다. 외자식 사랑하는 어머니처럼 온 중생 사랑하는 부처님의 큰사랑을 펴시다 가신 큰스님.

우리는 보현행원으로 보리 이루기 위해 큰스님의 간곡하고 뜨거운 말씀들을 가슴에 새기며 언제 어디서나 보현행자로서 살아가기 위해 노력해야 할 것이다. 그러므로 이제는 더 이상의 망설임은 없다. 오직 그와 같이 수행할 뿐. 조용히 합장하며 귀의한다

나무 여래장자 법계원왕 만행무궁 보현보살마하살.

제3장
救世大悲頌
우바새

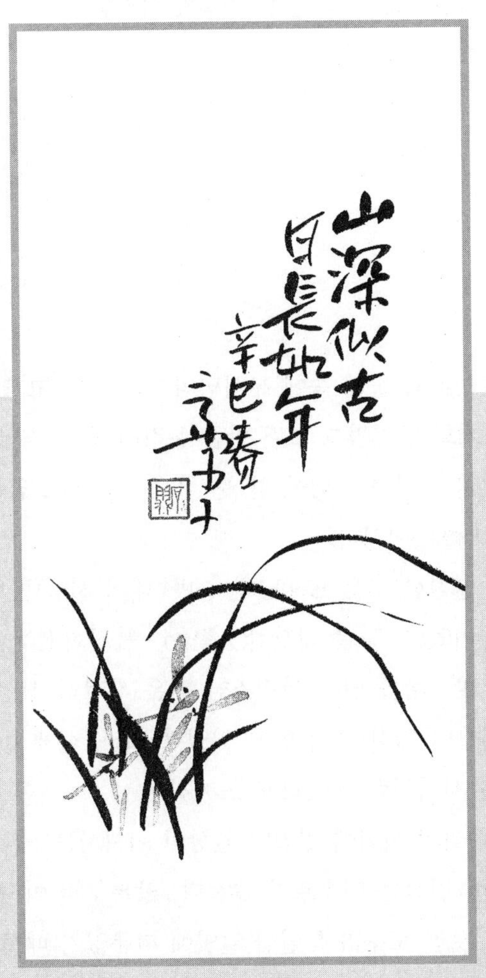

山深似古　　산은 깊어　　태고 같고
日長如年　　해는 길어　　일년 같네.

수어지교(水魚之交)로 지냈던 광덕스님과의 인연

무애 서돈각(無碍 徐燉珏) | 대한불교진흥원 이사장

평생을 삼보(三寶)의 둘레 속에 부처님의 가호로 살고 있는 나는 많은 스님을 친견할 기회가 있었고 그런 만큼 존경해 오는 스님도 많이 있다. 그 중에서도 기억에 남는 스님이 한 분 계시는데 바로 금하당 광덕대선사(金河堂 光德大禪師)이시다.

스님을 처음 친견한 것은 1960년대 중반, 내가 서울대 법대 조교수로 있던 시절의 일이었다. 뒷날 대각회(大覺會)·불광회(佛光會)를 창립, 한국불교사에 큰 발자취를 남긴 광덕스님 젊은 시절의 성성(聖性)한 원력은 만나기 이전부터 익히 들어 알고 있었던 터라, 실제 만나 뵈었을 때는 마치 오래된 사이처럼 친근하게 느껴졌다.

광덕스님과 나와의 사이에 있었던 일상의 이야기는 워낙 많았지만 그 중에서도 특별한 일화는 떠오르지 않는다. 많은 세월이 흐른 탓이기도 하고 사실 알고 보면 모두가 특별한 일임에 다름없기 때문일 것이다. 다만 분명히 기억되는 것은 그저 만나 뵙는 것 자체만으로도 기운을 느끼게 하는 힘이 있었던 분이셨다는 점이다.

스님의 첫인상은 굉장히 날카로웠고 한눈에 장래 큰스님이 될 것이라는 강한 느낌을 받았다. 이후로도 스님과는 크고 작은 많은 인연이 줄곧 있었다. 스님께서는 나를 처음 만났을 때부터 오랫동안 한결같은 관심으로 대하여 주셨다.

이 글을 써나가기 위해서 골똘히 생각해 보니 그 중 특히 기억에 남는 일은, 내가 한국대학생불교연합회 지도교수로 있을 당시 수련대회의 지도법사로 광덕스님을 모셨던 일이다. 스님은 특히 대학생 불자들에게 많은 기대를 하셨는데, 바쁜 일정이 있더라도 학생들의 수련대회만큼은 늘 기쁘게 응낙하시던 것을 볼 때마다 스님의 그러한 의지를 읽을 수 있었다. 광덕스님께서는 불교를 통해 민족정기를 발전시키고 진리탐구와 자아완성을 이루고자 하는 젊은 불자들의 신념을 높이 평가하시면서 항상, '앞으로 우리 불교의 미래는 여러분들에게 달려 있다'는 당부의 말씀도 잊지 않으셨다. 그 후 합천 해인사와 해남 대흥사 수련대회 때도 함께 하셨는데, 그때마다 예의 진지한 모습으로 학생들을 대하는 등 지도하시는 모습이 보통의 스님들과는 사뭇 달라서 번번이 감명을 받곤 했다.

광덕스님은 온화한 눈빛 가운데서도 무언가를 압도하는 강렬한 이미지를 가지고 계셨고, 조용한 듯하면서도 직관력(直觀力)이 뛰어나신 분이었다. 다른 스님들에게 공부와 수행에 대해 일러주실 때에는 사뭇 엄격하기 이를 데 없었지만 내게는 물론이고 대체로 일반 신도들에게는 온화하셨다고 기억된다.

스님께서는 산간불교에서 도시불교로 한국불교의 시야를 넓히고자 불광회를 창립, 도심 포교와 젊은 불교를 위해 무척 힘쓰셨다. 그것은 진속(眞俗)이 불이(不二)라는 대승불교의 가르침을 실천하려는 스님의 큰 뜻으로, 대승불교운동과 같은 새로운 불교운동을 제창하신 것이라고 보았다. 스님께서는 수련대회에 참석하실 때마다 내게, "대학생 불자들은 미래의 한국불교를 이끌어갈 동량(棟梁)이므로 서 박사님께서 많이 이끌어주십시오."라고 자주 말씀하시곤 했는데, 이러한 말씀이 아마 우리 불교도 이제 도심 속에서 젊은이들을 위한 포교에 임해야 한다는 스님의 간절한 뜻을 비치신 것이 아닌가 싶다.

그 후, 내가 학장 등 보직을 맡으면서 바쁘게 사는 동안에 스님과는 다소 적조(積阻)하였지만 스님은 스님대로 교육불사에 전념하시는 것은 물론 불광법회를 일구시는 등 열과 성을 다해 대중포교에 매진하고 계셨다. 그리 자주는 아니었지만 스님이 계신 불광사를 찾아 스님을 만날 때마다 생활 속에서 지나치기 쉬운 말씀을 법문(法問)으로 들려주시기도 했다. 지금도 안타까운 것은 스님의 크고 한량없는 원력이 병고(病苦)로 인해 다 빛을 발하지 못한 것이다.

일찍이 광덕스님께서는 문서포교에도 큰 관심을 가지고 대중포교의 기틀을 마련하시고자 생활교양지 「불광」을 창간하는 등 불서출판에 심혈을 기울이셨다. 그 중에서도 불법을 쉽게 전하고자 펴내신 스님의 많은 저서들은 오늘날에도 여러 불자들을 통해 애독되고 있는 것으로 알고 있다. 이처럼 책을 통해 불자들에게 보다 이해하기 쉬운 불교를 가르치셨던 광덕스님은 누구든 수행이나 공부의 결과를 책으로 펴내는 것에 대해 존경의 예를 극진히 표하셨다.

한번은 나의 고희기념 논문집(『東西의 法哲學』, 1989)이 발간되어 한 권을 가지고 찾아뵌 적이 있었다. 그때 너무 좋아하시면서 "책 한 권이 나오기까지의 노고를 생각하면 그저 앉아서 받을 수가 없습니다." 하시며, 두 손으로 당신의 머리 위에까지 올려서 존경과 감사의 예를 갖추어 주셔서 몸둘 바를 몰랐던 적이 있었다. 후에 스님께서도 잊지 않으시고 당신이 펴낸 책을 보내오셨다.

광덕스님께서 세수 73세, 법납 49세를 일기로 입적하신 지 이제 두어 해가 지났건만 지금도 젊은 시절, 대학생 불자들과 함께 했던 광덕스님의 그 열의 넘치던 모습을 잊을 수가 없다. 비록 스님과 나는 출가와 재가라는 보여지는 형태는 달랐지만 모두 불제자(佛弟子)로서 부처님의 법(法) 안에서 걸어온 길은 결코 다르지 않다고 생각한다. 아마도 나와 광덕스님은 수어지교(水魚之交)로 지냈던 사이가 아니었나 생각된다.

현대불교의 선구자를 그리며

달공 조홍식(達空 趙洪植) | 문학박사, 성균관대 명예교수

기억이 가물가물하다. 오래 전의 일······.

서울 종로 대각사 근처를 지나고 있을 때 대학생 같아 보이는 남녀 젊은이들이 두서너 명씩 함께 길가에서 행인들에게 전단을 나눠주고 있었다. 펼쳐 보니 법회 안내였다.

법당에 모인 대중들도 젊은 학생들이 압도적으로 많았다. 따로 모인 학생법회가 아닌데도······. 나는 이때 저으기 놀랐다. 그도 그럴 것이 예나 지금이나 절의 법회는 대개 보살들이, 그것도 노보살들이 그 수의 대부분을 이루고 있기 때문이다.

이런 점에서 젊으신 광덕스님이 이끌어 가던 불광회(佛光會)가 여느 불교집회와는 다른 아주 특이한 현상을 보여주고 있었다. 게다가 매우 조직적이었다. 현재 불광사의 신도조직의 짜임새도 지방은 말할 것도 없고 어느 대도시 사찰에서도 이런 면에 있어서 견주어 보기 어렵다. 불광의 신도조직에 대하여 자세한 면을 잘 모르는 나에게도 이런 몇 가지 점이 매우 인상적으로 여겨진다.

광덕스님은 한국불교를 이렇게 젊게 만들어 놓았고 불자들도 패기 있

고 발랄하게 키워갔다. 그리고 가족불교를 성취한 분이 또한 광덕스님이기도 하다. 우리 집도 한때 불광사의 신도였기 때문에 불광사 신도구성의 일면을 알 수 있었다. 그 후 내가 어떤 절의 신도회장을 맡게 되면서부터 두 곳을 동시에 나가기가 어렵게 되었다. 그러나 불광사가 참 좋은 절이라는 인상은 지금도 가시지 않고 있다.

아직도 법회 때의 한 장면은 내 기억에 잊혀지지 않고 남아 있다. 광덕스님의 법문이 끝난 다음 게스트로 현 동국대학교 총장 송석구(宋錫球) 선생의 찬조법문이 있었다. 이때 신도들에게 흥미 있는 영험담을 들려준 것으로 기억한다. 이어 불광사 신도회장이었을 것으로 여겨지는 김경만 선생의 강평이 있었다. "대학 교수의 말씀은 대개 학문적이거나 아니면 교리적 논조일 법한데 이번 송 교수의 말씀은 아주 격외의 말씀이었다."는 요지였다.

김경만 선생 하면 당시 불교계에서 쟁쟁한 재가불교 지도자의 한 분으로, 청담 큰스님을 지도법사로 모신 원각회(圓覺會)의 수장(首長)이었다. 지금은 삭발납의(削髮衲衣)로 입산하여 세속을 떠났지만.

광덕 큰스님의 여러 업적 가운데 몇 가지를 꼽는다면 월간 「불광」지와 '보현행원송'의 음악회가 이채로웠다. 일반 사찰에서 흔히 볼 수 없는 한국불교 역사상 매우 특기할 만한 사건이 아닐 수 없다.

근자에 와서 사찰마다 또는 불교 단체마다 법보(法報)를 출간하고 있어 그것대로 좋은 점이라 하겠지만 그 중에서도 「불광」은 그 연조(年條)도 깊거니와 양과 질에 있어서 타의 추종을 불허하는 괄목할 만한 존재임을 아무도 부인치 못하리라.

부처님의 법문도 시간의 제약을 면할 길이 없었다. 그러나 후세의 제자들의 성의어린 경전 결집으로 시간을 초월하게 되었다. 이렇듯 「불광」은 곧 사찰 경내에서 또 큰스님 몇 분의 훌륭한 법문, 그것을 넘어서 천하에 널리 울려 퍼질 수 있게 하였다. 부처님의 가르침이 시공을 초월해서 구석구석 우리 중생들에게 이르도록 만들었듯이 「불광」의 위력은 이렇듯 경이롭게 되었다.

'보현행원송'의 음악회, 그것도 우리의 국악을 오케스트라 형식을 빌어 대형 무대에 등장시켰다. 불법(佛法)을 이 나라 뭇 대중들의 가슴에 깊이깊이 스며들게 하기 위하여 장엄한 무대를 꾸몄다. 여성 신도들의 대합창단에 남성 신도들의 참여로 한층 음악적인 분위기가 살아났다. 세종문화회관의 그 넓은 장소를 택하여 수많은 청중이 동참했다. 동참한 청중의 가슴에 보현행원(普賢行願), 아니 광덕스님의 간절하고 지극한 불법 홍포(佛法弘布)가 더욱 감격스러웠다. 주기적인 행사를 치러내는 그 원력과 노고야말로 이루 다 형언키 어렵다.

불광사는 전통적인 대본산(大本山)도 아니고, 또 그다지 재원이 넉넉지도 않음에도 불구하고 이런 큰 불사, 「불광」지, 대음악회를 연속부절 이어 나가는 성의와 노고가 보통 일이 아님을 아는 이는 다 알 것이다.

오직 규모 있는 절 살림을 통하여 절약에 절약을 거듭한 결과로 거창한 사업을 발전시켜 오는 것 또한 광덕 큰스님과 그 문중(門中)의 남다른 원(願)이 아닐 수 없다.

아무튼 광덕 큰스님은 현대 불교 발전사에 크게 기여한 선구자의 한 분임에 틀림없다.

2001년 4월 20일
달공 조홍식 합장(조계종 중앙신도회 고문)

광덕 큰스님과의 만남

정오 한갑진(正悟 韓甲振) | 한진흥업 회장

내가 불교에 입문한 것은 1972년이다. 아버지의 죽음은 나를 불교에 깊은 연결고리를 맺어 주었다. 그것이 인연이 되어 나는 적극적으로 불교를 공부하게 되었다.

이어 1976년 내가 경영하는 한진흥업에서 '팔만대장경'이라는 불교영화를 제작하기 위한 기획을 하였다. 그래서 나는 감독이나 시나리오 작가를 대동하고 많은 선지식을 찾아다녔다. 내가 만난 선지식은 나에게 비유(譬喩)의 가르침도 말씀했고, 설화의 가르침도 있었고, 상징(象徵)의 가르침, 혹은 창명(唱名)의 길도 설하여 주었다. 그런 선지식을 만나러 다니는 과정에서 대각사에서 광덕스님의 법회에 참석하는 기회를 가졌다.

광덕스님과의 만남은 다른 선지식과의 만남과는 또 다른 감명을 받게 되었다. 그것은 대각사 법회의 특별한 광경 때문이었다. 흔히 다른 곳은 설법을 듣는 청중이 대부분 여성들인데, 그날의 대각사 법회는 남성들이 많았고 또 청년층이 많았다. 그리고 스님의 설법도 감명을 주었다. 나는 장일호 감독을 데리고 갔는데 장 감독도 감명을 받았다고 했다. 우리는 먼발치에서 법문을 하시는 스님을 만났던 것이다. 스님의 법문은 석존의 생애에 관한 전법선언에 대한 법문이었다. 스님의 설법은 석존께서 말씀한 전법선언을 낭랑한 어조로 알기 쉽게 유창하고 조용하고 간절하게 정연한 표현으로서 청중을 사로잡아 나갔다.

당시만 해도 나는 불교에 입문한 지 몇 해 되지 않아서 그 뜻을 완전히 파악하지 못했는데, 지금 생각해 보면 경전에서 말씀한 전법선언을 하신 것 같다. 경전에 기록된 전법선언은 다음과 같다.

"비구들이여, 나는 인간의 일체의 묶음에서 벗어났다. 비구들이여, 지금은 많은 사람들의 이익과 행복을 위하여 세간을 불쌍히 여기고 그 이익과 행복을 위하여 제국을 누비면서 걷는 것이 좋다. 하나의 길을 둘이서 가지 않는 것이 좋다. 비구들이여, 처음에도 선하고 중간에도 선하고 끝에도 선하고 의(義)와 도리(道理)와 표현을 겸한 법을 설하는 것이 좋다. 모든 것에 통하는 깨끗한 수행을 가르치는 것이 좋다. 더러움이 적은 생을 받고 있으면서 바른 법을 듣지 못했기 때문에 망가지는 사람들도 있다. 그들은 법을 듣게 되면 믿고 받아들일 것이다.

비구들이여, 나도 법을 설하여 전하기 위해서 지금부터 우루벨라에 있는 세나니 마을(장군촌)에 갈 것이다."

여기에 석존은 전법의 목적을 말씀하고 있다. 많은 사람들의 이익을 위하여 확신을 갖고 법을 설할 것을 말씀했다. 불광법회에서 설법을 하는 광덕스님도 석존의 설법과 같이 인간의 자각과 지혜를 깨치기 위한 설법이었다.

나와 광덕 큰스님과의 만남은 그리 많지 않았다. 내가 잊을 수 없는 것은, 어느 날 광덕스님은 뜻밖에도 우리 집으로 찾아오셨다. 스님은 저서 몇 권을 나에게 전해주셨다. 나는 스님께 깊은 감사를 표했다. 스님과 나는 세속 나이로는 내가 몇 살 위이다. 그러나 불법에 입문한 날짜를 따지면 스님은 선배가 되며, 스승이며, 선지식이 되신다.

지금 생각하니 그때 스님의 가르침을 더 받았으면 나의 불교공부도 한층 무르익었을 텐데 하고 생각되기도 한다. 당시 스님께서 나에게 불교공부의 많은 것을 가르쳐 주셨다. 그 가르침은 오늘날까지 내 공부의 길잡이가 되고 있다.

내가 스님을 존경하는 또 하나의 이유는 스님은 명성을 버렸던 것이다. 불가에서 총무원장 등의 이름나는 자리를 스님은 원치 않았다. 스님의 사상은 석존의 가르침과 합치된다. 경전 중에 남전(南傳)『상응부경전』17, 2. 낚시란 경이 있다. 이 경에서 석존은 비구들에게 다음과 같이 말씀하셨다.

"비구들이여, 이익과 명성이란 무섭고 괴롭고 가혹한 것으로서 최고의 안일에 도달하는 데 장애가 되는 것이다."

스님은 그 가르침을 실천한 분이었다. 아무쪼록 스님께서 다시 이 땅에 오시기를 간절히 바란다. 나무마하반야바라밀.

다시 만나뵐 수 있겠지

정명 김남권(淨明 金南權) | 전(前) 상원상공주식회사 회장

어릴 때 자주 할머니를 따라 통도사엘 갔다. 내 할머니께선 일 년에 한번 대웅전 앞 큰 탑을 돌았다. 탑돌이에 실어 보냈던 그분의 염원은 이러했다.

"사흘만 앓다가 죽게 해주세요, 부처님."

그리곤 두 손을 모은 채 세 바퀴를 돌았다. 한 바퀴를 돌면 하루를 앓다가, 두 바퀴를 돌면 이틀을 앓다가 죽는다는 것이 할머니의 믿음이었다. 할머니께선 아마도 반드시 생로병사를 거쳐야 하는 인간의 삶 속에서 병고를 치러야 할 시간이 길어질까봐 걱정하셨던 것 같다.

왜 안 그러했겠는가. 어느덧 세월이 강물처럼 무심히 흘러 내 나이 여든셋. 할머니의 세월에 와 있는 지금, 그때 지극한 정성으로 기도하셨던 할머니의 심정이 헤아려진다. 병고의 세월이 생략될 수 있거나, 아니면 아주 짧게 단축될 수 있다면 얼마나 좋을까. 그보다 더 큰복이 있겠는가. 가야 할 날이 멀지 않은 지금, 선현들이 인간사 오복의 하나로 고종명(考終命)을 들었던 것이 뼈저리게 실감된다. 몸이 좋지 않아 매일 올리던 예불을 드릴 수 없는 처지에 있어서인지 요즘 들어 부쩍 할머니의 그 염원

이 자꾸 생각난다.

할머니의 그 간절한 기도를 부처님께서 들어주셨는지, 나중에 할머닌 정말 꼭 사흘을 앓고 돌아가셨다. 손자를 대동하고 두 손을 꼭 모으신 채 탑돌이 하시던 할머니의 모습이, 아마도 내 불연의 단초(端初)가 되었을 것이다. 그러한 인연으로 젊어서부터 『천수경』, 『금강경』을 읽으며 불교와 함께 했고, 아내를 따라 성남의 어느 절에 다니다가 1981년 12월 20일 광덕 큰스님을 처음 뵙게 되었다. 내 나이 이미 예순을 넘었을 때였다.

큰스님께서 종로 봉익동 대각사 뒷방 하나를 빌려서 법회를 열고 계실 때였다. 내 둘째 며느리의 이모인 안보살의 안내로 큰스님을 뵙게 되었는데, 인자한 모습의 스님이 마음속 깊이 남았던 첫 만남이었다.

그런데 스님의 인상이 얼마나 가슴속 깊이 남아 있었던지 스님을 뵙고 온 그날 밤, 꿈속에서 '광덕스님'을 간절히 불렀는지 아내가 나를 흔들어 깨우며, '왜 광덕스님의 이름을 그리 부르느냐'고 했을 만큼 그렇게 단 한번의 만남에 스님은 내 마음에 깊이 들어와 있었다.

그때부터 매주 토요일과 일요일이면 빠지지 않고 대각사 법회에 나갔다. 불법에 대한 스님의 간절하고도 깊은 법문을 들을 수 있었던 소중한 시간들이었다.

그러다가 얼마 후 대학병원에서 받은 건강검진에서 '간암'이라는 진단을 받았다. '6개월 이상 살기 어렵다'는 의사의 말을 듣고 입던 옷가지를 이웃에 나눠주는 등 신변을 정리했다. 그러던 어느 날 새벽녘에 꿈을 꿨는데, 큰 용이 아가리를 벌리고 내 얼굴을 물려고 하는 것이 아닌가. 그런데 그 순간 스님 한 분이 오셔서 용의 목을 잡고 '이빨을 빼게 집게를 가져오라'고 했다. 그 순간 나는 땀을 흘리며 일어나 앉았다. 그런 꿈을 꾸고 큰스님을 친견하여 꿈속에 나타났던 분이 스님이 아니신가 말씀을 드렸더니, "그건 제가 아닙니다. 부처님이 나타나셨으니 돌아가시진 않겠습니다." 하셨다. 그리곤 지극한 마음으로 불경을 읽으라고 권하셨다. 그런 말씀을 듣고 읽고 있던 『지장경』을 온 마음을 다해 수지독송했다.

나중에 대학병원에 입원하고 있을 때, 스님께서 문병을 와 주셨다. 마침 밤만 되면 시커먼 옷을 입은 사람이 나타나 돈을 달라고 하던 때였다. 그런 말씀을 드렸더니 나를 위해 기도를 해주시었다. 처음에 '신묘장구대다라니'를 일곱 번, 그리고 '반야심경'을 일곱 번, 그리고 마지막에 진언(眞言)을 해주셨다. 땀을 뻘뻘 흘리시며 혼신의 힘을 기울여 기도해주시던, 그 초가을 햇살 속 자비한 모습의 스님을 잊을 수가 없다. 스님의 기도 덕분으로 밤마다 보이던 시커먼 옷을 입은 사람들이 그날부터 꿈속에 나타나지 않았다. 나는 그때 스님의 도력에 정말 감격했다.

훗날 들으니 스님의 진언은 유명하다고 했다. 스님의 진언에 없어지지 않는 마귀는 없었다고 한다. 내가 들은 얘기로는, 스님께서 범어사에 계실 때 친구분들이 놀러왔다고 한다. 낮에 솔밭에 앉아 담소를 하고 있는데 한 친구가 갑자기 온몸을 떨며 넘어가더라는 것이다. 그때 스님은 진언을 만들어 가며 읽으셨다고 한다. 그러자 곧 친구가 깨어나더니, '잠깐 잤다'고 하면서 일어났다는 것이다.

내가 스님에 대해 가장 인상 깊고 감명을 받았던 것은 '절 문턱을 낮춰야 한다'는 말씀이었다. 돈 있고 여유 있는 사람만 오는 절이라면 그건 부당하다는 말씀이었다. 여유가 없는 사람에겐 그냥 축원도 해주고 재(齋)도 그냥 지내줘야 한다고 늘상 말씀하셨다. 스님께서 내게 병문안을 와 주셨을 때 감사한 마음을 전했더니, "너무 많아도, 너무 적어도 부담이 됩니다." 하시면서 일부 돌려주시는 것이었다. 그 뒤에도 스님께선 봉투에 이름을 쓰면 "내 돈이 아닙니다." 하시면서 절에 가져다 주라고 했고, 이름을 쓰지 않은 것은 "고맙습니다." 하시면서 받으셨다. '여유가 있는 사람만 오는 절이라면 절에 사람이 오지 않게 된다'며 누구든 반갑게 지극한 마음으로 맞았던 스님이셨다.

나는 절에 축원카드를 만들지 않은 채 불광법회에 나갔다. '상(相)을 내지 말라'는 스님의 무언의 가르침 때문이었다.

언젠가 내가 경영하던 회사의 직원이 부모상을 당해 근처 비구니스님이 상주하는 절에서 49재를 올린다기에 스님께 말씀드렸더니, "남녀가 중요한 게 아니라 도를 닦는 게 중요하다"고 하시면서 근방에서 지내라고 말씀해 주셨던 일도 생각난다.

스님께선 기도를 할 때 꼭 성현들과 조상님들에 대한 기도를 먼저 하라고 이르셨다. 그리고 국가와 민족에 대한 축원도 잊지 말라고 가르침을 주셨다.

"부처님의 가르침을 믿어야 부처님께서 발원을 들어주신다"는 말씀도 잊지 않으셨으니, 불자라면 마땅히 부처님의 가르침이 무엇이었나를 공부해야 한다는 말씀으로 나는 가슴 깊이 새겼다.

몸이 말을 들었던 최근까지 나는 새벽 세시면 어김없이 일어나서 씻은 다음 예불을 시작으로 하루를 열었다. 그리곤 『천수경』, 『반야심경』을 읽고 『금강경』 전체를 독송하거나, 아니면 『지장십륜경』 서품을 독송하곤 했다. 그리고 가족 축원과 함께 스님의 가르침대로 성인, 성현, 조상님에 대한 기도, 국가와 민족에 대한 축원을 잊지 않았다.

돌아보면, 스님을 만나 정법에 눈을 뜨고 감사한 마음으로 수행 정진할 수 있었던 복된 인연의 세월이었다. 그런데 스님이 가시고 나니 이렇게 마음이 허전할 수가 없다. 스님은 늘 몸이 편찮으셨다. 그래서 의사의 처방전을 내가 미국에 사는 아들에게 보내 약을 보내게 했다. 약이 떨어지면 큰일난다 싶어 늘 분량이나 날짜를 한두 달 여유 있게 인편이나 공항화물로 보내게 했다. 이것저것 인연 닿는 대로 스님께 좋겠다 싶은 것을 가져다 드렸는데, 때로는 많이 좋아지셔서 산보를 다니실 정도가 될 때에는 내 마음이 그렇게 좋을 수가 없었다.

아무리 몸이 편찮으셔도 내가 찾아뵈면 "거사님, 오셨습니까?" 하시곤 일어나 앉으셨던 스님께서, 하루는 병원으로 찾아뵈니 그러셨다.

"이젠 그만해도 됩니다. 이제까지 내게 보냈던 공덕으로 충분했습니다."

그러면서 이젠 '그만 오라'고 하시는 것이었다. 그 말씀을 듣고 상당히 섭섭한 마음이 들었다. 그리고 1~2주 후 퇴원을 하셨고 면회 중지가 되어 찾아뵙지도 못했는데, 몇 일 후 영원히 우리 곁을 떠나시고 말았다.

생사가 하나라고 하나, 우리 범부에게 죽음이란 무엇이던가. 사라짐 아니던가, 보고 싶어도 볼 수 없음 아닌가. 나이 들어 몸이 예전 같지 않고 윤회의 순환인 생로병사를 정면으로 마주하고 있으려니, 그 옛날 병원으로 찾아오셔서 따뜻한 눈길로, 지극한 정성으로 기도해 주시던 스님 생각이 간절하다.

그러나 다음 생, 혹은 어느 생 어딘가에서 다시 만나 뵐 수 있겠지, 요즘 나는 그리 기도한다.

금하당 광덕스님과의 만남

대천 김영태(大千 金煐泰) | 동국대 명예교수

인연의 세계는 한없이 넓습니다.

넓은 것을 우리는 바다라 하고 또 하늘이라 합니다. 온 세상의 땅과 바다와 하늘을 포용하고 있는 세계를 우주라고 합니다. 이 우주의 단위 중에 가장 큰 것을 불교에서는 삼천대천세계라고 합니다.

그러한 숫자적 단위를 포함하고 또한 초월한 세계가 중중무진(重重無盡)의 법계(法界)입니다. 끝없이 넓디넓은 광활무변(廣闊無邊)의 법계에서 본다면 우리가 사는 이 사바세계는 한 개의 좁쌀 낱이나 겨자씨보다도 더 작은 존재라고 합니다. 그러나 이 사바세계에도 셀 수 없는 역사와 넓고 넓은 사연들이 끊임없이 이어져 왔고 또 펼쳐져 있어서 한량없는 인연들로 뒤엉켜 내일을 향해 쉬임 없이 움직이고 있습니다.

실은 무변광대(無邊廣大)한 법계에는 내일이라는 미래도 어제라는 과거도 존재하지 않습니다. 다만 인연의 법리에 따라 시간도 있고 공간도 있어서 시방(사방 팔방과 상방·하방)과 삼세(과거·현재·미래)의 구분을 짓고 있습니다. 이러한 시방삼세의 공간과 시간은 본래 나눌 수도 없고 나누어지지도 않기 때문에 부처님께서는 슬기로운 중생들이 알아들을

수 있도록 손쉬운 말로 이름 붙여 한마음의 세계[一心法界]라고 일컬으
셨던 것입니다.

고요하고 깨끗하다는 이름마저 붙일 수 없는 고요하디 고요하고 청정
하디 청정한 한마음의 세계에 인연이라는 바람이 홀연히 일어나서 구름
도 끼게 하고 비도 내리게 하니 초목이 자라고 뭇 중생이 삶을 누리게
되었습니다. 그 생존의 마당은 살벌하고 소란하고 추잡하여 인연의 바다
는 바람이 거칠고 물결이 사나워집니다. 그래서 여기에 사는 중생들은
어려움을 겪으며 억지로 참고 견디어 살아가야 하기 때문에 인욕의 세
상, 인고(忍苦)의 세계(娑婆世界)라고 하는 것입니다.

이 사바세계의 중생을 구제하고 또 진리의 삶을 체득하게 하고자 대
자대비의 원력으로 인간계에 태어나는 이를 보살(大士)이라고 합니다.
그러한 대승의 보살님(菩薩摩訶薩)은 알게 모르게 우리 중생의 세계에
출현하십니다. 금하당 광덕스님도 그와 같은 보살님(菩提薩埵)의 한 분이
라고 할 수가 있습니다.

광덕스님은 경전에 드러나 있는 동방 무진덕(無盡德) 세계의 일행장
(日行藏) 보살의 분신이며, 석가여래 재세시(在世時)의 비마라힐(淨名·無
垢稱) 보살(維摩居士)의 후신으로 볼 수가 있습니다. 보현행원과 반야바
라밀 대행(智度大行)으로 사바세계에 끊임없이 왕래하신 보살현신(菩薩
現身)을 우리 인간들은 셀 수 없이 만나고 또 제도되었을 것입니다. 나라
는 이 생명도 무시겁래(無始劫來)로 그러한 보살대비의 현신을 만났을
것으로 여겨집니다.

그 많은 인연들, 삼천대천세계의 대우주와 시방삼세의 중중무진한 인
연들 속에서 내가 광덕스님의 보살현신(菩薩現身)을 얼마나 많이 만났는
지는 알 수가 없습니다. 다만 현재의 삶을 통해 한량없이 만났을 것임을
짐작할 따름입니다. 그러나 현세에서 나는 광덕스님을 꼭 두 번 만났습

니다.

두 번이라고 하니까 얼굴을 마주 대한 횟수로 생각하기가 쉽겠지만 실은 대면한 횟수가 아니고 스님의 겉모습〔儀表〕과 참모습〔眞面目〕을 각각 한번씩 뵈온 사실을 두고 하는 말입니다.

내가 광덕스님을 처음 만나뵌 것은 1960년대 중반의 어느 해였던 것으로 기억됩니다. 1962년에 마산대학(현 경남대학)으로 가서 처음으로 강단에 섰다가 1965년에 서울의 모교 동국대학 강사로 옮겨온 뒤부터의 일이라 하겠습니다. 그 무렵 스님께서는 봉은사 주지로 계셨고 또 조계종의 사무처장 일을 보셨을 때입니다.

그 뒤에도 스님은 조계종 총무원의 교무부장과 총무부장을 역임하셨고 또 총무원장 직무대행과 중앙종회 부의장의 업무도 맡으셨습니다. 1970년대 초로 기억됩니다만, 대학생불교연합회 지도교수 수련회에 참석했던 나는 당시 대불련 지도위원이셨던 스님과 한 방에서 하룻밤을 지새며 학생불교운동의 앞날을 논의한 적도 있습니다. 그때 내 눈에 비쳤던 광덕스님은 조계종단 주변에 흔히 볼 수 있는 사무승(事務僧)의 한 분이었으나, 실은 티 없이 맑고 깨끗한(淸淨無垢, 이는 淨名無垢稱의 이름을 연상케 함) 의표(儀表)와 단정하고 빈틈없는 자세와 명민 예리한 언동의 분위기는 여느 사판스님에게서는 찾아볼 수가 없는 선사(禪師)의 풍도(風度)를 느꼈습니다.

한마디로 말해서 내가 처음 만났던 그 당시의 광덕스님은 선사의 안목지견(眼目知見)을 내면으로 간직한 종단 행정의 사무승이었습니다. 그리고 종단, 나아가서는 불교 전체의 정화와 발전을 위해 헌신했던 의욕에 넘친 젊은 스님이었습니다. 그때 나는 광덕스님이 하도 젊게 보여서 나보다 한두 살 위의 연배로 여겼는데 나중에 알고 보니 다섯 살이나 위였습니다.

두번째로 스님을 만나게 된 것은 지금의 불광사(佛光寺)를 준공(1982년 10월)하여 불광운동를 본격적으로 활발하게 펼쳐진 후부터라고 할 수가 있습니다. 불광운동의 전성기라 할 수 있는 활발한 시기에 나는 스님의 요청으로 불광사의 토요·일요법회에 특강형식의 설법을 한 적도 몇 번 있고, 또 명교사 후보생 교육에 강사로 나가 강의한 일이 있었습니다. 그 무렵에 나는 스님의 반야바라밀 사상과 보현행원 실천을 알게 되었습니다.

평소에 마하반야바라밀의 염지자(念持者)였던 나는 스님의 저술과 설법을 통해 하나의 부처님 세계를 찬연히 비추고 있는 마하반야바라밀 광명을 보았습니다. 거기에서 서로 걸림 없이 하나로 통하는 스님의 참모습을 만날 수 있었습니다. "마하반야바라밀 마하반야바라밀, 자재해탈 일체성취 확연히 성취된다. 마하반야바라밀 마하반야바라밀, 나무마하반야바라밀."(스님의 「한마음 헌장」에서)

그리고 스님은 『반야심경 강의』에서 다음과 같이 강조하고 계십니다.

"마하반야바라밀을 바로 알자. 항상 마하반야바라밀을 염하자. 마하반야바라밀에서 일체 장애와 재앙이 즉시 소멸되며, 일체 불보살의 위신력이 자신에게 충만한다. 일체 불보살과의 거리가 없어지기 때문이다.

마하반야바라밀을 생각하는 곳에 불보살의 위덕과 은혜는 넘쳐나고 일체 소망은 성취된다. 마하반야바라밀을 생각하며 나의 생명의 바라밀 실상을 관하자. 환희와 용기는 넘쳐나고 끝없는 조화와 창조는 힘있게 펼쳐진다.

항상 마하반야바라밀을 생각하자. 바라밀 실상이 현전하는 것을 생각하며 감사하고 환희하며 용기를 내자. 태양보다 밝고 저물 줄 모르는 진리의 태양을 부처님은 이미 우리에게 주신 것을 보게 되며 쓰게 된다."
(『반야심경 강의』, p.173)

또 스님은 개인의 완성과 국토의 완성을 성취시키는 것이 마하반야바라밀인데 이 바라밀이 어떻게 존재하는 것인가?

"마하반야바라밀은 바로 우리 자신입니다. 마하반야바라밀은 바로 부처님이시며, 근원적인 진리 자체이고, 우리들의 참 생명이며, 부처님의 참 생명이며, 진리의 근본 뿌리입니다. 마하반야바라밀에서 나의 생명과 부처님과 진리가 하나로 통합니다."(『만법과 짝하지 않는 자』, p.142)라고 하셨습니다.

이러한 말씀들에서 나는 광덕스님을 만났습니다. 그리고 불광운동의 법등(法燈) 실천과 그 보살원행을 통해 진실로 스님의 진면목을 만났습니다. 그러나 그 진수를 받지 못하고 다만 먼발치에서 만나보았을 따름입니다.

이 글을 적는 지금도 내 마음속에는 스님에 대한 죄스러움이 빚처럼 남아 있습니다. 그때 중생제도 불사(佛事)의 과로로 병환이 깊으셨던 스님께서 어느 날 직접 전화로 설법을 청하셨는데, 속무(俗務)에 바쁘다는 핑계로 귀중한 분부를 들어드리지 못한 일이 있습니다. 스님을 두 번씩이나 만나뵈었는데도 그 진실 앞에서 외면해 버린 격이니 두고두고 자책만 남을 뿐입니다.

금하당 광덕(金河堂 光德)이라는 명호(名號)로 사셨던 스님의 육신이 이 사바세계를 인연따라 떠나셨지만 그 원력, 그 행원은 언제나 이 사바국토의 중생 곁을 떠나지 않고 항상 함께 하실 것이라 믿습니다. 무궁무진한 빛과 덕〔光德〕을 갖추고 태양같이 밝은 지혜〔慧日〕와 행원으로 가득찬(金河堂) 보살(이는 곧 無盡德 세계의 日行藏菩薩을 가리킴)의 분신이 언제나 인연 많은 이 땅을 버리지 않을 것을 확신합니다. 이 사바국토의 현세에서 두 번 만나본 우속(愚俗) 거사의 한낱 보잘것없는 심안(心眼)에도 늘 그렇게 비추어지기를 두 손 모아 기원합니다.

‘아아, 님은 갔지마는 나는 님을 보내지 아니하였습니다’라고 읊었던 만해스님의 시말에서처럼, 불광 법우들도, 이 땅의 모든 불자들도 광덕 스님을 보내지 않았습니다. 본디 오고 감이 없는 행원 원력의 보살 몸은 아무도 일찍이 떠나보낸 적이 없기에 정녕코 언제나 우리와 함께 계실 것입니다.

辛巳年 팔월 초하루

大千居士 金煐泰 삼가 적음

광덕스님

지헌 김기철(知軒 金基哲) | 도예가, 곤지암 보원요

　　나는 지금 광덕스님의 1987년, 61세의 모습을 빛 바랜 흑백사진을 통해 바라보고 있다. 왜 그럴까? 어떤 이유에서인지 가슴속이 아릿한 슬픔으로 밤안개처럼 조용히 채워지는 기분이다. 이목구비가 준수하고 고귀한 인상이 맑고 담백한 미남스님이었겠다는 사실보다도 뭐라고 표현할 수 없는 인자한 모습에서 아련한 그리움 같은 감정이 목구멍을 타고 올라오는 것 같다.

　　기름기 낀 군더더기라고는 어디서도 찾아볼 수 없는 초췌한 용모, 그러면서도 지극히 평화롭고 담담한 눈빛, 꼭 다문 입이지만 맑은 향기의 말씀이 스며나는 듯한, 그러나 단호한 결의를 읽을 수 있는 교훈의 상징처럼 나의 마음을 움직이고 있다. 적어도 이 순간만은 인간이 지닐 수 있는 고귀하고 자비로운 참모습을 이보다 더 절실하게 드러내 보일 수는 없을 것 같다. 광덕(光德)이라는 스님의 법명(法名)처럼 주위를 환하게 비추는 분이었겠다는 확신을 이 작은 흑백사진을 통해 느낄 수 있다는 사실이 오히려 불가사의한 일이다.

　　내가 광덕(光德)스님을 처음 만난 것은 송암(松庵)스님의 『광덕스님 시

"

봉일기』라는 책을 통해서였다. 어쩌면 은사스님과 제자스님과의 관계가 이토록 대단할 수 있을까라는 감탄을 책을 읽어나가는 동안 수없이 되풀이하게 되었다. 참으로 아름다운 인간관계가 우리 같은 속물에게도 얼마나 부러움을 주었는지 모른다.

지금 세상, 간을 빼먹을 듯이 서로 죽자살자 하던 사이라도 일단 이해관계가 끝나고 나면 언제 봤더냐 싶게 등을 돌리는 것을 식은 죽 먹듯 하는 세태에, 돌아가신 은사스님을 사모하고 위하는 마음이 더할 수 없이 지극 정성인 것을 보았을 때 우리에겐 큰 위안이 되는 것이다. 나처럼 불교 신도도 되지 못하는 세상의 때가 속속들이 낀 위인에게까지 감명을 주었다면 더 말할 나위 없을 것이다.

아무튼 광덕스님께선 그 모습에서 광채가 난다는 얘기를 여러 통로를 통해 들었다. 추측컨대 휘황하다거나 화려한 빛이라기보다는 저 영혼의 깊은 데에서 스며나는 맑고 은은한 빛이 사람을 감동시켰으리라 믿는다. 더구나 스님께선 병약한 몸으로 언제고 상처입고 어려운 사람들의 사정 이야기를 온종일이라도 들어주시고 함께 걱정하셨다니, 그 한 가지만 가지고도 얼마나 자비로운 인품을 지니고 계셨는가를 짐작할 수 있다. 어떤 요량 없는 신도는 온종일 눌러 붙어 앉아 된소리 안 된소리 지껄여대는데도 끝까지 물리치지 않고 참아 내신다는 말씀을 들었을 때 감복하지 않을 수 없었다.

또 하나 가슴을 채워 주는 것은 돈 많고 권력 있는 사람들에게 초연한 자세로 당신의 위엄을 지키셨다는 점이다. 우리 같은 소인배는 조금이라도 그런 냄새만 풍기는 듯하면 교활한 퇴기(退妓)처럼 갖은 아양을 다 떨어 뭐라도 뜯어내려 드는 것이 유능한 처세술로 착각하겠지만 당당한 성직자의 맑은 모습을 보이셨다는 것이 무엇보다 가히 통쾌한 것이다.

애석한 것은 좀더 오래 사실 수도 있었을 텐데 너무 일찍 가셨다는 것

196

이 못내 아쉽다. 내가 만약 스님 생전의 모습을 한번이라도 뵈었다면 얼마나 좋았을까 하는 생각을 하게 되는 것은, 이 한 장의 흑백사진을 바라보고서다.

나는 지금 스님에 대해 글을 쓴다는 사실보다도 요즘같이 인재가 귀한 때에 단 한번이라도 스님을 친히 뵙게 되었다면, 그 연유로 인해서 많은 것을 얻을 수 있었을 텐데 하는 어쩔 수 없이 이기적인 속물근성이 튀어나온다.

정말 알 수 없는 것은 아련한 그리움 같은 것을 내 가슴속에서 삭여야 하는 사실이다. 그것은 군법사로 최일선을 순시하고 돌아오다 불의의 차량사고로 스물다섯이라는 꽃다운 나이에 순직한 이동신 법사(李東信 法師)의 추모 글을 읽고 느낀 것과 어쩌면 그렇게 똑같은지 모른다. 「새벽 이슬」, 「저녁 노을」이라는 추모집을 읽고, 그 안에 있는 사진을 보고 전혀 모르는 일개 청년의 일생이었건만 애달픈 심정을 가눌 길 없었다. 그 사진 모습이 결코 잘 생긴 것도 아니었건만 거기서 풍기는 고귀하고 진실된 인품이 많은 감동을 주었던 것이다. 두 분 다 먼발치에서 바라다본 일조차 없이 빛 바랜 흑백사진을 통해 이렇게 느낄 수 있었으니 직접 가까이서 체취를 맡고 음성을 들을 수 있었다면 어떠했을까 다시 상상해 본다.

어떻든 지금 살아 계시기만 한다면 어떻게든 한번 모셔 와서 우리가 농사 지은 신선한 음식으로 최선을 다해 공양을 준비하고, 스님이 오시는 날이면 울안을 말끔하게 치우는 것은 물론 향기 나는 꽃들로 방안을 가득 장식해서 스님께서 마음껏 즐겁게 지내시다가 자리를 뜰 수 있게 해드리련만……, 그러나 이미 늦었다.

『내일이면 늦으리』라는 제목이 새삼 실감나는 순간이다.

대각사에서 시작한 역사적인 바라밀운동

도하 반영규(道河 潘泳圭) | 사단법인 불교음악협회 회장

우리나라 불교 역사상 1970년대는 아주 특별한 의미가 있는 시기라고 생각한다. 무려 2,000여 년의 우리 불교 역사에서 중요했던 시기가 왜 없었고 어찌 한두 번이리오만, 그 어떤 때보다도 중요한 시기가 바로 1970년대라고 생각하는 것은 바로 이 시기에 우리 불교 역사상 가장 획기적인 불교 '현대화·대중화·생활화'의 싹이 움튼 시기이기 때문이다.

우리나라에 불교가 전래된 뒤, 삼국시대는 물론 고려 때까지도 국교였던 불교가 조선조 때 정치적으로 혹심한 억압을 받았다. 거기다가 일본이 우리나라를 강점하면서 우리 불교를 왜색화하기 시작하였으니 가뜩이나 조선시대의 억불로 인해 크게 쇠락했던(근세조선 이전의 불교에 비하여) 우리 불교의 전통이 더욱더 치명적인 타격을 받고 말았다.

다행히도 1945년, 일본의 패망으로 겨우 국권을 회복하기는 했으나 곧 이어 이른바 불교정화라는 소용돌이로 말미암아 불교권이 극도의 혼란에 휘말리게 되었고, 또한 불교를 바라보는 지도자들이나 일반 국민들의 시선은 매우 부정적이었고 폄하하기에 이르렀다.

그러나 뿌리가 깊고 줄기가 무성한 나무는 쉬이 쓰러지지 않듯이 이

런 혼란 속에서도 연꽃이 한 송이 두 송이 피어나기 시작했던 것이다. 부처님의 거룩하신 위신력 덕분이었을까? 역대 조사들과 선지식들의 공덕과 은혜 덕분이었을까? 아무튼 점차 우리 불교의 정체성을 되찾고 기력을 회복하기 시작하면서 불교의 백년대계를 위한 새로운 운동이 일기 시작했으니, 그때가 바로 1970년대인 것이다.

1970년 5월, 일반 대중포교를 위한 삼보법회(李漢相, 서울 풍전호텔)가 발족한 데 이어, 1972년 5월에는 대원정사(張敬浩, 서울 남산)가 창건되어 일반 불자를 위한 불교교양대학(2년제)이 문을 열었고, 1974년 4월에는 한국불교연구원(李箕永)이 개원되면서 각급 학교 교사를 중심으로 한 신행단체(求道會)가 탄생했다. 또 1975년 8월에는 대원정사의 장경호 거사가 박정희 대통령에게 헌납한 30억 원을 기금으로 하여 '재단법인 대한불교진흥원'이 설립되기도 했다.

그뿐 아니라, 1975년 1월에는 용태영 변호사가 제소한 석가탄신일 공휴일 제정신청이 받아들여져 '부처님 오신 날'이 국가 공휴일로 제정되어 그동안 미미하고 부정적이던 불교의 위상이 월등히 격상되는 계기가 되었다. 또 '자비의 소리'라는 포교 전단(필자, 1971년)을 시작으로 이른바 문서포교가 본격 시작되었으며, 동시에 현대적 의미의 불교음악인 찬불가 보급(필자)이 시작되었다. 1973년 4월에는 삼보법회에 불교 역사상 최초의 혼성 불교합창단이 창단되었고, 뒤를 이어 서울불청 합창단(1975년), 도선사 합창단(1976년), 조계사 합창단(1976), 일붕선원 합창단(1977년), 불광법회 바라밀다합창단(1978), 조계사청년회 보리수합창단(1978년) 등이 연이어 창단되어 1980년대에는 합창단 없는 사암(寺庵)이 없을 정도로 확산되었다.

바야흐로 현대적 의미의 적극적인 불교의 포교, 그리고 불교 현대화의 싹이 돋았고 나무가 자라기 시작한 것이다. 이로써 이른바 대중불교·생활불교가 사회에 뿌리를 내리기 시작했던 것이다.

이 시기에 광덕스님께서 종단의 모든 소임을 다 놓으시고 서울 대각사에서 당당히 불광회를 창립하여 불교 교양지라는 기치를 높이 들고 월간 「불광」(1974년 11월)을 창간하시었고, 그 이듬해 '불광법회'를 창립하여 수행 중심의 전법운동을 활발발하게 전개해 나갔다. 일제 강점기 그 어두웠던 시대에 용성조사께서 불교의 대중화를 위해 대각운동을 펼치셨던 바로 그 대각사에서 백여 년 만에 조사의 문손(門孫)인 광덕스님이 새불교운동의 기치를 높이 들었던 것이다. 아, 이것을 어찌 우연이라고 하겠는가. 그때가 1974년 11월이었다.

그 무렵 필자는 대각사에서 처음 스님을 친견했다. 인상이 '맑고 향기로운 백련'을 연상할 정도로 고귀하고 청정하시었다. 더구나 문서포교의 필요성, 그리고 불교 노래에 관해서 깊은 이해와 관심을 보이셨을 뿐 아니라 전적으로 동의하고 격려를 아끼지 않으셨다. 나는 백만 원군을 얻은 기분이었다.

그 이후 정기법회에 빠짐없이 참석해서 스님의 법문을 통해 많은 공부를 할 수 있었다. 체계적으로 불교공부를 하지 못했던 필자로서는 마른 땅에 물이 스며들 듯 스님의 법문은 바로 감동 그 자체였다. 그리고 고맙기 이를 데 없었다. 그야말로 큰스님의 법문은 생명수요 마시면 죽지 않는 감로수였다.

더욱이 불교 노래에 대한 스님의 관심과 지도편달은 참으로 지극하시었다. 지금도 많이 불릴 뿐 아니라 앞으로도 오래도록 불릴 뛰어난 찬불가 '파랑새 울고'(일명 초파일 송가)는 스님이 쓰신 찬불가 가사 중에서도 가장 빛나는 백미, 주옥같은 노랫말이다.

특히 1990년대 초에는 '보현행원송', '부모은중송' 등 교성곡(交聲曲 : 합창과 관현악을 합한 음악용어) 노랫말을 쓰시어 불교음악의 새로운 장

르를 개척하시기도 했다. 이와 같이 스님께서는 1970년대에 뚜렷한 역사 관과 확고한 소신을 가지고 불교의 현대화·대중화·생활화 운동의 견인차 역할을 하셨다.

스님께서 입적하시기 얼마 전, 국립극장 해오름극장에서 열린 '불광마하보디합창단' 발표회 때 병고를 무릅쓰고 몸소 참석하시어 많은 사람들이 가슴을 조이며 안타까워하던 일을 잊을 수가 없다.

나는 불광법회가 대각사에 있을 때 스님께 직접 계를 받았고 불명을 받은 불자로서, 늘 온화하신 미소로 맞아 주시던 그 시절의 스님 모습이 지금도 눈에 선하다. 좀더, 좀더 오래 우리 곁에 계셨어야 할 스님께서 왜 그다지도 서둘러 가시었는지. 이 역시 인연의 소치인가. 그러나 비록 스님께서 우리 곁을 떠나셨지만 우리 모두의 가슴속에 영롱하게 살아 계신다. 그래서 문득문득 스님 생각을 하게 되고 스님 모습이 떠오르게 된다. 시 한 수를 올려 글을 마감한다.

서녘으로 가고지고

오색 깃발 흰구름 앞세우고
스님께서 재를 넘어 떠나가신 날

산새는 깃을 접고 목이 메이고
솔바람도 알알이 이슬 맺힐 때

이끼 긴 돌탑은 말이 없었고
밤하늘 곧게 피던 한가닥 연기

무심한 저 달은 구름을 타고

천 년을 하루같이 사바 비추네.

어허 어허 어허야
백팔염주 돌리면서

가고지고 가고지고
서녘으로 가고지고

어허 어허 어허야
백팔염주 돌리면서.

불기 2545(2001)년 7월 10일 새벽 3시
서울 쇠귀골에서 도하거사 반영규 분향 합장

노천 법당이 그립다

무원 김재영(無圓 金再泳) | 청보리회 지도법사

1. 야단법석

1970년대 어느 5월의 초저녁, 아카시아 향기가 흩날리던 남산 동국대 교정이었다. 시간이 되자 제등행렬이 어둠 속을 봉화처럼 밀려나가기 시작했다. 나는 우리 동덕여고 아이들이 트럭 한 대를 빌려서 장엄한 "이 땅에 부처님 나라 성취할 때까지, 모이자 배우자 인도하자"라는 작은 함성을 듣고 있었다. 그때 한 스님이 등불 하나를 밝혀 들고 여름 장마철의 강물같이 빽빽이 밀려나가는 행렬을 내 옆에 서서 지휘하고 있었다. 그해 부처님 오신 날 행사를 주관한 종단의 무슨 부장 스님이라는 분이었다. 그 스님은 마침 옆에 있던 나를 보고 말했다.

"아름답지요? 희망이 있어요."

"예. 희망이 있습니다."

그 스님과 나는 통성명도 없이 이 짧막한 대화를 나누었다. 우리는 제등행렬을 따라 각기 움직여야 했다. 그때 나눈 대화는 이뿐이었지만, 무엇인가 가만히 있을 수 없다는 뜨거운 예감 같은 것을 느낄 수 있었다.

그 어둠 속에서 보았던 스님은 정수리가 유난히 훤해 보였다.

얼마 후, 서울 종로 3가. 나는 「불광」이라는 잡지를 보다가 불광법회에 참석하기로 했다. 그때 불광법회는 단성사 뒷골목에 있던 대각사에서 열렸다. 그런데 대각사에 들어선 처음부터 심상치 않은 느낌이 들었다. 시골 장날의 설렘 같은 것일까? 저녁 법회시간이 가까워지면서 그 설렘은 실체를 드러내었다.

사람들이 꾸역꾸역 모여들었다. 주부들은 미리 나와 법당의 긴요처에 자리를 잡았다. 그리고 퇴근시간이 되면서 직장인들이 앞다투어 들어왔다. 동대문 시장 상인들도 속속 들어왔다. 남루한 차림의 노동자도 많이 보였다. 최루탄 냄새를 풍길 법한 남녀 대학생도 줄을 이었다. 조계사 등지에서 낯이 익은 노인네들 모습도 보였다. 군인들, 고등학생들, 스님들도 섞여 있었다.

법당이 금세 꽉 찼다. 자리를 못 잡은 사람들은 법당 문 앞, 시멘트 노천 바닥에 자리를 깔고 앉았다. 아예 널찍한 노천 법당이 마련되었다. 이 공간마저 차버리자 사람들은 마당으로 내려섰다. 의자가 모자라자 대중들은 아예 신문지를 깔고 좌정했다. 그야말로 야단법석(野壇法席) 아닌가.

독송시간이 되자 대중들은 모두 『불광요전』을 꺼내 들고 큰소리로 낭송했다.

나는 마당 한쪽에 서서 여느 교회의 부흥회를 연상시키는 이 생소한 법회 광경을 지켜보았다. 그러면서 연신 생각에 잠겨들었다.

'이것은 희망인가? 이 척박한 한국불교에 이것은 정녕 새로운 출구인가? 이러한 불광의 돌출을 가능하게 하는 힘의 원천은 무엇인가?'

나는 또 묻고 있었다.

'불광은 이름 그대로 영원한 빛이 되어 타오를 것인가? 아니면 한때

의 열정으로 소진되고 말 것인가?'

그러는 사이, 스님의 법문이 시작되었다. 가만히 바라보니 제등행렬에서 내게 말을 걸었던 바로 그 스님, 광덕스님이었다. 거리가 멀다 보니 스님의 훤한 정수리는 볼 수 없었지만, 그 목소리는 명료하게 들을 수 있었다. 스님의 목소리는 처음부터 다소 고조되어 있었다. 대중들의 열기 때문이었을까? 때로는 날카로운 시적 감흥으로 울려왔고, 때로는 꿈의 상상력을 연상시키는 천진한 아우성으로 다가왔다.

"반야바라밀은 진실 생명이고 우리의 신앙은 진실 생명의 확인이며 찬탄입니다. 내 생명 부처님 생명. 어떠한 현상적 고통과 장애에도 불구하고 이 생명 이대로가 부처님의 무량공덕 생명임을 믿음과 철두철미 시종일관 함께 작용하고 일하고 있다는 이 놀라운 진리에 대한 대긍정과 감사, 바로 이것이 마하반야바라밀입니다."

나는 불광법회가 왜 그토록 열정적인지 그 까닭을 조금 알아차릴 수 있을 것 같았다. 인간에 대한 끝없는 긍정, 인간 생명에 대한 다함 없는 찬탄, 그 극치이며 원천인 부처님의 대광명에 대한 순수 열정. 나는 이 순수 열정이야말로 광덕스님의 깊은 뜻이며 불광의 생명 에너지가 아닌가 하고 생각하였다. 그리고 이 순수 열정은 오늘 우리의 삶을 보현행원의 실천으로 전환시키는 무한한 추동력이 되는 것이며 바로 여기에 우리 모두의 희망이 어둠을 헤치며 밝아오는 것이라고 생각했다.

이후 스님과 나 사이의 인연은 삼십여 년 지속되었다. 나는 「불광」지에 수년에 걸쳐 칼럼을 썼고, 내가 쓴 책들은 대부분 불광에서 출판했다. 또 스님의 부름을 받고 일 년 넘게 불광법회에서 일요 법문을 맡아 했다. 스님께서 우리 동덕여고 법회에서도 여러 번 설법했고, 청보리회에서 강남 신사동에 조그마한 법당을 마련할 때에는 동참금을 보내 주셨다.

가끔 스님을 찾아뵐 때면 육신의 고통 가운데서도 항상 칭찬하시고 격려해 주셨다.

"우리 김 선생은 밖에서 큰 인물이시지."

오늘 새벽예불을 마치고 스님 앞에 서서 나는 곰곰이 생각에 잠겼다. '스님의 법을 이어가는 길은 무엇인가? 불광의 그 열정을 되살리는 길은 무엇인가?'

대각사 노천 법당으로 돌아가는 것, 노천 법당 시절의 정열로, 그 순수 열정으로 돌아가는 것이라고 나는 생각한다. 나는 여기에 광덕스님의 초심(初心)이 있고, 불광이 빛나고 한국불교가 거듭 일어서는 출구가 있다고 믿는다. 그 시절, 거기에 모였던 그 사람들을, 그 후대들을 다시 불러낼 수 있어야 스님의 뜻이 살아나는 것이라고 나는 믿고 있다. 아마 우리 스님께서도 닫을 문이 아예 없던 그때 그 시멘트 노천 법당을 그리워하실 것이다.

2. 우리도 부처님 같이

어느 때, 붓다께서 가빌라국을 다니며 전법하시다가 가빌라성 근교 니그로다 숲으로 돌아오셨다. 그때 시민들이 숲속에 강당을 지었는데, 찾는 이가 아무도 없어, 서로 의논하여 붓다께 기증하려 하였다. 붓다께서는 잠자코 이를 응낙하셨다. 그때 붓다께서는 수많은 대중들에 둘러싸여 강당으로 들어가셨다. 발 씻으시고 가운데 기둥 있는 데서 동쪽으로 보고 앉으셨다. 시민들은 붓다의 앞에서 서쪽으로 보고 앉았다. 붓다께서는 그들 샤카족 사람들을 밤늦도록 가르치고 의논하고 격려하고 기쁘게 해준 다음에, 존자 아난다에게 말씀하셨다.

"아난다야, 그대는 나를 대신하여 가빌라성 샤카족 사람들을 위해, 곧 그들이 도(道)를 구하는 마음이 있다면, 다시 담마를 설해 주어라. 나는 등이 아프다. 잠깐 쉬어야겠다.”

붓다는 상가티를 네 겹으로 접어 마룻바닥에 깔고 그 위에 두 다리를 쪼그리고 언제든지 일어날 수 있는 준비를 갖추고 누우셨다. 그때 붓다는 아난다 존자를 칭찬하시고 대중들에게 말씀하셨다.

“그대들 착한 이들이여, 집에 있는 이나 집을 나온 이나, 이 담마를 세상 사람들에게 널리 설하라. 왜냐하면 이치가 두루 갖추어졌고, 진리가 두루 갖추어졌고, 깨끗한 행[梵行]이 두루 갖추어져서, 열반으로 바로 향하기 때문이니라.”

(『잡아함경』 43.13, 누법경. Majjhima-Nikaya 4)

이 짤막한 한 편의 경을 통하여 우리는 붓다 석가모니의 모습, 그 한 부분을 뵐 수 있다. 먼저 붓다께서는 아무도 사용하지 않는 빈 강당을 집으로 삼고 있다. 사랑하는 자기 모국, 자기 동포들, 그리운 가빌라국으로 돌아왔지만 붓다는 왕궁에 들지도 않고, 화려한 초대소에 머물지도 않고, 자신을 위해 새집 짓기를 원하지도 않고, 샤카족 사람들이 이미 지어 놓았던, 그러나 아무도 찾는 사람 없이 비어 있는 강당으로 잠자코 들어가시고 있다.

거기서 붓다는 백성들과 한 공간에서, 한 평면에서 마주보고 앉아 있다. 붓다는 방 가운데서 동쪽으로 향하여 앉았고, 백성들은 붓다를 바라보며 서쪽으로 향하여 앉아 있다. 붓다가 높이 앉는 일은 거의 없다. 항상 이렇게 앉는다. 한 공간, 한 평면에서 서로 마주보고 앉는 것이다. 무릎이 맞닿을 수 있는 거리에서 호흡소리를 같이 들으면서 거기서 붓다는 샤카족 백성들을 위하여 담마(Dhamma, 法)를 설하고 있다. 시골을 다니며 백성들에게 담마를 설한 그 피로도 잊은 채 그는 정성을 다하여 가르치고 있다. 붓다의 가르침은 끝이 없다. 한 시간도 아니고 두 시간도 아니다. 밤이 늦도록 가르침은 계속된다.

그렇다고 우리처럼, 법사 혼자서 일방적인 장광설을 마냥 늘어놓는 것이 결코 아니다. 대부분의 경우, 붓다와 대중의 문답으로 이루어지고 있다. 우리 식으로 표현하면 카운슬링, 상담을 하고 있는 것이다. 붓다의 가르침은 상담이라는 사실을 우리는 분명히 기억해야 한다. 상담을 통하여, 붓다는 사람들의 고통과 문제들을 진지하게 경청하고 함께 느끼고 아파하고 괴로워하며 정성을 기울여 그 문제 하나하나에 대한 해결책을 제시해 주고 있다. 그렇게 해서 고통으로부터 훌쩍 벗어나도록 이끌어가고 있는 것이다. 그래서 사람들은 붓다의 담마를 듣고 격려와 위로를 받고 용기와 희망을 얻고 기뻐하며 춤추는 것이다.

"아난다야, 그대는 나를 대신하여 이 샤카족 백성들에게 담마를 설해다오. 나는 등이 몹시 아프구나. 좀 누워서 쉬어야겠다."

그러면서 붓다는 마룻바닥에 옷을 벗어 접어서 깔고 그 위에 눕고 있다. 오른쪽 옆구리를 바닥에 대고 두 다리를 쪼그린 채 언제든지 일어날 수 있는 준비를 갖추고 누워 있는 것이다.

이 장면에 이르러 아마 많은 사람들은 가슴이 벅차고 목이 메일 것이다. 너무도 연약하고 너무도 작은 부처님을 보고 어찌 한 줌 눈물이 없을 수 있겠는가. 너무도 화려하고 너무도 호사스런 우리들 모습을 비추어 보고 어찌 부끄러운 눈물이 없을 수 있겠는가!

이 장면에 이르러 나는 문득 광덕스님 모습이 떠올랐다. 그것은 스님의 모습이 부처님을 닮아 있기 때문이다. 스님은 그 병약한 몸을 돌보지 않고 끊임없이 붓다의 담마를 전파하는 일에 헌신하였다. 스스로 전파할 뿐만 아니라, 많은 대중들을 모아 그들을 포교사로 가르쳐서 널리 나가 전법하도록 부촉하고 격려하였다.

며칠 전, 한 보살님이 이곳 도솔산 수광원(壽光院), 내가 거처하고 있는 청련당(靑蓮堂)의 지혜련(智慧蓮) 산방(山房)을 찾아왔다. 십여 년 전 불광법회에서 포교사 교육을 받은 분이다. 지금까지 십 몇 년 동안 매주 빠짐없이 서울구치소에서 재소자들과 함께 법회를 보고 있는 중이다. 그 보살님이 이렇게 말했다.

"십 수년 전만 하더라도 교도소, 군부대 포교는 우리 불광 식구들이 거의 다 했습니다. 다른 사람들이 거의 없었지요. 지금은 대부분 물러나고, 몇몇 분이 개인적으로 나가고 있을 뿐입니다."

나는 순간 죄스럽다는 생각이 들었다. 붓다에게 죄송하고, 광덕스님에게 죄송하고. 붓다는 몸을 너무 혹사하여 심한 등 디스크에 걸려 고생하시면서도 밤늦도록 가르치고 또 가르치셨는데, 광덕스님은 병에 걸려 행보가 어려운 속에서도 전법하고 또 전법하셨는데, '전법으로 무상 보리를 삼아라'고 당부하셨는데⋯⋯.

어떻게 하든 인재를 육성해서, 포교 역군을 양성해서, 거리로 마을로 나서는 것이 붓다의 길을 계승하는 것이고, 광덕스님의 마하반야바라밀 운동을 계승하는 것이라고 생각한다. 이 일은 누가 하든지 하지 않으면 안 될 것이다. 또 누구든지 능히 할 수 있다고 믿는다. 붓다같이 빈집에서 살고 낡은 옷을 입으며, 사람들과 무릎을 맞대고 앉으며, 몸이 아프면 바닥에 옷을 깔고 누워 잠시 쉴 각오만 한다면, 누구든지 부처님같이, 광덕스님같이 할 수 있다고 믿는다.

3. 아난다야, 나는 늙고 쇠하였구나

여든 살의 노(老) 붓다

붓다께서 라자가하 독수리봉을 출발하여 갠지스강을 건너 북향하여 행진하시다가, 밧지족(Vajji族)의 서울 베살리(Vesali, 지금의 바이샬리)에 이르러 벨루바(Veluva) 마을에서 마지막 우안거(雨安居)를 보내게 되었다. 제자들은 인근 마을로 분산하여 보내고, 붓다는 홀로 작은 정사에서 안거에 드셨고, 한참 떨어진 곳에 아난다 비구가 붓다를 바라보면서 안거를 행하고 있었다.

이때 붓다께서는 매우 심각한 병에 걸리셨다. 심한 고통이 엄습하여 죽을 것만 같았지만, 바르게 사유하고 바르게 의식을 보전하며 마음이 흔들리지 않고 고통을 참으셨다. 이렇게 해서 붓다는 정진으로 병을 극복하고 병에서 회복되어 정사 뒤뜰에 자리를 마련하고 앉아 계셨다.

이때 아난다 비구가 문안드리러 왔다가 붓다께서 회복되신 것을 보고 기뻐하며 말씀드렸다.

"세존이시여, 오늘은 마음이 편안해 보이십니다. 세존이시여, 저는 그 동안 조금도 걱정하지 않았습니다. 세존께서 저희 제자들에게 어떤 지시를 내리시지 않고 그대로 입멸하지는 않으실 것을 굳게 믿었기 때문입니다."

"아난다야, 그대 수행자들은 나에게 더 이상 무엇을 기대하고 있단 말이냐? 아난다야, 나는 안과 밖이 다르지 않은 담마를 설해 왔느니라. 아난다야, 여래의 가르침에는 중요한 것을 비밀로 숨기는 '스승의 비밀 주먹[師拳, 秘拳]'은 없느니라.

아난다야, 만약 어떤 사람이 '수행자들의 모임을 내가 지도하고 있다'든가, 혹은 '수행자들의 모임은 나의 지시를 따르고 있다'라고 생각한다면, 수행자들의 모임에 대해 어떤 지시를 내릴지도 모른다.

그러나 아난다야, 여래는 그런 생각을 한 적이 없느니라. 그러니 여래가 수행자들의 모임에 어떤 지시를 한다는 것이 있을 수 있겠느냐?……

아난다야, 나는 이제 여든 살, 늙고 쇠하였구나. 마치 낡은 수레가 가죽끈에 묶여 간신히 굴러가고 있는 것같이, 내 몸도 가죽끈에 묶여 간신히 굴러가고 있구나.……

아난다야, 그대들은 그대 자신을 등불 삼고, 그대 자신을 귀의처로 삼

아라. 다른 이를 귀의처로 삼지 말라. 그대들은 담마를 등불 삼고, 담마
를 귀의처로 삼아라. 다른 것을 귀의처로 삼지 말라.……"

(Diga-Nikaya 16.2, 25-26)

병 가운데서 밝힌 '마하반야바라밀'의 법등

"아난다야, 나는 이제 여든 살, 늙고 쇠하였구나. 마치 낡은 수레가 가
죽끈에 묶여 간신히 굴러가고 있는 것같이, 내 몸도……"

팔순 노(老) 붓다의 이 '벨루바 마을의 고백'을 들을 적마다, 나는 또다
시 광덕스님을 생각하게 된다. '생각한다'라고 하기 보다 '떠오른다'고
표현하는 것이 옳을 것이다.

붓다와 광덕스님,

늙고 병들고 지친 몸으로 낡은 수레처럼 삐거덕거리며 길을 가시는
붓다 석가모니, 그러면서도 한순간도 멈추지 않고 담마를 설하여 등불을
밝히시는 노(老) 붓다 석가모니.

출가 당시부터 폐결핵으로 시달리며 생사를 기약할 수 없었던 광덕스
님, 난치의 중병에 걸려 몸을 잘 가누지도 못하고 뼈만 앙상하게 드러나
보이는 광덕스님, 그러면서도 한순간도 멈추지 않고 '마하반야바라밀'의
법을 설하여 법등을 밝히시는 금하 광덕스님…….

담마는 말로 설하는 것이 아닌 것으로 보인다. 법(法)은 법단에 올라
주장자를 내리치며 사자후하는 것이 아닌 것으로 보인다. 담마는 화려한
언설과 찬란한 문장, 감히 바라보기 어려운 위엄으로 하는 것이 아닌 것
으로 보인다.*

2,600여 년이 지난 지금까지 수많은 사람들이 붓다 담마(Buddha-Dham-

---

* 불교를 Buddhism으로 일컫는 것은 서양 우월주의의 산물이다. 원어대로, 우리 식대
로 Buddha-Dhamma로 불러야 할 것으로 생각한다.

ma, 佛法, 佛敎*를 경청하고 감명 받고 삶의 등불로 삼는 것은 무엇 때문일까? 입적하신 지 2년, 시간이 흐를수록 광덕스님의 '마하반야바라밀'이 더욱 광채를 발하며 만인들의 가슴에 법등을 밝히는 것은 또 무엇 때문일까?

낡은 수레같이 메마른 몸, 금세 무너질 것같이 병들고 지친 육신, 붓다는 이 몸으로, 이 육신으로 담마를 설하시기 때문이었고, 광덕스님은 이 몸으로, 이 병든 몸으로 '마하반야바라밀'을 드러내 보이시기 때문에, 그 법문이 세월이 흐를수록 더욱 찬란히 빛을 발하고 만인의 가슴을 공명시키는 것이라고 생각한다.

이것은 병을 찬양하는 것이 결코 아닐 것이다. 늙고 병드는 것은 범부 중생도 모두 드러내 보이는 삶의 모습인데 그것이 뭐 대단한 자랑이 되랴. 문제는 붓다께서 팔순의 늙고 쇠잔한 몸에도 불구하고, 그 몸을 이끌고 육신의 생명이 다하는 순간까지 담마를 설하여 대중들을 견성 열반으로 인도하는 그 지극한 인류애, 다함 없는 사랑과 헌신으로 일관하신 그 삶에 있는 것이다. 문제는 광덕스님께서 일흔세 살의 병든 몸에도 불구하고, 그 몸으로 병상에서 숨이 넘어가는 경각까지 대중들에게 연꽃같이 천진한 미소를 보이며 '마하반야바라밀'의 법등을 밝히시는 그 삶에 있는 것이다.

신(神)의 가장도 아니고, '나를 따르라'고 호언하는 카리스마도 아니고, 인간적인, 너무도 인간적인 그 간절한 사랑과 앙상한 몸의 헌신…… 이것만이 우리가 진정으로 존경하고 경배할 수 있는 이유 아니겠는가?

"아난다야, 나는 이제 여든 살, 늙고 쇠하였구나. 마치 낡은 수레가 가죽끈에 묶여 간신히 굴러가고 있는 것같이, 내 몸도 가죽끈에 묶여 간신히 굴러가고 있구나.……"

"나는 죽는 것이 아니야, 사람은 죽는 몸이 아니야. 마하반야바라밀에
는 일체 늙고 병들고 죽는 것이 본래 없는 법이거든. 내 생명은 부처님
생명, 무량공덕 생명이거든……"

노(老) 붓다의 뒤를 따라 걷고 있는 광덕스님의 모습이 보인다. 평소
그토록 사모해 마지않던 붓다 뒤를 따르며 스님은 얼마나 감사하고 기
뻐하실까? 붓다께서는 또 얼마나 흐뭇해하시고 안쓰러워 하실까? 붓다
께서는 광덕스님에게 지금 무슨 말씀을 건네고 계실까?
"우리 뒤를 따라올 제자들이 몇이나 되는가?"
아마 이렇게 묻고 계실지도 모른다.

4. 대중견성운동의 법등을 밝혀 들고

쿠주타라와 500 여인들의 견성사건

붓다께서 코삼비국의 서울 코삼비의 고시타 수행원(Gositalama)에 머물
러 계실 때, 코삼비 국왕의 왕비 사마와티 궁에는 500명의 궁녀들이 있
었는데, 쿠주타라는 궁중의 꽃을 관리하는 시종이었다.

어느 때, 쿠주타라는 소문을 듣고 고시타원(園)에 가서 붓다의 담마를
듣고 그 자리에서 법안(法眼)을 뜨고 깨달음의 길로 들어서 성자가 되었
다. 쿠주타라는 궁중으로 돌아와 사마와티 왕비와 500명의 궁녀들을 모
아놓고 붓다의 담마를 전하며 해설하였다. 그 결과 사마와티 왕비와 많
은 궁녀들이 그와 같이 깨달음의 길로 들어섰다. 그들은 궁전 벽에 구멍
을 뚫어놓고, 아침마다 탁발 나가시는 붓다와 대중들을 뵈오며 예배를
올렸다.

그러나 사마와티 왕비는 후궁 마간다의 모함을 받다가 마침내 마간다
가 왕비의 궁에 고의로 불을 질렀다. 사마와티 왕비와 쿠주타라, 500명

의 궁녀들은 사나운 불길 속에 갇혀 나올 수가 없었다. 그러나 그들은 조금도 동요하지 않고 좌정하여 붓다를 생각하며 마음 집중에 전념하였다. 그 결과 그들은 더욱 높은 성자의 경지로 나아갔다.

붓다께서는 쿠주타라와 왕비, 그리고 500 여인의 거룩한 죽음을 전해 듣고 대중들에게 이렇게 설하였다.

마음 집중은 죽음을 벗어나는 길
마음 집중되지 않음은 죽음의 길
바르게 마음이 집중된 사람은 죽지 않고
마음 집중되지 못한 사람은 죽은 사람과 같느니라.

이 같은 진실을 온전히 알아
항상 마음 집중하는 현자에게 있어
마음 집중은 그에게 담마의 기쁨을 주고
그를 언제나 성스러운 길에 머물게 하느니라.

현자는 끊임없이 마음 집중을 닦아서
내적 고요함과 평화를 성취하나니
열반은 모든 속박으로부터 벗어난 경지
그것은 위없는 참된 기쁨이며 행복이어라.

(Dhamma-pada. com. vers. 21-23)

"드러내라, 이미 깨달아 있다."

이 '쿠주타라와 500 궁녀 견성사건'은 초기불교 시대의 유명한 사건으로, 이 이야기는 『붓다고사(Budhaghosa)』의 「법구경 주석서」에 자세히 기록되어 있다.

이 사건은 불교사에서 여러 가지 중요한 의미를 지니는 것이지만, '쿠주타라와 500 궁녀 견성사건’을 통하여 붓다가 추구하였던 초기불교운동의 이념이 잘 드러나고 있다는 점에서 특히 주목된다. 붓다는 우루벨라 보리수 아래서 대각을 실현한 후 45년 간, 하루도 쉼 없이 낡은 수레처럼 무너져 내릴 때까지 전법륜의 고행을 계속하였는데, 이것은 대중들의 깨달음을 추구하는 대중견성운동으로 일관된 것이었다.

붓다를 만나고 그 담마를 듣는 사람들은 거의 깨달음을 이루거나 깨달음의 길로 들어섰다. 궁중에서 시중 드는 쿠주타라와 500 궁녀 같은 미천한 보통 사람들도 깨달음의 길로 들어섰고, 사마와티 왕비 같은 고귀한 신분의 사람들도 평등히 깨달음의 길로 들어섰다. 깨달음의 길로 들어선다는 것은 ‘죽지 않는[不死]’ 길이며, ‘내적 고요함과 평화’, ‘위없는 참된 기쁨과 행복’의 성취를 의미하는 성스러운 길로 인정되고 있다.

초기불교의 역사를 통하여 이러한 사건, 사례들은 무수히 많다. 우리는 이것을 ‘붓다의 대중견성운동’으로 규정하고, 이 대중견성이야말로 가장 불교적인 구원의 길로 평가하고 있다. 불교가 경쟁자들을 물리치고 짧은 시간 안에 ‘Buddhist India’를 실현할 수 있었던 것도 바로 이 대중견성운동의 성공 때문에 가능한 것이었다.

그러나 세월이 흐르면서 이러한 붓다의 대중견성의 이념은 훼손되고 왜곡되고 은폐되었다. 깨달음은 소수의 엘리트에게나 가능한 특별한 사건이 되고, 견성 열반은 오랜 세월 고행을 하고 몇 번을 다시 태어나서나 가능한 엄청난 경지로 변질되고 말았다. 깨달음이 민중으로부터 멀어져 간 것이다. 이것이 인도에서 불교가 쇠퇴한 가장 근본적인 원인으로 분석된다.

이 대중견성운동의 이념을 다시 일으켜 세운 것이 바로 대승불교운동이고, 그 중심사상이 ‘마하반야바라밀’이다. ‘마하반야바라밀’은 한마디로 ‘모든 사람들이 이미 깨달아 있다’, ‘그 깨달아 있는 마음을 드러내라’

하고 직설하는 것이다.

　그러나 이 마하반야바라밀도 얼마 가지 못하고 또 왜곡되고 은폐되었다. 민중으로부터 멀어져 간 것이다. 선불교가 일어나서 다시 대중견성의 깃발을 높이 내걸고 큰 성과를 거두었지만 다시 왜곡되고 은폐된 바가 크다. 민중으로부터 멀어져 간 것이다.

"마하반야바라밀. 보현행원으로 보리 이루리……."
　광덕스님은 불광운동의 모두(冒頭)에서 이렇게 선포하고 나왔다.
　이것은 붓다의 혜명(慧命)과 이념을 정통으로 계승한 제4의 대중견성운동으로 규정될 수 있을 것이다. 그래서 스님의 불광운동에는 붓다의 직설이 나오고, 반야행원이 나오고, 메아리 없는 골짜기의 조사선(祖師禪)이 나오고, 스님 특유의 한마음이 나오는 것이다.
　「한마음 헌장」에서 이렇게 노래하고 있다.

　　한마음은 한마음이다.
　　한마음일 뿐이다.
　　한마음만이 있다.
　　있는 것은 한마음이다.

　　영원과 자재와 광명과 창조와 무한과 환희가
　　대해(大海)의 파도처럼……
　　끝없이 너울치고 역동한다.

　　아침 해
　　바다를 솟아오른 찬란
　　억겁의 암흑이 찰나에 무너지고

216

광명 찬란
광명 찬란
광명만이 눈부시게 부서지는 광명만의 세계……
이것이 한마음이다.
(『광덕스님의 생애와 불광운동』, pp.383~384, 불광출판부)

쿠주타라에게 들려 주신 붓다의 담마를 다시 듣는 것같이 느껴진다. 붓다의 '마음 집중'이 광덕스님의 '한마음'으로 거듭 빛을 발하고 있는 것이다.

'광명 찬란, 광명 찬란.'

이것은 단순한 감흥의 발로나 시적 언어의 독백이 아니다. 모든 대중들의 잠든 영혼을 흔들어 깨우는 반야 활구(活句)이고, 모든 대중들이 본래 이 한마음의 주인공임을, 그래서 그들이 지금 이미 스스로 깨달아 있음을 일깨우는 새벽의 목탁 일성(木鐸一聲)으로 들린다.

"광명 찬란……. 그대들은 이미 깨달아 있어요. 이미 깨달아 있는 부처님 생명들이예요.

광명 찬란…. 어서 그대들의 이미 깨어 있는, 깨달아 있는 그 불성 생명, 부처님 생명을 드러내세요. 드러내서 쓰십시오. 창조하고 구국구세의 길로 나서세요.…"

스님은 지금 이렇게 간곡하게 마하반야바라밀의 담마를 설하고 있는 것으로 보인다. 붓다 이후, 인간의 광명, 찬란한 생명, 불성 생명을 이렇게 걸림 없이 선포하고 드러내 보인 이는 다시 생각이 나지 않는다. 주저함 없이, 추호의 유예도 없이 일체 대중의 견성 사실을 드러내 보인 이는 다시 생각이 나지 않는다. 그래서 광덕스님인 것이다.

2000년 초, 부족함을 무릅쓰고 『광덕스님의 생애와 불광운동』을 집필하였다. 70일 만의 작업, 지금 생각해도 기적같이 느껴진다. 삼매 가운데서 일어난 일이라고 할까? 기도 가운데 일어난 일이라고 할까?

그때만 해도 '반야바라밀'이 이렇게 가슴에 와 닿지는 않았다. 공감은 했어도 내 마음이 되지는 못하고 있었다. 그러나 이제 시간이 지날수록 '마하반야바라밀'이 몸 가득히 느껴진다. 입에서 흘러나오고 걸음에서 솟아나온다. 『광덕스님의 생애와 불광운동』을 쓰면서, 작업을 마무리하던 어느 순간, '대중견성운동'이란 생각이 '한소식'같이 터져 나왔다. 그러면서 일대 혁명이 다가왔다. 30년 내 불교생각에 일대 혁명이 온 것이다.

'대중견성……'

"누구든지 지금 이미 깨달아 있다. 수행을 해서 깨닫는 것이 아니다. 수행은 이미 깨달아 있는 불성 광명을 그대로 드러내는 것이다. 드러내 써라. 그 광명 찬란한 불성 광명을 드러내 쓰며 힘차게 살아라.……"

붓다께서 지금 이렇게 설하고 계신다. 광덕스님께서 다시 이렇게 설하고 계신다. 이것이 붓다 담마의 생명이며 최상승 법문으로 보인다. 불교가 더욱 크게 살아나는 길은 바로 이 길이라고 생각된다.

"그대들은 이미 깨달아 있는 부처들이오. 보현보살들이오. 그대들이 바로 부처님들이오. 바로 보현보살들이오. 그래서 나는 당신들을 존경합니다. 예배 찬탄합니다.……"

이제 우리가 할 일은 바로 이 작업으로 보인다. 이것이 붓다를 계승하는 일이고, 광덕스님을 계승하는 일로 보인다. 다시 무엇을 더 생각하랴.

5. 간디와 광덕스님

2000년 1월 18일, 화요일 오전
델리의 아침 공기 속에서

나는 문득 당신을 만났습니다.
간디 선생.
위대한 영혼, 당신을 만났습니다.

"Truth is God."
'진실이 곧 신(神)이다.'

간디 선생.
당신은 첫마디로 말합니다.
神, God, 하느님에 중독되어 앓고 있는
이 허약한 한국인에게 당신은 말합니다.

"Truth is God,
진실이 신이다.
진실이 부처님이다,
진실이 법신불(法身佛)이다."라고 말합니다.

"My Life is My Message."
'나의 삶이 나의 메시지이다.'

간디 선생.
무엇이 진실인가? 진리인가?
숙세의 업에 끌려 또 묻고 따지는 나에게
당신은 이렇게 말합니다.
"내 삶이 나의 메시지다"라고……

"진실하게 사는 것이 神이며, 붓다이며,
法身佛이다."라고 당신은 말합니다.

간디 선생.
부끄럽습니다.
기념관 방방 구석구석 가득 메운
당신의 삶을 보고
당신의 생애를 보고
나는 부끄럽습니다.
물레를 돌리고 실을 뽑고 베를 짜는 당신 앞에서
나는 부끄러워 고개를 돌립니다.
바람 털같이 가벼운 한 벌의 옷을 걸치고
맨발로, 막대기 하나로,
천한 사람들 손을 잡고 걸어가는 당신의 삶 앞에서
나는 한없는 부끄러움의 메시지를 듣고 있습니다.
빈둥빈둥 편히 지내며
소유, 소유……
또 그 소유를 축적하기 위하여, 무덤같이 축적하기 위하여
머리나 굴리며 허둥대는 내 삶의 육십 년 세월이 부끄럽습니다.
간디 선생.
당신은 또 말합니다.
"붓다[Buddha]는
사랑의 위대함이 승려들을[힌두교의] 싸워 이기는 것과 같은
평등한 힘을 가졌다는 사실이 증명되지 않았더라면,
붓다는

승려들과 싸우다 죽었을 것이다."

아하,
이제 알았습니다.
조금 알 것 같습니다.
붓다가, 붓다 석가모니가
왜 거룩한 죽음(순교의 美名)의 길을 택하지 않았는지를
조금은 깨닫습니다.
붓다가, 붓다 석가모니가
왜 예수같이, 매달려 피 흘리는 순교의 삶을 살지 않았는지
이제 겨우 깨우침의 힌트를 받고
오래 묵은 체증이 펑 뚫리는
공허감을 느낍니다.
붓다는
사랑의 힘으로 가는 길을 선택한 것입니다.
붓다 석가모니는
장애를 제거하기 위하여 장애와 싸우지 않고
사악한 마라〔Mara, 악마〕를 항복 받기 위하여 마라와 투쟁하지 않는
고요한 미소로
연꽃처럼 피어나는 자비의 미소로 일관한 것입니다,
그렇게 해서
마침내 장애가 본래 없음을 드러내 보이고
마라와 사악한 세력이
본래로 천사와 선과 동일생명임을 드러내 보이는 것입니다.

간디 선생.

당신은 우리 시대의 붓다입니다.

당신은 우리 시대의 위대한 인류의 교사입니다.

진실로 겸허한 작은 스승입니다.

저때 붓다 석가모니가

"나는 지도자가 아니다.

나는 대중을 이끄는 자가 아니다.

나는 오직 너희 가운데 있다."라고 하신 것처럼

당신은 말합니다.

"나는 위대한 스승의 발걸음을

단순히 겸허하게 〔뒤따라〕 걸어가고 있을 뿐이다." *

1974년 11월 1일, 군사 독재가 서슬 푸르던 시절, 종로 대각사에서 총불회 주최로 사상강연회가 열렸다. 광덕스님과 법정스님이 강사로 초빙되었다.

광덕스님이 먼저 강단에 올라, "아무리 어둠을 원망하고 어둠과 싸워도 어둠은 사라지지 않고, 오직 등불 아래서만 어둠은 사라질 뿐이다."라고 설하였다.

법정스님은, "영화 빠삐옹에서, 자유를 찾아 탈출을 감행하는 주인공의 모습이 인상적이다."라고 설하였다.

강연이 끝나자 대학생들이 데모를 시도하며 문 밖으로 몰려 나가려 하였다. 경찰이 몰려왔다. 이때 광덕스님께서 학생들 앞을 가로막으며 큰 소리로 외쳤다.

---

* 이 시는 2000년 1월 18일(화) 아침 7시 40분, 인도 델리에 있는 간디 선생 박물관을 참배하고 다음 날 자이푸르 아쇼크 호텔에서 쓴 글임.

"못 간다 이 녀석들아! 나가려거든 나를 밟고 가거라……. 어둠으로써 어둠은 소멸되지 않는다고 하지 않았느냐!……"

그때 많은 사람들이 스님을 이해하지 못하였다. 아마 속으로 '무력하다' 비난했을지 모른다. 그러나 간디 선생을 보면서, 이제 겨우 스님의 깊은 뜻이 조금은 가슴에 와 닿는다.

지금쯤, 붓다가 앞장서서 가시는 저 대열 어디엔가 광덕스님이 가고 있을지 모른다. 허약하고 깡마른 몸에 고요한 미소를 가득 띠면서.

6. 광덕스님과 마차푸차레봉과 산골 마을

"나는 여러 가지 할 말을 가지고 잠실 불광사로 광덕 큰스님을 처음 뵈러 갔습니다. 그러나 삼배를 올리고 큰스님 얼굴을 보는 순간, 나는 느닷없이 쏟아지는 눈물을 걷잡을 수 없었습니다. 결국 아무 말도 못하고 물러 나왔습니다.……"

이것은 지난 2000년 3월 12일, 이곳 도솔산 도피안사 스님의 날 기념 법회시 대웅전에서 박범훈 교수가 한 고백이다. 박범훈 교수는 중앙대학교 국악과에 재직하면서 국악계에 새 바람을 일으키고 있을 뿐만 아니라, 1992년 국악 교성곡 '보현행원송'을 창작하여 발표함으로써 불교음악의 새 지평을 연 드문 인재이다. 이것이 인연이 되어 박 교수는 독실한 불자가 되었고, 2000년 2월 동국대학교 대학원에서 불교음악을 주제로 한 논문으로 박사학위를 받았다.

광덕스님을 회상하는 불자들 가운데에는 이와 비슷한 체험을 토로하는 이들을 많이 만날 수 있다.

느닷없이 쏟아지는 눈물…….

무엇 때문일까?

이 눈물은 대체 무엇 때문일까?

2000년 1월 30일 이른 아침, 우리 일행 십여 명은 네팔 포카라의 샹그리라 호텔에서 버스를 타고 삼십여 분을 달려 한 산을 오르고 있었다. 히말라야산을 보다 가까이 친견(親見)하기 위해서다. 큰 버스가 오르기에는 무리한 비탈길이었지만, 운전 기사 쿠마르 씨의 능숙한 운전으로 우리는 무사히 전망대 언덕에 도달할 수 있었다. 모두들 설레는 가슴으로 버스를 내려 전망대로 다가섰다.

갑자기 눈앞에 달려와 멈춰선 전설의 히말라야…….

그 중앙에서 파랗게 광명을 발하는 전설의 마차푸차레봉(峯)!

일행은 탄성을 발할 여유마저 압도당한 채 멍―하니 바라보고 있었다. 바로 그때, "흑―" 하는 통곡소리가 느닷없이 터져 나왔다. 놀라 바라보니 지헌 선생의 사모님, 다음 순간 우리 모두가 울고 있다는 사실을 가까스로 알아차릴 수 있었다.

느닷없이 터져나오는 통곡…….

무엇 때문일까?

저들은 대체 무엇 때문에 마차푸차레를 올려보며 체면불고하고 울고 있는 것일까?

많은 사람들이 히말라야를 오르기 위하여 목숨을 걸고 도전하고 있다. 우리나라 산악인들도 벌써 수십 명이 히말라야의 계곡에 묻혔다. 얼마 전에도 등반을 취재하던 KBS 요원 두 분이 눈사태에 휩쓸려 희생되었다. 그러면서도 그들은 여전히 오르기를 포기하지 않는다. 정상에 올라 단 몇 분 동안 깃발을 휘날리고 만세 한번 부르기 위하여 그들은 하나뿐인 목숨을 담보하는 것이다. 과연 그럴 만한 가치가 있는 것일까? 그들이 정작 목숨을 걸고서라도 찾으려는 것은 무엇일까?

　　나는 지금도 고향에 가면 꼭 찾아가는 곳이 있다. 철부지 어린아이 시절 뛰놀던 산골마을 터―, 양쪽 옆으로 시냇물이 시원히 흘러가고 봄이면 빨갛게 피어나는 백일홍나무, 여름 낮에는 온통 더운 하늘을 가로막고 푸르게 뻗어나가는 느티나무―, 나는 백일홍 꽃 속에 파묻혀 만화의 주인공이 되는 꿈을 꾸었고, 느티나무 가지에 매달려 매미처럼 노래를 불렀다. 이제 그 꽃도 그 나무도 사라지고, 꿈도 노랫가락도 상실된 지 오래지만, 그래도 거기에 가고 싶고 가서 서면 가슴이 설레고 눈물이 난다.

광덕스님,
마차푸차레봉,
산골 마을…….
여기서 우리는 우리들의 고향을 만나는지 모른다. 영겁 전에 우리 생명이 처음 잉태되던 그 순수한 영혼의 모태를 만나는지 모른다. 그래서 그 앞에 서면 느닷없이 눈물이 터져 나오고 거기로 가기 위하여 목숨까지 거는지 모를 일이다. 눈물은 모체회귀(母體回歸)의 떨림일까, 쏟아지는 울음은 서로 부딪치며 한 덩어리가 되는 순수 영혼들의 떨림〔共鳴〕일까.

　　꿈도 사라지고 노래도 끊어진 지 오래인 이 황량한 세상, 인간들, 나 자신……. 그러나 그럴수록 더욱 그리워진다. 이것은 무엇으로도 억제하지 못하는 생명 본연의 떨림인 것―. 그래서 우리는 이 나이가 되도록 안주하지 못하고, 이리저리 기웃거리며 어슬렁대고 있는 것이다. 광덕스님을 찾고, 마차푸차레봉을 찾고, 떠난 지 오랜 고향 산골을 찾아 가슴 설레며 길 떠날 차비를 하고 있는 것이다.

부처에서 중생까지 두루 갖춘 얼굴

인타 강대철(因陀 姜大喆) | 조각가

내가 처음 광덕스님을 찾아뵌 것은 불과 이태 전의 일이다. 스님의 말씀은 월간 「불광」을 통해, 또는 스님의 저서를 통해 오래 전부터 들으면서 이 시대에 많지 않은 큰스님임을 알고는 있었다. 대중 속에 더불어 사시며 생활 속에서 깨달음의 에너지를 일구어 내도록 하는 스님의 가르침은 어느 큰스님보다 내 가슴에 와 닿았고 초발심 시절엔 특히 스님을 꼭 찾아뵙고 싶었다.

그러나 내가 스님을 뵙게 되었을 때는 스님은 이미 육체의 옷을 벗을 준비를 하고 있었던 것 같다. 그러나 오랫동안 투병생활을 했음에도 그 모습이 단아하고 맑았다. 소년같이 맑은 눈빛 하며 청결한 얼굴에서 밝은 빛이 비치고 있어 저절로 존경심이 솟구쳤다. 더구나 하잘것없는 속인을 불편한 몸을 일으켜 맞아주는 모습에 몸둘 바를 모를 정도로 송구스러웠다. 스님을 찾아뵈면서 내 딴에는 내 자신의 공부 경계를 여쭈어 보고, 스님으로부터 어떤 인정을 받아보고 싶은 욕심까지 있었다. 그러나 이러한 마음이 스님을 뵙는 순간 스르르 녹아 없어지는 것이었다.

스님은 내가 여쭌 몇 가지 질문에 조용하고 또박또박하게 설명해 주었다.

"우리 육체는 우주 삼라만상의 모든 정보를 가지고 있는 정교한 구조물이기 때문에 수행하는 이들의 집중상태에 따라 여러 현상이 드러나게 마련입니다. 그것이 어떤 형상일 수도 있고, 어떤 빛으로 보일 수도 있고, 소리로 들릴 수도 있습니다. 육체가 가지고 있는 안·이·비·설·신·의 모든 기관을 통해 입력되고 잠재되어 있는 것들이 드러나는 것입니다."

그때 나는 명상을 한답시고 명상 중에 나타나는 여러 현상에 꽤나 집착하고 있었다. 그리고 그 현상들이 크게 공부가 되는 징표라고 생각하고 있었다. 스님은 이런 나의 착각을 정확하게 지적해 주었다.

"그런 현상이 나타나면 수행자들은 자칫 자신에게 속기 쉽습니다. 어떤 현상이든 그것이 아무리 그럴 듯하고 가슴 깊이 와 닿는다고 해도 허상에 지나지 않습니다. 나타나는 현상에 집착하지 마십시오. 당신이 지금 말하고 듣고 있는 이 순간, 당신은 이미 완성된 존재입니다. 다른 곳에서 찾지 마십시오. 그냥 매일매일 일상에 충실하면서 자신을 지켜보십시오."

이 말씀을 들으면서 나는 스님께서 산속의 법당을 택하지 않고 세속에 법당을 세운 뜻을 알 수 있을 것 같았다. 세속의 일상에 몸담고 있으면서 이 시대의 중생들에게 가장 적절한 방편을 베풀기 위해서였던 것이다.

"큰 지혜는 깊은 산속에 있는 것도 아니고, 잘 지은 절간에 있는 것도 아닙니다. 또 서슬퍼런 선방의 수행자들 앉아 있는 모습에 있는 것도 아닙니다. 당신이 예술가이니 충실하게 작품을 만들면서 자신을 지켜보십시오. 그리고 모든 것들과 더불어 화합하십시오. 조화를 이루십시오. 그리고 기쁘면 즐거워하고 슬프면 슬퍼하십시오. 그렇게 육감을 통해 느끼고 표현하는 자신을 끊임없이 지켜보십시오. 관세음보살님도, 부처님도 모두 일상 속에서 당신을 큰 지혜로 인도해 주실 겁니다."

조각가인 내게 어떤 형상을 만든다는 것은 매우 흥미로운 일이다. 특히 특정한 인물상을 조각으로 만들어 내는 것은 그 인물이 가지고 있는 인격을 표현해 내야 하기 때문에 더욱 그렇다.

그동안 나는 많은 사람의 모습을 조각했다. 명예를 얻은 사람의 얼굴, 커다란 부를 성취한 사람의 얼굴, 그 시대 영웅의 얼굴, 성자의 얼굴 등 큰 업적을 남긴 능력 있는 이들의 얼굴을 내 손으로 빚어냈다. 그런 얼굴들을 만들면서 깨닫게 된 것이, 그들 각자의 얼굴엔 그들의 삶 전부가 담겨 있다는 사실이었다. 그들이 가지고 있는 정신세계든 물질세계든 모든 것이 얼굴에 담겨 있는 것이다.

여러 사람들의 얼굴 모습을 만들면서 내게 생겨난 욕심이 하나 있었다. 그것은 참으로 지혜롭고 자비롭고 그러면서 가장 인간적인 모습까지 갖춘 얼굴을 만나고 싶다는 것이었다.

광덕스님을 만나는 순간, '아, 바로 이 모습이구나. 이 모습 속에 부처에서부터 중생의 모습까지도 담을 수 있겠구나' 하는 생각이 들었다. 그리고 '한 인간의 얼굴 속에 이렇게도 많은 것이 담길 수 있구나' 하는 감탄도 우러나왔다.

작업실 뜨락에 나와 오월의 신록을 바라본다. 온 천지가 어느새 푸르름으로 가득하고 맑은 하늘의 봄볕을 머금어 눈이 부시다. 새소리도 들리고 물소리도 들린다.

가만히 귀기울여 보면 그 빛과 소리 속에서 광덕스님의 모습이 보이고 법어가 함께 들려온다.

태양은 항상 빛나건만

신오 김세용(信悟 金世龍) | 도예가 · 청강문화산업대학 초빙교수

1986년 불광유치원 건립 불사를 위하여 송암스님이 우리 집에 찾아온 것이 인연이 되어 우리나라에 계신 큰스님들과 도자기 합작 작품을 만들게 되었다. 그때까지 우리 부부는 불교를 종교로 갖고 있었으나, 기복으로만 알고 있었다.

그러나 광덕스님의 법문을 통해 우리 마음속에도 신심이 생기기 시작했다. 그래서 우리가 살고 있는 이천에서 서울 불광사로 바라밀 교육도 받으러 다니고, 월간 「불광」을 구독하고 스님의 법문 테이프 등을 사서 열심히 들었다. 특히 법회에 처음 참석했을 때, 2천 명이 넘는 많은 신도가 함께 찬불가를 부르는 모습은 깊은 감동으로 오래도록 내 뇌리에 남아 있다.

"모든 사람들이 본래부터 부처님 생명으로 살고 있다는 자각을 하지 못한 채 자기 생명이 무언지 모르고 지내기 때문에 절망에 빠지게 된다. 그 사람들에게 자신이 바라밀 생명으로 살고 있고, 자신이 살고 있는 국토가 바라밀 국토라는 것을 일깨워 주는 자각운동의 중심 도량이 불광사다."

이후 나는 신오, 아내는 보덕행, 아들은 청봉, 딸은 명인이라는 법명도 스님께 받게 되었다.

1989년으로 기억된다. 우리는 직접 수행을 해서 견성 성불하겠다는 큰 욕심으로 공부하다가 다른 길로 빠져 상기병으로 고생하게 되었다. 그러자 송암스님이 공부를 점검 받으러 보현사로 스님을 친견하러 가자고 했다.

엄청난 꾸지람을 내릴 줄 알았는데, 스님께서는 그 상황에서도 빠져나올 수 있는 것은 대단한 근기라며 오히려 칭찬을 해주셨다. 그러면서 수행이란 따로 있는 것이 아니고 도자기를 굽는 일도 일심으로 순간순간 최선을 다하면 그것이 바로 수행이라고 했다.

지금 우리 가족은 모두가 불교를 공부하고 있다. 나와 아내는 도자기를 굽는 일로 공부를 하며, 아들 역시 도자기를 배우는 일로 공부를 한다. 딸은 불교를 직접 공부하게 되어 석사과정 중에 있다.

스님이 안성에 계실 때 스님께 인사를 올리러 간 적이 있다. 그때도 스님께서는 좋은 말씀을 해주셨다.

"태양은 항상 빛나고 있는데 구름에 가려 안 보일 뿐이다. 태양이 없어진 것이 아니듯이, 우리의 괴로움으로 인해 보이지 않을 뿐, 항상 광명 속에 살고 있음을 잊어서는 안 된다. 구름을 걷어내고 지혜를 바로 볼 수 있어야 한다."

지금도 이 말씀이 귀에 쟁쟁하다.

대학생불교연합회 지도법사

원기 이진두(圓機 李鎭斗) | 불교신문 논설위원

1. 인연담을 쓰게 된 까닭

올 3월 뜻밖에도 송암스님이 필자에게 전화를 했다. 신문사에 연락하니 정년 퇴직했다는 말을 듣고 집으로 연락한다면서 책과 원고 청탁서를 보낸다고 했다. 웬 원고며 무슨 내용으로 써야 하는지를 물으니 광덕 큰스님의 봉은사 주지시절과 대학생 수도원 시절의 이야기, 그리고 성철 대종사와 광덕 큰스님과의 이야기들을 아는 대로 써달라는 것이었다.

전화를 할 때는 흔연히 그러겠다고 했다. 그러나 정작 『광덕스님 시봉일기』를 보고 나서는 생각 없이 원고 청탁을 수락한 것이 잘못이었음을 알았다.

성철 대종사와 광덕 큰스님의 이야기는 천제스님이 이미 쓰셨고, 봉은사 시절의 여러 일들은 홍교스님의 글에 실려 있었기 때문이었다.

이 두 스님의 글에다 무엇을 더하랴는 마음에 이제라도 늦지 않으니 송암스님에게 '내가 쓰려던 글을 안 써도 되지 않겠느냐'고 했다. 그러나 송암스님은 대학생 수도원 원생으로 있었으니 무슨 얘기라도 할 말이 있을 것이라며 그만두려던 내 생각을 바꾸게 했다.

결국 이 글은 수도원 시절의 얘기를 중심 삼고 성철 대종사와 광덕 큰 스님에 관해서는 간략하게 기억나는 대로 엮음으로써 송암스님의 배려에 응하고자 한다.

2. 광덕 큰스님과 대학생 수도원

광덕 큰스님의 연보(年報)를 보면, 1965년 스님이 봉은사 주지로 취임했고 대학생 수도원이 봉은사에 건립된 것으로 기록돼 있다.

스님과 수도원은 어떤 연관이 있을까? 스님의 연보에 적힌 기록들 중 어느 하나 큰 의미를 갖지 않는 것이 없겠지만 1965년의 이 짧은 기록은 여간 큰 의미를 갖는 것이 아니다.

우선 스님이 평생 단 한번 주지직을 가졌다는 사실이다. 스님이 주지직을 갖게 된 것은 당신 생각에 불법(佛法)을 홍포(弘布)할 터전이 필요했기 때문이라 여겨진다. 사실 광덕스님은 봉은사 주지를 계기로 당신 일생의 한 획을 긋는 대작업에 첫발을 내디딘 것으로 보여진다. 봉은사를 맡음으로써 안으로는 출가 수행중인 도반들과 결사하여 정진에 심혈을 기울이고, 밖으로는 불법 홍보에 전력을 기울일 대작불사의 첫걸음을 내디뎠다고 본다. 필자가 이런 생각을 갖게 된 것은 홍교스님이 쓰신 봉은사 시절의 기록들을 읽고서다.

광덕스님이 아니었으면 대학생 수도원 건립이 가능했을까. 스님이 봉은사 주지직을 맡지 않았으면 어찌 봉은사에 대학생 수도원이 설 수 있었을까.

대학생 수도원은 스님의 불법 홍포의 원력과 대불련 구도부원의 원력이 한데 모아져 그 모습을 드러냈다. 광덕스님은 청년불자를 교화하여 불법 홍포의 큰뜻을 펴려 했고 구도부원들은 합숙하며 불법을 연찬할 공간이 절실하던 때였다. 대학생 수도원의 성격과 구성 운영을 살펴보자.

3. 대불련(大佛聯)과 대학생 수도원

1963년에 창립된 한국대학생불교연합회(大佛聯)에는 구도부(求道部)가 있었다. 구도부원은 각 대학 불교학생회 회원 중 불교 수련에 다른 회원보다 열성적인 회원으로 구성되었다.

1965년 여름, 대불련에서는 범어사에서 하계수련대회를 가졌다. 1주일간의 수련이 끝난 후 구도부원은 별도로 선지식 친견 구도행각에 나섰다. 대구 팔공산 동화사에서 효봉 · 향곡 · 서운스님을 친견, 법문을 들었고 해인사에서는 지월 · 자운스님을 비롯해 지관 · 일타 · 법정스님을 뵈었다.

당시 자운스님께서는 구도부의 활동을 들으시고는 "학생들이 이처럼 구도열을 드러내는 것은 전무후무(前無後無)할 것이야."라고 격려해 주셨다. 사실이 그러했다. 자운스님의 예견대로 이후 대불련에서는 이만한 구도열기가 없었다.

선지식 친견 구도행각은 해인사를 떠나 경주를 거쳐 문경(점촌) 운달산 김용사에 이르렀다. 행각 도중 부원들은 앉으면 졸고 서서 졸기도 했다. 피로가 쌓였으나 구도열은 식지 않았다. 난생 처음 탁발 실습(?)도 했다. 보리밥에 콩잎장아찌와 풋고추를 주면서 "학생들이 스님공부 하네." 하던 아주머니의 말씀에 부끄러움을 잊기도 했다.

부원들은 구도행각 도중에 「초발심자경문」을 익히고 「보현행원품」을 독송했다. 웬만한 행자보다 공부를 더 열심히 한 셈이었다.

행각의 마지막 목적지인 김용사는 성철스님이 계신 곳이었다. 그곳에서 일주일을 머물며 스님의 엄하면서도 자상하신 법문을 들었다.

첫날엔 삼천배로 신고식을 하고 둘째 날부터는 하루 3천배(아침·낮·저녁 각 천배씩)를 했다. 일과는 대중스님들과 같이 했다. 육체적으로는 견디기 힘들었으나 마음속엔 법열이 쌓여갔다.

이렇게 여름 수련대회와 구도행각을 끝내고 각자 자기 집으로 뿔뿔이 헤어진 부원들은 그 열화 같은 구도심을 흐트러뜨리지 않기 위해 합숙수행을 간절히 원했다. 모였다 흩어지면 자연히 구도열도 식어지기 마련이기 때문이었다. 이러한 구도부원들의 한결같은 염원이 마침내 그 해 가을 이루어졌다. 광덕스님이 주지로 계신 봉은사 심검당에 '대학생 수도원' 현판이 걸리게 되었고, 구도부원들 대부분이 1기 원생으로 입주하게 된 것이다.

구도부원의 이날이 있기까지는 서경수(徐景洙)·박성배(朴性焙) 두분 지도교수의 혼신을 다한 지도력을 빼놓을 수 없다. 특히 박성배 교수는 가정을 가진 가장으로서의 사생활은 뒷전으로 봉은사 수도원에서 원생들과 함께 합숙했다.

4. 대학생 수도원의 운영

원생들은 낮에는 각자 학교에 가서 강의를 듣고, 강의가 끝나면 수도원에서 짜여진 일과를 지켰다. 「보현행원품」을 소의경전으로 독송하고 좌선·토론 등을 가졌다. 기상과 취침은 대중스님의 일과와 같이 했다.

일요일이면 일반 회원들이 봉은사에 와서 법회를 가졌다. 대불련(大佛聯) 전국 대의원대회와 체육대회도 이곳에서 했다. 봉은사 대학생 수도원은 가히 대불련의 심장부이자 한국청년불교운동의 요람이었다.

1965년 겨울방학 3개월은 김용사에서 집중수련을 했다. 구도부원 중 여자부원은 빼고 남자부원들만 참석했다. 김용사에 도착 즉시 성철스님의 지시대로 모두 머리를 깎고 행자복을 입었다. 기상과 취침시간은 대중스님과 같이 했다. 이때 성철스님은 나중에 『백일법문(百日法門)』으로 알려진 법문을 했다. 강의할 법문 교재는 구도부원 김기중과 김금태가 밤을 새우며 철필로 원지에 써서 등사기로 밀어 대중스님들께 배부했다.

구도부원은 스님의 강의에 대해 질문할 때를 제외하고는 종일 묵언했다. 아침·점심·저녁 3차례 천배씩 3천배를 매일 하고, 사시엔 백팔배를 했다. 용광로에 쇳덩이를 녹이듯 이 석 달간의 수련은 구도부원들을 단련시켰다. 이러한 수련이 거름이 되어 그 뒤 수도원에서는 출가 수행자가 4인이 배출됐다. 성철스님 문하에 박성배 교수(圓照), 김금태(圓空), 이진두(圓機)가, 광덕스님 문하에 한상수(至歡)가 발심 출가한 이들이다.

수도원의 재정은 당시 「대한불교」 신문사 사장이자 대한전척(大韓電拓), 풍전(豊田) 등의 기업체를 운영하던 덕산 이한상(德山 李漢相) 거사의 지원에 의존했다.

대학생 수도원은 이렇듯 광덕 큰스님과 박성배·서경수 두 분 지도교수, 그리고 덕산거사의 외호(外護)로 일구어낸 한국불교 최초의 대학생을 상대로 한 수도원으로 종단의 쾌거이자 대불련의 역사에 큰 발자취를 남기게 됐다.

5. 성철스님과 광덕스님

① 사형님, 많이 변했습니다
"사형님, 그렇게 변하실 수 있습니까?"
"내가 뭐가 변했다는 말이고."

“시봉을 들이지 않기로 소문난 스님께서 대학 교수와 대졸자를 세 사람이나 들이시고 이름자도 모두 원자(圓字)를 주셨으니 말입니다.”

“그래 와, 사람들이 내보고 하도 모나고 별나다 해서 원자(圓字)를 주었지.”

박성배 교수(圓照), 김금태(圓空), 이진두(圓機)가 백련암 노장님의 시봉이 되자(1967년 4월) 절집 안팎에서 말이 많았다고 한다. 이를 두고 광덕스님이 성철스님에게 한 말이다. 이 얘기는 백련 노장님이 필자에게 들려주신 것이다.

②들어오라고 해야 들어가지요

1970년대 초반, 노장님 모시고 서울에 가서 신당동 백련화 보살댁에 머물 때였다. 노장님이 광덕스님을 찾으셨다. 그때 광덕스님은 종로 대각사에 계셨다. 무슨 일인지는 몰랐다. 그러나 노장님은 그때 청담(靑潭)·향곡(香谷)·전강(田岡)·이종익(李鍾益) 거사 등과 회동, 종단의 종조(宗祖) 문제를 논의하신 것으로 짐작하고 있던 터라 광덕스님을 찾으신 것도 이 문제와 무관하진 않으리라 여겨진다.(田岡스님은 不參하고 논의는 결론을 내지 못한 것으로 알고 있다.)

그날따라 실비가 촉촉이 내리고 있었다. 노장님은 혼자 방안에 계셨다. 광덕스님이 대각사를 떠났다는 전갈이 온 지도 오래되었는데 도착은 늦어졌다. 얼마 후 도착한 광덕스님은 비에 젖어 있었다. 차를 타지 않고 종로에서 신당동까지 줄곧 걸어왔다는 것이다.

마른 수건으로 대충 머리를 닦고 나서도 광덕스님은 필자에게 ‘내가 왔다고 전하라’는 말씀이 없었다. 그러니 필자는 엉거주춤 광덕스님 곁에 서 있었다. 그러는데 노장님이 방문을 열고 내다보시고는 “왔으면 들어오지 와 거 있노?” 하셨다. 광덕스님은 상기된 음성으로 “들어오라 해

야 들어가지요." 했다. 노장님은 그러고서 방안으로 들어가시고 그때서
야 광덕스님이 노장님을 뒤따랐다.

③ 광덕이 잘 알아서 할 거야

1970년 10월, 범어사에서 세계불교지도자대회가 열렸다. 능가, 광덕,
홍교(弘敎), 홍교(興敎), 초연스님 등이 그 일의 산파역이었다. 한국 고승
의 법어를 광덕스님이 노장님께 청했다. 노장님의 법어를 영어로 번역,
대회장(大會場)의 법어(본지풍광 503쪽, 총재법어)로 행사 책자에 수록하
겠다는 것이었다.

노장님은 한문으로 법어와 게송을 내리셨다. 한문으로 된 노장님의
법어를 누가 영어로 번역하느냐가 문제였다. 선사(禪師)의 법어는 원문
그대로를 영어로 옮긴다 해서 그 뜻이 전달되는 것이 아니기에 주최 측
에서는 노장님 법어를 알기 쉽게(영어로 번역하기 쉽게) 일러주시기를 요
청해 왔다.

그때 노장님의 말씀이 이러했다

"내가 쓴 그대로 보내. 광덕이 잘 알아서 할 거야."

2001년 6월 29일

부산 남산동에서 원기 합장

◐ 이진두(李鎭斗)는 1944년 부산에서 태어나 부산고와 서울법대를 졸업(1967년)
했다. 대학 재학시절 대불련 창립멤버 법불회(法佛會, 서울법대 불교학생회) 회장
을 지냈다. 봉은사 대학생 수도원 1기생이며 대학 졸업 후 해인사 백련암에서 득
도했다. 성철스님을 은사로 자운스님을 계사로 사미계·비구계를 받았다(1967년).
1973년 12월 말 환속, 군복무를 마친 후 1977년 부산일보사에 입사했다. 교열부장,
문화부장, 편집부장, 생활과학부장을 거쳐 기획위원·논설위원을 역임하고 2001
년 1월 정년 퇴임했다.

광덕스님과의 인연담

덕원 김규칠(德圓 金圭七) | 불교방송 사장

1967년쯤이었다. 봉은사에서 대학생불교연합회(대불련) 구도부원들과 판전(板殿)에서 삼천배(三千拜)를 한 적이 있었다.

당시 봉은사 주지스님이셨으며 대불련 지도법사로 계시던 광덕스님을 그때 뵈었다. 그분을 본 순간, '유난히도 맑고 깨끗하신 인상을 갖고 있는 분이구나'라는 생각에 근접하기 어려운 느낌을 받았다. 역시 나의 느낌은 많이 벗어나지 않았다. 매사에 철저하시고 강직하신 분, 원칙과 정도를 지키시는 분이셨다. 그러나 그분을 겪어가면서 내면에서 우러나오는 향기가 있었고, 사람을 절로 따르게 하는 따뜻함을 느끼게 하는 분이란 걸 알 수 있었다.

불교의 세계에 빠진 대학생들은 젊은 혈기와 열정으로, 당시 봉은사 경내에 있었던 명성암(明星庵)에 모였다. 그곳에서 대학생 수도원이 만들어졌다. 광덕스님은 그 당시에는 엄두도 낼 수 없던 젊은 세대, 특히 지식인 집단이라는 대학생들과 학문하는 사람들 쪽으로 포교의 방향을 돌려 불교의 훗날을 대비하신 분이셨다. 그리하여 부처님의 가르침을 널리 펼치는 불교 포교의 기반을 닦으셨다고 해도 과언이 아닐 것이다.

나는 불교와의 인연이 깊었든지 여러분들의 권고로 대학생 수도원의 운영위원장을 맡게 되었으며, 그때 광덕스님은 우리를 많이 보살펴주시고 자상하게 지도해 주셨다. 지금 생각하면 좀더 가까이 모시고 더 많이 더 깊이 배우고, 더 잘 모실 걸 그랬다 싶은 아쉬운 마음이 든다.

그 뒤 「불광」 잡지를 통해서도 스님 모습을 계속 뵈었다. 그때 우리를 이끌어 주시던 흥교(興敎)스님 등, 광덕스님을 가까이 모시던 분들을 만나면 지금도 자주 광덕스님의 유덕을 기리며 이야기를 나누곤 한다. 스님의 보이지 않는 향기와 가르치심은 항상 우리들 마음을 어루만져 주시고 보살펴 주시리라 믿는다.

나무마하반야바라밀.

불기 2545년 부처님 오신 날을 앞두고

德圓居士 金圭七 合掌

광덕 큰스님에 대한 나의 추억

재원 김덕수(在圓 金德洙) | 대전 청우사 주지

실로 오랜만에 시간을 내어 이웃에 있는 전북대 강건기 교수와 함께 충북 음성 고심사에 있는 권오현 법사를 찾아갔다.

나와 강 교수는 권오현 법사님으로부터 인근 도피안사에 있는 송암스님에 대한 얘기를 듣게 되었고, 그 자리에서 권 법사님의 안내로 도피안사를 처음 참배하게 되었다. 물론 이때 송암스님과도 첫인사를 나누게 되었고, 또 뜻밖에 청보리 김재영 법사님도 뵙고 인사드릴 수 있었다.

나는 그동안 한평생을 교단에서 청소년 불교 포교에 몸바쳐 오신 김재영 법사님을 법사님이 쓴 책자를 통해 존경하고 흠모해 온 터였다. 대중포교 일선에 있는 나로서는 김 법사님을 뜻밖의 장소에서 친견할 수 있었던 것은 분명 큰 행운이라 생각되었다. 청보리 김재영 법사님은 광덕 큰스님과도 각별한 인연이 있는 것 같고, 또 얼마 전 광덕스님의 생애를 쓰셨다 하니 이것 또한 우연이 아니고 큰 인연이 아니겠는가 생각했다.

나는 그날 광덕 큰스님의 제자 송암스님을 처음 만나면서 실로 오랜만에 벅찬 환희심의 시간을 가질 수 있었다. 송암스님의 다정하고 맑은 미소에서 나는 분명 광덕 큰스님을 보았고, 또 요즘도 이렇게 은사스님을 공경하고 순종하는 효 상좌가 있다는 것이 신기하기까지 했다. 이렇듯 입적하신 스승을 공경하고 극진히 받들어 모시고, 또 한눈팔지 않고 정진하는 송암스님을 통해 나는 새삼 한국불교 미래를 향해 큰 희망의 빛이 쏟아지는 느낌이 들었다.

광덕 큰스님은 참으로 복도 많으시지, 그 스승에 그 제자라고 하더니만 어쩌면 저토록 어진 제자를 두셨단 말인가. 나는 나도 모르게 감탄을 하면서 그 자리에서 오래 전 광덕 큰스님과의 인연을 상기하게 되었다. 내 이야기를 들은 송암스님께서는 그 자리에서 내게 자기 은사스님과의 인연담을 써달라고 요청했다. 이야기로는 쉽게 말할 수 있지만 글재주가 없는 나로서는 글로 옮긴다는 것은 큰 부담이었다. 차일피일 미루다 며칠 지나서는 아주 잊고 있었는데, 다시 송암스님의 독촉 편지를 받고서야 이 글을 쓰게 되었다.

내가 광덕 큰스님을 처음 뵙고 알게 된 것은 1971년 10월 어느 날이었다. 그때 나는 한국 최초의 군(軍) 법사로 월남 전선에서 막 귀국하여 부산 군수사령부 법사로 전보된 지 얼마 안 되었을 때였다. 그때만 해도 군에 불교법당은 거의 전무상태였기 때문에 2년 간격으로 부대 보직이 옮겨질 때마다 군법당을 세워야 하는 것이 가장 큰 일이었고, 또한 당시 초창기 법사들의 일차적 소임이요 소명이었다. 나는 이미 임관 3년 만에 2개의 군법당을 창건한 터였다. 내가 1969년에 임관해 첫 부임지인 6군단 사령부(경기도 포천)에 불이사(不二寺)를 창건했고, 월남 나트랑에 불광사(佛光寺, 100군수법당)를 창건했으나 귀국하여 부산 군수사령부에 보직을 맡게 되자 또 군법당을 세워야 했다. 사실 말이 쉬워 군법당이지 열악한 조건(군 포교에 대한 관심과 지원이 부족) 속에 부대 근무를 하면서 돈 없이 절을 짓는다는 것은 여간 힘든 일이 아니었다. 종단적 차원에서나 그 어디에서도 공식으로 지원해 주는 곳 하나 없이 법사가 사찰로 혹은 반연(攀緣) 찾아 호소하여 개별적인 도움을 받아 지어야 하는데 이 과정에서 피눈물나는 사연이 한두 가지가 아니었다.

특히 나는 강원도 산골에서 출가하여 본사(本寺)나 은사스님의 도움도 없는 순전한 내 자력으로 절을 이룩해야 할 처지였던지라 힘들기가 남의 두 배는 되었던 것 같다. 사실 군수기지사령부가 신심 좋은 부산이지만 내 형편에서는 통도사에도 범어사에도 말 붙이기가 힘들었다.

왜냐하면 이미 통도사(장충식)와 범어사(송병욱) 출신 군법사가 있어 그들 지원하기도 바쁘다는 이야기를 들은 뒤였으니 나는 어디에 아는 스님도, 신도도 없는 실정에서 마땅히 의논할 곳조차 없었다.

그러나 궁하면 통한다고 했던가. 나는 어렵게 용기를 내어 부산 범일동 안양사 주지 성공 큰스님께 청을 하여 숙소를 허락 받아 그 절에서 출퇴근 할 수 있게 되었다. 당시 절 사정도 어려웠던 처지에서 법사에게 방을 선뜻 주신 성공스님의 은혜를 지금도 잊지 못하고 있다.

그때 부대에서의 내 사무실은 교회 사무실(군종부) 한쪽 귀퉁이에 책상 하나 간신히 놓고 목사님과 기독교인들 눈치 봐가며 겨우 근무하는 실정이었다. 그러다 보니 어떻게든 군법당은 고사하고라도 대신 임시 천막 사무실이라도 독자적으로 마련하는 것이 급선무였다. 그래야 불교신도 장병들이 법사를 찾아와 상담도 하고 법회도 볼 수 있으니까 말이다.

나는 생각다 못해 당시 범어사 주지스님을 찾아가 호소해 보았으나 거기도 형편이 딱하기만 했다. 절 사정을 다 듣고 나니 오히려 내 주머니를 털어 도와주고 싶은 생각이 일었다. 막막한 심정으로 돌아서 나오는데 어떤 스님 한 분이 뒤따라 나오면서 나를 부르셨다. 뒤돌아보니 스님께서는 무척 인자한 모습으로 나를 위로하면서,

“법사님, 참으로 고생 많이 하시는구나. 그러나 부디 용기를 잃지 말고 열심히 노력하다 보면 불보살님이 옹호하시어 꼭 법당을 세울 수 있을 것이다. 나는 개인적으로 돈이 없는 사람이어서 도움이 되기는 어려운데 이거 얼마 되지 않지만 택시라도 타고 가시게.” 하면서 천 원짜리 지폐 몇 장을 내 손에 쥐어 주셨다.

이것이 광덕 큰스님과의 첫 인연이 되었다. 물론 그땐 그분이 누군지 전혀 몰랐다. 다만 처음이었다. 생면부지의 스님께서 내 심정을 헤아려 주실 뿐만 아니라 따뜻한 격려까지 해주신 그 스님이 광덕 큰스님이었다니, 그 사실은 한참 후에야 알게 되었다.

그 후, 나는 부산 군수사령부에 군법당이 완성될 때까지 범어사를 가지 못했다. 그렇지만 광덕 큰스님께서 격려해 주신 대로 불보살님의 가피와 인도로 마침내 법당을 완성할 수 있었다. 그때 세운 법당이 당시에는 전군을 통틀어 최대의 크기를 자랑하게 되었다. 무척 힘들여 지었지만 웅장하게 완성되었다.

당시 박정희 대통령께서 대웅전 편액과 금련사(金蓮寺)라는 이름까지 지어 친필로 써 주셨으니 나로서는 큰 영광이었음은 말할 나위도 없다. 지금도 금련사에 가게 되면 대통령 친필 편액을 그대로 볼 수 있다. 이로써 부산에 군법당과 군법사가 있다는 것이 널리 알려지게 되었고, 나는 교회에서 더부살이 하다가 그보다 몇 갑절 큰 군법당을 갖게 되었다. 지금도 그때를 생각하면 모두가 불보살님의 위신력과 은혜였다는 생각이 든다.

법당 준공식이 끝난 어느 날, 범어사에서 내게 따뜻한 위로와 격려를 해주시고 택시 타고 가라고 차비까지 손에 쥐어 주신 그 스님이 찾아오셨다. 너무나 반가워 스님께 큰절을 올리고,

“그때 참으로 고마웠습니다.” 하니, 스님께서는 따뜻한 미소를 띠시고

나를 칭찬해 주셨다. 은사스님께도 미처 받아보지 못한 다정함과 따뜻한 인간애였다.

"스님, 저는 불명(佛名)이 재원(在圓)이옵니다. 큰스님 존함이라도 알고 싶습니다."

"나는 광덕(光德)이라고 하지."

이 스님이 바로 광덕 큰스님이셨다. 그날도 내게 돈을 손에 쥐어주시고는 "참으로 장하이, 장해!"라고 거듭 찬탄하셨다.

나는 그때부터 무조건 광덕 큰스님을 존경하고 좋아하게 되었다. 우리 종단 어떤 큰스님도 그 당시 내게는 별로였다. 아마 젊은 나이가 주는 오만함 때문이었을 것이다. 그런 중에서도 광덕 큰스님은 참으로 어린 후배들을 잘 키워주시는 분이란 생각이 나를 사로잡았다.

그 뒤 광덕 큰스님께선 월간 「불광」을 창간하셨는데 나는 월간 「불광」을 열심히 구독하였고, 그뿐만 아니라 광덕 큰스님께서 번역하시고 쓴 책은 모조리 읽었다. 그리고 군법당의 법회 때도 큰스님의 말씀과 글을 많이 인용하게 되었다.

『육군법요집』, 『국군법요집』 등을 만들 때도 나는 큰스님을 찾아뵙고 여러 가지 가르침을 받았다. 지금도 『불광요전』 등 큰스님께서 저술하신 것으로 이곳 대전법회에 활용하고 있다.

내가 25년 동안 군법사로 활동하며 가는 곳마다 법당을 세우고 책을 발간하며 포교할 수 있었던 것은 모두 광덕 큰스님 같은 분들의 격려와 가르침의 덕이 아닌가 생각하며, 군종의 최고 자리인 군종감까지 역임한 뒤, 오늘도 나는 아침마다 「보현행원품」을 독송하며 제불보살님께 감사드린다. 참으로 광덕 큰스님의 크신 은혜 지금도 잊을 길이 없다. 이 글이 오히려 누가 되지 않을까 걱정이 앞설 뿐이다.

소중한 인연

덕문 심흥섭(德門 沈興燮) | 송암사 법사

내 고향 경북 문경에도 절이 있다. 봉암사, 김용사, 대승사, 윤필암 등, 오래된 고찰이 소백산 줄기를 타고 곳곳에 보석처럼 박혀 있다. 그러나 나는 그와 같이 유서 깊은 고향에서 자랐으면서도 절과의 인연이란 겨우 일년에 한두 번 소풍갈 때나 들르곤 했던 것이 고작이었다. 나이가 어린 탓이기도 했지만 별로 관심도 없었고 또 절이 무엇 하는 곳인지도 모르고 자랐다.

나는 그렇게 고향에서 성장하여 남들처럼 군 복무를 마쳤고 그 후 세일즈를 전문으로 하는 직장생활을 했다. 직장생활이란 그저 술먹고 대인관계 잘하여 상품 많이 팔고 그때그때 수금 잘하면 내 임무의 반이 끝나는 것이다. 기껏해야 인생살이가 매일 다람쥐 쳇바퀴 돌듯 뱅뱅 도는 반복된 생활이 마냥 계속되었다.

나는 사실 군에 있을 때 통일교 모임에 매주 토요일마다 빠짐없이 다녔다. 그러나 3년 동안 열심히 다녀도 무엇이 무엇인지 한 구절 한 글자도 머리나 가슴에 남는 것이 없었다. 물론 내가 우둔해서 그랬겠지만 가슴에 오는 것도 없었고 머리에 기억되는 신기한 것도 없었다. 워낙 우둔

하니까 목사님이 말씀하시기를, "바위에 계란 던지기라고 하더니만, 사실 이런 놈을 잘 돌이켜 놓으면 진짜가 되는데……" 하면서도 자기는 도저히 신자 만들 자신이 없다고 나를 아예 포기하였다.

무슨 내 인생의 자랑도 아니지만 직장에 있으면서 나는 술을 너무나 많이 먹었다. 창자에 구멍이 날 정도로 많이 마셨고 또 오랫동안 마셨다. 그러면서도 내심으로는 한결같이 말없는 고뇌의 연속이었다. 이런 방법 말고 진짜 멋진 인생을 살아갈 방법이 없나 하고 찾았던 것이다. 사회생활 하면서 노상 술독에 빠져 살다시피 했으니 몸은 망가지고 마음은 피폐하기 그지없었다. 그러다가도 간혹 등산가서 어느 절에 들렀다가 스님들과 대화를 하면 귀에 쏙쏙 잘 들어오는 것을 느꼈다. 특히 노스님들과의 대화는 무척 재미를 느껴 시간가는 줄도 몰랐다.

그러던 어느 날, 강원도 평창 오대산 상원사로 야유회를 갔다 오는 버스 안에서 어떤 보살님을 만났다. 내 옆자리에 앉은 그 보살님은 스스로 자기 소개를 하는 것이었다. 집안에 대해서나 자신에 대한 소개가 아니라 자신의 종교생활에 대한 소개였다. 이야기인즉슨, 서울 잠실에 가면 불광사가 있는데 자비스럽고 밝으신 분이 설법을 잘하신다는 것이었다. 다름아닌 광덕 큰스님이 절을 새로 지어서 법회를 하는데, 참 재미있고 유용한 말씀을 하시니 꼭 시간 있으면 일요일에 한번 들르라는 것이었다. 서울 도착할 때까지 그 보살님의 이야기는 계속되었고 나는 마냥 잠잠히 듣고만 있었다. 그러나 서울 와서는 곧 잊어버리고 또 연일 술 마시고 돈 받으러 다니고, 그리고 싸우고 집에 가서 죽은 듯이 자고 아침에 일어나는 숨막히는 생활이 반복되었다.

그런데 어느 날 아침, 문득 버스 안에서 만났던 보살님 말씀이 생각났다. 얼른 달력을 보니 바로 모레가 일요일이었다. 가보고 싶었다. 가면 뭔가 새로운 일이 생길 것 같았고, 또한 딱히 가야 할 곳으로 느껴졌다.

내 생에 많은 변화를 가져다 주신, 부모보다 더 소중한 진리의 스승, 광덕 큰스님을 처음 뵙는 날이었다. 이미 들었던 대로 지하 법당에는 발 들여놓을 틈도 없이 사람으로 꽉 찼다. 멀리서 설법하는 큰스님을 뵈오니 환하신 모습이 흔히 세간에서 보는 얼굴하고는 달랐다. 그러나 큰스님의 설법은 무슨 말씀인지 무슨 내용인지 전혀 분간이 되지 않았다. 나는 비록 못 알아듣는 내용이었지만 설법하시는 큰스님의 표정은 마치 꽃이 피는 것처럼 신비하고 해가 중천에서 내려 쪼이는 것처럼 열렬함을 느꼈다.

법회가 끝난 뒤, 안내자에게 내가 사는 곳이 마포라고 했더니 마포에서 다니는 불자들을 소개시켜 주었고 나는 스스럼없이 그 대열에 끼었다. 사람 만나는 것에 대해서는 이미 이골이 나다시피 했으니 오히려 적극적으로 참가했다. 특히 마포구 구법회(區法會)의 임원들이 모여서 벌이는 곡차(穀茶) 파티나 커피 모임에서 듣게 되는 불교에 대한 이야기나 각자 집에서 기도한 이야기가 무척 유익했다. 그렇게 법우들 따라다니고 법회 참석하여 설법 듣는 가운데 서서히 발심하여 불광사에서 하는 바라밀 교육이나 명교사 후보생 교육을 받기까지 하였다.

그런데 직장에서는 불교공부 할 시간이 없었다. 그래서 나는 기도하면서 발원했다. 바쁘지 않은 보직을 달라고 기도했다. 그랬더니 그 일이 마침 기다리고 있었다는 듯이 금방 이루어졌다. 나는 아침 일찍 출근하여 부지런히 일하여 하루 할 일을 반나절에 끝내고는 단숨에 불광사로 달려갔다. 오후 1시부터 시작되는 불광사 '바라밀 교육'을 받기 위해서였다. 그리고 내친 김에 명교사 후보생 교육도 그렇게 받았다.

이렇게 불교의 진리에 빠져들기 시작하자 내 마음이 바뀌어 갔다. 성질이 급하고 사나워서 직장 상사와 다투기 일쑤고 걸핏하면 큰소리 고래고래 지르며 책상을 둘러엎는 행짜가 사라지기 시작했다. 놀라운 변화였다. 나도 모르는 사이에 내가 달라져 가고 있었던 것이다. 매사를 긍정적으로 생각하게 되었고 남의 잘못도 관대하게 용서하는 마음이 생기기 시작했다. 그 당시 '획' 하니 바뀌게 된 내 마음을 나도 잘 모른다. 무엇이 원인이었는지 그 까닭을 잘 몰랐다.

나는 부지부식간에 그런 중대 변화를 맞으면서 점점 불교의 진리에 빨려들어 갔다. 나는 그 초발심 시절에 『천수경』이 들어 있는 책 한 권 구하는데 무려 3개월이나 걸렸다. 그 책을 구한 뒤 나는 너무나 기뻤다. 하도 기뻐서 삼귀의, 예불, 반야심경, 천수경, 법성게, 이산혜연선사 발원문, 화엄경 약찬게, 금강경, 아미타경, 보문품, 고왕경 등을 매일 새벽 3시부터 6시까지 3시간 동안 10년 간 무조건 읽었다. 뜻도 모르고 읽었지만 환희심에 빠져서 읽었던 것이다. 내부에서 우러나오는 힘이 없었다면 10년이란 긴 세월을 읽지는 못했을 것이다.

그런데 그 후 조계사 대웅전에서 참배하는데 옆에 있는 법우들이 읽고 있는 경전을 보고 들으니 내가 날마다 읽고 있는 경전들이었다. 나는 여전히 기뻤다. 또 한번의 기쁨을 맛보았던 것이다. 나는 그들보다 훨씬 빠르게 읽을 수 있었고 남에게 말하기는 어려웠지만 책의 뜻도 어느 정도 이해하고 있었다. 그런 정진과 기도의 힘이 나를 더 불교에 깊이 젖어들게 하였다. 나는 그 즈음해서 자발적으로 봉사에 나섰다. 이렇게 좋은 불교를 사람들이 왜 모를까, 또 왜 알려고 하지 않을까? 하는 아쉬움을 가지고. 내가 지나온 과거는 잊어버린 채 오히려 남을 이상하다고 생각하면서 불법을 전하는 봉사의 길에 들어섰다.

가장 극적인 수행은 역시 불광사의 연화법사로 10년 동안 봉사한 일이었다. 나는 연화활동(사람이 죽었을 때 염불하여 천도함)을 왕성하게 했다. 자세한 내용도 모르면서 책을 보면서 책에 있는 대로 처음부터 끝까지 무조건 읽어 나갔다. 돌이켜보면 나의 불법 수행은 앞뒤 재거나 따져서 하는 것이라고 하기보다는 무작정 덤벼들어서 될 때까지 해 나가는 막무가내식 수행이었다고 해야 할 것이다.

그런데 나에게 또 변화가 왔다. 서서히 의심이 생기기 시작했다.

첫번째는 사람이 죽고 사는 생사(生死)가 왜 연속으로 일어나는 것일까? 인간이 어디서 왔는지도 모른다. 또 거기에 대해서 생각하지도 않고, 그냥 눈에 보이는 것과 들리는 것에 사로잡혀 각자 잘났다고 우쭐거리며 천방지축 살아가고 있다. 그리고 어디로 가는지도 모르고 인간은 때가 되면 그렇게 허망하게 죽어간다.

두번째는 내가 처음 불교를 만났을 때, 남해 보리암은 관세음보살, 철원 심원사는 지장보살, 청도 운문사는 나반존자, 우리 불광사에서는 마하반야바라밀이라고 염불했다. 도대체 무엇이 더 중요한지, 그리고 무엇을 더 우선으로 해야 하는지, 또 어느 염불이 제대로 된 것인지, 어느 길로 나아가야 할지가 정리되지 않았다. 염불수행에 혼란이 왔던 것이다.

그러기를 몇 개월, 고민 끝에 나는 화가 났다. 하루는 잠을 자기 전에 이 문제가 확실히 정리되지 않으면 앞으로 절에 안 가기로 독한 마음을 먹었다.

그런데 그날 밤 꿈에 아귀가 나타나 단숨에 나를 집어삼키고 있었다. 워낙 급하고 창졸간에 일어난 일이라 우선 살아남기 위해서 전심전력을 기울여 죽어가면서도 '마하반야바라밀'을 크게 세 번 외쳤다. 그리고 내가 죽었는지 살았는지 확인하기 위해서 살며시 눈을 떠보니 그 무서운 아귀가 마치 안개처럼 사라지고 있지 않는가? 나는 그 이후부터 마하반야바라밀에 대해서 의심을 하지 않게 되었고, 또 내 일생동안 오직 '마하반야바라밀'만을 염송할 것을 굳게 다짐했다. 이로써 한꺼번에 두 가지의 의심이 구름 벗겨지듯 사라졌다. 전생부터 비롯된 수행이 아니었나 하는 생각마저 들었다. 나의 반야바라밀에 대한 신앙을 부족하지만 여기에 소개하기로 한다.

마하반야바라밀. 괴로움의 중생세계에서 밝고 맑으며 언제나 즐거운 깨달음의 세계로 건너갔다는 뜻이다. 여기에는 남에게 베풀어주는 행위에 의해 깨달음에 이른 보시바라밀, 그릇된 행위를 방지함으로써 깨달음에 이른 지계바라밀, 큰사랑으로 감싸주고 포용함으로써 깨달음에 이른 인욕바라밀, 훌륭한 일을 끝까지 관철시키려는 끝없는 노력에 의해 깨달음에 이른 정진바라밀, 언제나 흔들림 없이 평온하고 맑은 마음을 유지함으로써 깨달음에 이른 선정바라밀, 태양같이 밝은 지혜로 깨달음에 이른 반야바라밀.

이 여섯 가지 바라밀의 핵심이자 총결(總結)인 반야바라밀은 모든 부처님의 어머니다. 무슨 염불을 해야 할지 몰라 절에 가지 않겠다는 불경스러운 마음을 내기까지 했던 나의 철부지 소행이 우습기도 하지만 사실 관세음보살, 지장보살 등 일체 불보살님들은 모두 반야바라밀에 의해서 출생했던 것이다.

그러므로 반야바라밀은 모든 부처님의 어머니라고 말하는 것이다. 반야바라밀은 모든 부처, 모든 보살을 낳아서 키우는 어머니여서 중생이 반야바라밀을 수지해서 보살행에 노력하면 머지 않아 중생들은 보살이 되고 나아가서는 부처님으로 다시 태어나게 되는 것이다.

부처님은 반야바라밀을 수행해서 일체를 아는 지혜를 얻었다. 부처님은 훌륭한 신체(삼십이상 팔십종호)를 얻었기 때문에 부처님이라고 불리워지는 것이 아니라 일체를 아는 지혜를 얻었기 때문에 부처님이라고 불리워지는 것이다.

반야바라밀(진리)은 곧 부처님이다. 반야바라밀은 부처님과 다르지 않고 부처님은 반야바라밀과 다르지 않다. 과거·현재·미래의 모든 부처님은 반야바라밀을 배워서 아뇩다라삼먁삼보리를 얻었고, 보살마하살 또한 반야바라밀로 아뇩다라삼먁삼보리를 얻은 것이다. 모든 존재의 진실한 이치를 아는 것이 부처님이고, 모든 존재의 진실한 모습을 얻는 것을 부처님이라 하고, 일체 법을 아는 것을 부처님이라고 한다. 그럼 반야바라밀의 이익을 살펴보자.

■ 현세의 이익

가. 육체적 이익 : 어떤 사람이 반야바라밀을 계속 염송할 경우

① 천신들이 보호하여 모든 재난, 질병, 기아를 만나지 않는다.

② 전쟁에 휩쓸려도 결코 목숨을 잃는 일도 없고 다치지도 않는다.

③ 독약 냄새를 맡게 되어도 다치거나 죽지 않는다.

④ 사악한 술수에 걸려도 다치지 않는다.

⑤ 활활 타는 불구덩이에 밀어넣어도 다치거나 죽지 않는다.

⑥ 깊은 물속에 떨어뜨려도 다치거나 죽지 않는다.

⑦ 칼로 죽이려고 해도 죽지 않고 다치지도 않는다.

⑧ 횡사를 당하지 않는다.

나. 무형적 이익 : 어떤 사람이 반야바라밀을 계속 염송할 경우

① 무서운 장소에 혼자 있어도 두려움이 생기지 않는다.

② 나쁜 마음을 품고 찾아온 사람도 그 나쁜 마음이 소멸되어 버린다.

③ 모든 부처님이 두호하신다.

④ 온갖 나쁜 무리들이 해칠 기회를 얻지 못한다.

⑤ 관공서에 관계된 일[官災]이 벌어졌을 때도 상대가 부드럽게 대해준다.

⑥ 천신들이 부처님이나 보살님처럼 본다.

⑦ 사물에 놀라지 않는 기력을 준다.

⑧ 모든 사람에게 사랑 받고 존경받는다.

⑨ 신체적인 피로나 정신적 피곤도 생기지 않고 악몽도 꾸지 않는다.

■ 내세(來世)의 이익

① 삼악도인 지옥·아귀·축생에 떨어지지 않는다.

② 작은 깨달음의 경지에 떨어지지 않는다.

③ 사람으로 태어날 때는 준수하고 완전한 신체로 태어난다.

④ 세세생생에 빈궁하고 하천한 집안에 태어나지 않는다.

⑤ 수행에서 물러나지 않는 불퇴전의 보살 경지에 머물게 된다.

⑥ 마침내 부처님과 같은 깨달음에 이른다.

이 소중한 마하반야바라밀을 나는 불광법회 광덕 큰스님으로부터 듣게 되었다. 그러므로 큰스님은 나에게 부처님이시다. 진리의 영원한 스승이시고 세세생생 모시고 보살도를 원만할 인도자이시다. 그러므로 나는 마하반야바라밀의 삶을 살 것이며 또한 광덕 큰스님의 길을 가야 한다. 결코 나는 길을 바꾸지 않을 것이고 바꿀 수도 없다. 이 법(法) 말고 과연 무엇이 나를 만족시킬 수 있단 말인가? 나는 큰스님의 출현은 세계 인류의 축복이고 행운이라고 생각한다. 그리고 우리나라로 오셨다는 것은 바로 대한민국이 불연국토(佛緣國土)임을 의미하는 것이다.

송암스님께서 나에게 원고를 써보라는 권유로 이렇게 쓰게 되었지만 사실 마음에 있는 것을 어찌 말이나 글로 다 표현할 수 있겠는가. 빙산의 일각처럼 드러내지 못하는 부분이 더 많다.

나무보현보살마하살, 마하반야바라밀.

가슴에 남는 또 한 분의 스승

지오 홍사성(知吾 洪思誠) | 불교방송 방송본부장

"이 녀석이 내가 지난번에 말했던 그 녀석입니다.…… 어서 인사 올려라. 광덕 사숙님이시다."

1971년 여름 어느 날, 서울 종로 봉익동 대각사 큰방에서였다. 나의 은사 성준스님이 쥘부채를 활활 흔들며 처음 뵙는 스님에게 인사를 시켰다.

"자네가 지오수좌인가? 스님이 자랑을 많이 하던데 공부는 잘하는가?"

"……."

"공부 열심히 하시게. 그래서 큰 동량이 되시게. 내가 지켜볼 거야. 알았지?"

나는 거의 기어들어 가는 목소리로 "네" 하는 대답만 간신히 했다.

광덕 사숙님. 사숙님과 나의 첫 대면은 이렇게 이루어졌다. 그날 처음 뵌 사숙님의 인상은 선사(先師 : 성준스님으로 설악산 신흥사를 중창하고 정화불사에 앞장섬. 이하 나의 은사스님에 대한 호칭)와는 전혀 다른 느낌을 주는 분이었다. 선사께서는 성격이 직선적이고 무서운 편인데 반해 사숙님은 얼핏 문약해 보이는 듯하면서도 무척 자애로운 보살의 모습이었다. 얼굴은 잘 생긴 달덩이처럼 환하고 사람을 대할 때는 언제나 입가에 연꽃 같은 미소가 피었다.

광덕 사숙님은 절집의 한 문중(龍城祖師)으로 굳이 세속적인 항렬과 촌수로 말하면 나에게 오촌당숙이 되는 분이다. 광덕 사숙님은 용성 문하의 10현(十賢 : 동산·동헌·고암·자운·인곡·회암·고봉·동암·운암·소천)의 으뜸으로 꼽히는 동산 노스님의 고족이시고, 선사는 역시 십현 중에 조계종 종정(宗正)을 지내신 고암 노스님의 제자이시다. 말하자면 사숙님과 선사와는 4촌 형제 사이인 셈이다. 그러므로 여기서는 문중의 어른이라는 뜻을 더 살려 '사숙님'이라고 호칭하겠다. 어쨌거나 이런 법 인연 때문인지 사숙님과 선사께서는 무척 가깝게 지내셨다. 종단의 대소사는 물론이고 문중의 일도 자주 머리를 맞대고 상의했다. 정화 이후 통합종단이 출범했으나 여러 가지 사정으로 종단이 어지러울 때 두 어른은 만나기만 하면 밤새워 토론하기가 예사였다. 두 분의 그런 모습을 자주 보아왔기 때문일까, 나는 지금도 사숙님 하면 왠지 아득한 그리움 같은 것이 목젖을 타고 올라오는 것이 느껴진다.

1970년대 초 대각사는 용성문중의 도제(徒弟)들이 서울 나들이를 할 때면 으레 의식주를 해결하기 위해 주로 찾는 절이었다. 당시 주지는 지금 서울 목동 법안정사의 회주이신 효경 사숙님이었다. 효경스님은 천성이 매우 착하신 분으로 시도 때도 없이 찾아오는 객스님들의 수발을 다 들었다. 당시만 해도 절집의 시퍼런 법도는 밖에서 라면이나 자장면 한 그릇 먹는 것도 문제가 되던 시절이었으므로 스님들의 여관 잠은 더더욱 허용되지 않았다. 여행을 하려면 묵을 절부터 먼저 정해놓고 길을 떠나야 했다. 그때 선사께서는 당시 설악산 신흥사 주지로 계셨는데 서울에 오시면 언제나 종로 대각사에서 묵으셨다. 그래서 나는 스님을 뵈올 일이 있으면 대각사로 가곤 했다.

어느 날도 나는 선사를 뵐 일이 있어 대각사로 갔다. 약속시간보다 약간 일찍 도착한 나는 큰방에서 선사를 기다리고 있었는데 갑자기 사숙님이 문을 열고 들어오셨다. 엉겁결에 벌떡 일어나 인사를 올리자 사숙님은 나를 당신 방으로 데리고 가셨다. 사숙님의 방은 여러 가지 책으로 빼곡했다.

"자네가 책을 많이 읽는다지?"

멋쩍게 웃는 나에게 사숙님은 책을 한 권 내놓으셨다. 『보현행원품』이었다.

"이걸 읽게. 내가 번역한 건데 불교를 공부하는 사람은 모름지기 이렇게 살아야 하느니."

그러나 나는 스님이 번역한 『보현행원품』을 끝내 다 읽지 못하고 말았다. 돌아오는 길에 누구를 만나 이야기를 하다가 그만 책을 잃어버렸기 때문이다. 얼마 뒤 스님은 나를 만나자 『보현행원품』을 읽었느냐고 물었다. 나는 책을 잃어버렸다고 솔직하게 고백하지 못하고 그냥 '아직 다 못 읽었다'고 얼버무리고 말았다. 그러자 사숙님은 이렇게 다짐을 두었다.

"보현보살이 세운 열 가지 행원 가운데 한 가지만이라도 본받아 실천하면 어디 가서 살든지 나쁜 사람 소리는 듣지 않을 걸세. 시간을 내서 꼭 읽어보도록 하게."

그 뒤 내가 사숙님을 다시 뵌 것은 선사께서 갑자기 입적한 1977년 가을 설악산 신흥사에서였다. 선사께서는 불사 때문에 서울을 가시다가 교통사고로 입적하셨는데 소식을 듣고 사숙님이 가장 먼저 찾아오신 것이었다. 나는 사숙님이 오셨다는 말을 전해듣고 찾아가 인사를 올렸더니 물끄러미 쳐다보시다가 이렇게 말씀했다.

"자네 스님이 자네를 얼마나 아끼고 사랑했는지 아는가? 돌아가시기 얼마 전에 자네 스님을 만나니 자네 걱정이 대단했었네. 한번 찾아오지도 않는다고 섭섭해 하시던 것을 자네는 모를 걸세. 그 어른이 겉으로는 엄해 보여도 속은 아주 따뜻한 분이었네. 그런 분을 제자들이 잘 모셨어야 하는데……."

나는 할 말이 없었다. 그도 그럴 것이 그 무렵 나는 대학을 다니느라고 머리를 기르고 양복을 입고 있었다. 아마도 선사께서는 그 꼴이 마음에 들지 않으셨던 모양이다. 사숙님은 그때 선사께서 털어놓았던 아쉬움과 섭섭함을 자세하게 전해주셨다. 나는 아무 말도 하지 못하고 고개만 떨구고 있었다. 그러자 사숙님은 이렇게 말씀했다.

"이제 자네 스님은 돌아가셨네. 자네 스님이 베푼 그 큰 자비는 쉽게 갚아지는 것이 아닐세. 부디 자네에게 걸었던 은사스님의 기대를 저버리지 말게. 어떤 것이 스님이 자네에게 바랐던 것인지는 나보다 자네가 더 잘 알 것이니 이제부터 정말 잘 해야 하네."

사숙님의 조용한 타이름이 계속되는 동안 내 등줄기에서는 식은땀이 흘러내리고 있었다.

그 뒤 나는 환속해서 회사생활을 하다가 다시 불교계로 돌아왔다. 불교신문사 기자로 일하게 된 것이었다. 나는 몇 번이고 사숙님을 찾아뵙고 인사를 올리고 싶었으나 선뜻 그러지 못했다. 평소 여러모로 특별한 관심을 가져주셨는데 중노릇〔出家修行〕을 제대로 못해낸 것이 못내 죄송스러웠기 때문이다. 인사가 차일피일 늦어지자 나중에는 아예 찾아뵙기조차 겁이 났다.

그러다가 사숙님과 마주친 것은 뜻밖의 장소에서였다. 어느 해 부처님 오신 날 봉축법요식이 열린 여의도광장에서 사숙님을 만난 것이다.

그때 스님은 불광사 식구들과 함께 여의도에 마련된 특설 법회장 단하에 앉아 계셨다. 종단 내의 위치로 보나 무엇으로 보나 사숙님은 단하에 앉아 있을 분이 아니었다. 단상 높은 곳에 여러 큰스님들과 같이 계셨어야 했다. 그러나 사숙님은 굳이 단상을 사양하셨다. 당신은 불광사 신도들을 인솔하고 나왔으니 당연히 신도들과 함께 단하에 앉아 있어야 한다는 것이었다.

좀 뭣한 말이지만 여의도법회는 우왕좌왕 하는 불자들 때문에 언제나 무질서의 표본 같은 행사가 되고 있었다. 그러나 불광사의 경우는 달랐다. 사숙님이 그렇게 좌정을 하고 계시니 신도들은 누구 하나 자리를 이석하는 사람이 없었다. 행사는 저녁 5시경에 시작돼 6시가 되어서야 행진이 시작되었는데 사숙님은 한번 좌정을 한 뒤 뜨거운 뙤약볕 아래서도 끝까지 앉아 계셨다. 멀리서 그 모습을 지켜보던 나는 인사를 드려야겠다는 생각으로 겸연쩍게 사숙님 곁으로 갔다.

"사숙님, 저 설악산의 지오입니다."

"아니, 자네가 여기에 웬일인가?"

"실은 「불교신문」에서 일하고 있습니다."

나는 명함을 꺼내 사숙님께 공손히 드렸다.

"아, 자네가 홍사성이야? 자네가 쓴 기사 여러 번 보았네, 참 반갑네."

사숙님은 내가 그동안 어디서 무엇을 했는지에 대해서는 별로 물어보지 않았다. 그저 부처님 일이나 잘 하라고 격려했다. 나는 속으로 좀더 일찍 찾아뵙지 못한 것을 몇 번이고 후회했다.

사숙님은 여의도 행사가 끝나자 불광사 식구들을 이끌고 조계사까지 벌이는 행진의 맨 앞에 섰다. 나는 취재를 위해 앞뒤로 다니며 행진의 대오를 살펴보았다. 불광사만큼 질서정연하고 아름다운 모습을 보여준 단체는 없었다. 이유는 간단했다. 사숙님이 직접 모범을 보여주었기 때문이었다.

　불광회가 10주년을 맞이하던 1984년 가을. 나는 사숙님을 찾아뵙겠다고 전화를 드리고 잠실 불광사로 갔다. 인터뷰를 하고 싶다고 하자 그런 것은 하지 않아도 되니 그냥 와서 차나 한잔 하고 가라고 해서 찾아간 길이었다. 나는 그날 동료기자 C와 함께 사숙님을 찾아뵈었다. 사숙님을 뵌 우리는 버릇대로 취재수첩과 볼펜을 꺼내들었다.

　"이 사람아, 인터뷰는 사양한다고 하지 않았는가. 그만두고 편안하게 차나 한잔 들게. 오랜만에 만났으니."

　사숙님은 끝내 인터뷰는 사양했다. 그러나 사숙님은 천성이 자비로운 분이었다. 머쓱해 하는 우리가 안돼 보였던지 그 이유를 이렇게 설명해 주었다.

　"나도 옛날에는 신문에 나는 일 많이 해보았네. 그러나 다 쓸데없는 일이야. 신문에 얼굴이 난다고 특별하게 훌륭해질 것도 없고, 안 난다고 초라해지는 것도 아닐세. 모든 사람이 자기 본분에만 충실하면 되는 것이지."

　"기왕 찾아뵈었으니 이것 한 가지만은 꼭 여쭙고 싶습니다. 수행자로서 여러 가지 할 일도 많았을 텐데, 다른 것은 다 접어두시고 불광법회에만 전념한 이유는 무엇이었습니까?"

　사숙님은 미소 띤 모습으로 '그건 기자로서 질문하는 것이 아니지?' 하면서 이런 요지의 답변을 해주셨다.

　"자네도 알다시피 정화 이후에 종단이 얼마나 어지러웠는가. 한때 나는 종단의 제도를 정리하고 바로 세워야 불교가 잘될 것으로 생각했네. 자네 스님하고 총무원에 같이 있으면서 그런 문제에 대해 참 많이 토론하고 무슨 모임도 만들어서 불교중흥을 주장하곤 했지. 그런데 그렇게 하려고 하니 자꾸 시비만 생기고 되는 것이 하나도 없어. 도리어 불교의 위상만 추락시키더라구. 왜 그럴까를 또 생각하다가 부처님은 어떻게 하셨는가를 돌아보았지. 그분은 무슨 복잡한 제도로 사람을 가르치려고 하지 않으셨어. 오직 설법하고 몸으로 실천하면서 모범을 보이셨지. 인도에서 불교가 그렇게 빨리 넓은 지역에 전파된 것은 바로 부처님의 부처님다운 면모 때문이었지. 나는 이걸 깨달은 거야. 그래서 비록 부족하기는 하나 나 하나만이라도 바른 종교운동을 해보자, 이런 생각으로 불광법회를 조직하고 바라밀 신행운동을 펼친 거지. 불광법회가 한국불교에서 하나의 작은 성공의 사례로 꼽힌다면 그때의 내 판단이 아주 터무니없는 것은 아니었던 셈이 되겠지."

사숙님은 자리를 일어나는 우리를 향해 이런 당부를 덧붙였다.

"「불교신문」에 종단 정치를 다루는 기사가 너무 많아. 그런 것은 작게 다루고 불자들 의식을 개발하는 기사를 많이 썼으면 좋겠네."

1999년 2월 어느 날, 누군가로부터 전화가 왔다. 사숙님이 입적하셨다는 것이다. 나는 눈앞이 갑자기 하얗게 변하는 것 같았다. 사숙님의 건강이 좋지 않다는 소식은 몇 년째 바람결에 자주 듣고 있었다. 그때마다 한번 찾아뵙고 문안을 여쭈어야지 하면서도 이런 저런 핑계로 정초에 연하장이나 보내는 것이 고작이었던 것이 여간 죄송스럽지 않았다. 사숙님의 입적 소식은 나로서는 또 한 분의 스승을 잃은 것과 같은 크나큰 슬픔이었다. 나는 만가지 일을 제치고 영결식이 열리는 부산 범어사로 향했다. 범어사로 가는 금정산 길은 평소 나와 비슷한 추억을 간직하고 있는 수많은 사람들로 인산인해를 이루고 있었다.

모두가 저마다의 인연을 떠올리며 모여든 범어사 앞마당. 영결식장에서는 사숙님의 육성이 흘러나오고, 문도와 불자들은 굳이 슬픔을 감추려

하지 않았다. 여기저기서는 조용한 오열이 넘치고 있었다. 무엇이 저렇게 많은 사람들의 가슴에 눈물을 고이게 하는 걸까. 그때 문득 떠오른 것은 『장아함경』「유행경」에 나오는 부처님의 마지막 모습이었다.

부처님이 노쇠해질 대로 노쇠한 몸을 이끌고 쿠시나가라에 이르렀을 때의 일이다. 부처님은 이제 기력이 쇠잔해서 더 이상 가망이 없었다. 아난다를 비롯한 모든 제자들은 이제 더는 부처님의 자애로운 모습을 볼 수 없을 것을 예감하고 무거운 침묵에 휩싸여 있었다. 그때 나이가 120살이나 되는 노인이 부처님을 찾아와 한번 뵙기를 청했다. 아난다는 부처님이 위중한 상태이므로 친견이 어렵다고 말했다. 그러자 부처님은 아난다를 나무랐다.

"아난다야, 그 노인을 막지 말라. 내게 와서 의심나는 것을 묻게 하라."

그리하여 그 노인은 부처님의 설법을 듣고 깨우침을 얻은 마지막 제자가 되었다.

사숙님의 모습이 그러했다. 건강이 좋지 못했던 사숙님은 말할 수 있는 기력이 있는 한 누가 찾아오면 자비스러운 웃음으로 맞았다. 그리고 적절한 설법으로 깨우쳐 주셨다. 저렇게 오열을 참지 못하는 사람들도 모두 그런 인연을 가진 사람들이었다. 물론 나도 그 중의 하나였다. 어찌 가슴에 슬픔의 눈물이 고이지 않을 수 있겠는가.

영결식이 끝나고 사숙님의 영정을 앞세운 운구 행렬이 일주문을 빠져나가고 있었다. 나는 합장을 하고 마음속으로 나지막하게 말했다.

"사숙님, 잊지 않고 있습니다. 보현보살의 10가지 행원 가운데 한 가지만이라도 실천하라던 사숙님의 간곡하신 말씀을. 어렵기는 하지만 꼭 그렇게 살도록 노력하고 정진하겠습니다. 부디 무생법인(無生法忍)을 이루소서." 나무마하반야바라밀.

저러니까 큰일 하지

목아 박찬수(木芽 朴贊守) | 목아박물관 관장

수년 전, 이른 봄날 2층 차실에 앉아서 이일 저일 궁리에 몰두하고 있던 나는 무심코 마당 건너 쪽을 바라보았다. 순간 내 눈을 의심할 정도로 깜짝 놀랄 일이 나타났다. 소문을 들어서 알고 있던 불광의 광덕 큰스님께서 박물관 마당을 들어서고 있었다. 재가불자들이 양쪽에서 스님을 부축하여 한 걸음 한 걸음 힘겹게 걸음을 옮겨서 안쪽으로 향하고 있었다. 나는 벌떡 일어나 쏜살같이 달려갔다.

어떻게 아무런 연락도 없이 큰스님께서 이렇게 훌쩍 오셨을까. 전화라도 하셨더라면 내가 미리 나와 있다가 스님을 맞이했을 텐데 하는 생각을 하면서 큰스님 앞에 이르렀다. 큰스님 앞에 마주 서서 먼저 큰스님의 존안을 우러러봤다. 웃고 계셨다. 웃으면서 나를 바라보고 계셨다.

순간 나는 코끝이 찡하고 목이 막히는 감정의 소용돌이에 빠졌다. 저 웃음은 불보살의 웃음이 아닐까. 걸음 걷기도 힘들어하는 고통 속에서 어떻게 저런 웃음이 나올 수 있을까. 이 분은 광덕스님이 아니라 이 시대의 미륵보살이 아닐까. 불가사의다. 불가사의가 아니면 도저히 이루어질 수 없는 일이 내 앞에서 벌어지고 있다. 잠깐 스님 앞에 서 있는 동안 나는 연속적으로 이런 생각을 했으며, 또 그 순간 박물관이 그렇게 훤출하게 느껴질 수가 없었다. 바로 정토가 된 듯했다.

나는 다시 옷매무새를 가다듬고 스님께 절을 올렸다.

"큰스님, 법체 편안치 못하다는 소식을 듣고 있었습니다. 어떻게 이렇게 오셨습니까? 뜻밖이지만 너무나 기쁘고 광영스럽습니다. 어서 오르시지요."

그때까지 가만히 나를 지켜보고 서 계시던 큰스님께서는 예의 그 맑은 웃음과 인자한 목소리로 대꾸해 주셨다.

"박 선생 얘기 많이 들었지. 오래 전부터 와 보고 싶었어요. 정말 대단한 일이 벌어졌군요."

나는 큰스님 곁에 바짝 붙어서 스님 팔을 잡아드렸다. 그런데 겉에 입은 옷만 손에 잡혔다. 다시 손가락을 놀려 스님 팔을 찾아보니 이번에는 뼈만 내 손에 들어왔다. 육신의 살이라고는 조금도 남아 있지 않은 앙상한 뼈만 내 손안에 들어왔다.

과연 이 몸으로 어떻게 생활하시고, 또 여기까지 이렇게 오셨을까. 그 동안 큰스님에 대한 건강 상태를 전해 듣긴 했어도 이렇게까지 야위셨을 줄은 미처 생각을 못했다. 얼른 뛰어가서 1층에 의자를 준비했다. 전시실로 들어가는 중앙에 나무의자를 준비해 놓고 큰스님께서 잠시라도 앉을 수 있도록 했다. 큰스님께서는 의자에 앉아서 잠시 허리를 쉰 뒤 차례차례 유물과 작품을 살피셨다.

사실 아무리 좋은 구경이나 취미생활도 건강한 후에라야 눈에 들어오기도 하고 즐겁거나 호감을 느끼는 것이지, 건강이 불편하고는 오히려 귀찮거나 짜증스러운 것이 우리네 심사다. 그렇기에 금강산도 식후경이라는 말이 있지 않은가. 그런데도 큰스님께서는 허리를 숙였다 폈다 하시면서 찬찬히 알뜰하게 빠짐없이 살피셨다. 간혹 곁에 서 있는 나에게 질문도 하시고 내 설명에 호응도 보내 주시기도 하고, 또 어떤 것은 눈을 크게 뜨고 깜짝 놀라워하기도 하며 어린아이처럼 마냥 좋아서 입가에 웃음이 떠날 사이가 없었다. 흥미진진한 모습이 큰스님의 동안을 잠시도 떠나지 않았다.

그러한 큰스님의 진지한 모습을 곁에서 바라보며 서 있는 나는 뭐라고 말로 다 표현할 수 없는 만족감을 느꼈다. 어디에서 나타났는지 내 양어깨에 뿌듯함과 자신감이 척 걸터앉아 있었다. 나를 진정으로 알아주는 큰스님이 지음(知音)이라는 생각이 들기도 했다. 남이 살펴보는 시간보다 네다섯 배나 더 걸려서 1층 관람이 끝났다.

나는 큰스님의 건강이 염려되어서 이제 그만 보셨으면 하고 생각했는데 다시 의자에 잠시 쉬고 난 뒤 2층으로 올라가자고 하셨다. 고맙고 감사한 일이긴 해도 내심 걱정이 앞섰다. 나는 다시 큰스님의 존안을 조심스럽게 살펴보았다. 더 보고 싶다는 결의가 느껴져 두말 못하고 2층으로 모셨다. 몇 안 되는 계단이 힘들어 업다시피 하여 간신히 2층까지 올라갔다.

초롱초롱한 밝은 눈빛으로 세세히 살펴보시는 큰스님의 모습에서 도저히 병색을 찾아볼 수가 없었다. 불보살의 존상 앞에서는 눈높이를 조절하느라 허리를 숙이기도 하고 무릎을 굽히기도 하며 몸을 옆으로 돌리기도 했다. 여러 각도에서 불상의 빼어나고 원만한 모습을 발견하려고 하는 진지한 관찰과 자세가 한동안 계속되었다. 이것저것 나에게 물으시고 또는 큰스님의 생각을 전해주셨다. 그당시만 해도 박물관은 유물이나 작품이 제대로 자리를 잡지 못한 때였으니 좀 어수선한 분위기였다. 그런데도 스님께서는 하나하나 세밀히 살피고 또 살폈다. 어느 하나 허투로 지나가는 느낌이 들지 않았다. 그야말로 밀밀하고 촘촘한 큰스님의 정신세계는 한 방울의 물도 새나가지 않을 것처럼 완벽을 보는 것 같았다. 큰스님께서는 참선공부나 교학공부도 저렇게 하셨으리라는 나만의 짐작을 해보기도 했다. 누군가 말했듯이 사람은 자기가 하는 일에 대한 열정이 있어야 자기 분야에 일가를 이룬다고 했던가.

나는 큰스님의 관람 모습을 통해서 면밀한 정신이 무엇이고 열정이 무엇인가를 다시 느끼고 배웠다. 저런 열정으로 참선도 하고 종단 일도 하고 포교도 하셨을 것이라는 데에 생각이 미치자 과연 오늘의 불광이 적당히 만들어진 것이 아니라는 생각이 다시금 들었다. 큰스님의 열정과 안목, 아픔도 놓아 버리고 괴로움도 잊어버리는 저 크나큰 열정이 아니었으면 오늘의 불광은 없었을 것이다. 종교적인 열정이 만들어 놓은 장거라는 생각에 조용히 옷깃을 여몄다.

늘 법체 미령(靡寧)하셨던 큰스님의 열정에 비해 과연 나는 무엇인가. 큰스님보다 훨씬 젊고 건강하다. 그런데도 때로는 힘겨워하고 어려워했다. 또 내 자신에게나 남들에게 얼마나 나약한 모습을 많이 보였던가 하는 반성과 자책이 가슴속에서 꿈틀거렸다.

큰스님께서는 내가 조성해 놓은 목조 관음보살상 앞에서 한동안 걸음을 멈추었다. 아울러 칭찬과 지도를 주셨다. 그러면서 이렇게 말씀하셨다.

"목아 선생의 신심과 탁월함으로 조성된 관세음보살을 우리 불광원에 모시고 싶어요."

나는 그 말씀을 얼른 알아듣지 못하고 다시 큰스님을 바라보았다. 그때 곁에 있던 분이 얼른 큰스님의 말씀을 다시 옮겨 주었다.

나는 어쩔 줄을 몰랐다. 뜻밖에 큰스님께서 주신 선물이고 벌이었다. 내 작품이 필요하다는 뜻에서는 나에게 큰 용기를 주는 영광스러운 선물이 되었으나 다시 나를 정리할 겨를도 없이 풍성하고 진보된 모습을 채 갖추기도 전에 작품을 원하시니 몸둘 바를 모를 벌이었다.

오늘 큰스님의 방문을 통해 내 자신을 보다 깊이 천착하고 새로운 의욕을 가지고 불보살 존상을 조성한다면 더 멋진 작품을 만들 수 있을 것 같은 생각이 자꾸만 들었다.

그 뒤 나는 관세음보살상을 정성스럽게 조성하였다. 감히 어느 분의 명이라고 내가 거역할까. 백생 동안 벌을 서는 일이 있어도 나는 오늘 땀을 뻘뻘 흘리며 관음성상을 조성해야 하리라는 각오로 최선을 다했다.

나의 열정을 모두 쏟아부어 성상을 조성하여 무사히 불광원에 모셨다. 그런데 큰스님께서 실내가 너무 더워서 나무가 고통을 당한다기에 찾아뵙고 설명을 드렸다.

"큰스님, 일 년 뒤에 다시 와서 살펴보겠습니다."

나는 큰스님께 약속한 대로 잊지 않고 정확하게 1년 뒤에 갔다. 다시 여러 가지를 살펴보았다. 일을 마무리하고 떠나려고 큰스님께 인사를 드리니, "목아 선생이 저러니까 큰일을 하지……." 하시던 말씀이 아직도 귀에 쟁쟁하다.

꿈이야, 꿈

도원 김영진(道圓 金永鎭) | 자민련 중앙당 불자회 지도법사

광덕스님께서 궁전에서 큰 잔치를 베풀면서 나를 찾는단다. 주위 사람들이 모두들 내게 참여할 것을 권유했다. 그래서 대궐 정문 쪽으로 막 향하려는데 동참 준비에 분주하던 법우들이 궁전 담장 밖에서 말했다.

"굳이 돌아서 정문을 찾아가려 하지 말고 바로 이곳에 준비된 가마를 타고 가까운 담을 넘어서 들어가세요."

순간 옆을 보니 케이블카처럼 줄로 연결된 가마가 여러 대 있었는데, 다른 사람은 타면 안 된다고 하면서 나만 태웠다. 공중 높이 올라 황홀한 기분으로 막 담을 넘으려는 순간, 따르릉 따르릉 전화벨이 울려서 잠이 깼다.

전화를 건 사람은 송암스님이었다. 광덕스님 생전에 가까이 있었으니 스님과 얽힌 사연이 많지 않느냐며 좋은 이야기가 있으면 찾아서 연락을 달라고 했다.

전화를 끊고 나는 방에 모신 작은 부처님 앞에서 멍하게 앉아서 생각을 했다. 꿈속의 케이블카와 연결된 가마줄이 조금 전에 송암스님과 연결된 전화줄이고, 송암스님과 통화 중에 내가 엉겁결에 "네, 알겠습니

다"고 답하는 순간이 바로 가마를 탄 것이고, 송암스님이 계획하고 있는 광덕스님 생전의 이야기 모음집이 결국은 광덕스님이 우리에게 잔치를 베풀고 있는 것으로 해석되었다.

몇해 전 어느 날, 내가 전법한 불자가 꿈 내용을 스님께 대신 여쭈어 봐 달라고 부탁한 일이 있었다. 평소 스님께서는 법문을 통해 우리에게 꿈에 대해 너무 집착하지 말 것, 꿈은 실(實)이 아니라는 것, 나타남으로써 사라져 가는 과정이라는 것, 영상과 같은 것 등이라고 가르쳐 주셨다.

그렇지만 나도 그 불자처럼 평소에 꿈에 대한 궁금증이 많았기에 스님께 한번 조용히 여쭈어 보고 싶었다. 그러나 스님을 찾아뵙는 것이 괜히 무섭고 겁이 나서 엄두를 못냈다.

내가 스님을 그렇게도 두려워했던 데는 이유가 있다. 잠실에 불광사 법회를 개설한 지 얼마 되지 않은 어느 해, 일요법회를 마치고 법당 정리를 하는데 한 거사가 디딤판을 옮기다가 그만 실수를 해서 다시 깔아 놓은 법당 마룻바닥을 약간 긁었는데 그것을 목격한 스님께서 눈을 부릅 뜨면서 호통을 쳤다.

"이 사람, 조심하지 못하고 그게 뭔가?"

초등학교 시절 선생님은 화장실에도 가지 않는 것으로 단순하게 생각했던 것처럼, 광덕스님은 절대 화를 내지 않는 줄 알았다. 그런데 그 과정을 지켜본 나는 그 이후에는 스님 생각만 해도 두려웠다.

나는 며칠을 망설이다가 큰마음 먹고 어렵게 스님의 방문을 노크하고 들어갔다. 다른 사람들은 스님 방에 들어가면 스님의 광채가 환히 비추어서 환희심이 저절로 난다던데, 나는 웬일인지 눈이 캄캄해져서 앞이 보이질 않았다. 입조차 얼어붙어 말이 떨어지질 않았다. 그래서 꾸어다 놓은 보릿자루처럼 가만히 앉아 정신을 차리려고 애를 쓰는데 스님이 먼저 말씀을 했다.

"뭐야? 도원, 일러 봐."

스님의 목소리는 잔잔했다. 그러나 나는 제대로 여쭙질 못하고 더듬거리기만 했다.

"네, 스님, 저, 저……."

"일러라, 일러."

"네, 꾸, 꾸……."

"꿈이야, 꿈."

스님은 이미 다 알고 있었다는 듯 내가 하려는 말을 대신했다.

"꿈이 뭐긴 뭐야, 환(幻)이지. 내가 늘 말했듯이 영상과 같아서 나타남으로써 사라져 가는 과정이라고 하는 사실인데, 그러나 다시 더 보태면 꿈은 무시해서도 안 된다는 것이야."

스님은 나직하게 말씀을 계속했다.

"왜 그런가? 예시하기 때문이야. 예시는 뭔가? 텔레비전이나 라디오에서 나오는 일기예보처럼 알려 주는 것이야. 어떤 꿈을 꾸어서 그날이 좋은 날이 될 수도 있고, 또 어떤 꿈을 꾸어서 나쁠 수도 있는데, 좋은 것은 좋다지만 나쁜 꿈은 어떻게 할 건가? 나쁜 꿈을 꾸었을 때는 그날은 조심해야 한다고 일러준 것이니까 지혜롭게 받아들여서 기도하는 정신을 잊지 말고 더욱 조심해서 그날을 보내려고 애써 정진해야 해. 그렇게 하진 않고 오히려 중생심에서 벗어나질 못하여 어떤 꿈만 꾸면 재수 없고 꼭 무슨 나쁜 일이 생긴다 하는 쪽으로 더욱 강한 집착을 가지니까 결국은 나쁜 일을 스스로 모면할 길이 없게 되는 것이야."

스님의 말씀을 듣는 동안 스님에 대한 내 두려움은 어느새 사라지고 있었다. 그리고 그 자상함이 따뜻하게 전해져 왔다.

"다시 말하면, 미리 가르쳐 주는 꿈이 뭐 잘못된 것이 있는가? 자기의 그릇된 판단으로 꿈을 쫓아가니까 그게 잘못된 것이라는 거지. 나쁜 꿈

을 꾸었을 때는 오늘은 조심하라고 일러준 것이다 하는 쪽으로 지혜롭
게 돌려 놓고 보면 이보다 더 이상 좋은 꿈이 어디 있겠는가?”

　말씀이 끝나고 다시 스님을 바라보니 무섭고 겁이 나고 어렵게만 느
껴졌던 스님이 전혀 그렇게 보이지 않았다. 스님이 꾸중하시던 모습을
보고 내가 괜스레 스님을 엄격하기만 한 분으로 지레 짐작했다는 생각
이 들었다.

　나는 돌아오면서 혼자 중얼거렸다.

　“이것 또한 꿈이었어. 그래, 그것이었어.”

보살의 모습으로 오신 광덕 큰스님

이선행(李善行) | 대승사 법사

　지난 달, 송암스님께서 광덕 큰스님과의 인연담을 써달라는 부탁을 전화로 하셨다. 강원도 깊은 산골에 토굴을 얽어매고 자연과 벗한 지 꼭 6개월이 되던 날, 『광덕스님 시봉일기』를 우편으로 보내시며 원고 청탁을 함께 하신 것이다. 반가운 마음과 더불어 광덕 큰스님의 자비하신 모습을 떠올리며 보내신 책을 읽노라니 마치 큰스님을 앞에 모신 듯 또는 큰스님의 일대기를 다시 보는 듯 생생하기 그지없었다.

　그러나 나는 금방 송암스님께 원고 청탁을 수락한 것이 걱정으로 변했다. 『광덕스님 시봉일기』 속의 내용들이 지난 날 큰스님의 정신, 수행, 전법, 간경 그리고 여러 가르침 등, 큰스님을 얘기할 수 있는 모든 내용들은 거의 다 수록되었으니 이를 어찌 한단 말인가?

　더욱이나 나의 졸문으로서는 참으로 딱한 일이었다. 그러나 이미 약속한 이상 새삼 사양할 수도 없고 어쩔 수 없이 큰스님을 먼발치에서 따르며 배웠던 기억나는 몇몇 일들을 짧게 적어볼 수밖에 없었다.

　큰스님과 나의 첫 만남은 37년 전 여름, 봉은사에서 이루어졌다. 지금은 봉은사가 완전히 변하여 상전벽해(桑田碧海)가 되었다. 그때는 전차

(지금의 지하철이 아님)를 타고 뚝섬까지 가서 다시 배를 갈아타고 한강을 건너 오솔길 언덕을 걸어 수도산을 넘어서 가야 했던 머나먼 봉은사였다. 그곳에서 처음 뵌 큰스님의 첫인상은 지극히 깨끗한 모습 그 자체였는데 점점 세월이 흐르면서 보현보살의 형상으로 나에게 각인되었다.

그 후로 대불련 활동과 불광을 만들기 전, 스님께서 지도하셨던 청년불교회의 법회를 대각사에서 봉행하면서 더욱 큰스님을 가까이서 모시게 되었다. 또 경기도 퇴계원 미처 못 가서 갈매리에 보현사가 있는데, 그곳 수련회장에서 눈물겹도록 깊은 신심을 체험하게 해주신 은혜도 있다. 그리고 대불련 화랑대회 때 젊은 대학생들과 함께 끝까지 구보하시던 모습이나, 야외법회 갔을 때 불암산의 바위를 고무신 차림으로 가장 앞장서 오르시며 끈기를 몸소 보여 주시던 모습도 내게는 잊을 수 없는 기억이다.

큰스님께서는 서울 대학병원에 입원하셔서 큰 수술을 받으시고도 의연한 자세로 미소를 잃지 않으시며 의사와 간호사들에게 수행자의 품위를 지키시던 한결같은 모습 등, 세월이 갈수록 귀하게 느껴지는 장면들이다.

또한 용성조사께서 가꾸시던 함양 백운산 화과원에서 하계 봉사활동을 하던 우리들에게 느닷없이 '이선행 대장과 대원들의 승리를!'이란 내용으로 전보를 보내 주셔서 젊은 우리 봉사대원들에게 용기와 희망을 주시기도 했다.

큰스님께서는 언제나 '솟아오르는 아침 해, 밝은 태양, 광명 찬란' 같은 밝고 희망찬 단어들을 자주 표현하셨다.

어느 해인가, 내가 큰스님께서 쓰신 글 중에서 몇 구절 발췌하여 연하장을 만든 때가 있었다. 그 연하장을 보신 큰스님께서는 "선행이 어쩜 내 글의 요체를 이렇게도 잘 이해했을까." 하고 대견해 하시면서 나의

소견을 북돋우어 주시던 지극히 인간적인 모습이 어제 일처럼 떠오르기
도 한다.

그리고 몇 해 전 설날, 불광사로 세배를 갔을 때였다. 스님께서는 편
치 않으신 건강에도 아랑곳하지 않으시고 오랫동안 지난날의 일들을 기
억해 내시며 깊은 정을 느끼게 하셨다. 나는 그때의 소년같이 때묻지 않
은 큰스님의 청아한 모습을 요즘도 가끔씩 그려보기도 한다.

벌써 큰스님께서 열반하신 지 2주기가 되었으니 다시 오실 때가 가까
워 오지 않았나 싶은 마음이 든다. 마치 내 좁은 방문을 열고 들어오셔
서 처음 뵈었던 그때의 청년 보살의 형상을 나투실 듯하여 내 마음은 더
욱 간절해지고 나는 무릎꿇고 합장하여 이렇게 발원한다.

"광덕(光德) 보살님이시여, 힘찬 아침해처럼 불끈 솟아오르소서!

그 찬란한 광명 안고 다시 오소서! 나무마하반야바라밀."

불기 2545년 6월 14일
이선행 분향 합장

마하반야바라밀

혜봉 윤채원(慧峰 尹采源) | 건축업, 우바새, 도피안사

‘마하반야바라밀’은 금하광덕 큰스님을 친견하면 그때마다 큰스님께서 첫말씀으로 나에게 하셨던 법어(法語)이시다. 나와 큰스님과의 인연은 도피안사의 첫 토목공사를 하면서부터 시작되었다. 말하자면 주지이신 송암스님과 함께 일을 하다가 큰스님을 뵙는 인연을 맺게 되었다. 나는 지금까지도 큰스님 뵈온 것을 내 일생 가장 큰 영광으로 생각하고 있다.

나는 그동안 이곳 죽산에서 태어나고 자라고 살아왔지만 용설리 도피안사에 공사하러 와서 산세를 둘러보고는 우리 죽산에 이렇게 숨겨진 길지(吉地)가 있었구나 하고 감탄을 했다. 옛말대로 땅은 임자가 따로 있는지 수십 년을 이곳에서 살아온 우리가 어찌 바로 지척에 있었던 이곳 길지를 왜 몰랐을까 하고 생각할수록 참으로 좋다는 생각을 금할 수 없었다.

어느 날 도피안사에서 옹벽 콘크리트 타설을 할 때 장비가 고장이 나서 시간을 자꾸 지체하게 되었다. 나도 모르게 화가 나기에 앉아서 담배를 피우고 있었다. 그런데 인기척이 느껴져 뒤돌아보니 언제 왔는지 주

지스님께서 뒤에 와 계셨다. 나는 깜짝 놀라 피우던 담배를 얼른 비벼 끄며 스님께 예를 올리니 송암스님께서 안쓰러운 미소를 지으며 나에게 이야기했다.

"아니, 웬 담배를 쉴새없이 그렇게 많이 피우십니까?"

내가 줄담배를 피우는 것을 다 보고 계셨던 것이다. 나는 계면쩍었지만,

"장비가 자주 고장이 나서 속이 상해서 나도 모르는 사이 자꾸만 담배를 빼 물게 되었나 봅니다." 이렇게 대답을 하니 스님께서,

"그럴 때는 몸에 해로운 담배 피우지 말고 염불을 하세요." 하셨다. 그때 나는 가슴이 찡한 것을 느꼈다.

"스님, 저는 염불을 어떻게 해야 하는지도 모르는데요."

부끄러웠지만 사실 그대로를 말했다. 주지스님께서는 내 얼굴을 쳐다보고 웃으면서,

"염불은 여러 가지 있지만 '마하반야바라밀'을 염하세요. 그러면 속상한 것이 없어집니다."

나는 그 말씀을 듣고 속으로 '마하반야바라밀' 하고 외워 보았다. 발음도 잘 되지 않고 느낌이 이상했다. 흔히 염불이라고 하면 '관세음보살'이나 '지장보살'을 부르는데 '마하반야바라밀'을 부르라고 하시니 나에게는 일찍이 듣지도 보지도 못했던 염불이었다. 그러나 주지스님의 말씀이었으니 나는 속으로 자꾸만 되뇌어 불러 보았다. 혼자 불러보다가 어느 날 법회 때 참석해 보니 대중 모두가 '마하반야바라밀'을 불렀다. 함께 따라 하게 되자 내 입에서도 그제서야 술술 나오기 시작했다. 그렇게 시작한 '마하반야바라밀'이 어느덧 10년이라는 세월이 지났다. 그러고 보니 불교의 '불(佛)'자도 모르던 나에게 주지스님은 불교를 알려 주었다.

인생을 살아볼수록 세상의 귀한 일은 부처님 가르침이라는 것을 새삼 느끼게 되고, 그때마다 주지스님은 나의 스승이시며 또 다른 부처님이시라는 것을 생각한다. 지금 육십 고개를 바라보는 내 나이지만 부모님 말씀은 많이 어겼어도 주지스님 말씀은 어길 수가 없었다. 주지스님과의 만남으로 큰스님을 뵙게 되었고 그로 인해 내 자신 철이 조금 들었다고나 할까.

어느 해인지 기억은 선명하지 않다. 정월 초3일쯤 나의 가족과 같이 세배를 올리려고 아침 일찍 도피안사 큰스님 계시는 내원(內院, 摩尼堂)으로 들어갔다. 우리는 먼저 큰스님께 꾸벅꾸벅 세배를 올렸다. 가만히 미소 띤 큰스님께서 말씀하셨다.

"내가 다른 곳에 있을 때는 방석 위에 발을 올려놓고 두 장의 방석을 발 위에 또 덥고 있어도 발이 시려 고통스러웠는데, 이곳 도피안사에 온 뒤로는 발 시린 것이 없어졌어요. 그 증세가 나에게 인사도 안하고 도망을 갔어요." 하시며 환한 웃음을 지으셨다.

나는 정초에 큰스님이 웃으시는 모습을 보고 무척 기뻤다. 속으로 큰스님께서 이곳 도피안사를 무척 좋아하시는구나 하고 생각했다. 그러면서 내가 앞으로 더 잘 모셔야지 하고 속으로 다짐하기도 했다. 그 후로도 여러 차례 도피안사에 대한 이야기를 들려주시는 것을 보고 큰스님의 속마음을 보는 것 같았고 또 매우 좋아하시는 것을 알 수 있었다.

어느 서울 신도께서 나에게 이야기해 주었다. 큰스님께서는 마하반야바라밀이 얼마나 좋은지를 사람들이 모르는 것에 대해 무척 안타깝게 생각하신다는 것이었다. 나 역시 주지스님 법문을 수백 번도 더 들었는데도 들을 때뿐이었으니 할 말이 없다. 그러나 이제 조금이나마 알 것 같은 짐작은 든다.

돌아보면 이 모두가 큰스님의 은혜 덕분이다. 부산 범어사로 큰스님을 뵈러 갔을 때, 나는 마치 소풍가는 학생들처럼 들떴다. 큰스님께서 아무런 말씀을 하시지 않아도 얼굴 뵙는 것만으로도 너무나 즐거웠기 때문이다. 그러나 이제 모두 지나간 옛일이 되고 말았다. 이렇게 큰스님을 불러보면서 이 글을 끝낸다.

"큰스님! 큰스님 생전에 다 못하신 일들은 지금 송암스님께서 열심히 하고 있습니다. 마음 편안히 하시고 주지스님 많이 가호해 주십시오. 그리고 부디 하루 빨리 빛으로 돌아오소서……. 마하반야바라밀."

2002년 3월 죽산 두현리
혜봉거사 윤채원 합장 예배

지칠 줄 모르는 전법행원의 원동력

법경 박영재(法境 朴英才) | 선도회 법사, 서강대 물리학과 교수

필자는 사실 한번도 광덕 큰스님을 친견한 적이 없다. 송암스님의 스승이셨던 금하당 광덕 대선사와 필자의 스승이셨던 종달 이희익 노사와의 좋은 인연에서 비롯해 대를 이어 필자가 송암스님과 교분을 쌓아오고 있는 연유로, 광덕 큰스님을 잘 알지도 못하면서 원고를 쓰기로 했던 것이다. 따라서 필자가 그동안 월간 「불광」, 『광덕스님의 생애와 불광운동』, 『광덕스님 시봉일기』 등을 참고하기는 했지만 나의 좁은 견해로 광덕 큰스님 일생의 업적을 기술한다는 점에 대해 미리 양해를 구하는 바이다.

사실 광덕 큰스님은 큰 자비심으로 오직 중생을 위해 교화를 펼치셨던 대선사이셨다. 곰곰 살펴보면 선사들의 공통점은 대개 세 분 스승께 온몸을 던지는 '귀의삼사(歸依三師)'를 하고, 줄곧 수행을 통해 그 스승들의 뜻을 받들며, 또 자기만이 일생을 통해 제일 잘할 수 있는 일을 찾아 원을 세운다.

필자의 견해로 보는 광덕 큰스님의 경우, 세 분 스승은 두말할 것도 없이 교조이셨던 석가세존(釋迦世尊)과 문중을 통틀어 가장 뛰어나셨던

용성진종(龍城震鐘) 조사와 이 시대의 아픔과 고뇌를 당신의 가슴으로 함께 하면서 직접 노파심의 자비를 베풀어주셨던 동산혜일(東山慧日) 대종사이셨을 것이다. 광덕 큰스님께서 입적하신 지금, 필자에게 글을 부탁한 송암스님의 경우는 석가세존(釋迦世尊), 용성진종(龍城震鐘), 금하광덕(金河光德) 이렇게 세 분이 되리라 본다.

이제 지금껏 필자가 만났던 수행자들 가운데 밤낮 없이 스승의 은혜를 가슴에 사무치도록 새기고 있는 분은 아마 송암스님일 것이다. 참으로 우리 불교계에 교훈이 될 일이고 사자상승(師資相承)의 자랑스러운 전통을 오늘날 이 시대에 계승하는 일이 된다고 본다. 이러한 입장에서 송암스님의 스승이셨던 광덕 큰스님에 대해 좀더 생각해 보기로 하겠다.

청년 고병완(큰스님의 출가 전 속명)이 24세가 되던 1950년, 범어사에서 처음 만난 동산 대종사께서는 고병완을 만나자마자, "꿈도 없고 생각도 없을 때 너는 뭐냐? 가져와 봐라?" 하고 질문을 던졌다.

이 질문은 즉시 화두가 되어 청년 고병완의 가슴에 사무쳐 버렸고, 그 이후 오직 이 화두를 타파하기 위해 몸을 돌보지 않고 치열한 정진을 계속했다. 마침내 그는 부산 동래 온천장 금정사에서 개안〔悟道〕에 이르렀으니 대종사로부터 닦달 받은 지 무려 7년 만의 일이었다.

어느 봄날, 툇마루에 가부좌를 하고 앉아서 궁구하다가 앞산을 건너다보는 순간 문득 한 경계가 열리며 대경(對境)이 텅 비어 버리는 한량없는 법열을 체험했다고 『시봉일기』는 전하고 있다. 그가 드디어 한국불교 선종의 본류 가운데 뛰어들게 되었던 것이다. 즉 용성―동산으로 이어지는 법맥을 얻었던 것이다. 비로소 조사의 혈통을 받아 선가의 일원〔禪師〕이 되셨던 것이다.

참고로 '광명 찬란'이란 네 자〔四字〕로 집약되는 그때 오도(悟道)의 경계를 후일 직접 노래한 구절을 인용해 본다.

아침 해
바다를 솟아오른 찬란
억겁의 암흑이 찰나에 무너지고
광명 찬란
광명 찬란
광명만이 눈부시게 부서지는 광명만의 세계…….

이후 그는 이 깨달음을 원동력으로 '반야사상'을 펼쳐 우리의 마음과 생활을 밝게 하고, 성공과 행복과 발전을 이루어, 우리 사회의 광명화를 도모하게 된다. 위에서 본 바와 같이 큰스님께서는 체험에 의한 뜻을 세우고 병고에 시달리면서도 전 생애를 다 바쳐, 각사업(覺事業 : 반야바라밀 운동)을 전개해 나간다. 사상적 목표가 확실했던 큰스님의 불광운동은 여타의 잘되는 포교당과는 바로 이점에 있어서 큰 차이가 난다고 볼 수 있다.

즉 불광에는 사상이 있다는 말이다. 부처님의 가르침 전부가 사상 아님이 없지만 그렇다고 대장경 전부를 다 공부할 수는 없는 것이다. 그러기에 사상을 갖는다고 하는 것은 바로 확실한 수행법을 갖는다는 것을 뜻하는 것이다. 현대인들에게 선을 가르치되 그 요체인 반야바라밀에 대한 공부를 통해서 새롭게 선의 세계를 열어 보여준 것이다. 나는 그동안 불광에 대해 이러한 부분을 주목해 보고 싶었고, 또 반야바라밀이야말로 선불교의 지향점을 그대로 내포하고 있고, 그 원류인 반야부 경전의 정요(精要)이기에 선을 지향한 한국불교의 진정한 계승자라고 생각한다. 그리고 선의 근본 핵심을 믿음으로서 현전하는 안목은 매우 독특한 것이라고 말하지 않을 수 없다. 이러한 이념을 목표로 하는 불광운동, 거기에 한 생을 고스란히 바쳤다는 것은 과연 오늘날 우리에게 무엇을 말하고 있는가. 모두가 살펴볼 일이라고 본다.

큰스님께서는 역시 일문(一門)을 개창한 조사로, 선가의 안목(般若眼)과 반야의 정요(精要)를 고스란히 드러내 보여 주었다. 입적시 남긴 게송을 통해 큰스님의 면목이 다시 드러났고, 또 그것은 '불광운동'의 본질을 그대로 노래하고 있다는 생각이 든다.

울려서 법계를 진동하여 철위산이 밝아지고
잠잠해서 겁전 봄소식이 겁후에 찬란해라.
일찍이 형상으로 몰형상을 떨쳤으니
금정산이 당당하여 그의 소리 영원하리.

필자의 생각으로는 만약 큰스님이 깨달음의 체험이 없었더라면 '불광운동'이 결코 한 시대의 새로운 흐름이 되지 못했을 것이다. 현대 한국불교에서 만약 불광의 역할이 없었다면 지금은 어느 정도의 단계에 머물러 있을까를 생각해 본다. 사람들 의식의 개혁은 커다란 사회적인 변혁을 통해서 가능하든지 아니면 특별한 인물의 주도에 의해서 가능하다고 본다. 우리 불교계의 의식개혁은 불광의 역할이 컸다고 본다면 바로 광덕 큰스님의 주도적인 사상을 말하는 것이 될 것이다.

따라서 이제 앞으로 남은 문제는 큰스님의 뜻을 제대로 받드는 것이다. 그것은 역시 스스로 큰스님의 깨달음을 능가하는 체험을 통해 거듭 새롭게 '불광운동'을 전개하여야만 큰스님의 뜻을 영원히 발전시킬 수 있으리라 확신한다.

물론 큰스님의 문도들이 '각사업(覺事業 : 반야바라밀 운동)'을 전개하는 순간순간, 송암스님께서 심혈을 기울여 쓴 『광덕스님 시봉일기』를

늘 곁에 두고 자주 접하면서 큰스님의 뜻을 찾아야 할 것이고 어긋나지
말아야 할 것이다.
 수행과 전법은 저절로 이루어지리라! 불광운동이여 영원하라! 마하
반야바라밀!

2001. 6.30. 무난헌(無難軒)에서

居士 法境 合掌

바다처럼 넓고 깊게 배워라

지해 이윤호(知海 李潤鎬) | 범죄학 박사, 경기대 교수

광덕 큰스님. 그 이름만 들어도, 모습만 그려보아도 내 가슴은 설레인다. 큰스님께서 우리 곁을 떠나신 지 벌써 몇 년이 되었건만 생전의 가르침을 받았던 우리 모두의 가슴속에는 시간과 공간을 초월하여 항상 살아 계신다. 지금도 불광사에 가면 큰스님의 그 잔잔하신 미소와 꾸밈없는 밝으신 용안(蓉顔)을 더 가까이서 뵐 수 있고, 우리들 삶의 지표요 등불이 되는 법문을 들을 수 있을 것 같은 생각에 빠지곤 한다.

큰스님을 모셨던 불제자라면 누구나 특별한 인연이 없을 리 만무하지만 필자 또한 큰스님과의 인연은 꽤 오래 전으로 거슬러 올라간다. 필자가 대학을 마치고 평소 큰스님께서도 늘 말씀하셨고 항상 관심을 가지셨던 우리 사회의 어두운 부분, 특히 범죄문제와 형사정책을 보다 깊이 있고 체계적으로 공부하고 싶은 마음에 미국 유학을 꿈꾸던 때였다. 당시만 해도 형사정책에 대한 사회의 관심이 그리 높지 않아서 국내에서는 더 이상 범죄학을 학문적으로 공부할 수 없어서 미국 유학을 준비하던 중이었지만 큰스님께서는 이미 우리 사회의 범죄문제를 걱정하셨던 혜안을 가지셨던 분이었다.

큰스님과 나와의 인연은 윗대로 올라간다. 큰스님과는 아주 특별한 연을 평생 가지셨던 하산(荷山) 거사님과 대륜성(大輪性) 보살님의 큰 여식인 불이행(不二行) 보살을 부처님께서 필자의 아내로 점지해 주신 연분으로 시작되었다.

그때가 1982년 어느 화창한 봄날이었다. 같은 해 6월, 미국의 미시간 주립대학교로 유학을 떠나기 전 출국 인사차 법회가 끝난 후 큰스님을 따로 뵈올 기회를 가질 수 있었다. 그 자리에서 큰스님께서는 필자가 꿈꾸던 범죄 없는 사회의 구현을 위해서는 선진학문을 많이, 그리고 깊이 있게 공부할 것을 당부하시면서 그런 뜻으로 필자에게 바다처럼 깊고 넓은 학문을 하라고 지해(知海)라는 법명으로 수계를 주셨다. 지금도 필자는 큰스님께서 주신 지해(知海)라는 법명을 영광스럽고 고귀하게 간직하고 있다.

부처님과 큰스님의 보살피심이 있었기에 필자는 무사히 범죄학 석사와 박사학위를 4년 반만에, 그것도 한국인으로서는 처음으로 취득할 수 있었고, 또 그것이 오늘날 필자가 있게 된 결정적 계기가 되었다. 1986년 귀국 후 대학 강단에서 교수로서 후학을 가르치게 되면서 잠실벌의 불광사에서 다시 큰스님을 뵈올 수 있었다. 더불어 잠실 불광사에서 큰스님과의 인연으로 상좌인 도피안사 주지로 있는 송암당 지원스님을 뵙게 된 것은 필자에게는 또 하나의 행운이었다.

우리 불자라면 누구나 알고 있는 일이겠지만 큰스님께서는 선승이며 학승이고 또 이 시대의 불교사상가이기도 하시다. 동시에 한국불교의 현대화와 이를 위한 포교활동, 특히 도시 포교에 선각자적 역할을 하셨다. 그 대표적인 업적의 하나가 바로 월간 「불광」의 발행이라고 할 수 있을 것이다. 뿐만 아니라 큰스님께서는 포교활동의 중요성을 간파하셔서 불광사에서 포교사를 육성하기 위한 교육과정을 개설하셔서 심혈을 기울이셨다. 큰스님께서는 당시로서는 누구도 상상조차 하기 힘든 형사정책이라는 범죄문제를 다루는 학문을 포교사 교육과정에 하나의 교과목으로 짜 놓으셨고, 필자에게 그 강의를 맡도록 해주셨다. 지금 생각하면 형사정책이라는 학문이 바로 중생제도를 실현할 수 있는 하나의 실천학문이라고 볼 수 있기 때문인 것 같다. 아무튼 필자는 큰스님의 부르심이 곧 부처님의 부르심이라고 믿고 더운 여름날임에도 불구하고 열심히 가르쳤던 자랑스러운 추억을 가지고 있다.

범죄문제에 대한 큰스님의 관심은 여기서 끝나지 않으셨다. 언젠가 필자가 저술한 책을 드리고 싶은 마음에 큰스님을 찾아뵌 자리에서 한국의 청소년문제와 범죄문제에 대한 평소의 생각들을 말씀하시면서 이들 사회문제들을 연구하는 불교사회문제연구소의 필요성을 설파하신 적도 있다. 그 후에도 연구소 설립에 관한 구체적인 말씀을 수차 하시던 중 건강이 악화되어 더 이상의 진전을 보지 못하게 되어 필자에게는 지금도 큰 아쉬움으로 남게 되었다.

그러나 언젠가는 큰스님의 뜻을 받들 수 있는 날이 오리라 믿어 의심하지 않으며 그것이 또한 필자의 개인적인 소망이기도 하다. 다행인 것은 큰스님의 상좌이신 송암스님께서도 범죄와 청소년, 그리고 기타 사회문제에 많은 관심을 가지고 있으며, 그 한 예로 청소년들을 위한 유스호스텔이나 노인들을 위한 요양원을 계획하고 있는 것으로 알고 있어서 큰스님의 큰 뜻도 현실로 곧 구체화되리라는 기대를 가져본다.

오늘도 필자는 큰스님을 기리며 범죄 없는 세상을 위한 학문의 길을 열심히 가면서 큰스님의 자랑스러운 불제자가 되고자 최선을 다하며 큰스님과의 인연을 고이 간직하고 싶다.

성철스님과 광덕스님

원정 차대완(圓淨 車大玩) | 조형도예가

1. 해인사 백련암

광덕 큰스님을 생각하면 성철 큰스님을 자연히 떠올리지 않을 수 없다. 두 분을 생각하면 지금으로부터 30년 전의 세월로 되돌아가야 한다. 그리고 그 시절은 나의 생애에 가장 자랑스러웠던 때이기도 했다. 우선 두 분은 동산 노스님이 가장 아끼셨던 제자들로서 절 집안에서 사형제로 형님과 동생이 되는 각별한 사이이다.

1970년대 초 광덕 큰스님은 자주 해인사 백련암을 찾아오시곤 했다. 그때 나는 처음으로 광덕 큰스님을 뵙게 되었는데, 큰스님은 백련암에서 보름씩 혹은 일주일씩 머물 때도 있었고 어느 날은 한밤중에 오셨다가 아침 일찍 가실 때도 있었다. 그때의 내 나이는 10대에서 20대로 넘어가는 감수성이 아주 예민하던 사춘기 시절, 절 집안의 사정을 겨우 알 듯 말 듯한 그런 어린 나이였다. 그 당시 광덕 큰스님은 40대 초반의 연세로 한국불교를 위하여 헌신적으로 일하시던 시절이었으리라 회상된다.

광덕 큰스님을 처음 만났을 때 느낌은 이목구비가 단정한 아주 잘생긴 미남 스님으로 어린 나의 마음을 사로잡았다. 그때 해인사 백련암에는 우측 대밭 속에 관음전이라는 조그마한 처소가 있었다. 두 평 남짓한 방에 관세음보살 입상이 모셔져 있던 곳이었고, 그래서 건물 이름이 관음전으로 불렸다. 관음전은 백련암을 찾아오는 당대의 큰스님들께서 쉬어 가시던 곳인데 청담, 향곡, 석호 큰스님 등께서 하루나 이틀씩 머무시던, 말하자면 백련암 초특급 귀빈실이었다.

광덕 큰스님도 백련암의 초특급 귀빈으로 관음전 단골이셨고 여러 귀빈 중 가장 오랫동안 관음전에 머물면서 성철 큰스님 방을 수시로 오가며 여러 가지 이야기를 나누기도 하셨다. 또 때로는 원고 뭉치를 한아름 안고 와서 두 분이 함께 이런 일 저런 일을 밤새워 머리를 맞대고 이야기하시곤 했다. 어떤 때는 성철 큰스님께서 관음전으로 광덕 큰스님을 찾아가 긴 시간을 함께 이야기를 나누며 서로 격 없이 지내기도 했다. 한마디로 광덕 큰스님은 백련암 관음전 귀빈실에 장기 투숙하는 단골 손님이셨다. 백련암에 오신 광덕 큰스님은 성철 큰스님을 만나 진지하고 열성적으로 불법을 묻고 토론하며 궁구(窮究)했다. 그런 장면들을 돌이켜 생각하면 지금의 내 나이보다도 십여 년이나 젊었던 시절, 광덕 큰스님의 참모습이었다고나 할까.

아무튼 나는 그런 열정의 광덕 큰스님 모습이 무척 보기 좋았고 존경스러웠다. 다른 어느 큰스님들보다도 유난히 달라 보였다. 나는 아무것도 모르면서도 큰스님들만 오시면 마냥 좋아서 날뛰던 시절이었다. 큰스님들의 공양과 잠자리, 그 외 소소한 심부름들을 모두 도맡아 해야 했던 나로서는 비상이 걸리는 셈이었지만 마음은 즐겁기 그지없었다. 성철 큰스님의 시자로 있으면서 한창 말뚝 신심이 하늘을 찌르던 때였으므로 큰스님들께서 오시면 나의 일손은 더욱더 바빠져도 그래도 알지 못하는 행복감과 기쁨에 넘쳐 있었다.

스승인 성철 큰스님께 말 한마디 제대로 여쭈어 볼 수 없었던 어렵기만 했던 시절, 광덕 큰스님께서 성철 큰스님 방을 수시로 드나들며 함께 한국불교를 걱정하고 토론하던 광경을 생각하면 지금의 나는 너무나 작게 느껴진다. 그때 성철 큰스님께서는 광덕 큰스님이 가고 나면 입버릇처럼 “광덕이 만큼 열심히 중노릇하는 사람도 없어.”라고 칭찬의 말씀을 하셨다.

광덕 큰스님은 벌써 그때부터 새로운 불교사상운동을 위하여 서울에서의 왕성한 포교활동과 수많은 한문 경전들을 우리말로 번역하기 위하여 성철 큰스님과 함께 무언가를 의논했고, 한국불교의 미래를 위하여 그때부터 선구자의 길을 가고 있었던 것이다. 광덕 큰스님이 백련암에 오신 날에는 성철 큰스님께서 가끔 공양준비를 하고 있던 나에게 다가와 “이눔아, 우리 광덕스님 맛있는 반찬 많이 해드려라.”라고 좀처럼 없는 특별당부를 하기도 하셨다. 지금도 그때를 다시 생각해 보면 성철 큰스님께서 사제이셨던 광덕 큰스님을 얼마나 아끼고 사랑하셨는지를 금방 알 수 있고 뚜렷이 느껴진다.

그런 광덕 큰스님이 어느 때, 꽤 오랫동안 백련암에 머문 적이 있었다. 그때 보름 전 날 백련암에서 삭발을 하신 일이 있었는데, 나는 성철 큰스님의 머리를 먼저 깎아 드린 다음 광덕 큰스님의 머리도 깎아 드린 일이 있었다. 그때 광덕 큰스님의 두상이 너무나 잘생겨서 무심코 “큰스님, 큰스님 머리가 우리 큰스님 머리보다 훨씬 더 예쁘게 생겼습니다.”라고 했다. 수많은 세월이 이미 흘러갔지만 기억은 오히려 새롭다. 그때 광덕 큰스님께서는 아무 말 없이 빙그레 웃었고, 나는 머리 깎으면서 그 미소를 말없이 내려다보았다. 어쩌면 그렇게도 고우신 미소였을까. 가끔 그 모습에서 관음보살의 미소를 떠올려보기도 했다.

사람들은 누구나 마흔이 넘고 쉰이라는 나이가 되면 자신의 얼굴에 책임을 져야 한다고 한다. 하물며 수도하는 스님의 모습에서는 자비로운 성자의 미소를 느낄 수 있어야 하리라! 만약 자기 얼굴에 자신이 없고 자비의 미소가 없다면 우리는 각자 깊이 자신을 되돌아봐야 되지 않을까 하는 생각이 든다. 나는 부처님의 젊었을 때의 모습이 광덕 큰스님 같지 않았을까 하고 생각했다. 그런 자비스럽고 환하던 광덕 큰스님이 보고 싶다. 무척 그립다. 가끔 백련암을 찾아오시던 푸른 하늘 같았던 광덕 큰스님. 그때 나는 산문 밖까지 원고 뭉치를 싼 보따리를 들어다 드리면서 큰스님의 떠나시는 뒷모습이 멀어져 보이지 않을 때까지 그 자리에 마냥 서 있었다. 소나무에 앉아 있던 학이 날아간 것 같은 아쉬움과 허전함을 느낀 때문이었다.

2. 해인사 승가대학

성철 큰스님과 광덕 큰스님이 서로 마음을 가장 깊이 주고받았던 일은 뭐니뭐니 해도 1970년대 초 해인사에 승가대학을 설립하기 위하여 두 분이 동분서주했을 때일 것이다. 성철 큰스님은 광덕 큰스님의 큰 원력과 비상한 재능을 항상 인정하고 아꼈다. 성철 큰스님이 해인사에 승가대학을 설립하고자 했을 때, 그 일에 관한 수많은 크고 작은 일들을 일일이 광덕 큰스님과 의논했던 것이다.

대학을 설립한다는 것은 예나 지금이나 쉬운 일이 아니다. 물론 큰스님들께서 하는 일이라 하더라도 힘들고 어려웠으리라 생각한다. 그러기에 성철 큰스님은 시자였던 천제스님을 광덕 큰스님께 보내 승가대학 설립에 관한 모든 문제를 의논했다고 한다. 성철 큰스님은 명석한 두뇌를 가졌던 광덕 큰스님의 노력과 열성을 얻어서 세계적인 승가대학을 만들고 싶었던 것이다. 그런 두 분의 노력이나 열성에도 불구하고 해인사 승가대학은 여러 가지 사정으로 말미암아 끝내 이루지 못하였다. 하지만 광덕 큰스님의 대학 설립에 대한 의지와 열성은 참으로 대단했다고 천제스님이 말한 적이 있다.

성철 큰스님과 광덕 큰스님이 그렇게도 원했던 해인사 승가대학 설립은 우여곡절 끝에 설립되지는 못했지만, 그 뜻은 지금도 사람들 가슴속에 고스란히 살아 있다. 만약 두 분의 뜻이 그때 이루어졌다면 한국불교는 분명 새로운 국면을 맞이했을 터이고, 가야산 해인사는 팔만대장경과 버금가는 또 하나의 불사가 자리했을 것이다. 아무튼 산 속 깊숙이 자리 잡은 유서 깊은 해인사에 승가대학이 들어섰다면 아마 굉장한 일이 되었을 것이라는 것은 비단 필자만의 생각은 아닐 것이다. 애석하고 안타까운 생각이 들 때가 많다. 그때 대학을 세우고자 발원했던 선각자들은 지금 어디에 머물고 계실까. 우리들의 선지식이었던 성철 큰스님과 광덕 큰스님은 도대체 어디에 계신단 말인가. 혹시 타방세계에서 또 다른 승가대학 설립을 위하여 도솔천에서 두 분이 머리를 맞대고 계시지는 않을까.

그렇다. 타방세계가 아닌 바로 이곳 안성 죽산 도솔산에 불교 파라미타 대학원을 설립하기 위해 큰스님의 상좌인 송암스님이 열렬하게 3년 기도 결사 중에 있다. 멀지 않은 시기에 두 분 선지식의 뜻을 받들어 세운 불교대학원이 이 땅에 출현하고야 말 것이다. 나는 평소에 두 분의 큰 뜻이 언젠가는 나타나리라고 믿어왔는데 도피안사에 가서 직접 그 현장을 보고, 송암스님으로부터 설립 계획을 듣고 보니 말로 표현할 수 없는 미묘한 느낌이 문득 전해 왔다. 두 분 선지식은 대학원 설립의 총감독이고 송암스님은 일꾼이라는 생각이 들어 반드시 큰 어르신들의 가호와 불보살님의 인도가 있으리라는 메시지가 문득 어디로부터인가 전해져 왔기 때문이다. 도솔산 도피안사 불교 파라미타 대학원 사바하.

3. 해인사 주지 자리

1977년, 해인총림 방장 성철 큰스님은 광덕 큰스님을 해인사 주지로 추천하신 일이 있었다. 성철 큰스님의 그러한 뜻을 광덕 큰스님께 전하기 위하여 그 당시 성철 큰스님의 시자였던 천제스님이 여러 차례 서울 대각사로 걸음을 했다. 끝내 광덕 큰스님의 고사(固辭)로 해인사 주지 이야기는 원점으로 돌아가고 말았지만, 이러한 일련의 과정을 통해 성철 큰스님과 광덕 큰스님과의 인간적인 관계를 다시 살펴볼 수 있는 하나의 좋은 계기가 될 수 있을 것이다.

광덕 큰스님께서 끝까지 성철 큰스님의 뜻을 완곡하게 사양했던 까닭은 서울에서 이미 시작한 불광운동에 대한 신념과 새로운 불교 전법에 대한 소신과 책임감 때문이었으리라는 생각이 든다. 그리고 이 부분에 대한 성철 큰스님의 흔쾌한 양해도 광덕 큰스님에게 오히려 큰 힘이 되었던 것 같다.

흔히 스님들의 벼슬은 닭볏만도 못하다고 말하지만 그래도 해인사 주지란 직함이 사십대의 나이에 주어진다면 누구나 한번쯤 다시 생각해 보지 않을까 하는 생각이 든다. 하지만 광덕 큰스님께서는 끝내 당신의 뜻을 굽히지 않았을 뿐만 아니라 오히려 다른 훌륭한 스님을 추천하는 것으로 주지 자리를 면했고, 성철 큰스님은 광덕 큰스님으로부터 주지 추천 받는 것으로 아쉬움을 흔연히 떨쳤고, 오히려 한 걸음 더 나아가 광덕 큰스님의 새로운 불교운동의 든든한 후원자 겸 협력자가 되었던 것이다. 이를 미루어보더라도 두 분의 인간관계는 여간 돈독한 사이가 아니었음을 짐작케 한다. 이 역시 보통사람들에게서는 흔치 않는 일일 것이다. 대개의 경우는 해인사 주지 자리에 연연하여 주지운동을 할 법한데도 오히려 초연하게 남에게 양보하고 본래의 뜻을 굳건히 세워 나갔던 광덕 큰스님은 그 옛날 범어사 시절부터 존경해 마지않았던 도광 큰스님을 해인사 주지로 추천했다. 존경해 마지않았던 사형님, 방장 성철 큰스님의 뜻을 거절하기가 너무나 송구스러워 사죄하는 마음과 정성으로 추천하지 않았을까 하고 생각했다. 아무튼 광덕 큰스님은 자신의 새로운 불교사상운동을 위해 일체를 사양하고 오직 외길을 묵묵히 걸었던 것을 여기서도 볼 수 있다.

오늘날 불광의 위상은 해인사 주지 자리도 마다한 광덕 큰스님의 큰 결심에서 세워졌고, 광덕 큰스님이 혼신의 힘을 다해 마침내 이룩했던 새로운 시대의 불교사상운동이었고 신앙결사며 획기적인 불사였다. 광덕 큰스님의 큰 서원의 힘으로 나타난 불광, 위법망구의 보살 헌신으로 기초를 쌓은 그 불광은 한국불교의 영원한 미래상으로, 또는 영원히 지워지지 않을 좌표로 오래오래 남을 것이다.

만약 광덕 큰스님이 성철 큰스님의 처음 권유대로 해인사에 내려와 주지직을 수행했다면, 오늘날 해인사는 더 많이 달라졌을 것이라고 본다. 왜냐하면 두 분의 서로 밀접한 인간관계와 뛰어난 법안(法眼)의 공유가 있었기 때문이다. 해인사 산문 안에 대학이 들어서고 학구적인 분위기가 조성되고 거기에 따르는 새로운 사상운동이 크게 일어나 아마도 세계인의 불교수행과 학문연구의 중심도량이 되었을 것이다. 그러나 많은 일들을 하여 해인사가 좋은 가람으로 거듭 태어나고 세인의 상상을 뛰어 넘을 만큼 크게 발전할 수도 있었겠지만, 광덕 큰스님께서 혼신을 다하여 이루려 했던 불광의 깊은 뜻은 아마 지금처럼 빛을 발하기는 어려웠을지도 모를 일이다.

새로운 불교를 위해, 불광의 발전을 위해 광덕 큰스님은 해인사 주지 자리에도 연연하지 않았고, 지금까지 흘러온 대로 과거 전통에만 머무르지도 않았다. 항상 새로운 길을 찾아 나섰고 막혀 있던 길을 열어 나갔으며 무한 가능성을 향하여 도전하고 개척해 나갔다. 광덕 큰스님이 미리 먼 훗날을 내다보고 결정한 이러한 여러 일들은 두고두고 많은 사람들의 귀감이 되고 사표가 되고 출가자들의 잣대가 될 것이다.

그러한 광덕 큰스님을 생각해 보노라면 그대로 우리 한국불교의 보현보살로 느껴진다.

나무보현보살마하살.

스승님을 따라서

도봉(道峰) 최영수 | 작곡가

귀의 삼보하옵고,

지난달, 안성 도피안사에 어머니를 모시고 천주법회에 갔다. 법회 날은 여러 신도들이 모이는 날이어서 주지스님 만나기는 여간 힘든 일이 아니다. 그날도 아예 송암스님 만날 생각은 일찌감치 접어놓고 점심공양 끝나자마자 서울에 볼 일도 있었던 차라 잰걸음으로 돌아왔다.

그러고 다시 며칠이 지났는데, 그날은 회사 일이 집 근처에서 있어서 서둘러 마치고 비교적 일찍 퇴근하였다. 막 저녁상을 받으려는 순간 전화벨이 울렸다. 아내가 전화를 받더니 송암스님의 전화라는 것이다. 아니 스님께서 무슨 용무로 전화를 하셨는지 의아한 생각으로 수화기를 받아 들었다.

스님의 말씀은 다름이 아니라, 광덕 큰스님의 크신 은혜를 요즈음 너무나 쉽게 잊어버리고 있는 것이 아닌가 싶어, 작년에 출간된 『광덕스님 시봉일기』에 이어 2권을 내고자 하니, 재가불자들의 심층에 각인된 큰스님의 어떠한 면이 우리들로 하여금 큰스님을 그렇게 한결같이 믿고 따랐는지에 대해서 글을 부탁하시는 것이었다. 나는 일단 알겠다고 대답하고 전화를 끊었는데, 그때부터 지금 이 시간까지 나의 뇌리에는 큰스님의 생전 모습뿐만 아니라 만나서 인연을 맺고, 큰스님의 가르침에 따라 지금까지 살아온 모든 수행들이 줄곧 떠올랐다. 그러나 막상 글로 쓰려고 하니 여러 가지 표현의 한계가 가로막고 있었다.

그렇지 않아도 『내일이면 늦으리』와 『광덕스님의 생애와 불광운동』이라는 두 책을 통하여 큰스님에 대한 연민의 정이 아직까지 내 가슴속 깊은 그곳에 머물러 있는데, 지난날 큰스님의 가르침을 또다시 회고하려니 너무나 무겁고 강력한 중압감을 떨치기가 어려웠다.

큰스님의 사상은 결코 쉽지는 않다. 그렇다고 특별히 어려운 것도 아니다. 왜냐하면 큰스님 사상의 요체는 결과적으로 실천불교이고, 생활불교로 귀결되기 때문에 어려움도 아니요, 쉬움도 아니다. 사상의 실천을 생활화하지 않으면 어려울 것이요, 큰스님의 사상을 실천하면 쉬운 것이다. 여기에서 나는 큰스님의 사상을 중도적인 사상의 결정체 같은 것을 느끼며 살아왔다. 가족을 구성하고 있는 각자의 역할을 다하면 나를 떠날 수 있고, 나를 떠나면 사회가 있고, 사회를 떠나면, 큰 우주가 있다. 이 속에서 절대 자유와 구극의 평화를 구가하면 큰스님 사상에 일치하는 불교인이 아닐까?

큰스님 가르침의 핵심은 반야바라밀이다. 반야바라밀은 큰스님의 사상이라고 말하기 전에 이미 석가모니 부처님이 설하신 불교사상의 핵심이자 불교철학의 정수이다. 물론 팔만 사천 경전 중 어느 하나라도 뜻이 달라서이거나 부족해서가 아니다. 모든 경전이 그대로 원만 구족일 뿐이다. 그러나 반야바라밀을 강조하는 것은 근본을 얻으면 일체를 얻기 때문이다. 핵심을 알면 나머지는 배우지 않아도 저절로 알 수 있는 것이다. 실로 그것은 반야바라밀의 권능이고 위덕이다.

큰스님은 큰 것에만 만족하거나 특별히 좋아하거나 바라지도 않으셨다. 하잘것없고 조그만 것에서도 그것을 꿰뚫어 보는 형안(炯眼)과 사물을 깊이 보는 지혜가 있었다. 큰스님께서는 늘 우리들에게 아만에 빠지지 말 것과 상에 매달려 집착하지 말 것을 바라셨다. 불자들은 반야바라밀 지혜 속에서 행복을 누릴 수 있고, 성숙하고 성취할 수 있다고 늘 설법하셨다.

지금까지 두서없는 큰스님의 가르침을 내가 느낀 대로 생각하고 해석해 보았다. 옳은지 그른지는 나도 잘 모르겠다. 그러나 큰스님의 가르침을 한마디로 요약했을 때 바로 전법이 아닐까 생각해 본다. 전법은 불교의 행이요, 국민의 정신운동이고 인간의 뿌리 찾기 운동이요, 자아회복이고 그 행동철학이다. 행·불행이 우리 마음에 있듯이 전법 역시 나의 마음에 자리잡고 있는 것이다. 말 한마디의 부드럽고 따뜻함 속에서 지혜를 전달하고 자비를 이루므로 자신과 사회가 훨씬 건강하고 밝아지는 것이다. 이는 보현행원의 실체이며 본질일 것이다.

왜 우리는 전법으로 바른 믿음을 삼아야 하고, 전법으로 정정진을 해야 하며, 전법으로 무상공덕을 쌓으며, 전법으로 최상의 보은을 해야 하고, 전법으로 불국정토를 성취해야 하는지에 대한 당위성을 깊이 새겨보아야 할 것이다. 그래서 전법만이 가장 큰 불법수행이라고 생각한다. 큰스님께서는 우리 모두가 부처님의 무량공덕 생명이므로 용맹정진하여 바라밀 국토를 성취하라고 항상 강조하셨다. 이제 나는 큰스님을 회상하고, 그 가르침을 회상하면서 다짐하고 싶다.

"큰스님, 보현행원으로 보리 이루겠습니다.

큰스님, 다시 저희들 곁으로 오시어 어린 저희들을 인도하소서."

큰 바다이시던 스님

황청원 | 시인

나, 황청원은 이젠 세상 사람들 사이에 묻혀 보이는 듯 보이지 않는 듯 살아가고 있지만, 한때는 무소유의 수행자를 꿈꾸며 화두 하나 선명하게 지니려 했던 때가 있었다. 그것이 성성(惺惺)하면 마음도 새벽 별처럼 성성해지고 그것이 흐려지면 마음도 한밤중 어둠처럼 캄캄해졌다. 그래도 늘 마음속에 화두 하나 성성하게 걸어두려고 안과 밖으로 들끓는 치성(熾盛)한 번뇌를 향해 무수히 날카로운 칼날을 던졌던 기억이 문득 살아난다.

벌써 오래된 일이지만 그 화두를 놓치지 않겠다고 지리산 사는 도반의 토굴을 찾아가 겨울 한철을 보낸 적이 있었다. 밥 끓이고, 나무 해오고, 면벽(面壁)하고, 묵언(默言)하고, 멀리 섬진강도 바라보고 하는 일들로 하루하루를 채워 갔다. 잠시 햇볕 좋은 토방 마루에 앉아 안으로는 분명 흘러가거늘 그냥 멈춘 듯 놓여 있는 큰 강물을 관조하는 일이 얼마나 마음을 넉넉하게 했는지 모른다.

강물의 존재는 흘러감의 상징이다. 때론 잔잔하기도 하고, 또 때론 소용돌이치기도 하면서 멈춤 없이 낮은 곳으로 흘러 바다에 이르는 것이 강물의 본성일 수도 있다. 어디선가 한 방울의 물로 태어나 흘러가는 동안 온갖 것들을 어루만져 부드러움으로 만들며 흘러가는 강물, 그 강물을 한없이 닮고 싶어했던 겨울 한철은 참으로 소중한 시간이었다.

연두색 물결이 산 위로 자꾸만 번져갈 이른 봄날에 나는 토굴을 나와 큰절 화엄사로 갔다. 각황전 부처님께 절 올리고 일어서 나가려는데 바람도 비껴갈 만큼 칼칼한 느낌의 스님 한 분이 들어오셨다. 바로 광덕 큰스님이셨다. 나는 한쪽에 조용히 비켜서서 큰스님의 참배가 끝나길 기다렸다가 절을 올렸더니 섬진강 봄 물빛 같은 환한 미소로 반겨 주셨다. 그런데 곧 이어지는 큰스님의 말씀 때문에 나는 깜짝 놀라지 않을 수 없었다.

"부처님께선 큰 시인이시죠. 부처님처럼 사람들 마음 깨우는 시인 되세요. 우리, 운학스님 방에서 만났던 것 같은데……."

큰스님께서는 나와 단 한번의 만남을 그렇게 떠올리며 손잡아 주시며 좋은 말씀 건네시는 그 모습에서, 겨울 한철 내내 바라보았던 큰 강물의 의미가 스며왔다. 아무런 흔들림도 보이지 않는 수면의 고요함 속으로 무엇이든 어루만지는 물결의 그 너그러움이 큰스님의 전부처럼 느껴졌다. 마치 중생들의 끝없는 고뇌 다 안으시고 거두시는 부처님 마음의 실천이 바로 그것임을 보이시는 것 같았다.

다시 광덕 큰스님과의 만남은 안성 죽산에서였다. 큰스님께서 근처에 머무신다는 소식은 접했지만 찾아뵙지 못하고 있었다. 그래도 항상 가까운 곳에 덕 높으신 노스승 한 분 계신다는 것만으로도 마음에 환희 넘쳤다.

해질 무렵이었다. 나는 죽산 길거리를 지나다가 어느 순간 길을 멈춰 서지 않을 수 없었다. 저녁 해를 등지고 시자의 손을 잡고 노스님 한 분이 걸어오고 계셨다. 걷는다기보다는 나비 훨훨 춤추며 날아오듯 너울거리며 오시는 것 같았다. 지는 해가 등뒤에 있었기 때문에 얼굴이 어둡게 느껴질 것이 분명한데 전혀 그렇지가 않았다. 오히려 은은한 지등에서 불빛 새어 나오는 것처럼 투명한 빛이 느껴졌다. 광덕 큰스님이셨다.

얼른 가까이 다가가 합장했다. 따뜻하게 웃으시며 나에게 손을 내미셨다. 아무런 말씀도 주시지 않았다. 다만 내 등을 몇 번 가만가만 토닥이셨다. 순간 나는 그 손끝에서 모래톱을 쓰다듬는 부드러운 파도의 감촉을 전해 받았다. 큰스님의 눈빛에서 그 파도를 안아 주는 큰 바다를 보았다. 세상의 모든 물길들을 온몸으로 받아들이고 어떤 것도 탓하지 않으며 그저 침묵만으로 받아들임의 진정한 뜻을 보여 주는 큰 바다, 그 자체였다.

나는 가끔 부처님의 가르침을 흐르는 큰 강물이나, 그 강물들 흘러흘러 이른 큰 바다에 비유한다. 분별의 마음 없이 낮추며 살라고 가르침을 보여 주는 강물도, 차별의 마음 없이 받아들이며 살라고 가르침을 보여 주는 큰 바다는 세상 사람들에게 스승 같은 존재이고도 남기 때문이다.

나는 광덕 큰스님과의 옷깃 스쳐 가는 듯한 짧은 두 번의 인연을 통해 큰 강물을 보기도 했고 큰 바다를 보기도 했다. 그리고 그 큰 강물은, 그 큰 바다는 지금 이 시간에도 내 마음 안에서 흘러가고 놓여 있다. 내 생애를 온통 깨우는 자애로운 스승으로.

네 이름 안 잊으마 하시더니

이재운(李載雲) | 소설가

십수 년 전, 결혼식 주례로 스님을 모신 적이 있다. 그때 난 기왕 스님을 모시고 치르는 결혼식이라면 부처님이 말씀하신 화혼(華婚)의 예에 따라 하고 싶다고 말씀드려, 스님은 싯다르타와 야소다라 두 분의 전생 이야기를 토대로 꽃을 바치고 전하는 전통 의식을 직접 재현해 주셨다. 그래서 하객들에게 불교 화혼식의 유래와 절차 등에 대해서 팜플렛을 만들어 나눠주기도 했다.

그렇게 특별한 결혼식을 했건만, 우리 부부는 송암스님이 이 책에서 탓하는 대로 '불교 지식인' 노릇이나 흉내낼 뿐 '불교 수행자'로서는 아무것도 하질 못했다.

스님이 건강하실 때는 여러 차례 친견했지만 병고를 겪으면서는 달라졌다. 내 뒤에 줄 서 있는 신도들이 많은 걸 알고는 친견하는 일을 아주 그만두었던 것이다. 건강이 좋았더라면 더 욕심을 부렸겠지만 스님이 힘겨워 하는 걸 보고는 차마 그럴 수 없었다. 그러나 건강하면 다시 찾아 뵈어야지 하던 것이 결국 스님이 열반하는 데까지 이르렀다. 내 평생 선지식(善知識)을 만나 도를 물을 수 있는 행운이 몇 번이나 올지 모르는

데, 그게 너무나 안타깝기만 했다. 스님이야 오도(悟道) 끝에 열반(涅槃)하셨으니 북 치고 장구 칠 만큼 즐거웠겠지만, 나는 난파한 배에서 바다에 떨어져 헤매는 심정이다. 그런데 스님은 반야선을 타고 유유히 도피안으로 사라진 것이다.

이제 스님을 돌이켜 생각하면 두 가지가 생각난다.

아마도 1980년이었을 것이다. 그때 나는 소설 한 편을 써서 스님께 갖다드린 적이 있었다. 대학생 때니 부끄러운 줄도 모르고 읽어 주십사 청했던 것이다.

한 달쯤 지나 스님을 다시 뵈었다. 그때 스님은 따뜻하게 웃으면서 소감을 말씀해 주셨다.

"난 사실 소설 따위는 아무 가치가 없다고 생각했었지. 그런데 네 작품을 읽어보니 부처님 일을 하는 데 정말 요긴한 방편이구나 하고 생각하게 됐어. 내가 죽기 전에는 네 이름 이재운을 안 잊으마."

난 그 말씀을 듣고 뛸듯이 기뻐했다. 정확히 말해서 그 작품이 빼어나다기보다는 가능성이 있다는 말이고, 거기에 스님의 애정을 붙여 주신 평이었다. 그런데도 내 기분은 어떤 문학상을 받는 것보다, 수백만 부 베스트셀러가 된 것보다 더 기뻤다. 천만 독자가 아무리 좋다고 해도 스님 한 분이 외면하면 그건 아무 의미가 없고, 누구 하나 읽어 주지 않아도 스님 한 분만 인정해 주시면 그것으로 대만족이라고 생각했기 때문이었다. 그때 소설이 졸작 『사막을 건너는 사람은 별을 사랑해야 한다』(문장사, 1982 ; 한강수, 1994)이다.

그 뒤 나는 기고만장해서 글을 쓰기 시작했고, 3백만 부짜리 베스트셀러도 내 보고, 수십 만부가 나가는 소설을 여러 편 썼다. 그러니까 정확히 말하자면 나는 광덕스님의 말씀 한마디로 작가가 된 것이다.

그런데 스님은 그렇게 말씀하시기는 했지만 3년 뒤 다시 갔을 때는 그 맹세를 저버렸다.

"네 이름이 뭐더라?"

세상에, 평생 잊지 않겠다던 내 이름을 스님은 3년도 기억하지 못하신 것이다. 그걸 따져 물었더니 큰 병을 앓고 난 뒤론 모든 게 기억이 가물가물하다고 했다. 섭섭했지만 준비해 간 질문을 드렸다.

그 무렵, 나는 무교(巫敎)에 심취해 있었다. 오늘날 같은 푸닥거리 무당 얘기가 아니라 최치원이 말한 풍류도(風流道) 내지 화랑도니 조의선인이니 하는 불교 이전의 민족사상에 관한 것이었다. 그때의 무당은 지금의 무당과는 전혀 달라서, 그들이 곧 수행자이고 도인이었다. 자부 선인이니 물계자니 광성자니 하는 분들이 바로 그분들이었다. 자연과 교감하고 우주에 통하려고 노력한 분들로서, 부처님 말씀을 한마디도 들어보지 못한 사람들이다.

"경전도 없고 부처도 없는 가운데 도를 깨달은 게 바로 상고시대의 무당이었나 봅니다. 무(巫)라는 한자를 보면 솟대 밑에 두 사람이 서서 하늘과 땅을 연결시키고 있으니, 무당이란 그야말로 천지인(天地人) 삼재(三才)의 조화가 아니겠습니까? 이게 바로 선사(禪師)들이 경전에 의지하지 않고 혼자서 깨우치는 도리 아닐까요?"

지금은 나도 잘 기억이 나지 않지만 어지간히 목소리를 높여 그 말씀을 드렸던 것 같다. 그랬더니 스님은 가만히 듣고 나서 이렇게 말씀하셨다.

"나도 다시 태어나면 무당이 되고 싶구나."

내가 하도 열렬히 주장해서 그렇게 맞장구를 쳐준 것인지, 정말로 그럴 뜻이 있었는지는 모르겠지만 정말 뜻밖의 대답이었다. 나는 내 주장에 열중하느라 스님의 표정을 제대로 살피지 않았으니 그 대답의 진실성에 대해서는 미처 알 수 없었다.

그런데 그 무렵은 스님께서 기도의 중요성을 강조하던 시기였다. 기도(祈禱)라는 수행법에 대해서 나름대로 확신을 갖고 당신이 직접 실천하고 신도들에게 권할 때였으므로, 아마 그 차원에서 옛 선인(仙人)들을 잠시 흠모했는지는 알 수 없다. 아니면, 내가 하도 넋을 잃고 주장하니까 계속 연구해 보라는 격려로 그렇게 말씀해 주신 건지도 알 수 없다.

어쨌든 나는 그 뒤로 선(禪), 천문(天文), 상고사(上古史), 역(易), 수(數), 지리(地理) 따위에 큰 관심을 갖고 접근했고, 덕분에 역사 소설가로 입신할 수 있었다.

스님이 좀더 건강하셨더라면 어지간히 자주 찾아가서 이것저것 캐물었을 텐데, 하는 수 없이 스님이 저술하거나 번역한 책을 읽으면서 갈증을 덜어야 했다. 『선관책진』, 『법보단경』 등의 저술에는 스님의 숨결이 워낙 깊게 배어 있어서 요즈음에도 스님을 친견하듯 펼쳐보고 있다.

이따금 내 소설을 읽은 독자들 중에서는 유난히 불교 이야기가 많이 나온다고들 말한다. 사실 그렇다. 내 소설에서는 대부분 스님이 중요한 인물로 꼭 등장한다. 다른 작품은 말할 것도 없고, 심지어 불교와 전혀 상관없는 소설 『천년 영웅 칭기즈칸』에서조차 주인공 제베를 고려 출신의 스님으로 설정했다. 광덕스님의 훈습을 입은 탓이다.

여기는 하늘이 잘 보여서 참 좋아

김정희 | 안성시 일죽면 대장

20년 간 군생활을 마치고 안성에서 예비군 지휘관으로 근무를 시작했을 무렵인 1992년 가을이다. 건강이 좋지 않던 나는 새벽에 운동겸 지형 숙지를 하기 위해 등산을 즐겨 했다. 서울에 집을 두고 시골 근무지에 혼자 있었으므로 새벽 등산을 하기에는 그야말로 안성맞춤이었다.

어느 날, 용설 저수지 근처에 절을 새로 짓고 있다는 소문을 들었다. 그래서 아침 등산 코스로 그곳을 찾아가 보기로 했다. 지도를 보고 절이 들어설 만한 자리는 등고선이 완만한 이 위치일 것이라고 판단하고 저수지 끝에 차를 두고 걸어 올라가기 시작했다. 작은 길을 따라 숲속 언덕을 지나니 조립식 건물이 나타났다.

겨우 기초공사를 마치고 조립식으로 건물을 지어 놓고 있는 이름 없는 불사 현장이었다. 이른 새벽이라서 그런지 인기척도 없었다. 절인데 부처님은 계실 테니 예배는 해야지 하고 큰 건물로 가보니 법당이었다. 문을 열고 들어가 보니 겉보기와는 달리 법당 안에는 부처님이 잘 모셔져 있었다. 삼배하고 방석을 깔고 앉아 잠시 참선을 했다.

얼마 후 밖으로 나와 성토해 놓은 곳을 돌아다니면서 체조도 하고 몸을 풀었다. 그리고 발길 닿는 대로 산길을 따라 밤나무와 잡목이 우거진 속을 거닐다 내려왔다. 법당 앞을 지나 내려오며 다시 합장을 하는데 아래쪽에 있는 작은 조립식 건물에서 보살 한 분이 다가와서 조용히 말했다.

"공양 좀 하고 가세요."

공양주 보살인 듯했다. 내가 쳐다보니 웃음을 지으며 말했다.

"큰스님께서 공양을 같이 하자고 하십니다."

"등산 삼아 왔다가는 길입니다. 괜찮습니다."

그런데도 공양주 보살은 굳이 걸음을 옮기는 나를 따라오면서 거듭 공양을 권했다.

"큰스님께서 공양시간에는 절에 있는 사람은 다같이 공양을 해야 한다고 하시면서 손님을 기다리고 계십니다."

꼭 나를 데리고 가야만 되겠다는 듯 공양주 보살은 나를 따라오며 난색을 표했다. 나도 절에 가끔 가봤지만 절에 있는 사람이 먼저 다가와 말을 거는 것은 처음 보는 일이었다.

"큰스님이 누구신데요?"

"광덕스님이라고 서울 불광사에 계시는 법주스님이십니다."

나는 공양주 보살을 따라가면서 광덕스님의 저서 『보현행원품 강의』를 읽은 기억을 떠올렸다.

요사채 건물에는 가재도구나 장식이 없어 그런지 빈 방처럼 보였다. 유리창이 커서 방안은 훤히 밝았다. 그 방 윗목 창 앞에 체구가 자그마한 스님이 작고 동그란 찻상에 밥 반 공기와 반찬 두어 가지를 차려 놓고 앉아 나를 기다리고 있었다. 쑥스러웠다. 나를 본 스님은 마치 아기처럼 얼굴 가득 웃음을 머금고 기뻐하셨다. 이분이 큰스님이구나 생각이 되었지만 웃고 있는 모습이 어린아이만 같아서 순간 믿기지 않았다.

공양을 하면서 나는 이 지역을 지키는 일을 하고 있으며, 외따로 있는 사찰에서 만약 수상한 사람을 보거든 신고를 해주셔야 한다는 말씀을 드렸다. 그러자 스님은 조용히 웃으셨다. 너무 딱딱한 말씀만 드렸다싶어 이번에는 스님의 저서를 읽고 감명을 받았다고도 말씀드렸다. 앞으로 스님이 여기 계속 계실 거냐고 여쭈어 보니 스님은 며칠 뒤 법회가 있어 서울로 가봐야 한다고 대답하셨다.

공양주 보살은 큰스님이 건강도 안 좋으신데 쉬지 않고 글을 쓰신다고 하며, 좀 편히 쉬라고 아무도 몰래 모셔왔는데 여기서도 일을 너무 많이 하셔서 걱정이라고 했다. 스님은 빙그레 웃으며 하실 일이 많아 할 수 없다고 하셨다.

공양을 마치고 법당으로 올라가기 위해 스님이 불편한 몸을 일으킬 때 힘겨워하시는 모습을 보니 법랍 높은 노구임을 짐작할 수 있었다.

스님은 아직 9월인데 털신을 신고 솜옷까지 입은 채 문을 나섰다. 팔을 부축해 드리니 괜찮다고 하시며 팔자 걸음을 꽤 자주 옮기셨다. 그렇지만 발길은 앞으로 나아가지 않고 제자리걸음을 놓는 듯했다. 조금 그렇게 가시다가 멈춰 서서 숨을 고르며 말씀을 하시고, 또 조금 걷다가 쉬곤 하셨다.

그러면서 상좌가 불사를 벌려 놓은 것을 걱정하셨다. 나같은 졸장을 큰 벼슬이라도 하는 사람인 줄 아셨는지 자주 좀 와서 의논도 해주고, 상좌를 많이 도와달라는 말씀을 간곡하게 하셨다.

스님은 법당 앞에 이르자 멈춰 서시며 모처럼 허리를 펴셨다. 그리고 앞에 보이는 도솔산 자락과 그 뒤 죽림산을 지나 하늘을 둘러보셨다.

"여기는 하늘이 잘 보여서 참 좋아. 구름이 참 아름다워."

그 순간은 그 말씀이 귀에 잘 안 들리고, 서둘러 스님을 법당으로 모셔드렸다. 그리고 이만 돌아가겠노라고 합장을 하니까 스님은 나보다 더

공손히 합장을 하셨다.

돌아오는 길에 하늘을 보니 무심히 보던 하늘 그대로였지만, 왠지 더 맑고 아름다워 보였다. 과연 하늘이나 구름이 문제가 아니라 그걸 바라보는 사람의 심성이 고와야 그 아름다움이 보이는 것 같았다. 이렇게 좋은 곳을 두고 하늘이 안 보이는 서울로 법회 하러 갈 준비를 하신다며 법당으로 가시던 스님의 뒷모습이 못내 잊혀지지 않는다.

제4장
普賢行願頌
우바이

花有淸香   꽃에는   맑은향   퍼지고
月有陰   달에는   그윽함   흐르네.

선호념(善護念) 하시고 선부촉(善付囑) 하심인가

실상화 윤용숙(實相華 尹用淑) | 여성문제연구회 회장

1. 형제자매 여러분

불광사 법주이신 광덕스님이 천천히 법상에 오르신다. 스님의 맑고 밝게 빛나는 상호(相好)를 우러러 합장한 대중을 향해 스님은 "형제자매 여러분!"을 힘차고 낭랑한 음성으로 부르신다. 법회에 모인 대중은 감동의 전류가 흐른 듯 일시에 숙연해진다.

초기 경전 상윳타 니카야에도 위와 같은 성스럽고 감동적인 장면이 자주 나온다. 세존께서 "수행승들이여!"라고 수행승들을 부르시면 수행승들은 "세존이시여!"라고 세존께 대답한다. 다시 세존께서는 질문을 던지시고 수행승들은,

> "세존이시여, 우리들의 법은 세존을 뿌리로 하고 세존을 의지처로 합니다. 세존이시여, 그 말씀하신 뜻을 설명해 주시면 고맙겠습니다. 모든 수행승들은 세존의 말씀을 듣고 받아 지니겠습니다."

(상윳타 니카야 4, p.540 참조)

스님은 '형제자매 여러분'을 왜 그다지도 간곡하고 절절한 음성으로 부르셨을까? '수행승들이여'라고 부처님이 수행승들을 부르시면 '부처님이시여'라고 수행승들이 화답하여 설법이 이루어졌듯이, '형제자매 여러분'이 한마디의 부르심으로 팔만 사천의 법의 문〔法門〕을 열어 어리석은 중생들을 선호념(善護念) 하시고 선부촉(善付囑) 하셨음인가?

'형제자매 여러분', 이 한마디는 스님의 어떤 법문보다도 더 큰 감동과 환희로 내 마음에 고동치곤 했다.

연기(緣起)적 존재인 우리는 얼마나 진지하게 한 뿌리요 둘이 아닌 불이(不二) 형제자매임을 사무치게 깨닫고 있는지? 지금도 '형제자매 여러분'을 소리 높여 부르시던 스님의 음성이 나의 귓전을 울린다.

2. 불은(佛恩)으로 만난 스님

그게 언제쯤이었는지, 그곳이 어디였는지 기억에서 희미해졌지만 지금은 열반에 드신 홍도스님이 어느 날 나를 찾아오셨다. 불명도 없던 내게, "보살님, 우리 어디 좀 같이 갑시다." 하셨다. 거역할 처지도 아니고 해서 얼떨결에 따라나섰다. 나중에 불광사 법주가 되신 광덕스님은 그때 위 수술을 받고 요양 중이셨는데 홍도스님이 병 문안 길에 나를 스님께 인도하셨던 것이다. 병석에서도 해맑은 눈빛과 환한 미소로 맞아 주시던 스님과의 소중한 만남은 그렇게 이루어졌다.

송암스님은 『광덕스님 시봉일기 2』에서 나를 일러, "과거 전생부터 다짐하고 서원하여 스님의 가르침으로 보리심을 발하여 불도를 닦기를 발원하였던 사람 같다."고 말씀하셨듯이 스님을 인고(忍苦)의 사바세계에서 선지식으로 모실 수 있었음은 내게 있어 더할 나위 없는 불은(佛恩)이 아닐 수 없다.

1974년은 내 삶의 여정에서 아주 중요한 획을 그었던 시기다.

불이회(不二會) 초대 회장직을 맡아, 부처님의 가르침, '상구보리 하화중생(上求菩提 下化衆生)'을 따라 살기로 서원하고 의기투합하는 도반 몇이 모여 여성불자들의 모임을 출발시킨 것이다. 그때 스님은 불이회 지도법사가 되어 주셨으니 더할 수 없는 영광이 아닐 수 없었다.

불이회는 한국불교 중흥의 선구적 역군이 될 참신한 젊은 일꾼을 육성함을 목적으로, 연구·실천·장학·출가면학 등 4개 분야(지금은 연구·실천분야로 통일됨)에 걸쳐 탁월한 가능성을 보인 젊은 인재를 발굴하여 그들의 보다 알찬 발전 향상을 도모하기 위해 매년 성도재일(지금은 7월 5일, 불이회 창립일로 시상일자를 바꿈)에 시상하는 '불이상(不二賞, 올해로 17회)'을 제정하였다. 스님은 초창기 몇 년 간 흔쾌히 심사위원으로 참여하여 주셔서 불이상의 위상이 불교계에 크게 선양될 수 있었다.

1992년, 보현보살의 행원(行願)을 기려 지으신 창작 국악 교성곡(交聲曲) '보현행원송'을 5백여 명이 넘는 신심 장한 불자들이 환희심으로 승화시켜 소리공양 올린 보현행원의 메아리가 세종문화회관에서 울려 퍼졌다. 스님 불멸의 대작불사에 동참하여 우주 법계에 띄운 맑은 소리 공양은 내게는 1996년에 발표한 '부모은중송'과 더불어 길이 기억될 일대 장거였다.

또 내게 늘 깨어 있는 전법사(傳法師)가 되라고 '불광 제2호 포교사'증을 주신 일이며, 해마다 불광 창립법회 때 부처님 전에 꽃공양을 올리게 해주신 은혜도 지중하다.

"생전에 취지와 목적, 그리고 이름을 '불광사회과학연구원'이라 정해두시고 열반에 드신 광덕 큰스님의 『법어주해총람』을 간행하여 불광정신과 불광운동의 바르고도 강력한 구심점으로 삼음"의 기치를 높이 들고 불사를 시작한 '불광사회과학연구원'에 적극 동참하여 스님의 못다 이룬 큰 뜻을 펴는 일이 곧 모든 사람들이 행복한 삶을 살 수 있는 지름 길임을 믿어 의심치 않는다. 이를 '위타인설(爲他人說)'의 방편으로 삼아 지중하신 스님의 은혜를 갚고자 한다.

3. 방하착(放下着), 놓아버려라

불교실업인회(光明會)는 1979년 1월 창립법회를 가진 이래 3백여 명의 기업인들이 회원으로 가입되어 있다. 이들은 매달 한번씩 조찬법회를 갖고 때로는 주말을 이용, 철야정진을 하면서 보살도를 깨치려는 노력을 계속하고 있다. 때때로 고아원이나 양로원 등을 찾아 보시를 하기도 한다.

'사업을 하면서 수행을 같이하여 마음을 비움으로써 재물에 대한 집착을 끊는 것'을 기본 정신으로 하는 이 불교실업인회의 초대 회장은 채원식 변호사(전 치안국장)가 지냈고, 그 후 2대 한갑진 회장(한진영화사 사장), 3대 이석명 회장(고려개발 사장)을 거쳐 현재는 유홍우 유성기업 사장이 4대 회장직을 맡고 있다.

(「중앙일보」, 1982.9.11.)

유홍우 회장(본인의 남편)은 회장 취임 후 부부동반 조찬법회에 불광사 법주이신 광덕스님을 첫번째 법사로 모셨다. 스님은 '놓아라'라고 '할'을 하시듯 말씀하시고 양구(良久)하신 후, 다음과 같은 이야기를 들려주셨다.

부처님 당시에 흑씨범지(黑氏梵志)라는 바라문 수행자가 있었다. 어느 날, 부처님을 뵙고 싶었는데 그냥 갈 수 없어서 꽃공양을 올리고자 오동

나무 꽃 두 송이를 양손에 들고 부처님 앞에 서 있었다.

"선인(仙人)아!"

"예."

"놓아버려라."

범지는 왼손의 꽃 한 송이를 버렸다.

"놓아버려라."

범지는 다시 오른손의 꽃 한 송이마저 버렸다.

"놓아버려라."

"세존이시여, 저는 지금 빈손으로 서 있거늘 무엇을 버리라고 하시나이까?"

"나는 너에게 그 꽃을 버리라고 한 것이 아니다. 너는 밖의 육진(六塵)과 안의 육근(六根)과 중간의 육식(六識)을 일시에 버려서, 버릴 것이 없는 곳이라야 그때가 생사(生死)를 면하는 곳이니라."

흑씨범지는 부처님의 이 말씀에 무생법인(無生法忍)을 얻었다.

그때 스님의 설법은 유홍우 보덕거사(普德居士, 후에 스님이 내리신 법명)의 '화두'가 되어 사업을 하면서 여러 문제에 봉착할 때마다 '방하착, 놓아라'를 들고 마음을 다스리며 살고 있다.

세상살이를 하는 사업가에겐 두 손에 든 꽃송이는 재물일 터이다. 그 재산을 쾌척해서 '재단법인 보덕학회(普德學會)'를 설립하게 된 동기유발은 스님의 '방하착, 놓아라' 법문으로 거슬러 올라간다.

1992년 10월 중순경, 스님을 찾아뵙고 보현보살님의 행원을 실천하기 위해 우리 내외가 재단법인을 설립하고자 한다는 뜻을 말씀드리니, 한참동안 양구(良久)하신 끝에,

"재단법인을 설립하겠다는 것은 하나의 큰그릇을 만듦과 같은 이치입니다. 흔히 수행과 보시는 별개의 것인 양 생각하기 쉬우나, 자비의 실천

312

을 통해서 지혜도 함께 자라 지견이 열리게 됩니다."고 격려를 아끼지
않으셨다.

보현보살의 십대행원을 불·법·승 삼보로 요약하여 서툰 대로 재단
법인의 목적과 사업에 대한 요지를 정리하여 스님께 보여 드렸더니, 문
화체육부에 제출할 수 있는 용어로 고쳐 주셨고 재단법인의 이름을 보
덕학회(普德學會)라 명명해 주셨다.

1993년 3월 30일 문민정부 제1호로 '재단법인 보덕학회'의 정식 인가
가 문화체육부(현 문화관광부)로부터 나왔다. 승인에 관한 경과보고 차
불광사에 들러 스님께 인사 올리니, 경하해 마지않는다며 '보덕'은 관세
음보살의 별칭이나 덕운거사(보덕거사의 첫 불명)가 보현보살의 행원을
실천하는 학회라는 분명한 의지가 담겼으니 괜찮다며 거사의 불명을
'보덕'이라 하시고 계첩(수계증)을 주셨다.

진정한 '진어자(眞語者)·실어자(實語者)·여어자(如語者)·불광어자(不
誑語者)·불이어자(不異語者)'이셨던 스님은 필요한 때, 필요한 말을, 필
요한 만큼 잘 구사하시던 화력(話力, 불교에서는 說通)이 이루어 낸 큰 업
적이라 아니할 수 없다.

4. 수희공덕원(隨喜功德願)

재단법인 보덕학회의 취지문과 설립 목적은 다음과 같다.

"……우리는 이 학회를 통하여 시방삼세(十方三世)의 법계에 충만하신
불보를 찬양 공경하며, 원융무이(圓融無二) 적정무사(寂靜無私)하라 하신
법보를 선양 홍포하고, 정법에 의한 위대한 화합의 공동체를 실현하는
제 사업을 추진해 갈 것을 기약한다."

이 법인은 불교 교법의 선양, 수행, 연구 및 그를 위한 시설의 운영과

사업을 지원하여 불교사상에 입각한 건전한 사회기풍 조성과 문화 형성
에 이바지함을 목적으로 하였다.

> ① 사찰·선원·포교원·염불원·승가대학 지원 등 불보를 호지하
>   는 사업.
> ② 불교 교학의 연구 지원, 법회 및 문화행사, 출판 보급 등 법보를 호
>   지하는 사업.
> ③ 장학사업, 사회복지사업 등 승보를 호지하는 사업.
> ④ 기타 불법 호지 및 전법에 관한 사업.
> ⑤ 위 목적사업 수행에 필요한 부대사업.

위와 같은 사업을 하기 위해 보현보살의 십대행원 중에서 특히 '남이
짓는 공덕을 기뻐하는 수희공덕분'에 초점을 맞추었다. 그래서 보덕학회
의 취지와 설립 목적에 합일되는 불·법·승 삼보 호지(護持)와 전법(傳
法)에 적극적인 사람 혹은 단체에 1993년부터 후원하고 있다.

나는 재단법인 보덕학회의 설립 목적 속에는 스님의 사상과 불국토
건설의 이상이 여법하게 숨쉬고 있음을 믿어 의심치 않는다.

스님이 노래하신 「보현행자의 서원」처럼 '감사와 함께 기뻐하는 이
심묘한 법을 생명껏 노래하고 받들어 행하는 일'에 동참하고 있음은 크
나큰 홍복(洪福)이 아닐 수 없다.

5. 내 이웃이 곧 불보살님

한번은 스님을 찾아뵌 자리에서 스님의 기도문은 어떤 것일까? 궁금
해서 용기를 내어 여쭈어 보았다.

스님은 예의 환한 웃음을 얼굴 가득 머금고, "나의 생명의 근원이신

부처님, 나에게 건강과 행복을 주신 은혜 감사합니다.……"로 시작된다
고 하셨다. 그때 '나의 생명의 근원'은 이해가 가나 병고에 시달리시는
스님이 '건강과 행복' 운운 하셔서 속으로 무척 의아했던 기억이 새롭다.
　스님을 자주 찾아뵙지도 않았고, 인사도 간단히(예를 들면 삼배를 일배
로), 질문도 없이, 잠깐 문안드리고만 까닭은 많은 신도님들을 일일이 응
대하시려면 그 병약하신 몸으로 얼마나 힘드실까? 나만이라도 사양지심
을 발휘해야지 하는 오로지 이 한 가지 이유에서였다. 지금 와서 돌이켜
보니 이런 생각이야말로 참으로 알량한 중생심이었음을 어찌 알았으리
요.
　1999년 스님이 열반하신 해 6월에 예기치 않았던 병마로 나는 생사의
갈림길에 섰다.

　　몸에 병 없기를 바라지 말라.
　　몸에 병이 없으면
　　탐욕이 생기기 쉽다.
　　그래서 성인이 말씀하기를
　　'병고(病苦)로써
　　양약(良藥)을 삼으라'
　　하셨느니라.

〔보왕삼매론(寶王三昧論)〕

　영화 필름이 한동안 끊어졌다 이어지기라도 한 것처럼 마취한 상태
때의 일은 전혀 기억해 낼 수 없음이 유감스럽다. 그 순간을 일러 생사
의 갈림길이었다고 말해도 좋으리라.
　몸속의 암적 존재를 제거하고 새 심지로 바꿔 끼우듯 수술을 마치고
마취에서 깨어나는 순간 나를 빙 둘러 일심으로 기도하며 호위하고 지

키고 있던 가족 친지 모두가 경전 속에 등장하는 바로 그 불보살님들이었음을 확연히 깨달았다.

불보살님은 도달할 수 없는 저 높은 열반의 세계 혹은 경전 속에만 계시지 않았다. 남편보살, 친지보살, 아들딸 보살로 항상 내 이웃에 함께 숨쉬고 살고 있었음을, 참으로 감격 속에서 내 마음에 새롭게 그들을 맞아들이던 소중한 순간이었다.

병원 침대에 누워 있으려니 마치 고삐 풀린 망아지가 천방지축 날뛰다 비로소 고삐를 잡힌 듯한 묘한 기분에 휩싸였다. 그동안 잘못 살았구나 싶은 자괴지심(自愧之心)으로 마음이 자못 허허로웠다. 그러나 '병고로 양약을 삼으라' 하셨듯이 건강을 해치고 나서 모두를 잃은 것만은 아니라는 기특한 생각도 들었다.

시간을 가불해 쓰듯 많은 약속을 하고, 또 약속으로 주객이 전도되어 허송하며 헛살았던 그 많은 세월들.

바로 여기, 바로 지금 잘 사는 것이 바로 사는 일임을 어렴풋하게나마 깨친 것도 얻은 것 중의 하나요, 무엇보다 이웃이 곧 불보살님임을 통철(洞徹)히 자각하게 된 것은 기쁨 중의 기쁨이다.

입원하면 누구랄 것 없이 환자복 일색이 된다. 평생을 아상(我相)이 만들어 놓은 최면에 걸려 살다 보니 가장 마지막까지 버려지지 않는 놈이 뭣뭣인 척하는 체면이란 딱지였다. 체면은 참으로 끈질긴 생명력을 가진 잡초 같은 몹쓸 무명(無明)의 허상이었다.

환자복을 입고 생면 부지의 사람들과 어울려 생활하다 보니 어느 순간 감격스런 느낌을 받았던 기억이 새롭다. 부처님 진실생명이야말로 높고 낮은 귀천의 신분 차별이 있는 것도, 잘나고 못난 상대적 존재도 아닌 절대 평등 자리에 뿌리 내려져 있다는 사실을 노래하지 않을 수 없었음이다.

흘러가는 구름, 나뭇잎을 흔드는 바람의 자취, 새들의 날개짓, 움직이는 모든 것이 경이로움이었고 최상의 아름다움이었다. 인욕보살이셨던 스님은 병원생활을 하는 동안 나의 훌륭한 반면교사가 되어 주셨다.

6. 회향의 삶

민속마을 경북 안동 하회에 한옥 한 채를 지었다.

주초에 기둥을 세우는 입주식을 치르고 나면, 기둥으로 다듬어진 나무가 주초를 뿌리로 삼고서 다시 생명력을 발휘하며 살아나서 몇 백년을 견딘다는 사실을 알아낸 것은 참으로 소중한 깨침이었다.

뿌리인 조상에서 자손으로 면면히 이어지는 가족사의 교훈도 마땅히 이러한 맥락 위에서 이야기되어질 수 있다고 생각되어 창건기인 「어머니가 지은 한옥」을 집을 짓듯 글로 지었다.

집 짓는 과정에서 세상이 철저히 부처님의 가르침인 연기법(緣起法)으로 운행되고 있어 어느 것 하나 상호관계 속에서 자유로울 수 없다는 사실을 깨닫고 숙연해졌다. 이러한 이치로 사는 동안 알게 모르게 내 평생화(平生畵)의 밑그림이 감사(感謝) 일색으로 갈무리되었음을 알게 되었다.

스님은 심원정사(尋源精舍, 고향에 지은 한옥의 택호)가 있는 경상북도 안동 하회마을까지 그 먼 길을 행차하여 주셨고, 마음으로 심원정사의 창건을 심축(心祝)해 주셨다.

선각자들의 예언대로 지구촌 시대가 막을 내리고, 우주촌 시대인 사이버시대의 막이 활짝 열렸다. 사이버시대의 두드러진 특징을 꼽는다면 '소유'에서 '공유'로 생활양식은 물론 의식까지 개벽되는 것을 의미한다. 이런 대변혁의 시대에 우리는 어떻게 살아야 잘 사는 것일까?

스님은 이미 '대방광불화엄경의 불화신(佛化身)이신 보현보살의 행원

(行願)'에 사이버 시대의 삶의 지표가 제시되어 있음을 갈파하시고 '보현
행원송' 교성곡(交聲曲)은 물론 「보현행자의 서원」을 기술하셨다.

제가 지은 공덕은 일체 중생의 공덕이 되어
저들의 미혹한 마음이 활짝 밝아지오며
불보살이 이루신 바 모든 공덕을 수용하고
불국토의 청정광명을 영겁토록 누려지이다.
옛 불보살이 이러하셨으며
오늘의 불보살이 이러하시오매
저희들의 회향도 또한 이러하옵니다.

(「보현행자의 서원」에서, 금하당 광덕스님)

"큰스님, 금하당 광덕 큰스님. 무량광(無量光) 빛으로 돌아오시어 우리
곁에 계시면서, 미혹한 중생 지혜의 눈 뜨게 하시고, 그리하여 보현행원
으로 보리 이루게 하여지이다.
나무마하반야바라밀."

어쩌면 스님의 제자가 될 수도 있었을 텐데

뜬구름 홍신자(洪信子) | 무용가

　시골 생활을 하면서 집 짓는 일은 가장 중요한 일이면서도 큰 즐거움이다. 내가 살고 있는 이곳 죽산에는 특히 오래되어 폐허가 되었거나 주인이 멀리 떠나버린 빈 집이 흔하다. 그렇건만 짙은 흙향이 온 집안에서 배어나오는 그 깊은 느낌 앞에서는 디자인이나 인테리어 따위가 부질없다. 오래된 집은 보고만 있어도 그 역사를 느낄 수 있다. 수많은 계절을 겪은 후에 다시 맞이하는 계절에서 더 이상 혼돈이 없음을 알 수 있게 되듯이 말이다. 깊은 고요와 침묵, 그래서 여느 집과는 다르다.

　몇 년 전부터 우리는 흙집을 짓기로 하고, 지붕을 어떻게 할 것인지 고민하다 이곳 용설리에 사는 한 건축가에게 자문을 구했다. 그분은 이곳에서 약 15분만 가면 불광원이 있는데, 그곳 지붕을 그가 적색목으로 했으니 한번 가서 구경해 보라고 했다. 그 건축가가 일러준 곳은 내가 살고 있는 곳에서 그리 멀지 않은, 집이 드문드문 있는 한적하고 고요한 곳이었다. 겉에서만 보아도 분위기며 운치가 달라 보였다. 집 전체를 나무로 지었는데, 집을 손질한 구석구석에 가득한 정성이 느껴졌다.

　주인이 나오면 허락을 받고 집안을 좀더 자세히 보고 싶어서 머뭇거렸다. 한참을 기웃거려도 주인이 나오지 않아 서운한 마음에 다시 한번 찾아오리라 마음먹고 떠나려는 순간, 현관문이 조용히 열리며 한 여자분이 모습을 나타냈다.

"혹시 홍신자 선생님 아니세요?"

그 여자분은 내가 쓰고 있는 검은 갈색의 선글라스 너머의 나를 확인하려는 듯했다.

"네, 그런데요."

그 여자분은 놀랍고도 반가운, 그리고 기쁜 얼굴로 함빡 웃었다. 그러고는 잠깐만 기다리라는 말과 함께 안으로 들어가더니 금방 다시 나와 우리 일행을 안으로 초대했다. 좀 어리둥절했지만 그냥 집안이 어떤지 호기심도 있고 하여 안으로 들어섰다. 집밖처럼 집안도 나무로 짓고 꾸몄다. 그래서 나무향이 집안 가득하였다. 일반 집과는 왠지 다르다 했는데 집안 중앙에 법당이 있었다. 그 여자분은 그곳은 광덕 큰스님께서 거처하는 곳이며, 자신은 스님을 모시는 보살이라고 소개했다.

얼마 전 그 보살은 나의 자전적 에세이인 『자유를 위한 변명』을 읽고 큰 감동을 받아 광덕스님께 매일 조금씩 읽어드렸다고 말했다. 스님 역시 감동을 받으셨다는 말에 나는 약간 의아했다. 아직도 한국사회에서는 여자가 하는 행위, 특히나 구도와 관련된 일이라면 의아하게 생각하며 순수하게 받아들이지 못하는 경우가 많기 때문이다.

한국사회 전반이 남성 위주로 형성되어 있으며, 구도의 길까지도 남성 특유의 길인 듯 착각되는 느낌이 많다. 그런 사회의 전반적인 선입견 때문에 내 구도 행위가 많은 파문을 일으켰다. 내 책을 통해 감동을 받았다는 사람들은 많았지만, 스님이 그것도 큰스님이라는 분이 감동을 받았다는 말은 거의 들어보지도 못했고, 상상하기도 어려웠다. 구도자의 입장에서 또 다른 형태의 구도 행위를 쉽게 수용하고 받아들인다는 것이 쉽지 않기 때문에 나는 광덕스님이란 분이 어떤 큰스님인지 보지 않아도 알 것 같아 이미 그분을 만나기 위해 자세를 경건하게 가졌다. 보살은 물론 큰스님께서도 나를 만나고 싶어했는데 우연히도 내가 오늘 나타난 것이라고 말했다.

보살은, 안에서만 밖을 내다볼 수 있는 커다란 유리창으로 나를 열심히 보다가 내가 떠나려고 할 무렵 용기를 내어 불렀다는 것이었다. 너무도 뜻밖에 내가 출현한 바람에 설마설마 했다며 보살은 그때까지도 흥분을 감추지 못했다. 보살은 먼저 나를 소파에 앉힌 후, 스님이 만나시면 반가워하실 것이라며 큰스님의 방으로 들어갔다.

얼마 후 보살은 큰스님을 간신히 부축해서 나왔다. 나는 의아하고 놀라는 마음으로 큰스님과 첫 만남을 갖게 되었다. 거동이 무척 힘들어 보이는 스님이었지만 순수하고 깨끗한 빛이 스님 주위에 가득했다. 오직 존재 그 자체일 뿐이었다. 큰스님께서는 몸이 부담스러워 보였다. 이미 낡은 옷, 곧 벗어야 할 옷을 아직도 거추장스럽게 걸치고 계실 뿐이었다.

나는 경건한 자세로 자리에서 일어나 스님을 맞이했다. 보살님의 부축에 온몸을 맡기고 서서히 움직이셨지만, 결코 그 움직임이 무겁게 느껴지지는 않았다. 아주 가벼운 구름 마냥 조용한 산이 소리 없이 움직이는 듯했다. 더 이상 속세의 기운이 느껴지지 않았다. 속세의 번뇌도, 속세의 희로애락도 모두 떠난 오로지 고요한 깊은 정적만이 맴돌았다.

한때 하와이 정글에서 생활할 때의 일이다. 산책 도중 깊은 숲속을 만난 적이 있었다. 어떻게 그 숲속에 다다랐는지는 지금도 생각하면 꿈만 같다. 커다란 나무로 우거진 숲속, 아무도 인기척을 느낄 수 없는 깊은 곳, 그곳에서 두려움보다는 오히려 깊은 평온을 느꼈다. 숲속 깊숙이 들어갈수록 많은 빛으로 눈부셨다. 들어본 듯하기도 하고, 아니기도 한 신비한 새들의 소리가 그들의 몸짓과 함께 숲속에 가득했다.

큰스님을 마주한 순간 나는 잊고 있던, 인도 순례 길에서 뵈었던 여러 인도 승려, 요기 그리고 구루족이 떠올랐다. 그러면서 나는 이제 이곳에서 자리잡고 살고 있는 생활인이 아닌가 문득 나를 되돌아보게 되었다. 그리고 하와이 정글에서 지금도 들리는 듯한 새소리, 그때 숲속을 지나 처음 보았던 맑디맑은 푸른 하늘에 새하얀 구름이 춤추는 듯한 사뿐한 모습, 찰나 한동안 잊고 있던 인도와 하와이가 떠올랐다.

큰스님은 처음엔 아무 말이 없으셨다. 한 존재 그 자체가 홀로 계시고 있었다. 마치 나무나 구름 마냥, 바람 마냥, 그렇게 한 존재의 순수함이 내 앞에 계셨다. 간신히 스님은 입을 여셨다.

"홍 선생은 그렇게 훌륭한 공부를 하셨는데, 어리석은 저는 공부를 잘 못하여 이렇게 몸을 망치고 말았습니다."

그 순간 나는 몸둘 바를 몰랐다. 큰절을 내가 몇 번 하여도 시원찮은데 큰스님이 한 여자에게 이런 찬사의 말씀을 하시다니 정말이지 몸둘 바를 몰랐다. 말로써 그 대답을 한다는 것은 오히려 더 어색했다. 그래서 다만 침묵으로 있었다. 더 이상 스님이 아무 말씀이 없으셨으면 바랐다. 스님의 그 한마디가 얼마나 힘드신 것인지 알 수 있었다. 생각에서 기억으로, 다시 말로……. 스님은 그냥 침묵으로 그렇게 계셔도 내겐 감동이 일어나고 있었다.

스님에게서 흐르는 은은한 향, 부드러운 바람 같음, 고요한 호수 같음이, 그런가 하면 큰산이나 바위 같은 엄숙하고 강력한 압도감이 느껴졌다. 그 속에서 잠깐 시간이 멈췄다. 나로서는 그 잠깐의 만남이 충분하였다.

스님이 소파에 앉아 계시는 모습이 다시 부담이 되기 시작했다. 얼마간 우리는 침묵을 지키고 서로의 존재만을 느꼈다. 그러나 나는 스님께서 쉬는 것이 좋겠다고 권유드리고, 보살은 서서히 스님을 부축하여 세우고 방으로 향했다.

보살이 다시 나와 내 손을 잡고 앞으로 시간이 나면 가끔 와서 기치료를 해달라고 부탁했다. 나는 치유할 자신이 선뜻 서지 않았다. 이미 모든 속세의 것을 떠나신 이 큰스님께 어떤 치유가 필요할까. 다시 대우주와 하나로 합치는 그 순간을 기다리고 계시는 분인데…….

보살의 지극한 정성과 부탁으로 언젠가 이렇게 준비 없이 불쑥 나타나지 않고, 준비된 마음으로 다시 올 것을 약속하고 나는 그곳을 나왔다.

그후 바쁜 생활 속에서 그 큰스님 모습이 가끔 떠올랐다. 내가 인도를 가기 전에 뵈었다면 또 다른 구도의 길이 일어나진 않았을까? 인도에 가서 여러 고승을 만나고, 드디어 한때 라즈니쉬 제자까지 되었지만, 인도의 인연이 없었다면 나는 이 광덕스님의 제자가 될 수도 있지 않았을까?

작년 1998년, 이곳 죽산 생활을 모아 딸에게 보내는 편지 형식의 에세이 『나도 너에게 자유를 주고 싶다』라는 책이 나온 후 곧 책을 들고 광덕스님을 찾아가 뵙고, 이젠 나대로의 기치료를 하리라 마음먹고 있었다. 그리고 연말 공연 관계로 해외로 가면서 4월 꽃이 피면 한번 찾아가 뵙겠다고 그 보살에게 책도 전하고, 마음도 전했다. 다시 한번 뵙고 싶은 생각이 들었다.

3월에 돌아오니 스님께서는 그러나 열반하셨다고 전해 들었다. 순간 모든 것이 멈추는 듯했다. 왜 진작 한번 가 뵙지 못했을까? 더욱 스님 모습이 떠올랐다. 큰스님과 상봉한 시간은 5분 내외였지만, 그 어떤 구도인의 모습보다 더 생생하고 강력하게 내 기억에 남아 있다. 지극히도 맑고 깊은 스님의 눈빛, 또 뵐 수 없는 아쉬움, 내 깊은 곳을 흔들어 주신 분, 더 못 뵙는 후회보다는 단 한번의 귀중한 만남에 감사드리고 싶다. 만남과 이별, 낮과 밤, 오르막과 내리막, 슬픔과 기쁨, 탄생과 주검 같은 모든 삶의 현상은 음양의 조화에 있는 것이 아닐까?

　만남과 이별이 결코 다르지 않고, 행복과 불행이 다르지 않고, 탄생과 주검이 다르지 않으며 순간과 영원이 하나가 아닌가? 그 모든 것이 현상 세계에서는 속임수일 뿐이다. 그 큰스님의 시간과 공간을 초월한 그 모습, 그 순수한 눈빛, 한 작은 우주를 그 많은 이에게 깨우치게 해주신 스님.

　라즈니쉬가 화려한 분장으로 쳐다보기 눈부신 모습의 구루이고, 광덕 스님은 화장기 하나 없는 맑고 청순한 모습의 구루라고 한다면, 어찌 보면 나는 세기의 행운아일 수도 있다. 이런 분들을 모두 만나뵐 수 있었으니 말이다. 나무는 여럿이 함께 있어도 언제나 홀로 있음을 다시 한번 느낀다.

1999년 5월 웃는 돌 水水堂에서
무용가 홍신자

향적당(香積堂)을 삼보전에 봉헌하고

평등심 신송심(平等心 辛松心) | 도피안사 향적회장

언젠가 주지(송암)스님이 나에게 써준 글이 있다. 인생살이에서 용기가 필요할 때면 때때로 꺼내어 읽어본다. 그때마다 감회가 새롭고 새로운 용기가 솟아나기도 한다. 먼저 소개한다.

도솔산 장부가 묘향대(妙香臺)에 높이 누워
오른팔을 벌리면 북해(北海)가 차갑고
왼팔을 뻗치면 남쪽 바다〔南極〕에 닿는다.
머리는 부상(扶桑, 해뜨는 곳)에 있고
발은 함지(咸池, 해지는 곳)에 담겨 있네.
어쩌다 무릎을 구부리면 곤륜산(崑崙山)이 걸리고
손으로 배를 쓸면 설산(雪山)이 차갑구나.
기침 소리에 태평양 물결이 거칠고
들숨날숨 따라 비바람 출몰하는도다.

구태가 있긴 해도 장쾌한 맛이 일품이다. 또 이런 감성적인 글도 있다. 마저 소개한다.

달빛 실은 도솔산

중천(中天)에 외로운 달(孤月, 둥근 달)
기나긴 항해 끝에
도솔산에 이르면
연꽃 봉우리에 발목 잡혀
서천행(西天行)을 못하누나.

어쩌면 벗어날까.
몸부림치다가 흘리는 달님의 땀방울, 눈물방울.
오, 쏟아지는 은구슬이어라.
은구슬 영롱한 달님의 하얀 미소, 빛방울 방울들.

제멋대로 마구 자란 풀잎, 나뭇잎.
그 위에 은구슬 사뿐히 내려앉으면
간지러움을 참지 못해 질러대는
그들의 비명, 교태.
아, 밤중에 벌어지는 도솔산의 광란.
달빛 소나타여.

　나는 아들을 먼저 저 세상으로 떠나보내고 3년 동안 원도 한도 없이 기도했다. 내 가슴속에서 아들이 이제는 충분히 다음 생을 받았다는 믿음이 생길 때까지 오직 기도로 살았고 기도로 아픔을 녹여내었다. 아니 아들이 꿈속에라도 나타나서 이고득락의 사실을 확인해 줄 때까지 주야장천 기도로 살았던 것이다. 돈 들어도 아들에게 좋은 일이라면 망설인 일이 없었고, 몸이 아파도 아들에게 도움되는 일이라면 내 몸을 아껴본 적도 없었다. 그 당시 아들에게 좋은 일이라면 그를 위해 거의 안 해본 일이 없다시피 했다. 역시 부처님 법은 허망치 않아 내가 간절히 기도하고 축원 올리면 죽은 아들과 대화도 이루어졌다. 물론 꿈속의 일이긴 해도 나에게는 생시나 다름없었다.

아, 그래도 아쉬운 것이 부모의 마음이고 아무리 정성을 쏟았어도 미진하기만 했던 것이 어미의 마음이었는지, 어느 때나 가슴속에 남아 있는 생각은 보다 뜻 깊은 인연을 만나서 마지막으로 아들의 공덕을 짓고 싶었다. 아들을 위한 그동안의 기도와 모든 선행을 회향하고 싶었던 것이다. 마지막으로 금생 어미인 내가 아들을 위한 추선작복(追善作福)을 하여 다음 생을 받아서 새로 태어날 그를 위해, 아니 다른 부모에게는 나와 같은 가슴아픈 일이 없도록 하기 위해 공덕을 더 지어주고 싶었던 것이다. 세상에 좋은 일도 많고 뜻 깊은 일도 많겠지만 사람의 정신을 바로 세우는 일만큼 긴요한 일은 아마 없을 것이다. 그래서 나는 한사코 부처님 가르침을 널리 펴는 일을 하여 아들의 공덕을 짓고 싶었다.

그런 생각으로 어느 절 대웅전을 지을까? 유명한 기도도량의 지장전을 지어볼까? 아니면 아라한전을 지어서 즉시 발복을 해볼까? 도대체 무슨 법당을 지어야 더 좋을까? 그도 아니면 선불장(禪房)을 지어볼까?

아무리 생각하고 고뇌해도 쉽사리 결론이 나지 않았다. 지금 와서 돌이켜보면 그 모두가 나의 인연이 아니었던 것 같다. 그렇게 생각하며 고뇌하고 있던 차에 여고시절부터 친구며 수행 도반인 한옥이(大蓮性 菩薩)를 통해 어느 스님을 소개받았다. 처음에는 간단히 인사만 하고 아무런 이야기도 하지 않았다. 왜냐하면 내가 그 스님을 좀더 알아보고 싶었기 때문이다. 사람 됨됨이나 부처님에 대한 신심이나 그 스님의 원력을 살펴보고 난 뒤 생각해도 늦지 않는 일이고 또한 그것이 일의 순서라고 판단했기 때문이다. 내가 지금 말은 이렇게 점잖게 하지만 사실 솔직히 말하면 그 스님을 내 저울에 달아보는 시간이 필요했던 것이다.

부처님에 대한 신심은 얼마나 깊고 뜻은 어느 정도 견고한지, 또 내 아들의 공덕을 제대로 지을 수 있는 도력을 갖춘 스님인지를 알아보아야 하겠다고 마음으로 벼르고 있었는데 의외로 그런 탐색기간은 쉽게 끝나고 말았다. 저울에 올려 달아보고 말 것도 없이 준비한 내 저울추가 미달이었던 것이다. 왜냐하면 그 스님을 몇 번 만나자마자 장대한 스케일과 열렬한 사명감에 나도 모르는 사이 설득 당하고 있었다. 여기에는 나의 귀가 얇아서 그럴 수도 있다고 하겠지만 그 스님에게는 고명하신 스승으로부터 잘 교육받은 일사불란한 사상의 줄거리가 있었고, 거기에 따르는 사명감이 매우 투철함을 느낄 수 있었던 것이 이유였다. 나는 지금까지 쉽게 들어볼 수 없었던 이야기를 듣게 된 것이다. 불교의 광대무변(廣大無邊)이라는 말이 있는데, 아마 어쩌면 나는 그 스님의 이야기를 들으면서 그런 생각을 하고 있었는지도 모르겠다.

내가 앞에서 글 두 편을 먼저 소개한 것은 송암스님의 수행과 정진, 생각의 스케일을 미리 떠올려보기 위해서였다. 내 친구 대연성으로부터 이미 송암스님에 대한 말을 듣긴 했지만 막상 스님을 대해 보니 더 커다란 스님인 것을 느꼈다. 대개의 경우 귀로 듣던 것보다 눈으로 직접 보면 못할 때가 많은 법인데 송암스님은 그렇지가 않았던 것이다.

나는 이렇게 송암스님을 통하여 불광의 큰스님을 만났다. 상좌스님을 통하여 큰스님의 가르침이나 그 역사적 의의 등을 조금 알게 된 것이다. 나는 그때서야 큰스님 생전에 좀더 직접적인 가르침을 받지 못한 것을 아쉬워했다.

사실 나는 친구의 권유로 몇 번이나 불광사 법회에도 참석한 적이 있었지만 그때는 친구가 좋아서, 또 그의 권유에 따라서 함께 가주었던 것에 지나지 않았다. 설법하시는 큰스님을 멀리서만 바라보다가 법회가 끝나자 말자 얼른 집으로 돌아온 것이 고작이었다. 인생을 살면서 후회하고 안타까워 하는 것이 어디 하나 둘일까 만은 선지식을 몰라본 것은 참으로 손실이 큰 아픔이라고 해야 할 것이다.

여느 스님들도 다 그렇겠지만 송암스님이 가지고 있는 스승님에 대한 마음가짐은 특별히 극진한 것 같다. 그런 태도를 늘상 곁에서 보고 느끼며 나는 다시 큰스님을 뵙게 되었다. 간혹 송암스님이 직접 말씀해 주는 큰스님의 면모는 이야기 듣는 것만으로도 가슴이 뭉클해진다. 그리고 '시봉일기'를 통해서 나도 이제는 어느 정도 큰스님을 잘 안다고 할 정도로 익숙해졌다. 그로 말미암아 큰스님은 이 시대의 육신보살이시구나 하는 믿음이 생겼다. 이 시대 선지식에 대한 존경과 깨달음이 안타깝게도 이제야 생겨난 것이다.

송암스님이 스승님께 갖는 지극한 정성은 곁에서 직접 겪어보지 않고는 잘 모를 수도 있다. 제자로서 스승님의 사상을 잇고 뜻을 받들어 가고자 하는 신념은 아마 수미산보다 더 우뚝할 것이라고 본다. 송암스님이 티베트 수미산으로 큰스님 환생기도를 가실 때 나도 동행하게 되었다. 그런 까닭에 감히 수미산이라는 말을 거침없이 하는 것이다.

나는 송암스님을 통해 스님들 세계의 새로운 면(스승과 제자의 관계)을 보게 되었다. 즉 스님들의 세계에서 스승과 제자는 바로 우리네 속세의 부모와 자식과 같다는 생각을 하게 되었을 뿐만 아니라 오히려 혈육관계도 아닌데 혈육 이상의 밀접함을 느낄 수 있었다. 거기서 나는 무척 경건함을 느꼈고 아름답게 생각했다. 다른 것은 다 제쳐놓고라도 송암스님이 스승님께 받치는 효성 하나만으로도 존경심이 솟아났고 의지하고 싶었다. 그리고 내 아들에 대한 공덕도 저와 같은 효자 스님에게 맡기면 좋지 않을까 하고 생각을 굳히게 되었던 것이다.

나는 아들에 대한 어미로서의 신념이 생겼다. 그것은 내가 아들을 위해 해야 할 일이라면 바로 송암스님을 통해 광덕 큰스님의 사상을 계승하고 발전시키는 일에 동참하자는 생각이다. 이 결정은 내가 그동안 수없이 생각해 보았던 법당도 아니고 선방도 아니었다. 아주 뜻밖의 일이었다. 왜냐하면 안성 죽산에 있는 도솔산 도피안사는 역사가 오래된 절도 아니고, 그 옛날 고승들이 주석한 유서 깊은 터도 아니었다. 내가 아들의 추선작복을 위해서 불사를 하고자 마음 굳힌 절은 이제 창건하고 있는 시멘트 냄새나는 새 절이었다. 그것도 대웅전도 아닌 절 입구의 요사채(살림집)였으니 뜻밖이라고 말한 것이다. 쉽게 이야기하면 신도들이 모여서 잡담하고 떠들며 배고프면 공양하고 수다 떠는 공간이었다. 큰스님의 사상으로 보면 절집 요사야말로 수많은 부처님들이 생활하는 살아 있는 공간이다. 활동하고 쉬고 재미있어 하고 즐거워하는 일들이 넘치는 대웅전보다 더 복 받는 곳이 바로 요사라는 것이다.

나의 서원(아들의 추선작복)으로 이루어진 우리 절, 도피안사 향적당(香積堂). 이 건물을 지으면서 나는 전적으로 뒷감당만 했고 설계나 건축은 모두 송암스님이 팔을 둥둥 걷어붙이고 앞장섰다. 건축 재료는 시멘트와 철근이었고 디자인은 현대적인 양식이었지만 원체 설계가 뛰어난 건축물이어서 완공되자말자 중앙 일간지 기자가 취재하여 전국에 소문난 건물이 되기도 했다.

큰스님과 나와의 직접적인 인연은 없었다. 다만 송암스님을 통하여 큰스님을 알게 되었던 것이니, 말하자면 나는 큰스님 사후 위패 신도가 되었던 것이다. 비록 큰스님으로부터 친히 교화를 받지는 못했지만 나는 마땅히 광덕 큰스님께서 주창하신 방향으로 우리 불교가 나아가야 한다고 굳게 믿는다. 그래서 앞으로도 송암스님을 도와 큰스님의 사상을 펴는데 미력이나마 보탬이 되었으면 한다.

큰스님 입적하시자 마음 둘 곳을 몰라 티베트로, 인도로 기도를 다닌 송암스님이 마침내 이곳 도피안사에서 천일기도에 들어갔다. 마치 우리 옛 조상님들이 부모가 돌아가셨을 때 무덤 앞에 초막을 짓고 시묘살이 하듯 두문불출로 기도하고 있다. 법당에서 방에서 기도가 끊이지 않고 계속되는 것을 우리 신도들은 지켜보고 있다. 그 결실로 큰스님의 훈도를 담은 책들이 '광덕스님 시봉일기'라는 제목으로 하나하나 출현하고 있다. 그로 말미암아 큰스님의 가르침은 또 다른 계기를 맞이하고 있다는 생각이 든다.

이것은 어찌 보면 큰스님이 입적하시지 않았음을 의미하는 것과 같을 것이다. 오히려 큰스님이 살아 생전보다 더 많은 교화의 분신이 출현하시는 것이기에 말이다. 참으로 놀랍다.

광덕 큰스님의 원력과 은혜가 먼저 간 내 아들, 우리 가족과 나에게 풍성하게 넘쳐나고 있음을 나는 믿고 있으며 보고 있다. 그리고 이렇게 기도한다.

"큰스님, 부디 제가 지은 향적당이 있는 도솔산 보현대도량으로 다시 오시지요. 간절히 기원합니다.

나무보현보살마하살."

우리는 보현행자

환희주 김숙자(歡喜住 金淑子) | 우바이, 도피안사

"부처님 감사합니다. 마하반야바라밀."

큰스님의 이 말씀은 어느새 나의 입에 옮겨 붙어서 기도송이 되었다.

내가 지금처럼 기도송을 입에 달고, 저녁마다 사경을 하며 또 일상생활에서 항상 감사하게 생각하고 앞으로 남은 인생을 봉사하고 열심히 수행정진하며 살아가고자 하는 불자가 되기까지는 많은 세월이 흘렀다. 이 모두가 큰스님의 은혜 덕분이다. 이런 결론을 먼저 내려놓고 인연담을 이야기하고 싶다.

어느 따스한 봄날, 나는 이웃에 사는 지도(홍성재)거사의 간곡한 권유에 이끌려 외가집 가는 소녀처럼 설레는 가슴을 진정시키느라 연거푸 심호흡을 해가며 불광사에 처음 발을 들여놓았다. 미지의 세계를 향해 가는 탐험가의 심정이 그때 내 심정 같았을까. 그렇게 설레는 가슴을 눌러가며 처음 마주한 불광사는 무슨 교육기관 같기만 했다. 법회시간에는 피아노 반주에 맞추어 노래를 부르고 경문을 한글로 독경하는 것을 보고 나는 어안이 벙벙했다. 왜냐하면 집에서 생각하고 왔던 것과는 너무나 달랐기 때문이다. 그러나 일면 흥미롭기도 했다. 거의 모든 것이 새롭게 느껴졌고 절은 고리타분한 분위기가 있을 것으로 생각했는데 전혀 그렇지 않았다. 남자들도 많았고 젊은 사람들도 많았다. 힘이 넘쳤고 활기가 솟아나는 역동성이 꿈틀거리고 있었다. 이런 느낌을 인연이라고 해야 할까.

지도거사의 권유가 인연이 되어 나는 불광 불자가 되었고, 마침내 우리 가족들 모두 불광사 신도가 되었다. 나는 그 중에서도 가장 모범적으로 열심히 다녔고 법문을 잘 듣는 것을 비롯해 여러 가지 수행을 착실히 쌓아 나갔다. 큰스님 말씀을 한마디라도 더 들으려고 노력했으며 잊지 않으려고 혼자서 자꾸만 되뇌어 보기도 했다.

그때는 초발심의 감동과 환희심이 내 몸에 넘칠 때였으므로 항상 『불광요전(佛光要典)』을 손에 들고 다니며 어느 때나 시간이 있으면 『천수경』과 『반야심경』을 읽고 외웠다. 돌아보면 참 순직한 초발심의 수행시절, 환희에 찬 세월이었다.

이제 이 글을 쓰며 그때의 광경을 다시 돌이켜보니, 부지런히 잠실벌을 건너다니며 환희에 젖어 기뻐하던 이십여 년의 불연(佛緣)들이 낱낱이 뇌리를 스친다. 그러나 이제 내 나이도 인생의 무상을 뼈저리게 느낄 정도가 되었으니 무심한 세월이 안타깝기도 하고 현실이 더욱 숙연해지는 것도 사실이다. 그러나 뉘라서 이 인생무상(人生無常)을 피할 수 있겠는가 하는 체념도 든다. 아니, 그동안의 수행에 의한 달관이라고 말하고 싶다.

오늘의 나를 있게 만든 분은 나를 낳아주신 부모님이시지만 우주와 인간의 참뜻인 불법을 알게 해준 분은 불광사의 법주 큰스님(光德)이시다. 인간으로서 바른 정신이 무엇인가를 깨닫게 해주어 비로소 사람 노릇을 하도록 하셨으니 이 어찌 작은 일이며 가벼운 인연일까. 참으로 무겁고 소중한 은혜이시고 갚아야 할 보답이리라. 쉽게 말하여 나의 육신을 낳아주신 분이 부모님이시고 정신(佛法)을 낳아주신 분이 큰스님이라는 이야기다. 그러하신 큰스님을 생각하면 왜 이리 안타까운 심정이 드는지 모르겠다.

지금 내가 원주보살로 부처님 시봉하고 있는 이곳, 도피안사에서 큰스님을 친견하고 삼배를 올리며 우러러뵈옵던 인자하신 그 모습, 그리고 산 너머 불광원에서 마지막으로 뵙던 병약했던 그 모습을 나의 뇌리에서 지울 수가 없다. 도저히 잊을 수가 없다. 바람에 흔들릴 것 같은 허약하신 모습으로 대중 가운데 모습을 드러내실 때, 그 애잔한 안타까움을 어떻게 말로 다 표현할 수 있을까. 큰스님 생각을 하면 무시로 눈시울이 뜨거워 견딜 수가 없다.

그럴 때마다 나는 속으로 이렇게 기도한다.

"큰스님, 어서 이 땅에 오시어 중생을 제도하시고 법문을 설해 주시옵소서. 큰스님의 목소리가 그립고 자애어린 모습이 그리워 큰스님을 생각하면 마치 어린 아이가 어미를 찾는 것처럼 눈물만 흐릅니다. 우리 주지스님의 천일기도를 받으시어 속히 사바세계로 오시옵소서."

우리들의 정신적 지주이셨던 큰스님은 항상 자애로우시고 티 없이 정결한 동자 같았다. 큰스님은 당신의 그 뛰어난 지혜 자비를 베풀어서 아무것도 모른 채, 오직 내 몸·내 가족·내 자식만 제일로 알던 무지렁이들을 참된 불자로 만들었고 바라밀 동지로 키우셨다. 그러하신 큰스님 안 계신 이 세상은 마치 텅 빈 세상 같기만 하다.

그러나 지극한 효자이신 이곳 도피안사 주지스님은 법당에 들어오면 큰스님 진영 앞에서 절을 하고 기도를 드린다. 마치 살아 계시는 스승께 아침저녁 문안을 드리는 것처럼. 그런 모습을 바라보면 괜히 콧등이 시큰해질 때도 있다. 나는 합장하고 주지스님의 기도가 이루어지기를 기원한다.

큰스님께서는 항상 마하반야바라밀을 염송하라고 우리들에게 이르셨다. 그런 간곡하신 설법도 이제는 한갓 지나간 과거지사가 되고 말았으니 이것을 어찌해야 좋을지 모르겠다. 무상한 인생의 속절없는 사연으로 치부하기엔 너무나 아쉽기 때문이다. 불법을 일러주시는 선지식(스승)은 인생사 숱한 인연 속에서 그냥 잠시 스쳐가는 또 하나의 인연이 아니라 부처님과의 인연(法緣)이다. 시간이 지나고 세월이 흘러가도 나의 인생 속에서 우리의 생활 속에서 진리로 남아 영원히 존재하는 것이다. 그러하기에 스승을 정신적인 아버지라고 하며 또는 인생의 지주라고도 한다. 나는 항상 이 고귀한 인연의 소중함을 깨달아 큰스님을 더욱 정성껏 모시고 싶다. 큰스님께서 입적하셨다고 관계가 끝난 것이 아니기 때문이다. 지금 여기 도피안사에서 '원주보살' 소임을 보는 것도 바로 큰스님의 인연을 소중하게 하고 싶은 생각 때문이다.

돌아볼수록 큰스님께 무한정 감사하고 싶다. 그리고 주지스님께도 감사함을 느끼고 있다. 큰스님은 법을 설하시고 오늘의 나를 있게 만든 장본인이시고, 주지스님은 그러한 큰스님의 뜻을 계승하고자 이곳 시골에 묻혀서 온갖 노력을 다 기울이고 있기 때문이다. 참으로 곁에서 보기에도 아름다운 스승과 제자의 모습이다. 요즘 세상에 보기 드문 일이 이곳 도솔산에서 벌어지고 있는 것이다. 나는 고귀한 두 분의 스승을 만나서 불법의 가르침을 받았고 뛰어난 미묘법문을 듣게 되었다. 그런 까닭에 나는 앞으로 남은 인생을 더더욱 경건한 마음으로 생활하고 분발하여 기도 정진할 것을 큰스님의 진영 앞에서 약속했다.

나에게 혈친 못지 않게 중요한 사람들은 큰스님 슬하에서 지금까지 함께 수행해 온 우리 불자 형제들이다. 그들이 있었기에 오늘의 내가 있다고 해야 할 것이다. 그들을 통해 얻은 것이 너무나 많다. 그들은 나의 약함을 부축해 주었고 게으름을 채찍질해 주었으며 잘못된 생각을 일깨워 주었다. 나는 다행히 사람 몸을 받아서 태어났고 또 불법을 만났으며, 좋은 벗들로 인하여 정진할 수 있었고 큰스님으로부터 반야바라밀을 배웠으니 이 얼마나 다행인가! 그러기에 더욱 발심하여 참되게 살 것을 거듭 다짐해 본다.

우리 주지스님의 『광덕스님 시봉일기』를 다 읽고는 너무나 감격하여 마치 큰스님을 눈앞에서 다시 뵙는 것 같았다. 그러나 아무런 도움이 되지 못하는 내 자신을 보면 스님의 노고에 항상 미안하고 안쓰럽기도 하다.

큰스님이나 현재의 주지스님이나 항상 가르침의 핵심은 반야바라밀이다. 사실 반야바라밀은 석가모니 부처님의 핵심적인 교법이라고 알고 있다. 사실 굳이 큰스님의 가르침이라고 하기보다는 불교의 근본이라고 해야 할 것이다. 그런 가르침을 큰스님께서 집중적으로 우리들에게 강조하시고 체험시켜 나갔던 것이다.

이제 나는 조금이나마 부처님의 은혜를 갚고 또 큰스님의 은혜를 갚아서 제대로 된 사람 노릇을 할까 한다. 사람은 누구나 불성을 가지고 있으므로 내가 숨쉬는 날까지 보살이란 믿음을 놓지 않고 자비행을 실천하며 올바른 불자가 될 것이다. 또 아침저녁 수행 일과를 열심히 닦아 청정한 일심을 얻어야 깃털처럼 가벼운 마음으로 몸을 바꿀 수 있지 않을까도 생각해 본다.

큰스님과 인연한 이 땅의 불자들에게 말하고 싶다.

"반야바라밀에서 물러서지 말고, 오직 반야바라밀로 보리 이루고 보현행원으로 불국토 성취하는 대불사를 이루자." 하고.

나에게 절하시는 큰스님

대연성 한옥이(大蓮性 韓玉伊) | 우바이, 도피안사

어린 시절 어머니를 따라 가끔 절에 가면 절 입구 신장(사천왕)들의 부릅뜬 두 눈이 너무나 무서웠다. 나의 불교에 대한 출발은 무서운 감정으로부터 시작되었다고 해도 될 것 같다.

결혼하고 수년 후 친정 아버지가 돌아가시자 평소 어머니께서 다니는 절의 스님이 사십구재를 인도해 주셨다. 그 절의 스님께서 나에게 불교 책 두 권을 주시면서 읽어보라고 하셨다. 그때 나는 시댁의 분위기를 따라 타종교에 적을 두고 있었다. 그렇지만 스님이 주신 책을 읽으면서 그동안 내가 가지고 있었던 불교에 대한 이해가 달라졌다. 앞에서도 잠깐 언급했지만 어린 시절에 알고 있는 불교란 절에 가면 울긋불긋 그려진 탱화, 그리고 사천왕이나 신장들의 무서운 모습이 고작이었다. 그런데 스님이 주신 책(제목은 기억이 나지 않음)을 읽으면서 불교란 참 과학적이고 철학적인 우주 논리에 맞는 종교구나 하는 새로운 인식을 갖게 되었다. 그래서 스님께 여쭈어 보았다.

"스님, 저는 서울에서 살고 있습니다. 서울 어디에 다닐 만한 절이 없을까요?"

“서울 종로 대각사에 찾아가면 매주 법회를 하니 거기로 가봐요.”

나는 가끔 시간을 내어 대각사로 법문을 들으러 다녔다. 불교의 분위기는 다른 종교와는 매우 달랐다. 역사 교과서 같은 강압적인 교리만 들을 때보다 훨씬 마음이 편하고 마음에 와 닿는 것이 많았다. 나는 그런 쏠쏠한 재미에 빠져서 소리 없이 다녔다. 미리 성급하게 발설하자면 그때 법문을 하신 분이 바로 나중에 다시 뵙게 되는 광덕 큰스님이었다. 큰스님은 그 당시 사십대 중반이었다.

첫눈에도 예리한 성정이 눈에서 빛으로 뿜어졌다. 그리고 무척 영민하시고 또 열성이 깊으셨다. 신도들에게 하나라도 더 알려주시려 무진 애를 쓰는 것이 느껴졌다. 나는 법문을 듣고 ‘기도를 해야겠구나’ 하는 마음이 일기도 했다. 그 후 세간의 욕락에 파묻혀 살다보니 나도 모르는 사이 절에는 다니다 말다를 반복하게 되었다. 가끔 속상하면 절에 가서 마음 달래는 것이 고작일 때가 많았다. 그리고 한창 커 가는 아이들 돌보랴, 집안일 감당하랴, 바쁘기도 했지만 모두가 핑계에 지나지 않는다. 사실은 이런저런 구실이나 핑계보다 그 당시 진리에 대한 소중한 생각을 하지 못했던 것이 더 솔직한 고백이 될 것이다. 그래서 불법을 만나는 것도 시절인연이 있는 모양이다.

그런데 어느 날, 서울에 있는 여고시절 친구들 만나서 웃고 떠들고 하다가 어느 한 친구가 자기는 불광사에 다니고 있다면서 여러 가지 유익한 이야기를 했다. 나는 그 이야기를 들으면서 속으로 귀가 솔깃했다. 그래서 불광사를 찾아가 보니 아니 대각사에서 뵈었던 광덕 큰스님이 거기에 계시는 것이 아닌가. 외모는 변하셨지만…….

나는 묘한 인연을 느꼈다. 큰스님과의 불법 인연을 깊이 느끼게 되었던 것이다. 나는 그날부터 다시 뵈온 큰스님의 전법도량, 불광사를 다니기 시작했다. 그때 나는 부지런히 다니면서도 큰스님 법문의 뜻을 잘 몰랐고,

또 법등가족 모임을 이끌면서도 무엇 때문에 해야 되는지를 잘 알지 못했다. 어쩌면 남이 하니까 나도 했고, 큰스님의 일이고 불광사의 방침이라고 하니 마냥 적당히 따라 했을 뿐이었다. 경전의 말씀에 '생선을 싼 종이에서는 생선냄새가 나고 향을 싼 종이에서는 향냄새가 난다'고 했다.

나는 이 말씀처럼 내용도 모르고 까닭도 잘 몰랐지만 분명 과거생 어느 시절 큰스님과의 불법 인연으로 말미암아 무턱대고 향을 싸고 있었던 것이다. 그렇게 고지식하게 불광의 흉내(?)를 내다보니 나름대로 차츰 재미도 붙었고 또 사람들을 불러 모으면(법등가족 모임) 젊은 보살들이 잘 따라 주었기에 사람들 불러 모으는 재미도 있었다.

그리고 그때만 해도 만만하고 아룸하기까지 한 지원(송암)스님을 데려다가 법문을 시켜 놓고는 미주알 고주알 질문을 퍼부어 대었다. 어떤 때는 어떻게 하면 좀더 골탕을 먹이나 며칠 전부터 연구하기도 했다. 나는 어렵고 난처한 질문을 준비했다가 송암스님을 골려주는 것이 무척 재미있었다. 그런 골려먹는 잔재미에 이끌려 몇 년 동안 변덕부리지 않고 법등의 책임자 노릇도 했다.

역시 세월은 영 허무한 것만은 아니었다. 비록 법회에서 큰스님의 설법은 제대로 알아듣지 못했지만 법등의 마하보살로 모범을 보이느라 남의 앞자리에 앉는 열성만은 가졌었다. 그러다 보니 그 좋은 설법이 반은 귓가를 스치고 지났고 나머지 반은 고작 귓가를 맴돌다가 사라져 버리는 정도였다. 그래도 그런 것이 토대가 되어서 나도 모르는 사이 조금씩 법문에 대한 이해가 커가기 시작했다. 앞자리를 떡 차지하고 앉아서 때로는 큰스님 법문에 꾸벅꾸벅 졸다가 집에 돌아올 때도 있었고, 법등가족 만나는 잔재미로 법회 갔다가 올 때도 있었지만 말이다. 나 같은 사람을 두고 누군가 말했던 것이 기억난다. '콩나물 시루에 물을 부으면 몽땅 밑으로 빠져버리지만 콩나물은 자라지 않느냐'고.

사실 그러한 것은 나만이 아니라 어쩌면 우리 신도들 거의가 그런 수준이었다고 해도 과언이 아닐 것이다. 지금 다시 생각해 보면 만약 큰스님께서 그런 우리 신도에게 쏟은 정열을 출가한 스님들께 전적으로 쏟았다면 큰스님의 사상은 훨씬 견고하게 자리잡았을 것이라는 생각이 들기도 한다. 설령 다른 신도들이야 나보다 훌륭했겠지만 아무려면 스님들만큼이야 할 수 있을까 하는 생각 때문이다.

나같이 한심한 신도를 상대로 눈을 열어주고 가슴을 넓혀 주기 위해 온갖 노고를 마다 않고 애를 쓰신 큰스님을 생각하노라면 죄스럽고 안쓰럽기까지 하다. 철 들자 부모는 이미 떠난 뒤라고 하더니만 늦게서야 이런 생각을 하게 된 것이 한스러울 뿐이다.

그처럼 놀이 반 재미 반으로 불광사를 다니는 사이 나에게도 부모로서의 또 다른 의무와 책임이 돌아왔다. 어느덧 두 아들이 차례로 대학에 들어갈 때가 닥쳐왔던 것이다. 도를 닦는 일에는 가장 뒷줄이어도 자식을 생각하는 애착심에 있어서는 결코 남들 못하지 않는 내가 대학입시기도를 안 할 리 없고, 남보다 뒤쳐지거나 게으를 수 없는 것은 너무나 당연한 일, 더구나 내 자식에게 소홀히 한다는 것은 언감생심(焉敢生心), 꿈에도 생각해 본 적이 없는 일이었기에 말이다. 허나 이것은 나만의 일은 아닌 것 같다. 한국 어머니들의 모성애는 자식들의 교육열에서 꽃을 피운다고 해도 과언이 아닐 정도로 너나 할 것 없이 헌신과 희생을 자식들에게 아낌없이 바쳤다.

그 시기에 나는 불광사에서 대학입시기도에 들어갔고 또 열심히 정진했다. 새벽기도를 끝내고 법우들과 함께 새벽 거리를 지나 즐거운 기분으로 집에 돌아오는 것도 좋았고, 또 가끔이긴 해도 석촌호수를 거니는 상쾌함도 좋았다.

큰스님 절에서 하는 기도, 자식의 진학을 위한 기도, 여러 신도들과 함께 하는 기도이니 신심이 저절로 우러났다. 나는 새벽기도를 마치고 집으로 달려가 아침 일을 끝내고 다시 불광사에 달려와 사시기도를 했다. 참으로 많은 시간을 불광사 보광당에서 무릎 꿇고 보냈다. 무릎이 닳아 히끄무레할 정도로 절을 했고, 큰스님께서 항상 강조하신 '본래 우리 생명은 밝고 맑은 것인데 수십 생을 살면서 묻은 먼지 때문에 장애가 있으니 기도로서 닦아 맑아지게 하여 깨끗한 본 모습을 찾아야 장애가 사라진다'는 마하반야바라밀 법문이 내 머리 속에 박혔다. 돌아보면 그 시절 나는 참으로 열심히 기도했다.

그러나 다 좋았던 것만은 아니다. 집에서 아이들 뒷바라지하랴, 새벽같이 일어나서 기도하랴, 또 불광사 가서 기도하랴, 정말 몸이 열 개라도 부족한 실정이었다. 그러다 보면 때로는 지친 몸을 이끌고 기도를 힘들게 할 때도 있었다. 어느 날 내가 불광사 보광명당에서 기도를 하고 나니 그날따라 더 힘이 들었다.

사실 매일 하는 기도지만 어느 때는 더 힘들 때가 있고 또 어떤 때는 날아갈 것처럼 몸이 가벼울 때도 있는데, 그날은 너무나 힘이 들어 계단 한 칸 오르기도 어려웠다. 간신히 난간 손잡이를 잡고 한 걸음 한 걸음 올라가고 있었는데 마침 점심공양을 끝내신 큰스님께서 2층 마니당(摩尼堂, 불광사 스님들 처소)으로 올라가시다가 힘들어하는 나를 보시곤 걸음을 멈추고 기다려 주셨다.

나는 큰스님께 인사를 하려고 기를 쓰고 힘을 내어 1층까지 올라갔다. 내가 올라가자 큰스님께서는 먼저 합장하시고 아주 정중하게 허리를 숙여 나에게 절을 하셨다. 나는 당황하여 엉겁결에 절을 올렸지만 내 절은 큰스님 절에 미치지 못하는 허리 굽힘에 지나지 않았다.

그때 큰스님께서 나에게 얼마나 공경하게 절을 하시는지 마치 부처님께 예배하시는 것 같았다. 아무런 말씀도 없는 그 조용한 모습이 나의 모든 것을 다 아시고 계시는 듯한 느낌을 받았다. 그리고 나는 수많은 법문보다 더 진한 감동을 받았고 동시에 한없는 연민과 자애의 면모를 보게 되었다. 평소 ‘모든 사람을 부처님으로 대하라’는 큰스님의 가르침을 몸소 실천하신 것이라고 생각했다. 그 시간은 잠깐이었지만 한참이나 된 것 같았다. 불광사 문을 나서는 순간 가슴이 뭉클하더니 알 수 없는 눈물이 주르르 쏟아졌다. 왜 그렇게 눈물이 흘러내리는지…….

‘큰스님께서는 힘들어하는 신도의 마음을 읽으시는구나. 큰스님은 나에게 항상 어려운 분이시고, 그리고 때묻은 내 마음을 들킬까 싶어 피하기만 했는데 큰스님께서는 어느 때나 나를 지켜봐 주시는구나! 감사합니다. 큰스님, 참으로 감사합니다.’

차안에서도 연속적으로 흐르는 눈물을 주체하지 못하고 울면서 집으로 돌아왔다.

‘불타는 삼계(三界)의 고통을 벗어나려면 불교를 믿어라. 사대(四大)로 이루어진 이 몸은 언젠가 지·수·화·풍으로 돌아간다’는 어머니 절의 스님이 주신 책 내용에 마음이 이끌려 불자가 되었지만 자식의 인연이 무엇이기에 이렇게도 질긴지, 그리고 힘이 드는지 아무리 놓으려고 애써도 놓아지지 않는다.

어느 때, 강남구 임원들과 함께 큰스님을 친견한 적이 있다.

“기도(불사를 비롯해 일상생활까지) 하느라고 무척 힘드시지요. 부처님께 기도하고 수행하는 것은 노는 입에 염불하는 것이 아니고 시간 남아 소일하는 것도 아니지요. 어느 때나 힘들여서 정성 기울여서 기도해야 합니다. 참으로 훌륭하십니다. 부디 꾸준히 정진하세요.”

웬만한 큰스님께는 느껴보지 못했던 한량없는 자비를 간직하고 계셨던 나의 스승이자 부처님이신 불광의 큰스님, 난생 처음 나를 부처님으로 대접해 주신 이 세상의 은인이신 큰스님. 나는 지금도 그날 큰스님으로부터 과분한 대접(절)을 받고 흘렸던 눈물을 잊을 수 없다.

큰스님께서 도솔산에 계실 때 법등가족들과 친견 차 갔더니만 도솔산에는 마침 비가 내리고 있었다. 그날따라 비내리는 도솔산 경관이 무척 좋았다. 아니 비가 내려서 좋다라고 하기보다 큰스님이 계셔서 좋았다는 것이 정확한 표현일 것 같다. 그때의 감회가 있어서 여기에 옮겨본다. 어줍잖은 내 글솜씨가 부끄럽긴 해도. 다시 끄집어내어 큰스님께 읽어드리고 싶은 심정이다.

비 내리는 도솔산

연꽃 봉우리마다
비구름 감겨서 하늘로 갔다가
다시 물방울 되어 돌아오누나.
흙에 안기고 풀잎, 나뭇잎에 안기는 소리
아, 너무나 다정해라.

나는 오늘 비로소 도솔산 숨소리를 듣게 되었고
자연의 온갖 형상이 바로 나 자신임도 알게 되었다.
잎사귀마다 빗방울 안기는 소리
아니, 부처님의 법문인 것을…….
산하대지 삼라만상 죽지 않았음을 전하는
감로의 소식, 생명의 합창.

알고 보니 하늘로 올라간 것은
비구름이 아니고 한 마리
두 마리…… 무수한 용들, 온갖 조화 부리는
커다란 용이었구나. 도솔산을 지키는 호법용.

이제 내 나이도 올해로 꼬옥 환갑이다. 나이 든 노둔(老遁)으로 인생을 생각해 보고 큰스님을 회상해 보고 부처님을 생각해 보니 뭔가 알 수 없는 한가닥 절절함이 가슴에서 묻어 나오고 있다. 조금 철이 들었기 때문일까?

천만의 말씀인 것 같다. 오히려 나이 들수록 더 오그라드는 내 자신을 느낀다. 매사에 자신도 없고 부처님에 대한 신심도 떨어지고 어쩌든지 몸이나 편할 궁리만 찾고 피붙이에 매달리는 애착의 골만 깊어간다. 이렇게 점점 속물이 되어가고 있는 내 곁에 큰스님이 계셨다면, 다시 한번 나에게 절해 주시면 나는 큰 힘을 얻고 큰스님 앞에서 두다리 쭉 뻗고 엉엉 소리내어 울 텐데…….

돌아보면 우리 큰스님은 반듯한 인격을 갖추신 분이셨고, 괴롭고 고단한 사람들을 진정으로 도와주고 싶어하셨던 바다와 같은 자비를 간직한 분이셨다. 후생에도 다시 만나고 싶은 마음 간절하여 무조건 따르고 싶은 분이다.

나는 얼마 전 어머니를 멀리 보내고 다시 만날 수 없는 그리움에 눈물 지을 때가 많았다. 정말 삶이 힘들 때, 그 전엔 전혀 생각도 못했던 일, 인간으로 살다가 죽어서 또다시 태어나는 윤회의 고통과 아픔을 이제는 되풀이하기 싫다는 생각을 처음으로 하기도 했다.

이제 나도 황혼에 접어든 인생이 아닌가. 지난 일을 생각해 보면 다시 되풀이하고 싶지 않은 과거, 속죄하고 싶은 과거 인연들, 그리고 남은 인생 반듯하게 살고 싶은 마음, 간절할 뿐이다.

"아아, 큰스님 어서 사바로 오십시오. 이곳 보현대도량으로 오십시오. 나무마하반야바라밀."

아, 광덕 큰스님

성덕행 김인숙(性德行 金仁淑) | 국민대 사회학과 교수

"큰애야, 오늘은 특별한 스님이 집에 오시니 미리 와서 기다려라."
하시는 어머니의 말씀이 나에게는 무척·부담스러웠다. 십대 초반에 한국을 떠나서 20년 이상 외국생활을 하고 막 귀국한 나로서는 불교도 어색한 종교요, 더구나 귀국 후 곧 아버지를 잃은 나는 사찰이나 스님 앞에서는 도무지 어떻게 행동을 해야 옳은지 영 감이 잡히지 않았다.

그러나 너무나 졸지에 아버지를 잃은 어머니가 불교와 스님들을 통해서 조금이나마 마음의 위로를 얻으려고 하시는 것을 알고 있던 터라 '특별한 스님'에 대한 기대보다는 어머니를 조금이나마 편하게 해 드리겠다는 효심에서 부지런히 신문로 친정으로 향하였다.

신문로의 친정에는 평소 좀처럼 사용하지 않던 큰 온돌방을 이미 깨끗하게 청소를 해 놓았고, 방 가운데는 스님이 앉으실 방석도 단정하게 준비되어 있었다. 이렇게 '특별한 스님'과의 만남은 1975년 어느 늦은 봄날에 있었다.

그렇게도 흰 피부색, 마치 얼굴 속이 환히 들여다보일 것만 같았다. 승복을 입으셔서 잘은 모르겠으나 보통 사람보다는 조금 큰 키에, 그러

나 너무나 야위셔서 그 육신이 지탱되는 것이 오히려 신기한 생각이 들 정도였다. 나는 그 스님의 유난히 긴 손과 손가락들을 보면서 피아노를 전공하셨으면 좋았을 걸 하는 생각을 하기도 했다. 그리고 그 긴 목과 마르신 얼굴들이 너무나 아름답게 조화를 이루어서 관세음보살님이 환생하시면 저러한 모습일 것이라는 생각마저 들었다.

돌아가신 아버지에 대한 스님의 애도의 말씀과, 어머니에게는 불자로서의 삶의 방법에 관하여 여러 말씀들이 있었으나 그 내용을 정확히 기억하지는 못한다

광덕 큰스님께서는 지금의 불교는 젊은 사람들을 이해시키기 위해서는 '개혁'이 필요하다는, 즉 새로운 불교의 앞날에 관한 걱정을 하셨으며, 잠실이라고 하는 곳에 포교당과 사찰을 지으시고 나아가 유치원도 운영하시겠다는 말씀들을 하셨다. 그때만 해도 불교에는 영 관심도 없었고 이해도 못할 때라 나는 두 분의 대화를 잘 이해하지 못했다. 다만 두 분의 대화를 들으면서 스님께서 말씀하시는 것이 마치 기독교 목사님이 말씀하시는 것과 너무나 비슷하다는 생각을 하였다. 동시에 저렇게도 갸날픈 몸에서 어떻게 저러한 정열이 쏟아져 나오는가 너무도 놀라운 일이었다. 그리고 스님께서 본인이 뜻하시는 그 많은 일들을 과연 다 이루시게 건강이 허락할까 하는 걱정도 들었다.

어머니는 스님의 새로운 법당 신축을 위하여 필요한 시멘트를 기꺼이 보시할 것을 약속하시고, 또 스님의 뜻하시는 방향이야말로 앞으로 한국 불교가 나갈 올바른 길이라는 말씀을 하셨다. 어머니는 한국에 광덕스님 같은 분이 열 분만 계시면 우리나라 불교의 판도가 달라질 것이라면서 스님의 건강을 매우 걱정하셨다.

그러나 어머니가 걱정하셨던 광덕 큰스님보다 친정어머니가 1981년에 훨씬 더 빨리 세상을 떠나셨다. 어머니께서는 병고 중에도 나에게 광

덕스님과의 약속을 큰 남동생에게 말하여 꼭 지켜달라는 부탁을 하셨다.

정확한 날짜는 기억하지 않으나 잠실의 불광사가 기공식을 하고 동생인 김석원 쌍용회장의 배려로 원만히 골조공사가 끝났다.

어머니께서 돌아가신 후 몇 번 불광사에 가서 큰스님을 뵈온 적이 있다. 아무리 오래간만에 찾아뵈어도 나를 알아보시고 자주 오라는 말씀을 하셨다. 나는 큰스님께서 그 많은 신도들을 어떻게 다 기억을 하시고 이름까지도 기억을 하시는지 정말 놀라운 일이기만 했다.

불국생(佛國生)이라는 불명(佛名)을 한평생 자랑스럽게 생각하시면서 생활하신 친정 어머니도 돌아가시고, 또 어머니께서 그렇게 존경하시던 큰스님께서도 우리 곁을 떠나셨다.

아, 그러한 분들이 조금만 더 오래, 그리고 건강하게 사셨다면 우리 불자들에게 얼마나 큰 힘이 되었을까! 큰스님에 관한 글을 쓰고 있자니 저절로 불국생 어머니 생각도 난다. 나무마하반야바라밀.

2001년 6월 10일
김인숙 합장

법보시로만 친견한 큰스님

법륜월(法輪月) 장지영 | 우바이, 조계사

"삼가 큰스님 각영(覺靈)전에 예배드리옵니다."

— 아아, 나에게 복이 없었던가? 업이 두터웠던가? 이렇게 큰스님 진영 앞에서 뒤늦은 참배와 아쉬움을 표하다니. —

나는 광덕 큰스님 생전에 한번도 직접 법문을 들은 적이 없다. 그리고 친견한 적은 더욱 없다. 다만 우연한 계기로 송암스님께서 이 글을 쓸 수 있는 기회를 주어서 원고지를 앞에 놓고 큰스님과의 간접적인 인연을 곰곰이 생각해 보게 되었다. 참으로 불법 인연은 묘하고 묘하다는 생각만 거듭하게 된다.

부처님께서도 '나와 맺을 수 있는 인연은 이미 다 맺어 놓았으나 그래도 못 맺은 인연은 미륵보살이 나올 때 다 맺어진다'고 하셨다. 그렇다면 지금 과연 미륵보살이 오셨는가? 경의 말씀대로 56억 7천 만년 뒤에 오시는가? 모르긴 몰라도 우리나라 불교계에 오신 광덕 큰스님이 미륵보살이 아니신지!

이제 큰스님 가신 뒤 다시금 생각해 본다. 그런 까닭에 부처님과 인연 됨을 감사하고 미륵보살일지 모를 광덕 큰스님께는 오히려 죄송하기만 하다. 그분이 사실 미륵보살이라고 해도 미처 내가 몰랐으니 말이다.

지난 1980년대 초, 나는 『대방광불화엄경』을 공부하고 마지막 '보현보살십대행원'을 불도 수행의 좌우명으로 삼아 정진하기 시작했다. 사바세계의 거친 파도 위에서 때로는 난류를 타고 때로는 한류를 타고, 또 때로는 한류와 난류를 교차하면서도 부처님 가르침을 통해 불가능을 가능으로 이끌고, 무에서 유를 창조하려 실천궁행하던 어느 날이었다.

"장보살! 불광사에 계시는 광덕 큰스님 좀 친견해 봐요!"

미리 날짜까지 정해놓고 친견을 서둘러 주던 그 도반 보살의 청을 거절한 죄, 오늘에 와서 이렇게 아픈 심정으로 참회할 줄은 정말 몰랐다.

1980년 후반 해인총림에서 쓰던 광덕 큰스님께서 번역하신 『보현행원품』을 읽고 나는 환희심에 온몸을 떨었다. 그 후 해인총림에서 발간한 행원품을 계속 읽었다. 물론 처음에는 한글로 읽고 좀더 시간이 지나서는 처음에는 좀 어려웠지만 한자로 읽는 습관을 들여 한문 독경의 맛을 들이기도 했다. 그 덕분에 한자의 어눌함에서 다소 벗어나 살짝 눈이 뜨이기도 했다. 그로 말미암아 더욱 용기 백배하던 기쁨은 지금도 잊을 수 없는 수행체험이었고, 알고 보니 그 또한 큰스님의 은혜이셨다.

내가 불법을 만나서 여러 선지식들을 친견하고 많은 가르침을 받았지만 그 중에서도 불광의 큰스님이 그렇게 고마울 수가 없었다. 단연 『보현행원품』 때문이리라. 나는 그때 너무나 감사하여 『보현행원품』 법보시를 시작했다. 물론 나도 하지만 주변 불자들에게도 적극 권했다. 적게는 한 권에서 많게는 수백 권씩 자타일시(自他一時)로 권선하고 다녔다.

또 1990년 중반이던가, 큰스님께서 편역하신 『지장기도집』을 조계사 봉향각에서 발견했다. 얼른 펼쳐 보니 책 앞부분에 영가에 대한 궁금증이 일문일답으로 자세히 설명되어 있었다. 너무나 반가웠다. 이런 깊은 이야기는 스님들만 알고 우리 불자들은 잘 알 수 없는 것이었는데도 그 중요한 사실이 『지장기도집』에 고스란히 담겨 있었던 것이다. 마침 궁금증으로 목말라 하던 차였기에 나는 그 책도 적게는 한 권에서 많게는 수백 권을 사십구재 법보시로 선택하도록 널리 권했다. 지금까지 나온 다른 지장경보다 훨씬 잘되었다고 강조하고 애독하도록 도반들과 지인들에게 적극 권유했다. 1980년에서 1990년대까지 위의 두 권이 나의 법보시 주 대상이었다.

평하여 말하기가 외람스럽지만 경에 대한 큰스님의 한글 번역은 문장이 좋고 신심이 깊어서 읽으면 저절로 환희심이 솟아오르고, 부처님의 진리에 대한 큰스님의 안목은 독자들로 하여금 새로운 법열의 세계로 인도한다. 그리고 리듬과 박자의 감각은 마치 시 구절을 읽는 것 같기도 했다.

이와 같이 나와는 오직 문서(經典)로 인연된 광덕 큰스님!

열반의 슬픈 소식을 불교방송에서 들었지만 범어사 다비식 날이 조계사 백일기도 회향, 방생일과 겹쳐 동참하지 못했다. 그래서 사십구재 때는 꼭 가리라 마음먹고 있었다. 마침 조계사 주지 지홍스님께서 큰스님의 제자라는 것을 처음 알았다. 그렇지만 주지스님은 그때 조계사로 오신 지 얼마 안 되어 우리 신도들에게 가자고 말씀을 못하셨나 짐작해 본다. 만약에 말씀을 했더라면 우리 조계사 신도들이 버스로 몇 차는 갔을 터인데…….

나는 큰스님의 49재 일을 달력에 기록해 놓고, 재 5일 전 지홍스님께 처음 글월 올리고 큰스님 영전에 공양금을 전했다. 49재가 마침 초하루였는데 시간에 늦지 않게 잠실 불광사에 도착하니 이미 불광사는 인산인해를 이루었다. 그날 불광사를 처음 찾은 나는 예불을 할 때나 경전을 읽을 때나 옆사람이 하는 것을 눈치껏 살펴가며 운율을 맞추느라 여간 고역이 아니었다. 조계사 신도가 불광사에서 바보가 되었다고나 할까.

『화엄경』 입법계품에서 선재동자가 51번째 미륵보살을 만나 일탄지(一彈指)에 여태껏 알았던 것을 깡그리 잊어버리는 것과 같았다고 하면 실감이 될지 모르겠다.

앞에서 말했지만 나는 불광 대중들이 한글로 외우는 『천수경』을 따라 맞출 수가 없었다. 그렇다고 남들은 책을 보지 않고도 천재처럼 다 외우는데 나만 책을 들고 읽는 것도 더욱 바보가 되는 것 같아 싫었다. 그렇지만 나는 큰스님의 신도들과 함께 나란히 무릎 꿇고 앉아서 일심으로 염불했다. 『천수경』 중에서 '신묘장구대다라니'가 나올 때가 되어서야 조금 따라 했지만 속으로는 큰스님의 가르침을 공경하고 그 신도들을 찬탄하고 있었다.

아, 그렇다!

모든 경문이 한문으로 씌어 있고 의식문 또한 어렵기만 한 한문이니 그동안 나를 포함한 우리 불자들은 뜻을 모른 채 소리만 따라 했을 뿐이었구나 하는 때늦은 자탄이 일었다. 우리 대한민국 불자들은 부처님의 진실한 뜻도 모르고 그냥 많이 읽으면 좋다고 하더라 하는 마음으로 수행해 왔으니 이를 어쩌면 좋단 말인가.

그러나 다행스럽게도 큰스님의 원력 가운데서 경문과 의식문을 한글로 바꾸는 불사가 있었으니 가히 놀라운 일이었다. 나는 대한불교조계종의 일번지 신도였지만 그날만은 일번지를 불광사에 내어주고 싶었다. 일찍이 큰스님께서 모든 대중들에게 한글 의식을 가르치고 익숙시키셨으니 가히 큰스님께서는 우리 시대의 큰 선지식인 것은 이로써 더 분명한 일이다. 만약 지금부터라도 우리 한국불교 전체가 한글로 의식을 집전하고 아침저녁 경전을 독경한다면 불교의 발전은 눈부시게 달라질 것이다.

이러한 일 중의 하나가 한글대장경 작업이라는 생각이 든다. 그러한 큰스님의 진정한 뜻을 도피안사에서 한글대장경 봉안 불사를 우리나라에서는 처음으로 하셨다. 나는 조계사 신도임에도 흔쾌히 그 불사에 동참했고 또 여러 사람들에게 권유했다. 그것이 광덕 큰스님의 뜻을 따르고 받드는 일이라고 생각했기 때문이다. 아마도 큰스님의 그런 뜻이 조계사의 그 많고 많은 신도 가운데 이 법륜월(法輪月)에게 통하여 동참하게 되지 않았나 생각해 본다. 아무튼 큰스님과 나는 한글대장경 불사 동참으로 영적으로 통한 느낌을 받았다. 이제 큰스님의 교화가 우리 조계사까지 미쳐서 모든 경전을 한글로 읽고, 모든 의식도 한글로 모든 신도들이 일제히 할 수 있는 날이 하루 빨리 왔으면 좋겠다.

"큰스님! 이제 우리 곁으로 어서 오시어 구국구세하소서. 우리들을 바른 길로 이끌어 주시옵기 위하여 하얀 코끼리 타시고 보현의 깃발을 걸고 다시 오시지요. 감사합니다. 나무마하반야바라밀!"

불기 2545년 7월 20일
법륜월(法輪月) 장지영 합장

다시 올리는 나의 서원

행원성(行願成) 최상자 | 우바이, 불광사

큰스님! 큰스님이라는 말만 떠올려도 온갖 상념들이 한꺼번에 가슴속에서 머릿속에서 아니 온몸에서 동시에 솟아나고 떠오른다.

아무리 생각해도 나에게 큰스님 만나게 된 인연보다 더 소중한 일은 따로 없고 그보다 더 큰 행운은 달리 없다.

돌아보면 1983년, 나는 '이산혜연선사 발원문'에 깊이 감동되어 그때서야 불교를 알고 싶어졌고, 그래서 찾아 나선 곳이 바로 이웃해 있던 불광사였다. 그곳 법회시간에 만나게 된 「보현행자의 서원」과 합창 등, 나를 매료시킨 일련의 연결들…….

이것은 나에게 필연으로 이루어진 것이지 결코 우연히 만나게 된 것이 아니라는 사실이 불광사에 다니면서, 또는 큰스님의 가르침을 이해할수록 깊어져 갔다. 훗날 큰스님께서 「보현행자의 서원」은 본인이 쓰셨다고 해서 처음에는 깜짝 놀랐다. 나는 그것이 어떤 모임의 이름이고 거기에 따르는 자기들의 선언문인가 생각했다. 그래서 나도 거기에 회원이 되어야지 하는 생각을 가졌다.

「보현행자의 서원」을 처음 대했을 때, 내 가슴에 얼마나 깊이 와 닿았는지 모른다. 세상에 이런 글도 있고 이런 공부를 하는 곳도 있구나 하는 놀람도 가지게 되었고, 또 세상은 무척 넓기도 하다는 사실을 다시금 느꼈다. 그것이 내가 처음 큰스님을 알게 된 연유였고 또한 불교의 첫 출발이기도 했다.

나는 어린 시절부터 존재의 근원과 삶의 질서에 대해 의구심이 많았다. 내 나름대로 궁리도 하고 학교 다니면서 좋은 강의를 열심히 찾아들었고 혼자 있을 때는 철학적 사색에 깊이 빠져들기도 했다. 그리고 불교 이외의 종교적인 가르침을 찾기도 했다. 그러다가 결국은 세월이 많이 지나 나이가 들었지만 그러한 증세는 별로 달라진 것도 없고 나아진 것도 없었다. 오히려 내 내면 깊숙이 가라앉아 있었다.

그러던 것이 '이산혜연선사 발원문'을 대한 순간, 내면적인 잠재가 폭발하고 말았다. 그래서 불광과의 인연이 깊어갔고 거기서 큰스님의 가르침을 통하여 내가 어릴 적부터 가지고 있었던 의문과 의구심들이 한꺼번에 모두 다 풀려가는 말할 수 없는 환희심에 빠져들었다. 진정 반갑고 기쁘기 짝이 없는 일이었다. 큰스님의 바라밀 법문에서 새 삶을 얻었다고나 할까.

그동안 나의 삶은 항상 그러한 문제의식 속에서 하루하루를 보내고 맞이하는 흘러가는 인생이었고 진정한 뜻을 모르고 그냥 살아가는 의무일 뿐이었다. 그런 내 인생에서 큰스님을 만난 것은 참으로 큰 사건이었고 계기였다. 늘 무한한 의구심으로 나름대로 번뇌에 쌓여 갈등하고 혼자서 사념하고 결론짓던 그 모든 것을 큰스님의 바라밀 법문에서 일시에 해결할 수 있었으니 감격에 겨워 뭐라고 말못할 심정이 될 수밖에 없었던 것은 당연한 일이었다.

그 이후의 믿음과 환희심으로 충만된 나의 삶은 기쁠 수밖에 없고 새로울 수밖에 없는 것은 매우 자연스러운 현상이었다. 그럴수록 부처님의 참뜻을 향하여 한 발 한 발 앞으로 나아가는 나는 큰스님의 가르침에 서서히 몰입하여 깊이 참구했다. 그리고 의문이 떠오르면 지체 없이 큰스님을 찾아뵙고 질문하며 궁금증을 해결했다. 체면이나 염치도 없었다. 오직 가슴에 맺혀 있던 묵직한 덩어리를 벗어나는 것만이 그 당시 나의 주요한 관심사였다.

그러나 불법을 이론으로만 따지고 파고들면 큰스님께서는 인정사정 없이 무섭게 잘못된 생각을 깨트려 주셨다. 큰스님께서는 때로는 예리하고 정확하게 나의 잘못을 지적하고 또 때로는 몹시 부끄럽고 무참할 정도로 닦달하셨고, 그리고 따뜻하고 자상하게 지도해 주시고 이끌어 주셨던 자재한 선지식이셨다. 그 간절하고 자상하신 큰스님의 지도에 힘입어 제법실상의 도리에 조금 눈뜨게 되던 날, 큰스님께서는 크게 기뻐하시며 바라밀행자의 만남은 전생부터의 지중한 인연이라 말씀하셨다. 그리고 행원성을 보면 젊은 날의 자신을 보는 것 같다고도 하셨다. 큰스님께서도 출가 초기, 범어사에서 동산 대종사께 일주일을 그렇게 묻고 따지고 이론을 들이댔노라고 고백하셨다.

그 후 나는 법등의 임원으로, 또 구법회 임원으로 활동하던 때, 나도 모르게 내 흥에 넘쳐 잘난 체 하거나 지나친 행동이 있으면 큰스님께서는 준엄한 눈빛으로 나의 잘못을 바로잡아 주셨고, 잘하면 칭찬으로 나의 용기를 북돋워 주셨다. 사실 나는 매우 덜렁거리는 성품이다. 그리고 게으르고 무척 이기적이다. 온갖 것을 다 나에게 기준 삼고 내 감정에 맞추어 산다. 그렇기 때문에 무책임할 정도로 속 편하게 산 적도 많다. 어떻게 보면 나이가 들었어도 분수를 알지 못하고 주책스러운 언행을 할 때도 많았다. 참 가관이었지만 그러한 나를 스스로 돌아볼 수 있도록 자성과 성찰의 기회를 주신 인생의 스승님이 바로 큰스님이셨다. 이런 부분은 그 이후에도 줄곧 계속되었다.

아무튼 나는 큰스님의 핵(?)우산 속에서 보살핌을 받으며 그동안 내가 해보지 못했던 일들을 하게 되었고, 그로 말미암아 보다 넓게 세상과 인생을 바라볼 수 있었다. 교도소 법회와 자광원의 봉사활동 등 여러 법우들과 함께 불교 자비의 실천 수행을 맡아서 했다. 그때 큰스님께서는 내가 요청하는 것이면 거의 다 들어주셨고 또한 격려를 아끼지 않았다.

"나는 교도소는 모른다. 그러나 불광의 대보살 행원성의 체면을 최대로 살려줘야지"라고 말씀하시고 웃는 큰스님을 바라볼 때는, 문득 신명을 다 바쳐 일하겠다는 각오와 다짐이 새삼 들기도 했다. 큰스님도 건강이 좋은 시절에는 교도소에 가서 법문도 많이 했고 수계식도 수없이 했노라고 스스로 말씀하셨다. 그런 이야기는 주로 우리에게 힘을 주기 위하여 어쩌다 한마디씩 하실 뿐이었다.

그뿐만 아니라 큰스님께서 부르셔서 얼른 가 뵈면 신도들이 큰스님께 올린 약값을 잘 두었다가 아무도 몰래 내 손에 쥐어 주시기도 했다.

"행원성 보살님, 끼니 거르지 말고 먹어 가면서 보살행 하세요. 나 보세요. 이렇게 건강이 여의치 못하니 더 활동하고 싶어도 못하는 것 보세요."

사실 큰스님께서는 평생을 위법망구로 사셨다. 자신의 몸을 너무나 돌보지 않으시고 오직 전법을 위해 그 모든 것을 다 바쳤다. 나는 이런 사실을 나중에서야 알았다. 그 후, 도피안사에서 홍교 법사님을 통해서 들은 큰스님에 대한 이야기는 마치 굶기를 밥먹듯이 하면서 종단 일을 하셨다고 했다. 큰스님의 열렬함과 순수하심을 아는 우리로서는 마치 그 정경을 눈으로 보는 것 같았고 또한 그 사실이 너무나 안타깝고 애석하기 그지없는 일이었다. 조금만 누가 받들어 드렸더라면 그렇게 빨리 우리들 곁을 떠나시지 않았을 텐데 하는 아쉬움 때문이었다.

어느 해인지 기억은 정확하지 않다. 다만 날짜는 12월 24일이라는 것은 분명하다. 큰스님께서 KBS TV의 '11시에 만납시다'의 프로에 출연하신다고 하기에 우리들은 무척 흐뭇했는데, 뜻밖에 신도 대표로 나를 데려가셨다. 다른 사람들도 놀랐고 당사자인 나는 더 깜짝 놀랐다. 한편 좋기도 하고 영광스럽기도 하고, 그런가 하면 부끄럽고 떨리기도 했다.

나는 분에 넘치는 영광을 입고 큰스님을 모시고 방송국으로 갔고, 평소 큰스님 가르침에 대한 신도로서의 입장을 묻는 사회자의 질문에 몇 마디 짧은 대답을 했다. 그러한 나의 작은 역할보다 무려 한 시간 이상 계속된 큰스님과 사회자의 대담에서 얻어진 여러 가지 결과물이 대단했다. 그런 중에 하나가 바로 자비에 대한 큰스님의 정의였다. 사전적인 해석을 백 번 읽는 것보다 더 명쾌한 답변이 그 자리에서 나왔다. 나는 큰스님의 답변을 통해 다시 온몸이 떨리는 전율의 환희와 감동을 느꼈다. 바로 '자비는 진실 생명의 체온이다'라는 큰스님의 눈부신 표현에 어안이 벙벙하도록 놀라고 깊이 감동했다.

그리고 큰스님 스스로가 말씀하신 대로 큰스님은 '자비 실현' 그대로였다. 평소 신도 가운데 육체적인 환자나 생활에 어려운 분이 고통을 호소하고 하소연하면 큰스님 스스로의 건강이나 입장은 전혀 고려하거나 망설이지 않고 그런 말을 듣는 즉시 고통의 현장으로 달려가 기도하고 설법하여 참으로 안심입명을 얻게 하였다. 그러기에 큰스님의 가르침과 인도로 밝은 삶을 찾은 사람들이 실로 부지기수였다.

큰스님께서는 '전법이 곧 수행이다'라고 하시며, '마하반야바라밀'을 끊임없이 설하시고 삶의 현장에서 깨달음을 이룰 수 있게 무한자비를 베푸셨다.

큰스님께서는 신도들이나 주변의 노고를 꺼려 무명옷 한번 안 입고 세탁 간편한 옷을 입으시면서도 늘 만족하고 즐거워하셨다. 그러하신 큰스님이 너무나 존경스럽고 그분의 신도가 된 것이 너무나 자랑스러워 나는 줄곧 기쁨으로 살았다.

그리고 큰스님께서는 내가 가끔 친견할 때면 다정하게 맞아 주셨고 나의 노래를 듣고 싶어하기도 했다.

"행원성 보살님, 그 잘 부르는 노래 한번 불러 봐요."

나는 마치 기다렸다는 듯이 즉시 큰스님이 직접 작시한 '파랑새 울고'를 불러드리곤 했다. 그 가사는 큰스님께서 무척 편찮으실 때 만드셨지만 정말 뛰어나기 그지없는 명시였다. 지금은 거의 모든 절에서 초파일 애창곡이 되었다. 큰스님께서 생각하시기에 그 당시만 해도 초파일에 부를 만한 마땅한 노래가 없어서 몸소 나서게 되었던 것이라고 했다. 사실 큰스님께서 직접 작시한 노랫말이 너무 아름다워 우리들은 큰스님 작사의 찬불가는 거의 모두 외우고 있었다.

큰스님께선 음악은 심성을 순화시키고 전법에 크게 기여한다며 찬불가 보급에 무척 힘쓰셨다. 그리고 아름다운 문장뿐만 아니라 심오한 불법 이치의 묘미는 타의 추종이나 흉내를 불가능하게 만들었다. 어쩌면 큰스님의 그러한 음악적인 총 결산이 '보현행원송'으로 나타났는지 모르겠다. 사전 준비를 거쳐 드디어 '보현행원송'을 세종문화회관 대강당에서 성황리에 발표했고, 500여 명의 불광 대합창단은 울며불며 환희에 떨며 열창했다. 그리고 불광운동의 서원을 새삼 다졌다.

'보현행원으로 보리 이루리, 보현행원으로 불국 이루리……'

큰스님의 대원력이 우리들의 합창이 되어 세종문화회관에 울려 퍼졌고, 전국에 울려 퍼졌고, 앞으로 전 세계에 울려 퍼질 것이다.

아! 그때의 그 감격! 그 환희! 비록 내가 천만 번을 죽고 다시 태어나도 잊혀지지 않을 일이다. 그때 동참했던 모든 분들은 그 일로 성불할 것이고, 그 일로 광덕 큰스님 다시 만나 보살도를 닦아갈 것이다. 특히 여러 가지 어려운 여건에서 그 일을 가능하게 했던 큰스님의 상좌 송암스님은, 그 일의 공덕으로 모든 것을 원만하여 큰스님의 뜻을 받드는 전법 제일의 몫을 담당할 것이다.

어느 날, 나는 큰스님께 또 주책을 부리면서 구제 불능의 그 꼴사나운 잘난 체를 했다.

"큰스님, 내생엔 무얼 하시렵니까?"

한동안 나를 가만히 건너보시다가 조용히 미소를 띤 모습으로 말씀하셨다.

"다음 생도 마찬가지로 바라밀 하기 위해 출가 수행자가 될 거요. 그래서 염불 실컷 하고 전법 실컷 하고 부처님 각사업 실컷 할거요."

그 말씀을 듣는 순간 큰스님의 고귀하신 자비 서원을 나는 다시 보게 되었다. 사실 큰스님만큼 염불 많이 하고 잘하신 분이 또 어디 계실까?

"우리 모두는 마하반야바라밀 생명이다. 이 사실을 믿든 안 믿든, 깨달음을 이루었든 못 이루었든 그 모두가 부처님 생명에 뿌리한 거룩한 존재다. 신성 그 자체다."

이렇게 설법하시던 큰스님, 오랜 세월 동안 수행하고 닦아서 먼 훗날 드디어 깨달음을 이룬다는 순차를 두지 않고, 오직 부처가 부처 행동을 하도록 길을 열어주시고 그 구체적인 행동강령을 '보현행원'으로 제시하시며 솔선수범 보여 주신 큰스님의 삶이 염불 삼매 그 자체였는데…….

아! 우리의 큰스님, 아니 보현보살님.

어느덧 숙연한 마음이 되어 나도 몰래 젖어드는 눈시울을 훔치며 앉아 있으려니,

"행원성은 요즈음 무얼 하나요? 행원성은 보살인데 그냥 있으면 안 되지요."

큰스님께서 나를 바라보시며 조용히 여운을 남기시던 그 말씀이 다시 떠오른다. 그 무렵 나는 도피안사에 거처를 두고 있었다.

시간이 흐를수록 사무치게 고마움을 느끼고 다시 그리워 보고 싶은 우리 큰스님, 그러나 정작 큰스님 다비식에서 나는 울지 않았다. 생사(生死)가 둘 아님을 알았기에, 그리고 영겁에 염불삼매로써 광도중생(廣度衆生)하실 터이기에 잠시의 이별은 아픔이 아니라고 굳게굳게 다짐했다.

큰스님, 우리의 큰스님!

이렇게 불러보며 나는 다짐한다. 이제 우리들은 큰스님 가르침을 널리 받들어야 하리라. '마하반야바라밀'을 열심히 염(念)하며 정법호지에 전력을 다해야 하리라. 흔쾌히 전법 대열에 앞장서야 하리라. 그리하여 큰스님께서 다시 오셔 형상으로 나투실 때, 조용히 스님 곁에 빠짐없이 모여야 하리라.

큰스님, 우리들의 큰스님.

이번에는 더욱 큰소리로 불러본다. 그리고 다짐하고 기원한다.

누구나 잘 알다시피 오늘의 사회는 너무 혼탁스럽다. 정치·경제·사회·교육 등 모든 분야의 혼탁과 아픔을 치유하는 근본 방책은 아무리 생각해 봐도 '마하반야바라밀'뿐이라는 생각이 세월이 흐를수록 더욱 절실하게 내 가슴에 또한 우리들의 가슴에 울려온다.

큰스님께서 속히 이 땅에 다시 오셔서 우리들의 스승이 되어 주시고 횃불이 되어 주기를 간절히 기도한다. 나를 구제하기 위해서다. 이 세상을 구제하기 위해서다.

나무보현보살마하살.

큰스님, 속환하소서

보리은(菩提垠) 최윤정 | 우바이, 도피안사

언젠가 시종고모님께서 '종로 대각사에서 매주 목요일 저녁마다 불광법회가 열린다'고 나에게 말했다. 그 후 다시 '불광법회가 잠실에 불광사를 지었다'고 했다. 급기야 나는 친구들과 사전에 약속하고 어느 날 봉은사에서 만났다. 절 입구에서 시루떡으로 점심공양을 대신하고 불광사를 찾아서 잠실벌로 향했다.

당시 허허벌판의 불광사는 조금 을씨년스러운 분위기였다. 주변에 건물이 듬성듬성 아이들 꽁지머리처럼 들어서 있을 때였다. 우리가 찾아간 그날, 법회가 끝나고 큰스님께서 공양을 하고 계실 때인데도 우리는 정숙하지 못하고 아직 방문도 채 달지 않은 방을 구석구석 들여다보면서 수다를 떨고 돌아다녔다. 그러다가 엉겁결에 큰스님과 마주쳐 절은 올렸으나 제대로 절을 했다고 하기보다는 인사를 한 정도였다. 뭔가 건방을 떨며 꼴사나운 아만으로 천방지축 돌아다니며 마구 지껄여댄 중구난방이었다. 우리들의 어수선한 분위기에 아랑곳없이 큰스님께서는 안정된 눈빛으로 우리를 둘러보시고 뜻 깊은 법문을 주셨다. 지금 생각하니까 그때 우리에게 일러주신 법문은 바라밀 법문이었는데도 그 당시에는 전혀 알아듣지도 못하고 그냥 큰스님께서 우리들에게 말씀이 계시는구나 할 정도였다.

그로부터 다니기 시작한 불광사를 더욱더 열성적으로 다녔던 것은 하나의 사건을 통해서였다. 처음 걸음을 했던 그 이듬해, 그러니까 1983년 2월 16일 친정 어머니께서 위암수술을 받기 위해 성수동 동아병원에 입원하였다. 열흘 정도 지나서 수술을 받았는데 그날이 바로 2월 25일이었다. 어머니는 예정대로 수술을 받았고 의사 선생님은 수술이 잘되었다고 했다.

그런데 막상 환자는 의식을 회복하지 못해 중환자실에 머물렀다. 그런데도 어머니는 조금만 정신이 돌아오면 큰스님을 찾았다. 평소에 한번도 친견한 적이 없는 큰스님을 찾으니 자식된 도리로 도저히 그냥 넘길 수가 없었다. 염치없는 일이었지만 나는 어디서 그런 용기가 솟았는지 불광사로 냅다 뛰었다. 큰스님의 방을 사전 예고도 없이 마치 쳐들어가다시피 달려들어가 자초지종의 이야기를 말씀드렸더니 큰스님께서는 아무 말씀 없이 가사 장삼을 차려 입으시고 나에게 앞장서라고 하셨다. 마침 밖에는 비가 주룩주룩 내리고 있었다. 큰스님을 모시고 황급히 병원으로 되돌아갔더니 대기하고 있던 가족들은 깜짝 놀라는 것이었다. 어떻게 가자마자 이렇게 빨리 큰스님을 모시고 왔느냐 하는 눈빛이었다. 나는 아예 그들의 시선을 무시하고 중환자실로 큰스님을 모시고 들어갔다. 중환자실에 들어가신 큰스님께서 어머니를 보신 순간,

"노보살님! 모든 마음 비우시고 내 본 부처님을 찾으세요. 내 말이 잘 들리면 대답해 보세요."

어머니는 그동안 아무 기척 없이 있다가 큰스님의 말씀이 떨어지자 정말 고개를 끄덕거리며 "응" 하고 대답했다.

"그리고 부처님 은혜에 감사하세요. 또 염불하세요. 모든 것은 자비로

우신 부처님께서 잘 인도하시고 가호해 주세요." 하고는 중환자실을 나가셨다. 바로 그날로 어머니는 팔에 꽂은 4개의 주사바늘을 모두 뽑고 중환자실에서 일반병실로 옮겼다.

나는 그때 큰스님의 자비와 법력을 직접 체험했고 그 은혜를 입었다. 어머니의 병고를 통해 병 없음의 세계를 조금이나마 이해하게 되었고 짐작하게 되었던 것이다. 그것은 오늘의 나를 있게 한 출발이었으며 동시에 커다란 수행이었다. 부처님의 크신 은혜와 사랑을 알게 해준 계기가 된 징검다리였다. 아마 지금만 같았어도 큰스님께 그런 당돌한 청은 못 올렸을 것이다. 아무것도 모르고 단지 어머니를 위한다는 단순한 나의 행동이 큰스님의 자비를 보게 하였고 한평생의 교훈이 되었던 것이다. 그렇게 하여 어머니는 완쾌하셨고 지금까지 건강하게 잘 지내시고 있다.

그때 나의 당돌을 조금도 나무라지 않고 흔쾌히 응해 주셨던 큰스님께서 우리 곁을 떠나신 지 어느덧 2주기가 다가오고 있다. 안타깝고 애석하기 그지없다. 은혜는 산처럼 크기만 한데도 갚을 길은 없이 무심한 세월만 속절없이 흘러가네. 이를 어쩌나.

"나무대행보현보살마하살, 큰스님 감사합니다. 내 생명 부처님 무량 공덕 생명, 용맹정진하여 바라밀 국토 성취한다."

우리들의 스승님

자심문(慈心門) 최숙희 | 우바이, 서울구치소 교화위원

스님! 큰스님,

가만히 마음속으로 속삭이듯 큰스님을 불러본다. 이렇게 큰스님을 생각하고 혼자서 불러볼 때는 목젖이 싸아 하니 아파오고, 저 가슴 밑바닥에서 뭔가가 꿈틀거리는 것을 느끼고 알지 못할 것이 울컥울컥 솟아오라옴을 동시에 느낀다.

나는 왜 이렇게 큰스님이 그립고 보고 싶을까? 이제 그만하면 잊을 때도 되었는데 말이다. 큰스님 생전의 그 잔잔한 미소와 금방이라도 웃음이 터질 듯한(아마도 법문하면서 법열에 가슴이 너무나 벅차서 주체할 수 없었던 것이 아니었는지?) 환한 얼굴을 생각하니 더욱 가슴이 사무치도록 그립다.

그때가 언제였던가? 아마 '보현행원송'을 연습한다고 열성을 피울 때였을 것이다. 직장의 일과를 끝낸 피곤한 남성 단원들, 가족들 뒷바라지와 가사에 지친 주부 단원들이 저녁 늦게 모여서 합창연습을 하는데, 모두가 그렇게 열성적일 수가 없었다. 도대체 그 열정들은 어디에서 나왔으며 어떻게 시작되었을까? 참으로 알 수 없는 불가사의한 일이었다. 나

는 그때 합창단의 연습 지휘자였기에 단원들에게 직접 곡을 가르쳐 보면 금방 알 수가 있었다. 분명 알 수 없는 힘이 우리에게 있음을 말이다. 아마도 큰스님의 힘이 우리 모두에게 미묘하게 작용하고 있었던 것 같다. 그랬기에 우리는 불가능을 가능으로 만드는 놀라운 능력을 남김없이 드러내고 실현했던 것이리라. 평소 큰스님의 간곡하신 전법 부촉을 받은 불광의 법우들은 순수하고 겸허하게 이유도 조건도 없이 '보현행원송'을 통해 하나가 되어 갔고 마침내 모두가 커다란 하나가 되어 기막힌 환희의 장, 열광의 도가니를 만들어냈고 원만하게 드러냈다.

지금 이 글을 쓰고 있는 내 귀에, 내 머릿속에는 '나무삼계대사 사생자부 시아본사 석가모니불……' 하는 합창단원들의 간절한 소리와, 청암 박범훈 지휘자의 신들린 지휘 모습과 큰스님의 환희에 찬 미소불의 모습이 오버랩되어 오고 있다. 이런 증세는 가끔 나타나는 나의 고질이 되었지만 말이다.

나는 큰스님 생전에 큰스님 앞에 서는 걸 무척 두려워했다. 자애로운 눈빛과 밝은 미소로 다니시는 큰스님을 가끔 복도에서나 법당에서 만나게 되었을 때, 두 손을 공손히 모으고 합장한 채 고개를 숙이고 한쪽에 조용히 비켜 서 있다가 큰스님께서 가시고 난 뒤에야 내 볼 일을 보곤 했다.

왜 큰스님 앞에서 그토록 고개를 들지 못했는지 지금도 그 이유를 모르겠다. 나의 시커먼 속마음이 그대로 큰스님께 들킬까봐 두려워서였을까. 그렇다, 투명한 가을하늘 같은 큰스님의 혜안에 내 부족한 속마음이 탄로날까 싶어서 그렇게 전전긍긍한 것 같다.

불광사 3층 대웅전을 오르내리며 2층 마니당에 있는 법주실(큰스님 방)을 향하여 예를 올릴 때마다 '큰스님, 부디 오래오래 이 땅에 머무시면서 어리석은 저희들에게 감로수를 내려 주십시오' 하고 늘 기원했고,

불광사에서 큰스님의 법문을 들을 때마다 큰스님 일굴을 바라볼 수 있다는 것만으로도 큰 위안이 되었고 행복이었다. 내가 15년 전쯤 수원교도소에 재소자들 노래를 가르치러 다니면서 큰스님 방에 처음 인사 갔을 때 큰스님은 잔잔한 미소를 띠시며,

"자심문 보살님, 음악을 전공했다지요? 노래를 할 때 모두들 기뻐하고 즐거워하며 사람들이 밝아지지요? 그래요, 그게 바로 극락이지요, 정토이지요. 노래 부르는 그 가사에 법문이 함축되어 있어요? 재소자들의 고통이 그 순간만이라도 사라진다면 그건 분명 찬불가와 그들이 하나되어 피안에 도달한 것이 아닐까요? 힘닿는 데까지 불보살님이 내리신 사명이라 생각하고 끝까지 그들을 밝은 곳으로 이끌어 보세요. 자심문 보살님은 틀림없이 꿋꿋하게 잘 해낼 거야." 하시면서 나에게 분에 넘치는 칭찬과 격려를 해주셨다. 난 그때 모기소리만큼 간신히 '네' 하고 겨우 대답을 했지만, 마음속으로는 큰스님의 말씀을 굳게 다짐하였다. 그리고 큰스님과의 그 약속은 지금도 지켜가고 있다. 큰스님께서 내게 내린 특별 부촉이라 생각하고 있다. 앞으로도 내게 기운이 남아 있고 악보를 볼 수 있는 시력만 남아 있다면 끝까지 음악 전법을 다하리라 거듭 다짐하고 있다.

큰스님 생전에 불광사에서는 창립기념법회 때마다 구법회 단위로 찬불가 합창경연대회가 있었다. 어느 해, 불광창립기념법회 때 찬불가 경연대회에 나가기 위하여 강남구 법회 법등가족들은 혼연 일체가 되어서 열심히 합창 연습을 했다. 그 결과 기대 이상으로 이십여 구법회 중에서 단연 1등을 했다. 큰스님께서 상장과 부상을 두둑하게 내려주셨다. 창립기념법회 날, 한복을 곱게 차려 입고 수많은 법우들 앞에 나서서 큰스님이 주시는 상을 받는 심정을 어떻게 표현해야 할지, 그때 난 그저 마냥 행복하기만 했다. 큰스님 앞에 서 있는 것만으로도 대단한 일인데 거기

다 상까지 받다니 상상할 수도 없는 기쁨이었고 크나큰 영광이었다.

전국 방방곡곡으로 고찰을 찾아 순례를 다닐 때도 서울 불광법회에서 왔다고 하면, 광덕스님 밑에서 열심히 잘 배운 일등 신도들이라고 각 절의 주지스님들이 앞다투어 칭찬을 해주었고, 그럴 때마다 철없던 나는 아이처럼 우쭐해 하기도 했고 마음속으로 더 열심히 기도하고 수행하는 불자가 되어야겠다고 다짐하기도 했다.

어느 해, 해마다 있는 불광 명교사(明教師=불광법사) 후보생 교육을 마치고 수료식과 법사 임명식 때, 뜻밖에 내가 일등을 하였다. 그때 큰스님으로부터 『불교대사전』을 상으로 받았다. 아주 두껍고 무거운 책으로 맨 앞장에는 상이라는 커다란 도장과 불광이라는 도장이 선명하게 날인되어 있었다. 나는 그 책을 받아들고 감동했고 그 책을 만지기만 해도 모든 소원이 다 이루어질 것 같았다.

서울구치소 재소자 중에 나와 인연을 맺은 최고수(사형수)가 있었다. 성연이란 법명을 가졌는데 나와 4~5년을 매주 금요일마다 기도하고 불교공부를 했다. 불교에 대해 간절히 목말라 하는 그에게 나는 기쁜 마음으로 그 책을 선물로 주었다. 그 후 성연거사는 시간 있을 때마다 그 책을 가지고 열심히 공부했다. 큰스님의 은혜가 거기까지 미치게 되었던 것이다. 그런데 안타깝게도 성연거사는 이 세상을 떠나고 말았다. 그의 유품을 정리할 때, 큰스님으로부터 받은 그 책은 다시 나에게 돌아왔다.

이제 다시 '보현행원송'의 감격을 조금 더 되새겨 보고 싶다.

당시 불광합창단 단원들은 피로하거나 힘들어하지도 않고 열성을 다해 연습에 임했다. 단원들은 짧은 시간에 악보를 익혀야 했고 가사를 정확히 외워야 했다. 나는 그때 사람이 나이가 많아 일을 못한다고 하는 것은 핑계일 수 있다는 생각을 하게 되었다. 상당히 나이든 사람도 정신을 집중하여 외우니까 금방 휑하니 외우는 것을 보았기 때문이다. 그렇

게 우리는 열성이었고 정말 한마음이었다. 놀라울 정도로 ‘보현행원송’
으로 일치했다.

악보를 모르는 단원들이 반이 넘었는데도 소리를 외워서 틀리지 않았
다. 혼성 4부를 파트마다 한음 한음 피아노 소리에 따라 익히게 하고, 멜
로디는 테이프에 녹음해서 각자 집에서 또는 차안에서 오고가며 익히게
했다. 여성단원들은 집에서 설거지하면서도 흥얼거렸고 남성단원들은
출퇴근 시간의 차안에서도 ‘보현행원송’을 연습했다. 잠시라도 시간이
나면 멜로디를 외고 다녔고 흥얼거리며 다녔다. 정말 그 힘이 어디서 나
왔을까? 그건 분명 불가사의한 일이었다. 그 짧은 시간에 부랴부랴 연습
하여 세종문화회관 대강당 무대에 올린다는 것도 사실은 기적이었다. 성
악 전공자들도 그 짧은 연습시간으로는 어려운 일이었다.

그리고 중간에 스님들이 불러야 하는 짧은 파트가 있었다. 스님들만
따로 유치원 교실에 모여서 연습을 했다. 스님들의 발성은 특징이 있었
다. 평소 염불을 많이 해서 몸에 익은 염불발성이라고나 할까? 아무튼
스님들도 초등학생들처럼 열심히 노력하여 우리 불자들에게 모범이 되
어 주었다. 그리고 역시 염불 많이 한 스님들이라 좋은 목소리로 돋보이
게 그 역할을 완수했다. ‘허공계가 다하고 중생 다하고……’ 스님들의
염불 발성은 자연 그대로의 소리여서 더욱 친근감이 있었다. 악보에 대
해서 잘 모르는 스님들이었지만 피아노 건반을 두드리는 내 손가락이
아플 때까지 함께 연습을 해주었다.

이런 모두의 노력이 총동원되고 집중되었지만 짧은 연습에 비해 곡은
너무나 방대했다. 보현보살의 십종행원을 어찌 그리 쉽게 이루려고 생각
할까만은 참으로 장한 단원들에 의해, 아니면 특별한 가호로 말미암아
우리는 불가능을 완전한 가능으로 돌려놓고 말았다. 지금 가만히 다시
생각해 보아도 그건 부처님의 은혜일 수밖에 없었다.

큰스님께서는 노래로써 부처님을 찬탄하고 신도들의 신앙이 성장하
길 간절히 바라고 원하셨다. 처음 불광에 나온 초학(初學) 법우들은 절에
서 노래를 왜 이렇게 많이 부르나 하고 의아해하고 낯설어 했다. 그러나
차츰 법회에 익숙해지고 나면 그 찬불가에서 부처님의 자비하신 법문을
듣게 되고 환희심을 내게 되어 곧 익숙해지곤 했다. 임의 숨결, 연꽃 피
는 날, 마하반야의 노래, 파랑새 울고 등등. 어쩜 가사가 그렇게도 가슴
시리게 좋은지 스님의 청정본심이 그대로 시가 되고 노래가 되었다.

'보현행원송'이 세종문화회관 무대에 울려 퍼질 때의 그 감격을 난 평
생 잊지 못할 것이다. 그날 거기 함께 있던 모든 사람들은 혼연일체가
되어 가슴 뜨겁게 울었다. 한편의 감동적인 드라마라고 하더라도 그토록
극적일 수 있었을까? 이미 많은 시간이 지나도 그때 생각만 하면 지금도
가슴이 울렁거리며 마구 뛴다.

'내 이제 두 손 모아 서원하오니, 삼보 자존이시여 증명하소서. 나무
보현보살마하살, 나무마하반야바라밀……'

그랬기에 우리 큰스님은 분명 보현보살이셨고 마하반야바라밀이셨다.
큰스님이 부축을 받으시며 무대 가운데로 올라오셨다. 그때 뒤에 서 있
던 합창단은 소리 없이 울고 있었다. 큰스님께서 환희에 넘쳐 뜨거운 격
려사를 하셨다. 하늘나라가 있다면 바로 거기가 하늘이었고 그 순간이
극락이었을 것이다. 도솔천이 있다면 바로 그곳이 도솔천이었고 천상의
소리가 있다면 '보현행원송'이 어김없는 천상의 소리였다.

부모님의 한량없는 은혜로 세상에 태어나서 지금까지 살아온 나는 내
생에 훌륭한 영적인 스승이셨던 광덕 큰스님을 가까이에서 만날 수 있
었던 것이 가장 큰 행운이었고 부처님의 가장 큰 은혜라고 확신한다. 그
리고 '보현행원송'의 커다란 불사에 함께 동참하고 앞장서서 이끌 수 있
었던 것은 무한 축복이었고 보람이었다. 그리고 그것이 부처님께서 내게

주신 금생의 뚜렷한 행운임을 나는 너무나 잘 알고 있다.

지금도 법회에서 큰스님께서 쓰신 가사로 노래를 부를 때마다 가슴이 아려오도록 큰스님의 법열에 온몸을 떨게 된다. 그렇기에 큰스님이 가신 지금의 이 자리가 이렇게 엄청나게 크게 비어 있는 것이고 무엇으로도 대신 채울 수 없는 것이리라.

나는 도피안사 대웅전에 모셔진 큰스님의 진영(眞影) 앞에 설 때마다 간곡하신 큰스님의 가르침을 다시 듣는다.

'우리는 횃불이다. 스스로 타오르며 역사를 밝힌다.'

'보현행원으로 보리 이루리.'

'마하반야바라밀.'

큰스님께서 불광사 보광명당 법문에 앞서 울려 퍼지는 첫마디가 '형제 여러분 감사합니다'였다. 그것은 보광명당 부처님의 미소와 큰스님의 미소가 어우러진 멋진 도솔천 내원의 광경이었다. 못내 그립다. 시간이 지날수록 더더욱 그립다. 내 힘으로 어찌해 볼 수 없을 만큼 큰스님 생각이 간절하다.

"큰스님, 속히 오소서. 사바하."

나는 불광의 포교사

대자혜(大慈惠) 김순숙 | 우바이, 서울구치소 교화위원

월간 「불광」을 구독하면서 언젠가는 불광사를 한번 찾아가리라 생각했던 것을 실행에 옮긴 1983년 가을, 아마 지금 이 글을 쓰고 있는 이맘 때쯤이 아닌가 생각해 본다.

나는 흠모하는 임을 찾아가듯 설레는 가슴을 안고 불광사를 찾아갔다. 보광당 법회장소에 빼곡이 들어찬 신도들 사이를 이리저리 간신히 비집고 들어섰을 때, 멀리 불단 앞에 장엄한 법좌도 아닌 조그만 의자에 큰스님께서 앉으신 모습이 보였다. 꽤 멀리서 보았지만 정말 자비스럽고 온화한 모습이셨다. 큰스님께서 의자에 앉아서 설법을 여시는 첫말씀이 무척 인상 깊었다.

"형제 여러분!"

아! 온 세상을 부드러운 깃털로 포근히 감싸 안아 주시는 것 같았다. 그러면서도 자비 위신력 넘쳐나는 알 수 없는 힘찬 목소리, 그리고 우리를 동일체로 불러주시는 겸손함에 순간, 가슴 뭉클한 감동을 느끼지 않을 수 없었다. 그것은 어디에서나 흔히 만나지 못할 신선한 충격으로 다가왔다. 그로부터 나는 만사 제쳐놓고 일요일마다 열렬하게 불광법회에

"

빠져드는 데 조금도 주저하지 않았다. 큰스님의 전법 발원에 힘입어 그렇게 소극적이고 남 앞에 나서 본 적이라고는 한번도 없었던 내가 법등 임원을 자임했고, 마침내 법등 임원을 거쳐 구법회 임원까지 맡게 되었고 수행하게 되었다. 절에 다니기 전 내 모습과는 너무나 달라진 변화였다. 나 스스로 생각해 보아도 불가사의라고 할 만한 일이었다.

큰스님께서는 우리들에게 바라밀 교육을 비롯하여 명교사 후보생 교육, 포교사 후보생 교육을 시켜서 마침내 법사가 되게 해 주셨다. 특히 1년 간의 포교사 후보생 교육은 어느 곳의 불교대학원 교육과 비교해도 조금도 손색이 없는 우수한 교육 프로그램이었음이 가장 큰 자랑이었다. 강사나 후보생 모두가 찬탄했고 기뻐했다. 지금 다시 생각해 봐도 너무나 유익했고 자랑스러웠다. 포교사 후보생 교육을 수료한 법우들을 만나면 '우리는 복이 많아서 큰스님께서 포교사 공부까지 시켜주셨다'고 말하면서 행운아들이라고 입을 모아 자찬을 금치 못했다. 지금도 우리는 항상 감사하면서 큰스님의 은혜를 잊지 말자고 다짐하고 맹세한다. 그리고 큰스님의 은혜를 저버리지 않는 것은 오직 전법이라는 생각을 가지고 한층 열심히 수행 정진한다.

거듭 말하자면 큰스님께서 지어주신 법륜회(法輪會)라는 이름의 모임이 있다. 그것은 불광 포교사들의 모임이다. 우리가 포교사답게 전법으로 최상의 보은을 삼는 삶을 살자고 다짐하며 지금까지 '불광 바라밀 상담실'을 성실히 운영하고 있다. 법륜회를 구심점으로 해서 병원으로, 복지관으로, 경승실로, 이웃돕기, 경조사 참여, 교도소 교화활동 등 많은 활동을 하고 있다.

큰스님께서는 언제나 전법 발원을 실천할 것을 강조하셨다. 한 톨의 민들레 씨앗이 날아가서 수없이 많은 민들레를 꽃피우듯이 내 하나가 밝아져서 내 가정이 밝아지고 내 이웃이 밝아지고 사회가 밝아지고 국가가 밝아지고 세계가 밝아지는 불국토를 이루는 역군이 되라는 간곡한 말씀이셨다. 나는 그런 큰스님의 정법 호지 발원을 받들어 구치소 재소자 교화법사로 활동한 햇수도 어언 14년이 된 것 같다. 어느 때는 정말 어렵고 힘겨워 그만두고 싶을 때도 많았다. 나는 그럴 때마다 큰스님의 말씀이 뇌리 속에 떠올라 스친다. 그래서 다시 또 힘을 내곤 한다.

"대자혜 보살님, 자신이 잘나서 전법하는 것이 아니라, 모두가 대자혜 불자의 진정한 수행입니다. 대자혜(大慈惠)라는 법명답게 무한히 베풀며 살아야 해요."

언젠가 교도소 법회에 떡을 해 가야 하는데 떡값이 부족하여 떡값을 얻으려고 큰스님을 뵈러 갔을 때, 큰스님께서 선뜻 떡값을 내주시면서 "떡 신도라도 많이 만들어라." 하시면서 격려해 주시던 모습과,

"장하다, 부디 어둠을 밝히는 데 주저함 없이 당당하고 자신감 넘치게 활동하세요. 그리고 개인의 힘으로 하는 것이 아니라 부처님의 위신력으로 이루어지는 것을 잠시도 잊지 말기를 바랍니다." 하시며 나의 자만심을 경계해 주시던 자비하신 말씀을 어찌 잊을 수 있을까.

조금 거슬러 올라가 좀 지난 얘기를 하나 하자면, 큰스님을 만났다는 사실은 내게 있어 인생을 송두리째 바꾸어 놓은 대사건이었다. 그동안 나는 참으로 어리석게도 온갖 집착과 갈등으로 고난스럽게 살면서 이 모든 것이 나의 업이려니 했다. 그러나 속으로는 참으며 산다는 아집을 가지고 있었고 밖으로는 너무도 안일하게 살았다.

"환경을 탓하지 말라. 자신이 바뀌면 모든 환경이 다 바뀐다. 마하반야바라밀을 수행하는 사람은 어떠한 고난을 당하더라도 참아서 견디어내는 것이 아니라 고난을 고난으로 보지 아니하고 기쁨으로 대하는 것이며 능히 안에 있는 무한의 힘과 무한의 기쁨을 내어 쓰는 것이다."

이 말씀은 나에게 단박에 어둠을 밝음으로 바꾸어 놓는 천둥 같은 사

사후였고 어두운 앞길을 밝히는 진리의 등불이었다. 이 말씀은 내 삶의 지표를 바꾸어 놓았고, 내 삶의 새로운 신조가 되었다. 이제는 내가 초심자 법우들에게나 교도소 재소자들에게 수없이 설명하는 대목이 되어 버렸다. 그리고 또 "불법은 말과 생각과 이론을 통해서 얻어지는 것이 아니고 체험을 통한 감동이며 체험을 통한 자기 발견이다."라고 큰스님께서 말씀하셨다.

정말 어느 것 하나 특별히 잘하는 것이 없는 부족 덩어리였던 내가 큰스님의 가르침을 통해서 과거의 어두웠던 마음이 밝아졌다. 그 체험 하나를 밑천삼아 큰스님 은혜에 보답하기에는 너무나 왜소하여 빙산의 일각도 안 되겠지만 작게나마 어두움을 밝히는 데 도움이 된다는 자부심으로 재소자 교화활동을 오늘도 계속하고 있다.

큰스님은 건강이 편안하지 못하여 항상 우리를 안타깝게 했다. 그러나 건강하지 못했던 모습마저도 우리에겐 큰 가르침이었다. 언제나 편안하고 밝고 천진한 모습이었기에……

광덕 큰스님을 생각하며

반야화(般若華) 백경임 | 동국대 교수

가만히 앉아 큰스님을 생각하노라면 가슴에 맑은 샘물이 흐르는 듯, 마음이 상쾌해지고 어떤 알지 못할 기쁨으로 충만해진다. 큰스님께서 이 세상에 머무실 때 비단 나뿐만 아니라 많은 사람들이 큰스님의 말씀 한 마디 한마디에 기뻐했고 감격했다. 큰스님께서는 항상 우리의 장점을 일일이 찾아 칭찬해 주셨고 격려해 주셨다.

우리는 영혼이 허기질 때 큰스님을 찾았고 생각했다. 큰스님을 찾아뵈면 새로 충전시킨 밧데리처럼 힘을 얻었고, 우리의 무한 가능성에 대해 다시 믿음을 내고 도전을 했다. 자신에 대한 신뢰를 다져서 보다 더 큰 힘을 얻어 새 희망을 갖고 자기자리로 돌아오곤 했다.

큰스님의 이런 특별한 능력은 큰스님 자신께선 잘 모르겠지만 상담요법 가운데 '장점 충격요법'이라고 하겠다. 말하자면 상대의 장점만을 찾아 이야기해 주는 방법인데 그 효과가 하도 커서 충격적이라는 데서 붙여진 이름이다. 일반 사람들은 타인의 장점보다는 단점이 자꾸 눈에 보이기 때문에 이 요법을 실시하기 전에 사소한 사물의 장점을 찾는 훈련을 먼저 하게 된다. 그런데 큰스님께서는 그대로 모든 사물의 장점과 가능성을 단박 볼 수 있는 특별한 안경을 갖고 계셨다. 어쩌면 중생을 있는 그대로의 부처로 볼 수 있는 진정한 안경이 아닐까 싶다. 참으로 큰스님을 다시 생각나게 하고 무척 부럽기도 한 안경이다.

내 마음에 남아 있는 큰스님과의 일화들은 개인적인 것이지만 누구나 다 공유하는 보편적인 것이라고도 생각된다. 그것은 찾아오는 누구에게나 똑같이 대하시는 큰스님을 잘 알기 때문이다. 그래서 나와 큰스님과의 작은 일화 두어 가지를 말하려고 한다.

몇 년 전 내가 심한 병에 시달릴 때, 큰스님께서도 많이 아프다는 말을 들었다. 나는 속으로 '일체유심조(一切唯心造)라는데 나 같은 사람이야 마음을 잘못 다스려 병이 났겠지만 큰스님 같은 분이 왜 아플까?' 하는 의문이 들었다. 나의 이런 마음을 아셨던지 어느 날 황송스럽게도 큰스님께서 친히 전화를 주셔서 '병고(病苦)를 약으로 삼자'는 말씀을 하시면서 당신 자신의 그 힘든 상황에서도 간곡히 나를 격려해 주셨다. 나는 그날 살아야 할 이유를 비로소 확인했던 것 같다. 또 큰스님께서 왜 편찮으신가 하는 의문도 자연스럽게 가시게 되었다. 말하자면 병자와 아픔을 나누어 힘이 되어 주시기 위한 것으로, 또 아프면서도 어떻게 다른 사람을 도울 수 있는가 하는 가르침을 주시기 위한 것으로 이해되었다. 그날 큰스님께서 도움을 받으라고 소개해 주셨던 보살님은 지금도 내가 언니처럼 의지하고 지내는 좋은 도반(道件)이 되었다. 참으로 감사한 일이다.

또 '참 큰스님다우신 일이다' 하며 내가 귀하게 여기고 있는 한 가지 이야기가 있다. 불광사에 머무르셨던 어느 날 큰스님께서,

"나는 마음속에 어떤 맑은 노랫소리가 들리는데 밖으로 소리낼 수는 없어." 하면서 웃으셨다. 이어서 내가,

"어린 시절 부르시던 노래인지 한번 곡조를 생각해 보세요."라고 하였

더니, 큰스님께서는 조금 흉내를 내려하시다가,

"아니야, 노랫소리는 계속 들리지만 입으로 표현할 수는 없어. 샘물이 졸졸 흐르는 것 같아!" 하면서 웃으시는데 꼭 소년처럼 느껴졌다.

나는 때때로 '천상의 음악소리는 그런 것일까?' 하는 생각이 들곤 했다. 어쨌든 큰스님께선 내면으로부터 기쁨이 충만하여 넘쳐나는 모습을 우리에게 보여 주셨다. 참으로 고귀하고 아름다운 모습이었다.

큰스님의 인상이 부드럽고 따뜻했기 때문에 감성적인 면이 많이 드러났는데, 큰스님께서 논리적으로 설명하실 때는 그 핵심을 꿰뚫어 보시는 힘에 놀라게 된다. 그때는 큰스님의 눈빛과 이마가 유난히 빛났고 목소리에는 거역할 수 없는 힘이 느껴졌다.

내가 교수가 되고 난 뒤 「불광」지에 글을 쓰면서, 또 논문을 쓰기 위해 경전에 대해 여쭈어 볼 때의 일이었다. 큰스님은 확고한 지성과 부드러운 감성을 겸비하시고 실천 수행까지 철저히 하시는 종교인이라는 생각을 그때 다시금 했다.

큰스님의 말씀대로 전생의 인연 때문이겠지만, 금생에 큰스님을 가까이 뵈올 기회를 갖게 된 것은 내 인생에 있어 행운 중에 행운이었다. 항상 미소를 머금으셨던 큰스님의 모습이 오늘따라 더욱 그립다.

영산회상의 사부대중도 부럽지 않던 진달래법회

묘자재 이봉순(妙自在 李鳳順) | 철학박사·동국대 강사

그때도 바로 지금 이맘때였다. 진달래가 눈물겹도록 곱게 핀 경기도 남양주 갈매리 보현사 뒷동산을 스님과 함께 거닐면서 스님의 향기로운 말씀을 들었다.

어느 날 갑자기 스님께서 보현사의 아름다운 봄의 향연에 불광 가족들을 초대했다. 흐드러진 진달래 꽃의 아름다움을 혼자만 보시기 아까워 불렀노라 했다.

"내일이면 늦으리, 오늘이어야 해."

이 말씀에 만사 제쳐놓고 달려갔던 우리. 거기서 우리는 진달래보다 더 맑고 봄볕보다 따사로운 스님의 모습을 뵐 수 있었다. 그때가 1990년 봄 바로 이맘때였다.

스님은 그때 봄날 아지랑이와 은은한 꽃향기에 취하신 듯 유난히 재미있는 말씀을 많이 하셨다. 우리도 덩달아 나이도 잊어버리고 천진했던 시절로 되돌아가 마냥 행복한 시간을 보냈다. 부처님 영산회상의 사부대중인들 그때의 우리만큼 행복했을까?

내가 스님을 처음 뵌 것은 1989년 초파일 법회에서였다. 그날 나는 일찍이 겪어보지 못한 소중한 체험을 했다. 온몸이 전율하고 눈에서는 하염없이 눈물이 흘러내렸다.

"마음에 있는 것, 생각하는 것만이 우리 현실에 나타난다. 그러므로 우리는 이러한 권능을 가지고 있는 생각의 자유를 값있게 활용하여야 한다. 생각은 내 자신의 주인이다. 진리인 자신에게 돌아가 지혜의 눈을 뜨고 노력할 때 내 운명이 개선되고 인격과 정신이 더욱 향상된다."

이 놀라운 법문에 매료된 나는 그 후 친구들과 함께 바라밀 교육 수강 신청을 하고 기초교리를 배웠다. 하나라도 놓칠세라 단 한번도 지각, 결석하지 않고 강의에 귀를 바짝 기울였다. 수승한 부처님의 가르침을 하나하나 새로 배울 때마다 용솟음치는 환희심을 주체할 수 없었다.

바라밀 교육을 마치고 다음 해인 1991년에 받은 명교사 후보생 교육에서 나는 불법에 대한 타는 갈증을 이기지 못해 마흔 살이 넘는 나이에 동국대 대학원 불교학과에 진학했다. 그리고 작년 1998년 8월에 철학박사 학위를 받게 되었다.

스님을 뵌 인연이 아니면 내가 어찌 불교학을 공부할 엄두를 내고 박사학위까지 받았겠는가. 스님에 대한 감사의 마음은 말로는 다 표현할 수 없을 것이다.

작년 가을, 박사학위 논문을 들고 스님을 찾아뵌 것이 스님과 마지막이 되고 말았다. 잠시 앉아 있는 동안도 주위의 도움을 받아야 할 정도였지만, 스님께서는 또렷한 목소리로 이렇게 말씀하셨다.

"심혈을 기울여 쓴 논문을 찬찬히 읽어 보지 못해 미안합니다."

올해도 어김없이 온 강산에 진달래가 만발했다. 갈매리 보현사 뒷산에도, 스님께서 마지막 밟고 가신 금정산 자락에도 지천으로 피어 있을 것이다.

봄이 되면 어김없이 피어날 진달래처럼, 스님과 함께 했던 그 행복한
봄날의 기억은 오래오래 내 가슴속에서 피고 질 것이다.

저렇게 소멸하는 겁니다

애란자 최정희(愛蘭子 崔貞喜) | 전(前) 「현대불교」 편집국장

30년 전쯤의 일이거나 아니면 30년이 채 못 되었을 수도 있다. 그 무렵 나는 『반야심경』을 수시로 독송하면서 여러 권의 해설서를 찾아 읽고 있었다. 그래서였는지 「대한불교」(지금의 「불교신문」) 독자였던 나는 '서울 종로 봉익동 대각사에서 광덕스님이 학사 불교회원들에게 『반야심경』을 강의한다'는 기사를 챙겨 읽었다. 그 법회에서 나는 광덕스님을 처음 뵈었다. 스님이 큰스님인지 중진스님인지 그런 생각은 안중에도 없었고 다만 학처럼 기품 있고 맑은 스님이셨던 것으로만 기억하고 있다. 스님의 강의는 당시 내 수준으로는 이해하기 쉽지 않았다.

그날 법회에서 나는 손바닥만한(13×19㎝) 소책자 한 권을 받아왔다. 이 글을 쓰기 위해 스님과의 첫 인연을 떠올리면서 나는 서재에서 그 작은 책을 찾기 시작했다. 다행스럽게도 그 얄팍하면서도 작은 책자는 『반야심경』 관련 책들과 함께 자리하고 있었다. 무척 반가웠다.

누렇게 변색된 흰 표지에는 '고운해(高運海) 지음, 마하반야바라밀(摩訶般若波羅蜜)—한마음 헌장(憲章)—불광문화사(佛光文化社)'라고 인쇄되어 있었다. 고운해, 광덕스님의 또 다른 법명인가 아니면 법호인가. 생소

한 이름에 눈길이 갔다. 표지를 넘기니 속지는 너 누렇게 빛 바래 있었다. 첫 페이지에는 '반야바라밀다심경 - 대본심경의역(大本心經意譯)'이란 제목 아래 심경을 간결하게 번역하여 실었다. 번역문은 4쪽에서 끝났다.

5쪽부터는 「마하반야바라밀 - 한마음 헌장 - 고운해(運海·光德)」란 제목을 걸고, '부처님은 말씀하신다'로 운을 여는 「한마음 헌장」이 시작된다. 25쪽에서 '나무마하반야바라밀'로 마무리할 때까지 '찬탄· 생명· 광명·청정·지혜·창조·영원·원만·조화·신비·희망·성취·환희·지복', 이런 단어들이 부정을 거친 대긍정의 금강반야의 대해 속에서 파도를 타듯 춤을 추듯 무수히 넘실거린다.

26쪽은 '나무 후리다야(心要) - namo hrdaya.'

'한마음, 한마음, 한마음이 무엇인가'

질문에 대한 답이 32쪽까지 환희의 노래로 이어진다.

32쪽 짜리 빛 바랜 소책자지만 거기 알알이 박힌 광덕 큰스님의 마하반야바라밀을 찬탄하는 장시(長詩) '한마음 헌장'은 그대로 스님의 법신이며 스님의 진신사리(眞身舍利)라고 나는 생각했다. 나는 근 30년 동안 스님의 사리를 모시고 있었으면서도 그 진가를 이제야 알아 책 위에 앉은 먼지를 털어 내고 사리로 빚어진 그 법어를 가슴에 다시 모시게 됐다.

'한마음 헌장'에 대해 좀더 알고 싶어 『광덕스님의 생애와 불광운동』(김재영 집필)을 펴 보았다. '한마음 헌장'은 1963년 봉은사 시절 대학생 법회의 설법교재로 처음 작성한 것으로 알려지고 있다고 정리되어 있었다. 그러나 나는 스님께서 '한마음 헌장'을 교재로 만들 목적으로 쓰신 것이 아니라 어느 날 경계가 열려 절로 읊으신 깨달음의 노래가 아닌가

싶었다. 그래서 다시 『시봉일기』를 열어서 자세히 살펴보니 내 예감이
맞았다. 부산 온천장 금정사에서 어느 봄날 마루턱에 걸터앉아 홀연히
앞산을 건너다보는데 문득 대경(對境)이 모두 텅 비어 언어도단(言語刀
斷) 심행처멸(心行處滅)의 경지가 열렸다고 한다. 스님은 그때 무척 기뻐
한량없는 감흥에 빠져들었다고 술회하셨다고 한다.

　"광덕 큰스님! 당신의 법신사리를 아직 제대로 이해 못하지만 잘 모
시고 간직하여 한마음 밝히는 거울로 삼겠습니다."

　내 가슴에는 스님의 모습이 영상으로 찍혀 있는 장면이 있다. 1970년
대 후반 갈매리 보현사로 김해남 사진기자와 함께 스님을 뵈러 갔다. 아
마 인터뷰 아니면 원고 청탁을 하러 갔을 텐데, 지금 퇴색된 내 기억으
로는 왜 스님을 뵈러 갔는지 모르겠다. 다만 멋진 돌계단이 끝나는 곳에
서 스님께선 사색에 젖은 모습으로 포행을 하고 계셨다. 그 모습이 마치
한 장의 영화장면처럼 내 마음에 찍혀 있다.
　또 한 장의 모습은 나뿐만 아니라 다른 불자들도 가슴에 담아두었을
것이다. '부처님 오신 날' 제등행렬 때가 되면 불편하신 몸으로도 한치
흐트러짐 없이 연등을 들고 여의도에서 조계사까지 불광법회를 인도하
시는 장면이다.

　1978년, 소천스님께서 입적하셨을 때였다.
　취재 때문에 스님을 뵈러 대각사에 갔던 것으로 기억한다. 스님께선
소천스님 입적과 관련하여 강화인지 어디인지에 알려야 할 일이 있는데
그 일을 맡아줄 사람이 없다고 걱정을 하셨다.
　"스님, 제가 하겠습니다." 내가 선뜻 나서서 그 일을 처리했는데 나는
그 일이 무슨 일이었는지 지금은 까맣게 잊어버렸다.

그 일이 있은 후 스님께선 나를 만날 때마다 "그때 고마웠다"고 하시면서 그 일을 상기하셨다. 구체적으로 무슨 일을 도와드렸는지 잊은 채 나는 스님의 고마워 하시는 눈빛과 스님 특유의 미소를 즐거운 마음으로 받아들였다. 그러나 한두 번도 아니고 두고두고 만날 때마다 진정으로 고마워 하시는 모습을 뵈면서 면구스럽기도 했지만, 스님은 그렇게 감사를 알려주는 교훈을 몸소 보여 주셨다.

어느 여름날이었다. 나는 스님께서 송암보육원에 가시는 승용차 편에 편승하는 행운을 갖게 됐다. 그 차에는 어떤 보살님도 한 분 타셨다. 보살님은 입양을 생각하고 계셨는지 스님께선 인연에 대한 법문을 아주 자상하게 해주셨다. 그날 나는 스님께 이런 질문을 했다.

"보육원의 원생들이 부모가 없거나 떨어져 살면서 외롭고 힘든 삶을 사는데 그것도 전생의 업이라면 그 업장을 어떻게 소멸해야 할까요?"

"저렇게 소멸하는 겁니다."

스님의 간결한 그 답에 나는 머릿속이 확 트였다. '아, 그렇구나.'

지금도 광덕스님을 생각하면 가장 먼저 떠오르는 말이 바로 업장소멸에 관한 저 명쾌한 법문이다.

그날 보육원에 도착하니 아이들은 스님께 안기고 매달리고 기뻐 어쩔 줄 몰라했다. 스님께서도 법문하실 때의 모습과는 너무 달랐다. 마치 자모관음처럼 아이들을 안아주고 쓰다듬어 주셨다.

그 후 나는 『한국불교전설 99』를 펴내면서 스님과의 그 인연으로 송암보육원에 작은 선물을 보내게 됐다. 내 어린 시절 크레파스 선물을 받고 즐거워하던 때를 떠올려, 원생 모두에게 크레파스와 문구류를 전했다.

「현대불교」편집국장 시절이다. 창간호를 내고 얼마 지나지 않아 '불광' 20주년 기념법회가 있었다. 스님을 '수요 인터뷰'에 모시려고 하는데 건강이 여의치 않으셔서 쉽지 않았다. 국장인 내가 섭외에 나섰다. 승낙하셨다는 전갈이 왔다. 어려운 시간을 내주셨기에 감사 또 감사하는 마음으로 안성 불광원으로 갔다. 1994년 10월 말경, 당시 이준엽 차장과 박재완 사진기자가 동행했다.

그날 스님의 모습은 투명한 가을 햇살 같았다. 기운이 없으셔서 목소리는 아주 작았지만 무엇인가 애써 들려주시려는 뜻이 역력했다. 인터뷰가 끝난 후 스님은 내 손을 꼭 잡아주셨다. 그날 이후 나는 스님을 더 이상 뵙지 못했다.

「현대불교」제3호(1994년 11월 2일자)에 실린 그때의 대담기사 일부를 간추려 스님의 간곡한 가르침을 되새겨 보려 한다.

경기도 안성군에 새로 마련한 불광원에서 잔잔한 목소리로 장시를 읊듯 반야의 실상을 풀어준 스님은 투명한 가을 햇살 그대로였다.

— '불광' 20주년은 바로 한국불교의 새로운 신행운동과 전법사(史)를 상징한다고 볼 수 있습니다. 스님께서 감회가 남다르시겠습니다.

△ 20년 동안의 바라밀 운동이 순수했는지 자신에게 되묻고 지금은 여법한지 되돌아보게 되더군요. 우리의 행동과 삶 속에서 바라밀이 항상 꿈틀거릴 수 있도록 오늘의 젊은 세대에게 전해주고 싶습니다.

— 스님과 '불광'을 생각하면 으레 빛을 연상하게 되는데요, 바라밀 운동을 좀 구체적으로 풀어 주시지요.

△ 부처님께서는 인간의 참모습, 존재의 참모습, 모든 존재와 생명의 근원적 실재를 우리에게 열어 보이셨습니다. 사람에게는 무한의 지혜와 덕성과 위덕이 갖추어져 있음을 경전은 일러주고 있습니다. 곧 인간은 부처님이라는 가르침이죠. 반야바라밀 운동이란 이러한 존재의 실상을

확인하고 실천하자는 신행운동입니다. 바라밀은 빛이고 행(行)이고 생명인데 우리는 그 본래 소식을 잊고 있습니다.

— 반야바라밀을 보고 존재의 실상을 확인하려면 공부를 해야 할 텐데요.

△ 불법의 줄기를 이은 선각자들이 계시니까 그들의 삶과 가르침을 거울삼아 일상생활을 하다보면 자기 자신 속에서 보여지는 것이지 공부란 만들어지는 것이 아닙니다. 바라밀은 새로이 밖에서 가져다 이루는 것이 아니라 구름 가신 하늘에서 태양이 빛나듯, 꽃송이가 나뭇가지에 맺듯 있는 그 자리에서 빛을 발하는 것입니다.

△ 행(行)은 역사성·사회성과 직결됩니다. 행이 없다는 것은 곧 역사의식 결여를 의미하죠. 역사의식·사회의식이 없는 종교는 그 사회를 번영으로 이끌 능동적이며 창조적인 힘이 없는 것입니다. 현실을 진리에로 개혁할 의지가 없기 때문입니다. 『반야심경』은 마하반야바라밀을 설명함으로써 최상의 선한 행을 완성시키는 최고의 요전입니다.

— 스님께서 손수 작사하신 대곡 '보현행원송'이 세종문화회관에서 공연될 때 정말 거룩하고 장엄했습니다. 특히 '보현행원으로 보리 이루리!'를 객석과 무대가 함께 대합창을 할 때는 눈물이 날 정도였으니까요. 절 짓고 종 만드는 불사 이상의 의미를 지닌 대작불사를 하셨습니다.

△ 반야의 구체상은 보현행원입니다. 보현행원은 부처님의 한량없는 공덕을 성취하는 결정적 행이예요. 가정의 평화, 사회의 번영, 국토의 안녕, 그리고 성불하는 대도(大道)인 것입니다. 보현행원을 통해서 제불여래(諸佛如來)가 출현하고 불국토가 열려갑니다. 보현행원의 행을 통해 반야바라밀이 용출(湧出)합니다.

— 성수대교 참사도 그렇고 우리 사회가 황금만능주의에 빠져 있습니다. 그 치유책과 불자들의 역할은……

△ 되풀이되는 말이지만 반야바라밀의 밝음과 푸르름, 덕성으로 자기의 존재 실상을 긍정할 때 우리를 바꾸고 사회도 바꿀 수 있습니다. 중

생을 이롭게 하며 성불로 가는 보살이 그 역할을 해야겠죠.

1년 뒤 1995년 11월, 「현대불교」는 ‘지상법석’에 스님의 법어 자료를 중심으로 정리하여 실었다. ‘남을 칭찬하는 말 한마디 진리공덕의 문여는 열쇠.’ 나는 큰 제목을 이렇게 달았다. 스님의 법어는 믿음, 행원 실천, 참회, 가족과 이웃의 화목, 바라밀공덕 등을 역설하셨다. 스님 가신 뒤 다시 읽는 그 법문이 가슴속에 사무치고 새롭기만 하다. 순수불교, 생활불교란 바로 이런 것이구나 하는 생각과 함께.

지난해(2000년) 가을이었다. 지금도 그렇지만 건강이 좋지 않아 신문사 일을 쉬고 있을 때였다. 꿈속에서 생전에 본 일이 없는 저 세상 사람들을 만나고 사진도 찍고 세미나 장인지 어딘지로 가고 있는데, 후배 임연태 기자(부장)가 말렸다. “국장님, 지금 가셔도 소용없습니다. 광덕스님께서 50번째 마지막 입장을 하셨습니다.” 나는 그 길로 발길을 돌렸다.
내 꿈 이야기를 듣던 한 도반이 우스개 소리로 내게 말했다.
“법력이 높으시군요. 광덕스님 가신 곳에 가려고 했으니.”

『광덕스님 시봉일기』(송암지원 저)를 보면서 스님의 법력이 얼마나 거룩한지 그저 감탄할 뿐이다.
“스님의 걸음걸음을 거울삼아 ‘마하반야바라밀’ 정진을 게을리 하지 않겠습니다. 그리하여 ‘한마음 헌장’의 그 환희가 용솟음치는 그날을 저도 맛보고 싶습니다.”
나무대행보현보살마하살, 나무마하반야바라밀.

처음, 마지막

문수화 최정해(文殊華 崔靜海) | 우바이, 草堂

제가 태어났을 때 곁에 계셨다는데…….
첫눈에 빛으로 들어오셨습니다.
열아홉 살이었을 때 강남 봉은사에서 뵈었습니다.
외삼촌은 광덕스님이라 불러야 된다고 하시기에
몇 번이나 입 속으로 가만히 연습을 하였지요.
대웅전 마당에서 말없이 환한 빛을 두르고 서 계신 스님.
지금도 생생한 것을 보면 그 점에서 저는 이미 시간과 공간을 초월한
경지에 도달했나 봅니다.

그리고 마지막 뵈온 병원에서의 스님 눈동자.
표현하기 어렵지만 아득한 심연 속,
그렇게 깊은 바다 속에 망연히 누워 있는 제게
스님께서는 진공(眞空)을 선물로 내리셨습니다.
그 순간, 존재는 너무나 찬란한 빛이었습니다.

대중을 대신해 아프고 또 아프시어 그렇게 줄곧 아프시어
무수한 지장보살의 몸을 알뜰히도 보여주신 광덕스님.
햇빛 달빛을 첫 대면에서 둥글게 쓰고 계시더니
오늘 아침에는 햇님의 지혜, 오늘 저녁에는 달님의 자비.

음력 3월 3일 그 삼짇날 오시고, 양력 3월 3일 그 새봄에 가시고,
오고가신 광덕스님이 제게 이런 시(詩)를 주셨습니다.

춘삼월(春三月)

낭랑한 달빛
어둠을 고히 보내고
눈부시게 우렁 속까지
햇살은 내려오시다.

순금빛
순금의 살로 솟아오르는
아지랑이 경(經)의 나날
새록새록
넘치는 노래가
삶의 날개.

푸드득 열려
푸드득 날아 오르시다.

새로운 발걸음, 인생의 참뜻을 찾아서

묘덕심 허정회(妙德心 許貞會) | 우바이, 도피안사

나는 경남 김해에서 태어났다. 아버지는 초등학교 선생님이었고 생모 (生母)는 내 나이 세살 때 돌아가셔서 얼굴도 모른 채, 새로 오신 어머니 (繼母) 슬하에서 자랐다. 그래서 내 어린 시절은 부모님 밑에서 생활했던 시간보다 할머니 곁에서 살았던 시간이 더 많았다.

그리고 우리 집의 맏딸이었던 나는 일찍 결혼을 하였다. 갓난아기 때 돌아가신 내 친어머니가 돌보셨는지 착하고 성실한 남편 명운(明耘, 안 상회)거사를 만나 아들 하나 낳고 행복한 가정을 꾸몄다.

일찍이 겪었던 우리 민족의 비극은 강화에 사는 시어머니에게도 비켜 가지 않았다. 그로 인해 시어머니는 평생을 아들 하나 바라보며 홀로 살 았는데, 세상의 온갖 희로애락의 인생살이를 아들 하나 의지하고 키우며 삭이고 살았던 것이다. 그 아들이 바로 나의 남편이 된 것이다.

다른 사람들의 이야기로는 그럴 경우라면 고부간의 갈등도 많다고들 하는데 우리 시어머니는 전혀 딴세상 분이셨다. 원래 성품이 자비스러우 시고 또 아픔의 세월을 살아오신 고초가 오히려 내면으로 심화되어 인 간미가 유난히 반짝였다. 그리고 어릴 때 친어머니가 돌아가셨다는 이야기를 들으시고는 나를 친딸 이상으로 아껴주셨다. 남편의 지극한 사랑과 시어머니의 자상한 보살핌 속에서 무엇 하나 아쉬운 부분 없이 행복하게 살아왔다. 생각할수록 감사하기 이를 데 없는 부처님의 자비이시고 조상님의 덕분이었음을 깊이 새긴다.

그러나 내 마음속에는 항상 그늘이 있었고 뭔가 형용할 수 없는 나만의 고뇌가 내면에 깊숙이 감추어져 있었다. 아무리 주변 사람들이 나를 위해 잘해 준다고 하더라도 가슴속 깊이 감춰진 고뇌의 그늘은 쉽게 사라지지 않았다. 좋은 남편을 만나고 사랑스러운 아들이 태어나고 지극한 시어머니가 계셨어도 나의 오래된 그늘은 좀처럼 사라지지 않았다. 사라지기는커녕 오히려 세월이 흘러가 나이가 들고 철이 좀더 들자 고뇌의 사색은 깊어가기만 했다. 그러나 그것은 나만이 느끼고 알 수 있는 비밀 아닌 비밀이기도 했다. 그렇다고 누구에게 털어놓을 수도 없는 일이었다. 뭔가 딱히 이야기 거리가 되지 않았기 때문이다.

그렇게 속으로만 고뇌하고 그늘을 내포한 채 살아가던 어느 날, 이웃에 사는 자심문 보살 최숙희 언니의 인도로 불광사에 가게 되었다. 거기에서 내 인생의 진정한 의미를 깨달을 줄은 미처 생각지도 못한 채 처음에는 어리둥절한 촌닭 같은 표정으로 불광사 보광명당 일요정기 법회에 첫발을 들여놓았던 것이다.

누구나 다 겪는 일이긴 하지만 처음 듣는 큰스님의 법문은 어렵기만 했다. 그러나 내 주변 사람들은 무엇이 그렇게 감동스러운지 큰스님 법문을 들으면서 웃기도 하고 울기도 하며 마치 아이처럼 어쩔 줄 몰라하는 광경을 보고, 나도 열심히 법문을 듣노라면 언젠가 저 사람들처럼 이해될 때가 오겠지 하는 마음으로 묵묵히 노력했다. 정기법회 때는 가능한 빠지지 않으려고 애를 썼고 교육시간에는 졸지 않으려고 손등을 꼬

집었다.

사실 나는 그 얼마 전까지, 비록 젊은 나이임에도 불구하고 증권사 객장에 가 앉아서 주식거래를 했다. 그것은 꼭히 돈을 벌어볼 목적이 아니었다. 다만 나는 여러 사람들과 어울리는 일을 잘 못하고 혼자 있기를 좋아하던 취향이었다. 그렇지만 남편 출근하고 아이 학교 보내 놓으면 하루 종일 시간이 남았다. 뭔가 소일거리를 갖고 싶어서 이것저것 궁리해보다가 자연스럽게 연결되었던 것이 증권사였다.

재미 삼아, 오락 삼아 별 욕심 없이 사고팔다 보니 어느 날은 꽤 돈이 되기도 했고 또 그것이 무척 재미있기도 했다. 그렇게 증권사를 다니며 돈 버는 재미에 빠져서 한동안 세월 가는 줄 모르고 지냈다. 그러다가 어느 날 곰곰 생각해 보니 문제가 있었다. 공무원인 남편이 한 달 동안 부지런히 일해서 가져다 준 월급이 내가 운 좋은 날 하루의 시세차익보다 못한 때도 있었다.

자연히 남편의 월급이 적게 느껴졌고 더 나아가 남편마저 작게 느껴지는 것을 깨달았던 것이다. 나는 그 순간 주식거래를 걷어치웠다. 증권사 객장에 발을 딱 끊었다. 돈이 전부가 아니라는 생각이 들었기 때문이었다. 그런 결심을 하고 집에 있을 때, 자심문 언니의 인도로 불광사에 다니기 시작했던 것이다.

당시 내게는 시간도 있었고, 가슴에 그늘도 있었고, 뭔가 알 수 없는 불법 인연도 있었을 것이다. 그러기에 불교를 만났을 것이고 또 어려운 불교를 깊이 이해하기 위해 무던히 노력했을 것이다. 바야흐르 불교공부에 점점 심취해 갔다. 좀더 정확하게 말하면 불광사 큰스님(광덕 대선사)의 가르침에 차츰 녹아 들어갔던 것이다. 이미 말했지만 정기법회에 빠지지 않는 것은 말할 것도 없고 바라밀 교육과 명교사 후보생 교육 등, 절에서 하는 모든 행사나 교육에는 모범생으로 참석했다. 급기야는 1992

년 4월 2일, 세종문화회관에서 공연한 '보현행원송'에도 합창단원으로 참석했다.

　그 당시 어느 책에서 보았던 시(詩) 두 수가 마치 나의 심정을 그려 놓은 것처럼 느껴졌다. 여기에 옮겨본다.

　비둘기

　비둘기 눈매로 유순하고
　그 몸매로 사랑스러운 운명
　온다면 미리 통지를 하든지
　갈 것이면 슬쩍 귀띔을 하든지
　어쩌면 오고감에 소리조차 없이
　살며시 오가고 말았는지.

　누구 가슴 무너지는 것 보려고
　작정한 사람처럼
　언제나 햇빛으로 화안했고
　어두움처럼 소리 없이 미끄러져 나타났고
　군불 지핀 아랫목으로 따뜻한 또 하나의 운명.

　어느새 왔는지도 모르게, 까맣게 모르게
　살며시 다가온 운명
　고개 들어 바라보니
　남산에 떠오른 열사흘 달로
　문득 그대 뚜렷함이여

　놀라고 맞이할 겨를도 없이

어느새 다가온 막다른 곳
몸 피할 땅마저 없는 절박함에서
통절히 느끼고 받아야 했던 현실.

오고가는 인사치레, 그것 말고 먼 아득한 예부터
가까이서 살았다지.
집을 짓고 개울 만들고
그대 만남의 황홀함은
미세한 율동으로 퍼져서
내 몸을 휘감아
하늘로 올라가 천둥이 되고
바람으로 퍼져서
세상의 꽃망울 터트리는 희망이 되고
마침내 출렁이는 바다
영겁의 파도로 하나되어 버리고…….

만남

그대 만남의 신비함은
끝도 한도 없는 고요로 다가와
내 몸을 삼키고
하늘을 덮고
땅을 감추고
바다를 기울여
호호탕탕한
광대무변의 넓이로 하나되어 버리고.

동(動)과 정(靜)은

원래로 서로 섞이지도 않고 또 다르지도 않음에
그대와 나
역시 다르다고 하겠는가? 같다고 하겠는가!
다르지 않는 삶의 약속
북산에 구름 이니
남산에 비 내리는군.

어두운 밤 속삭이는 소리가
하도 시끄러워
잠 깨어 밖에 나오니
어디서 들려오나
고개 들어 바라볼 적
달도 없는 밤하늘
그 넓은 세상에
조잘되듯 반짝이는 기막힌 풍경
그 사이 가로질러 흘러가는 물결
미리내, 푸른 강물이여

밤늦도록 기다렸다가
새벽하늘 조각배 불러 타고서
노 저어 아득히 굽이돌아
찾아가는 나의 등대
옛날 옛적 태고의 처음 사람이
별 가운데 또 한 별을 등대별이라고 했다.

　어느 불자 시인이 지은 것인데 마치 내가 불교에 빠져들었던 심정을
그대로 표현한 것 같았다. 초발심의 말 못할 환희심으로 살 때 읽은 구

절이어서 비록 오랜 세월이 지나도 기억에 새롭기만 하다.

나는 그렇게 불교를 공부하면서 때로는 울기도 했고 웃기도 했다. 사실 그런 과정을 통해서 나는 서서히 새로 태어나고 있었던 것이다. 그때까지 내 마음 속 깊이 도사렸던 어둠과 슬픔이 풀려나감을 느끼며 보고 있었던 것이다. 즉, 큰스님의 자비와 지혜의 심지법문에 의해 나는 다시 태어나고 있었던 것이다.

과거의 찌꺼기는 모두 들어내고 새로운 서원을 가슴에 안게 되자 내 생명은 이미 축복을 받고 있었다는 사실을 비로소 깨닫기 시작한 것이다. 아무리 순탄한 인생이라고 하더라도 살다보면 곡절을 겪기도 하고 원치 않던 일을 할 때도 있게 된다. 어쩌면 그것이 인생인지도 모를 일이다.

나 역시 누구나 살아가는 세간살이처럼 인간의 희로애락에 예외가 될 수 없다. 그러나 불교수행에 있어서는 무슨 일이 있어도 좌절하거나 바꾸지 않고 오직 처음 마음으로 수행하며 꿋꿋하게 살아가고자 노력하고 있고 앞으로도 노력할 것이다. 지난 시절만이 아니라 지금도 앞으로도 오직 나를 철저히 지켜보며 채찍질하고 정진하리라 다짐한다.

내가 오늘 여기까지 물러서지 않고 착실하게 수행해 온 것은 사실 모두가 큰스님의 은혜이시다. 사람은 누구나 자신의 현재를 지켜보고 있다고 한다. 그 말과 같이 나의 현재 모습을 바라보면 지금 내 모습이 형성되기까지의 가장 큰 영향력은 역시 큰스님 교화의 은혜라는 것을 솔직히 고백하지 않을 수 없다.

그것은 가끔 혼자 있을 때 내가 만약 불광을 몰랐다면 지금 어떻게 되었을까를 생각해 보거나 무엇이 되었을까를 생각해 보면 더더욱 불자인 지금의 내 모습이 잘 보이고 또 현재의 모습이 좋다. 다행스럽기까지 하다. 아무쪼록 내 인생에서 큰스님과의 인연을 생각하면 거기에는 감사와 기쁨만이 있다. 그러나 미처 보답할 사이도 없이 애석하게도 큰스님은 교화의 인연을 고이 접으시었다. 생각할수록 너무나 그립고 아쉬운 심정만 깊어갈 뿐이다.

나무마하반야바라밀, 나무보현보살마하살.

불광을 찾아 이사하다

진여성 김영숙(眞如性 金英淑) | 우바이, 도피안사

먼 기억 하나.

네댓 살쯤의 꼬마 계집아이가 엄마 손에 이끌려 산꼭대기 비탈길을 미끄러지며 힘들게 올라가고 있다. 어린 꼬마는 늘 엄마를 따라 산꼭대기에 있는 절에 가곤 했는데, 그 절엔 돌로 된 굴이 있어서 꼬마의 발걸음이 한결 가벼웠다. 꼬마는 그 석굴이 참 신기하고 재미있었다. 굴 천장에서는 물이 뚝뚝 떨어졌고 안에 들어가면 여름 한낮에도 무척 시원했다. 꼬마는 난생 처음으로 거기서 두꺼비를 보았고, 어른들은 용이 하늘로 올라가서 생긴 굴이라고 하여 더욱 호기심을 끌었고 흥미진진했다.

꼬마는 조금 더 커서 초등학생이 되었을 때도 방학이면 엄마 따라 굴이 있는 그 절에 가곤 했지만 그러나 벌써 컸다고 동굴도 별로 재미가 없었고 또 함께 놀 친구도 없었다. 마지못해 엄마랑 절까지 가기는 했지만 늘 심심해서 집에 가겠다고 엄마를 졸라대기 일쑤였다. 그럴 때는 어떻게 알았는지 그 절 스님께서 어느새 얼굴 가득 함박웃음을 지으며 꼬마를 마당 한쪽으로 데리고 가셨다. 거기 하얀 양은솥에서는 감자가 익고 있었다. 뿐만 아니라 옥수수도 삶아 주시고 재미있는 이야기도 해주

"

셨다. 개구리가 무서워서 기겁을 하면 한바탕 웃으면서 놀리시던 스님, 이미 다 자란 대학시절 어쩌다가 가뭄에 콩 나듯이 아주 가끔씩 그 절에 가면 스님은 여전히 웃어주었지만 짧은 머리는 하얗고 앞니 두 개만 남아서 뻥 뚫린 동굴을 간신히 면하고 있었다.

세월은 속절없이 흘러 엄마 손에 이끌려 산꼭대기 절에 따라다니던 그 꼬마는 이제 그때의 엄마가 되어서 마치 봄날 언덕에 아지랑이처럼 아스라히 떠오르는 그 시절을 가끔 회상해 보곤 한다.

이것이 내 어린 시절 불교에 대한 추억이다. 아니 불교와의 시작이었다. 돌아보면 나의 어머니는 막내딸인 나를 불자로 만들기 위해 그 후에도 줄기찬 노력을 계속하셨지만 나는 어머니가 절에 가자고 하면 멀리 도망쳤고 아니면 꾀병을 앓았다. 결국 어머니는 내가 불자가 되는 것을 보지 못하고 이승의 끈을 놓아버렸지만 말이다.

돈 잘 버는 남편 만나 결혼한 나는 온갖 호의호식에 날 새는 줄 모르고 젊음의 오만에 빠져 제 잘난 맛에 살고 있었다. 그러던 어느 날, 고등학교 때부터 친하게 지내던 친구가 오욕락(五欲樂)의 늪 속에 빠져 허우적거리고 있는 나를 강제로 끌어내다시피 건져주었다. 물론 그 당시는 친구의 성화에 못 이겨 억지 춘향이 노릇을 한 것에 불과하지만 지금 다시 돌아보면 결과적으로 그는 나를 구제했던 것이다.

평창동에서 온갖 사치와 오만에 푹 젖어 있던 나를 어느 날 만나자고 하더니, 자기가 다니고 있다는 불광사 이야기를 했다. 그리고 불광사가 좋으니까 같이 다니자고 온갖 감언이설(?)로 꼬드겼고, 그래도 뜻대로 안 되자 여고시절부터 해온 버릇대로 갖은 협박으로 나를 위협하기까지 했다.

사실 나는 그동안 원 없이 부귀영화를 누리고 살면서도 심드렁하던

차었다. 마음 한구석에 도사리고 있는 알 수 없는 허전함은 잘먹고 잘
놀수록 오히려 깊어가기만 했다. 그래서 나의 깊은 내면에서는 새로운
출구를 찾고 있었다. 나 스스로 마음의 위안처를 찾고 있을 때, 마침 친
구가 손짓해 불러준 것이다. 겉으로는 내가 잘난 체 하면서 버티는 것처
럼 보였지만 내면의 마음은 오히려 무엇인가를 찾으려고 했고 잡으려
하고 있었을 때였으니, 그 친구와 나는 전생부터 불법의 오랜 동지였는
지도 모르겠다. 아마 과거 생부터 불법을 먼저 만난 사람이 이끌어주기
로 약속한 도반(道伴)으로서 동지 말이다.

　그러나 친구를 따라 나서는 것에 문제가 있었다. 친구의 정성과 그동
안의 우정과 체면을 생각해서라도 따라나설까 했는데, 그만 하루하루 미
루며 주저하게 되었다. 시댁 식구들이 모두 독실한 기독교인이었기 때문
이었다. 그래서 차일피일 자꾸 망설이게 되었다. 아무래도 시댁의 문제
이니 만큼 심사숙고해야 할 일 같았기에 말이다. 또 한편으로 생각해 보
면 가정도 중요하지만 내 자신을 돌아보는 종교생활도 중요하다는 생각
이 자꾸만 들었다. 그래서 우선 남편에게 조심스레 의견을 비췄다. 나는
눈치를 보아가며 조심스레 거론했는데 나의 염려와는 달리 남편은 수월
하게 대답해 주었다. 남편의 입장은 본인이 좋으면 어디든지 다니라는
것이다. 그런 남편의 너그러움에 용기를 얻은 나는 마침내 친구의 간절
한 소원(?)을 들어주기로 마음먹었다.

　그래서 처음 불광사 지역모임에 찾아간 것이 반포에서 하는 법등가족
(法燈家族) 특별모임이었고, 그것을 시작으로 나는 까맣게 잊고 지내왔던
어린 시절 어머니 손에 끌려 다니던 절이 떠올랐고 나에게 잘해 주었던
스님도 생각났다. 그리고 무엇보다 어머니가 그렇게 간절하게 원하셨던
불자(佛子)의 길로 마침내 들어서게 되었던 것이다.

　나는 지금도 반포 모임 때 그 집주인의 상냥하고 부드러운 미소를 잊

지 못한다. 그 보살님은 송파에 살다가 반포로 이사한 문수심(文殊心) 보
살이었는데 그날의 친절이 나의 불자로의 길에 좋은 이정표가 되었다.
그렇게 해서 나는 불광의 큰스님 신도가 되었고 또 불광사의 신앙 가족
이 되었다.

　이런저런 우여곡절 끝에 시작된 나의 초발심은 불이 붙었다. 마치 '늦
게 배운 일에 날 새는 줄 모른다'는 말과 같이 종로 자하문 밖의 평창동
에서 한강을 건너 잠실 불광사까지 매일매일 새벽기도를 다닐 정도였다.
내 친구들은 모두 송파에 살았기 때문에 불광사가 가까웠지만 나에게는
그야말로 머나먼 길이었다.

　그렇지만 초발심의 불길 앞에는 길이 멀고 가까움은 하등의 문제가
될 수 없었다. 나는 친구들이 소속된 법등에 가입하고 책임자인 마하보
살(摩訶菩薩, 신앙관리 책임자)의 지극한 안내와 인도를 받았다. 그런 주
위의 관심 어린 노력 덕분에 비교적 빠른 시간에 정기적으로 매주 일요
법회에 나가게 되었고 그때 큰스님을 뵙게 되었다.

　그러나 나는 처음에는 너무나 맑고 환하신 큰스님을 우러러볼 뿐 큰
스님께서 하시는 설법의 말씀은 무슨 내용인지 도무지 알아들을 수 없
었다. 여느 때는 친구들과 같이 법회에 나가서도 매번 앉아 졸기만 하다
가 일어설 때도 있었다. 그렇지만 친구가 좋아 또 마음에 허전함을 채우
려는 뜻으로 부지런히 다닌 결과, 날이 가고 달이 가게 되자 내 자신이
조금씩 달라져 감을 느끼게 되었다.

　처음에는 큰스님 법문의 반은 이해를 못해 귓가를 스쳐 지나가고 반
은 졸음 결에 지나갔는데도 어느 때부터인가 큰스님 말씀이 하나 둘 들
어오기 시작한 것이다. 그것을 세월의 덕분이라고 해야 할까, 아니면 큰
스님의 자비심 때문이라고 해야 할까. 미련하고 아둔한 내 귀가 그렇게
조금씩 열려가고 있었던 것이다. 마침내 고개를 조금씩 끄덕이기 시작했

고 『천수경』을 읽으면 예전에 이해하지 못했던 말들이 쉽게 눈에 들어 왔다. 재미가 붙었다. 그동안 세간에서 느껴보지 못했던 또 다른 재미가 거기 있었다. 그때서야 나는 더욱 신이 나서 불법에 빠져들었고 그로 인해 진정한 기쁨을 맛보기 시작했다. 참으로 기쁨이 무엇인지, 즐거움이 무엇인지를 비로소 느끼게 되었던 것이다. 과거에 아무리 호의호식을 하고 기분 알싸하게 호화판 생활을 누렸을 때도 이런 기쁨은 느낄 수 없었다.

사실 나는 그때서야 비로소 불광사에 발을 들여놓은 셈이다. 사실 그 전에는 문 밖이었다. 마치 비유하자면 대문 밖에서 호기심으로 고개를 디밀던 철부지 아이가 주변을 살펴가며 한 발짝 한 발짝 집안으로 들어가는 것과 같았다. 아무튼 친구의 권유로 불광사에 가긴 했지만 이렇게 한동안의 곡절을 겪은 뒤에서야 불광이라는 새로운 집으로 성큼 들어서게 되었던 것이다.

그 당시의 큰스님 법문 중에서 지금도 잊혀지지 않는 것이 있다.

"옆에서 괴롭히는 사람을 오히려 선생님으로 생각하세요……"라고 하신 말씀은 지금도 잊지 않고 때때로 나를 돌아보게 하는 거울이 되고 있다.

그로부터 불광의 교육도 받았으며, 옛말에 친구 따라 강남 가듯이, 불광 찾아 친구 좋아 평창동에서 잠실 송파로 이사까지 했다. 오직 불광사를 다니기 위한 이사였다. 하루에도 몇 번씩 잠실을 드나드는 것을 보고 남편이 나를 위해 결정해 주었다. 당시 마하보살이었던 명혜성 보살이나 법등가족이었던 불자들은 지금도 함께 기도를 다니고 인생살이를 서로 의지하면서 지낸다. 나에게는 무엇과도 바꿀 수 없는 보배들을 그때 모두 만났던 것이다. 나는 불광의 큰스님께서 맺어주신 이 모든 인연에 깊이 감사하며 살고 있다.

큰스님께서 지금 내가 다니는 도피안사에 계실 때, 우리가 친견하고 인사를 드리면 먼저 '마하반야바라밀' 하고 외쳐 주셨다. 그 모습은 마치 구름이 걷히면서 나타나는 밝은 햇빛이 한꺼번에 좌악 퍼지는 것 같았다. 그대로 빛이셨다. 큰스님은 우리가 공양상을 들고 들어가면 '고맙습니다' 하고 합장을 하시던 겸손한 어른이셨다. 그런 광경을 대하노라면 기쁘고 행복했다. 참으로 행복한 법연(法緣)이었고 위대한 인격과의 만남이었다.

역시 큰스님의 회하(會下)에서 잊을 수 없는 가장 극적인 일은 세종문화회관에서 '보현행원송'을 발표했을 때였다.

아, 그날의 감동을 어찌 잊으랴. 이 역시 큰스님의 대원해(大願海)에서 비롯된 법연(法緣)의 영광이었다고 말해야 할 것이다. 그날 무대에서 넘치는 감동으로 온몸을 떨며 인사말씀 하시던 큰스님의 목소리! 그 큰스님과 한 무대에 서서 '보현행원송'을 공연했다는 것은 개인적인 영광이라는 말에 앞서 우리 불광, 보현행자들이 진리의 성〔法城〕에 입성하는 개선행진곡이 아닐까도 생각해 본다.

큰스님께서는 일생동안 노쇠하고 병약한 몸을 근근히 추슬러가며 우리들을 위해 주옥같은 글을 남기셨고, 법회 때마다 고구정녕히 설법해 주셨다. 그 은혜는 강산도 오히려 가볍다고 해야 할 것이다.

고인의 말씀에 효의 으뜸은 부모의 뜻을 받드는 일이라 했듯이, 다행히도 도피안사 주지 송암스님께서 큰스님의 뜻을 받들어 행하려고 밤낮으로 노심초사다. 그런 주지스님의 가시적인 일 중의 하나가 바로 이 '시봉일기' 작업이다. 천일기도를 입재하고 산문 출입을 끊은 채 묵묵히 '시봉일기' 삼매 속에서 정진하는 것을 바라보노라면 우리 신도들도 느끼는 점이 많고 배우는 점이 사뭇 많다.

아무쪼록 우리 모두, 스님이나 신도의 간절한 기도는 오직 큰스님께

서 다시 이 땅에 오시는 것이다. 구국구세의 대비원력으로 어서 이 땅에
오시는 것, 그것이 한 가지 소원이다.

金河堂 光德大禪師 年譜

作成, 2001년 2월 1일
1차 수정·보완, 2001년 10월 16일

연도	연령	연　　　　보
1864	甲子年	후일, 翁師가 되신 새 佛敎運動 大覺敎의 開創祖 龍城震鐘 祖師 誕生(朝鮮 高宗 1年).
1886	丙戌年	龍城祖師, 경북 선산 모례원에서 勇猛精進 結社로 悟道(당년 23세).
1890	庚寅年	후일, 恩師가 되신 淨化佛事의 大功德主 東山慧日 大宗師 誕生(용성조사, 27세).
1897	丁酉年	후일, 法師가 되신 韶天大禪師 誕生.
1905		제2차 韓日協約(을사보호조약) 체결.
1910		① 3월, 안중근 義士, 여순 감옥에서 순국(死刑). ② 8월 22일 韓日合邦條約 調印.
1912		① 東山慧日 大宗師 出家(당년 23세). ② 후일, 拈華知音의 師兄이 되신 淨化佛事의 完成者이며 禪佛敎의 思想家 退翁性徹 大宗師 誕生.
1919		① 光武帝의 國葬을 계기로 전국 각지, 방방곡곡에서 기미년 독립운동(3.1운동)이 요원의 불길로 勃發. ② 龍城祖師 독립운동으로 수감(상좌인 東山 대종사 3년 간 옥바라지).

연도	나이	내용
1919		③ 上海 임시정부 수립. ④ 韶天禪師 3.1 독립운동 참가 후, 김좌진 장군 휘하에 入隊(당년 23세).
1921		龍城祖師 大覺敎 創立.
1927 (丁卯)	1	① 東山 大宗師 金泉 直指寺에서 悟道(당년 38세). ② 4월 4일(음 3.3), 경기도 화성군 오산읍 내리에서 아버지 高公 準學, 어머니 金氏 東娘의 2男3女 중 넷째로 출생. 본관 제주, 본명 秉完.
1935	9	退翁性徹 大宗師 東山 門下로 出家(당년 24세). (당시 東山 大宗師 46세, 海印寺 白蓮庵 住錫).
1939	13	兄, 秉烈 死亡.
1940	14	4월 1일(음 2.24) 龍城祖師 入寂(世壽 77세, 法臘 61세).
1941	15	아버지, 高公 準學 別世.
1945	19	日帝 强占에서 解放.
1946	20	어머니, 金氏 東娘 別世.
1947	21	① 韓國大學(현 서경대학의 前身)에 進學, 폐결핵 感染. ② 둘째 누이 死亡.
1950	24	① 韓國戰爭 勃發, 가을 釜山 梵魚寺 入山. ② 東山선사와의 만남을 통해 인생관, 세계관의 일대 전환을 맞이하여 범어사 선방(청풍당), 관음전, 지장전, 미륵암, 금강암, 송도, 죽도, 삼천포, 함안 장춘사 등에서 발분 정진.
1951	25	칠월칠석(양 8.9), 東山 大宗師를 戒師로 沙彌十戒 수계식 도중, 受 十戒를 受 五戒로 복창하고 스스로 거사의 신분으로 낮추어 겸허하게 수행함.

1953	27	韶天大禪師의 覺運動과 그 思想에 깊이 契合한바 '金剛經讀誦救國願力隊'에 참여 전국 순회.
1954	28	① 釜山 東萊 온천장 金井寺에서 悟道. ② 부산 범일동에서 최초의 法燈家族 특별법회 시작(1년 간 매주 실시). ③ 한국불교 淨化佛事 시작됨.
1956	30	대각회 창립, 초대회장에 취임(9.16).
1959	33	가을, 범어사 禪院에서 性昊·眞常·日陀 등 선사들과 現代禪學硏究會를 결성하고 취지문을 작성, 발표한 뒤『벽암록』및 여러 禪典을 현토함.
1960	34	① 범어사 보살계 때(음3.15) 東山大宗師를 恩師와 戒師로 受戒 ② 4.19 혁명 ③ 大韓佛敎譯經院을 설립하여 『벽암록』·『선문촬요』·『선문염송』·『선관책진』·『선문단련설』등 출판(현토).
1961	35	① 佛國寺에서 現代禪學硏究會 주최, 雪峰 師, 초청,『벽암록』최초 강의. ② 5.16 군사정변
1962	36	① 『벽암록』(성호 현토본) 간행(편집·현대선학연구회, 발행·대한불교역경원). ② 曹溪宗 서무국장으로 宗憲·宗法 제정과 불교재산관리법을 주도적으로 成案하고 기타 종단 法令 마련으로 종단의 법률적 틀을 만듦.
1963	37	한국대학생불교연합회 창립(9.22 초대지도법사 담임)
1965	39	① 恩師, 東山大宗師 入寂(음 3.23, 양 4.24. 오후 6시 무렵 世壽 76세, 法臘 53세). ② 서울 奉恩寺 結社(주지취임)로 대학생수도원 설립(9.12).

1965	39	③『보현행원품』(프린트본) - 한국대학생불교연합회 교본으로 발행(6.5). ④ 학교법인 대동학원 이사 취임(8.18~1974.2.6).
1966	40	학교법인 원효학원 이사 취임(1979.3.4).
1967	41	『선관책진』 간행(진수당, 10.15).
1968	42	『보현행원품』 간행(해인사판, 성철스님 서문).
1971	45	① 조계종 총무부장 취임(~1973.1.25) ② 조계종 총무원장 직무대행(청담 스님 입적시, 11.25).
1972	46	① 自號 運海 사용(진리의 태양을 좋아하고 추종한다는 뜻의 高運海). ② 10월 維新 政治 쿠테타 敢行.
1974	48	① 財團法人 大覺會 理事長 就任(3.25~1976.6.29). ② '한마음헌장' 선포(4.2), 월간 「불광」 창간호에 게재. ③ 大覺寺에서 佛光會 創立(9.1). ④『반야심경 강의』 완성 - 禪智와 般若眼의 究極을 밝힌 佛光敎典. ⑤ 月刊 「佛光」 創刊, 發行人 登錄(11.1, 불광회를 모체로 함). ⑥ 순수불교 선언(월간 「불광」 창간호 - 새불교결사운동).
1975	49	① 대각사에서 佛光法會 創立(10.16, 불광회를 모체로 함). ②『法寶壇經』 刊行(대각출판부).
1976	50	사리불법등(대학생법회) 창등(2.5)
1977	51	① 普賢行者의 誓願 발표. ② 救國救世의 보살을 양성하기 위해 『菩薩聖典』 간행(10.30). ③ 學校法人 東國學園 理事 就任(11.23~1993.11.13).

1978	52	① 法師 韶天大禪師 入寂(4.15, 세수 82세). ② 禪智와 般若眼의 寶庫『禪門要典』 간행(10.9).
1979	53	① 파라미타 합창단 창단(3.29) ② 연꽃마을 이야기 출간(5.30) ③ 佛光出版部 開設(10.10), 發行人 登錄. ④ 12.12 新軍部 쿠데타 敢行.
1980	54	① 신달법등(중고등학생법회) 창등(9월) ② 新軍部 政權의 10.27法難 恣行.
1982	56	① 잠실 벌판에 佛光寺 竣工 奉獻(10.24.) - 불광 제2기 잠실시대 개막. ② 마하보디 합창단 창단(11월)
1983	57	① 活功救國救世運動을 위한 正法護持 發願(8월 3일 호법발원) 시작. ② 불광의식집『불광법회요전』 발간(3.10).
1984	58	대웅전(후불탱화) 금판 금강경 주조 봉안(2.11)
1986	60	① 佛光幼稚園 設立(10.19). ② 佛光布教院 設立(10.19).
1987	61	① 回甲記念 불교 시론집『빛의 목소리』 간행(3.20).
1987	61	② '판소리 불타전' 공연 - 상수불학운동(5.5). ③ 6.29 시민항쟁 승리선언.
1991	65	월간「불광」200호 발행(6.1).
1992	66	① 創作 國樂交聲曲 '普賢行願頌' 발표 공연으로 새불교 운동을 거듭 제창함과 아울러 불교음악의 새로운 지평을 여는 계기가 되었음(4.2, 세종문화회관 대강당). ② 財團法人 大覺會 理事長 就任(5.12~1999.9.10).

1992	66	③ 圖書出版 한강수 開設(10.27), 發行人 登錄. ④ 佛光敎育院 設立(10.26, 석촌동 160-2의 건물 매입).
1993	67	① 財團法人 普德學會 理事 就任(3.30~1996.3.30). ② 分坐知音 退翁性徹 大宗師 入寂(11.4, 海印寺 堆雪堂에서 世壽 82세, 法臘 59세).
1996	70	창작 국악 교성곡 '父母恩重頌' 발표공연(5.11, 국립중앙극장).
1998	72	週報(일요정기법회용) 제1,000호 발행(8.9).
1999	73	① 佛光寺 法主室에서 2월 27일(음 1.12) 오후 2시 무렵, 大圓寂 般若寂光三昧에 듦.(爲法忘軀의 大慈大悲가 化歸本空 함) ② 入寂 100일(6.6) 추모재(도피안사) 奉行. ③『광덕스님 시봉일기 1』(내일이면 늦으리) 출판(6.6). ④ 광덕스님 속환발원기도—티베트 수미산 순례단 출발(7.8).
2000		광덕스님 속환발원—1,000일기도 입재(2.27) 資 송암 奉行精進(도피안사).
2001		①『광덕스님 시봉일기 2』(징검다리) 출판(2.27, 대원적 2주기). ② 범어사에 行蹟碑와 부도 제막(10.21). ③『광덕스님 시봉일기 3』(구국구세의 횃불) 출판(12.30).
2002		①『광덕스님 시봉일기 7』(사부대중의 구세송) 출판(7.1). ② 입적 3주년 및 도솔산 개산 10주년 '환생' 전시회 개최(11.22, 서울 불일미술관), 도록『환생』발간.

作成, 門人 松菴至元 錄

하늘꽃

지상의 꽃이 아무리 아름다워도 시든 하늘꽃만 못하다는 말이 있다. 이 말은 본래 스님들의 출가, 즉 출가 수행의 공덕과 그 고귀함을 적시하여 표현한 말이라고 한다.

나는 그동안 '시봉일기'를 써오면서 스님의 삶을 하나하나 다시 떠올려 보며, 마치 스님의 삶[生涯]이 이 하늘꽃 같다는 걸 느꼈다. 일찍이 고인(古人)이 출가를 하늘꽃 같다고 한 표현은 바로 스님 같은 출가 수행자를 표준으로 하지 않았을까 하고 생각해 보았기 때문이다. 그러므로 나는 이 말 밖에 그 어떠한 말도 스님의 삶을 온전하게 표현하기가 적당치 않았음을 고백한다.

얼마 전 우담바라 꽃을 두고 세간의 논객들이 설전을 벌였는데, 만약 그 당시 누가 나에게 우담바라 꽃이 무엇이냐고 물었다면 나는 서슴없이 스님의 삶, 그 자체라고 답했을 것이다. 왜냐하면 우담바라 역시 하늘꽃이요, 지상의 꽃보다 아름답고 귀하고 뛰어나기 때문이다. 특히 스님의 출가가 있기까지 그 과정은 일반 범인들로서는 미처 상상조차 하기 어려운 일이기에 더더욱 하늘꽃, 우담바라일 수밖에 없다고 단정한다.

스님은 무려 10년이 넘는 기나긴 세월을 오직 행자로 헌신과 절제를 연마하여 하심(下心)과 겸손을 닦았고, 나아가 구국구세(救國救世)의 대원대행(大願大行)을 서원한 후 드디어 대사일번(大死一番)의 출가를 이루었으니 이에 하늘꽃이라는 표현 말고 더 무슨 표현을 따로 찾겠는가. 오늘날의 세태로 볼 것 같으면 마치 전설이나 신화 같은 일이다.

그러나 아무리 고귀한 하늘꽃이라 하여도 그 꽃을 모든 사람이 다 알아보는 것은 아닌 것 같다. 제각각의 눈높이에 따라 이해하는 수준이 다르고 받아들이는 한계가 다르다. 심지어 가까이 있는 상좌들도 마찬가지다. 그러하기에 비록 하늘꽃이 눈앞에 활짝 피어 있어도 온전히 알지 못할 뿐만 아니라, 설령 알았다 해도 해석은 천차만별, 또 각자의 생각에 따라 제멋대로 이야기하거나, 아니면 그러한 꽃은 아예 없는 것이라고 무시해 버리기도 한다. 그렇지만 사람들이 하늘꽃을 미처 알아보지 못한다고 해서 그 탓이 하늘꽃에 있는 것은 분명 아니다.

나는 이 '시봉일기'를 쓰면서 참으로 많은 공부를 했다. 그렇기 때문에 주변에서 누가 무슨 말을 걸어오더라도 전혀 개의치 않고 줄곧 써나갈 수 있었다. 앞에서 말한 대로 우선 내게 공부가 되었기 때문이다. 특히 이 책 '사부대중의 구세송'을 엮으면서는 더더욱 풍부한 인생 체험까지 할 수 있었다.

말하자면 이런 점이다. 평소 우리가 삶을 살아가면서 스승이나 친구나 또는 주변 사람들에게 신의를 지키고 약속을 실천하며 우정을 키워가는 인간 사회의 미덕은 저절로 얻어지는 것이 아니라는 사실이다. 즉 그런 도덕과 미풍양속을 이룩하는 데는 스스로에게 여러 가지 불이익이나 손해도 따르게 된다는 것. 그렇기에 자신에게 얹어지는 정신적·물리적 손해(?)를 감수하지 않고는 인간 사회의 미덕은 결코 나타날 수 없는 것이다. 또 그러한 손해를 두려워하거나 망설인다면 일생동안 단 한 번도 스스로는 미덕의 주인공은 될 수 없다. 이것은 너무나 분명하여 마치 만고불변의 법칙과 같다. 그러므로 모든 미덕이나 이타행은 철저하게 헌신을 뿌리로 하고 있다는 이 숙연한 사실, 이 책을 엮어가면서 나는 이점을 다시 터득했고 얻게 된 소중한 깨달음이었다.

예로부터 '새와 사람은 높은 곳을 찾아간다'고 했다. 이 말은 그 옛날의 염량세태만 풍자한 것이 아니라 인지와 문명이 발달한 오늘날에도 해당되는 말이다. 이 말에 대해서만은 고금에 조금도 달라진 것이 없다. 오히려 높은 곳을 향하는 인심은 작금에 들어 더욱 치성한 느낌마저 든다. 그러나 이러한 범격(凡格)은 속세의 일이며, 또 먹고살기 바쁜 세상살이의 한 단면이라고 말해야 좋겠지만, 무상도(無上道)를 배우는 사람들에게도 예외는 아닌 것 같았다. 재가·출가를 막론하고 학불자(學佛者)는 마땅히 대의(大義)와 은의(恩義) 앞에 목전의 이익이나 벼슬, 명예를 마치 티끌이나 초로(草露)같이 여겨 안중에도 없을 줄 알았는데, 사실은 학불자들도 염량세태의 범격과 거의 다르지 않다고나 할까, 아니면 거의 같다고나 할까. 즉 자신의 현실이나 앞날에 별 도움이 되지 않는다거나 장애가 될 수 있다고 판단되면 마치 먼 산을 바라보듯 슬며시 피해갔고 외면했다. 지난 시절 선사(先師)에게 입은 지은(知恩)마저도 까마득히 잊은 사람처럼 마냥 겉돌거나 또는 못들은 척 하기 일쑤였다. 나는 이점을 통감하면서 오히려 내 자신을 깊이 살펴보는 계기가 되었다. 순경(順境)의 공부가 아닌 역경(逆境)의 공부였다고 본다.

또 대부분의 사람들은 평소에 글을 써보지 않았던 까닭에 선사(先師)와의 인연담을 청하면 무척 당혹스러워 했다. 나는 상대방의 마음을 불편하게 했다는 죄책으로 몸둘 바를 모른 적도 여러 번이었다. 그러나 다시. 심호흡을 하고 설득하여 어렵게 승낙을 받기도 했지만 끝내 이루지 못한 경우가 더 많다. 어떤 경건한 사람들은 '큰스님과의 관계가 너무나 소중해서 감히 언어문자로 감당되지 않는다'고도 했다. 내지 하루하루 생활이 바쁜 장삼이사(張三李四)의 평범한 사람들 등등. 이와 같이 인연담을 쓰지 못한 사연과 까닭은 무척 다채로웠다.

그러나 알고 보면 여기에 더 많은 인연담이 실리지 못한 것은 사실 나의 태부족 탓이다. 수행과 신심, 그리고 스승에 대한 정성이 수준과 함량에서 엄청 미달했기 때문이라는 것을 솔직히 고백한다. 스승 앞에, 그리고 여러 인연들 앞에, 나는 이 책을 출간하면서 경건히 옷깃을 여미고 조용히 두 무릎을 꿇는다.

이 '사부대중의 구세송'은 시봉일기 1·2에 수록된 여러 어른들의 글을 바탕으로 재구성한 것이다. 좀더 짜임새 있고 일목요연하게 배열하였으면 하는 생각으로 작업에 임했다. 나중에 받은 원고는 추가분이라고 해야 할 것이지만 약간의 변화(順序)를 시도한 것도 있다. 여러 점을 고려한 결과였다. 후세 학불자들이 혹시 선사를 생각할 때 작은 에피소드 하나라도 참고가 되지 않을까 하는 편자 나름대로의 심모원려(?)가 있었다고 보아주면 좋겠다.

이제 옥고(玉稿)를 주신 여러 존사대덕(尊師大德), 제현달사(諸賢達士)들께 오체투지로 감사의 예배를 무수히 올려마지 않는다. 나는 귀한 여러 인연담을 한마디로 묶어서 '사부대중의 구세송'이라는 제목으로 붙였다. 구국구세의 화신(化身)을 노래했으니 거기에 대한 노래는 역시 구국가(救國歌)나 구세가(救世歌) 밖에 다른 노래가 있겠는가 해서 부친 제목이다. 정성의 노고를 베풀어주신 존명대사(尊名大士)들께 거듭 경배하여 마지않는다.

그리고 이 책을 출간하기까지 법륜 이상옥·김명희 듀엣에게 감사한다. 그리고 주야장 나와 함께 수행하는 여러 벗들의 노고도 컸다. 법해, 혜관, 일운, 그리고 평등심을 비롯한 여러 단월들이다. 함께 있기에 가끔 이유 없는 짜증도 부리고 어리광도 부렸지만 역시 지중한 인연자들임에는 틀림없다. 그 까닭은 선사(先師)의 일에도 뜻을 같이하고 불사(佛事)에도 원행(願行)을 같이하고 있기 때문. 그들의 도움이 없다면 과연 무엇이 가능할까.

그리고 나의 일(出版)에 아픈 육신을 감추어가며 지극히 헌신했던 혜공거사 김두생 불자님, 원고를 알뜰하게 읽고 마음을 다해 조언을 아끼지 않았던 연세대 사학과 벽안거사 김준석 교수님이 차례로 귀공(歸空)하셨다. 무상(無常)의 설법을 온몸으로 보여준 충격에 나는 한동안 심신을 가눌 수가 없었다.

'아아, 내 마음에 슬픔을 남겼고 우리들의 두 눈에 눈물을 남기고 표표히 가셨구나.'

곰곰 그분들의 덕화를 다시 생각해 보면 그분들이야말로 바로 이 땅의 또 다른 구세보살들이셨다. 다시 선사를 모시고 빛으로 돌아오시기를 간절히 축원 올린다. 나무대행보현보살마하살.

불기 2546년 6월 도솔산 개산 10주년을 앞두고
도피안사 묘향대에서 松庵至元 謹誌